いちばんよくわかる

姓名判断事典

命名・改名で
成功と幸せを手に入れる！

純正運命学会会長
田口二州

Gakken

はじめに

名前は、あなたと同じように顔があって、あなたとともに生きています。そして、名前には人生を暗示する運命の秘密が隠されています。

良い名前は幸運を招き、悪い名前は不幸を招くというのが姓名術のモットーです。

姓名術は、人間の幸福というテーマをひたすら追求しながら、経験や生活の知恵をつみ重ねて発展してきました。

人それぞれ、人生の憧れや目的は千差万別です。その中には多少とも欲望が秘められていることでしょう。つまり、金銭欲・色情欲・飲食欲・名誉欲・生命欲の五欲を満たすことが人生最大の幸福と考えている人が少なくないわけですが、欲に走ると最後まで醜いあがきを続けることになります。

人生の幸福とは社会的価値ではなく、心にもやもやがなく、どのような立場におかれても周囲の環境に適応し、才能も個性も十分に伸ばして、生きがいのある生活を送ることです。

三好達治は「冬の日」という詩で、

静かな心
平和な心
そのほかに何の宝が世にあろう

と歌っていますし、ドイツの詩人リルケは「人間の生活とは、静かで、広く、のびのびとしたもの」といいましたが、この静かで平和という宝物は、実は良い名前から生まれてくるのです。

本書には、法務省から発表されている名前に使える常用漢字と人名用漢字を画数別・名前の読み方別に納めてあります。姓名判断に限らず、改名にも赤ちゃんの名づけにも大いに活用して、ぜひ幸せをつかんでください。

翠麗(すいれい)山荘にて

純正運命学会会長　田口二州

いちばんよくわかる　姓名判断事典

もくじ

はじめに ◆ 2

第1章　姓名判断の基本

姓名術からみる良い名前・悪い名前とは ◆ 10
良い名前が幸せを呼ぶ ◆ 10
姓名術の活用法と救い ◆ 11
運が開ける良い名前の条件 ◆ 12
名づけの際に避けたい名前 ◆ 17
姓の始まりと順位について ◆ 19
氏を使う意味とは ◆ 21
苗字の歴史について ◆ 21

第2章　姓名判断の手順

文字の画数はふだん使っている文字数で数える ◆ 24
姓名の五分類 ◆ 28
五運のあらわし方 ◆ 29
四運が暗示するもの ◆ 31
姓名数の配合による調和と不調和 ◆ 33
五要素の相生と相剋をみる ◆ 35
三運の調和が必要なわけ ◆ 37

三運の調和がとれている名前 ◆ 38
三運の調和が良くない名前 ◆ 39
三運の吉格と凶格 ◆ 40
■三運吉格の早見表 ◆ 41
■三運凶格の早見表 ◆ 43

第3章　あなたの性格と人生

主運数からわかること ◆ 46
1を主運に持つ人の性格と人生 ◆ 46
2を主運に持つ人の性格と人生 ◆ 47
3を主運に持つ人の性格と人生 ◆ 48
4を主運に持つ人の性格と人生 ◆ 49
5を主運に持つ人の性格と人生 ◆ 50
6を主運に持つ人の性格と人生 ◆ 50
7を主運に持つ人の性格と人生 ◆ 51
8を主運に持つ人の性格と人生 ◆ 52
9を主運に持つ人の性格と人生 ◆ 53
0を主運に持つ人の性格と人生 ◆ 54

第4章　あなたの成功運・安定運

祖運でみる成功運 ◆ 56
祖運部　木（1・2）の人 ◆ 56
祖運部　火（3・4）の人 ◆ 59
祖運部　土（5・6）の人 ◆ 62
祖運部　金（7・8）の人 ◆ 64
祖運部　水（9・0）の人 ◆ 67
祖運部と主運部でみる成功運早見表 ◆ 70
初運でみる安定運 ◆ 72

主運部　木（1・2）の人 ◆ 72
主運部　火（3・4）の人 ◆ 75
主運部　土（5・6）の人 ◆ 78
主運部　金（7・8）の人 ◆ 80
主運部　水（9・0）の人 ◆ 83
主運部と初運部でみる安定運早見表 ◆ 86
助運でみる恋愛運・結婚運 ◆ 88
数理調和・不調和でみる健康運 ◆ 91

第5章　画数の意味

画数の意味を理解しよう ◆ 94
1画～10画 ◆ 94
11画～20画 ◆ 100
21画～30画 ◆ 105
31画～40画 ◆ 111
41画～50画 ◆ 117
51画～60画 ◆ 123
61画～70画 ◆ 128
71画～80画 ◆ 132
81画 ◆ 136

第6章　発音による運勢と相性

音から判断する人生と性格 ◆ 138
五要素に分けて調べる ◆ 138
音が暗示するあなたの性格と運勢 ◆ 139
あ行・・・土性 ◆ 139
か行・・・木性 ◆ 141
さ行・・・金性 ◆ 142

た行・・・火性 ◆ 144
な行・・・火性 ◆ 146
は行・・・水性 ◆ 147
ま行・・・水性 ◆ 149
や行・・・土性 ◆ 150
ら行・・・火性 ◆ 151
わ行・・・土性 ◆ 152
音から判断する異性との相性 ◆ 153
土性…「あ行」「わ行」「や行」の名前の人 ◆ 153
木性…「か行」の名前の人 ◆ 154
金性…「さ行」の名前の人 ◆ 155
火性…「た行」「ら行」「な行」の名前の人 ◆ 156
水性…「は行」「ま行」の名前の人 ◆ 157
音から判断する仕事の相性 ◆ 158
土性…「あ行」「わ行」「や行」の名前の人 ◆ 159
木性…「か行」の名前の人 ◆ 160
金性…「さ行」の名前の人 ◆ 161
火性…「た行」「ら行」「な行」の名前の人 ◆ 162
水性…「は行」「ま行」の名前の人 ◆ 163
陰陽のバランスをみる ◆ 165

第7章　良い名前の決め方

良い名前の発想法 ◆ 172
良い名前の選び方・決め方 ◆ 175
目的別に願いを叶える名前 ◆ 181
目的どおりに探せない場合 ◆ 181
健康で長生きできるように ◆ 182
誰からも愛されるように ◆ 184
財産に恵まれるように ◆ 186
リーダー・実業家として活躍できるように ◆ 188

芸術・芸能方面で活躍できるように ◆ 190
会社名やアカウント名を決める ◆ 192

第8章　名前に使える画数別・漢字一覧表

1画〜24画 ◆ 194
ひらがなの画数・カタカナの画数・漢数字の画数 ◆ 289
英数字の画数表 ◆ 290

第9章　名前に使える読み方別・漢字一覧表

あ〜わ ◆ 292

編集協力… 桐生 十冴
校閲、校正協力… 松田しのぶ
装丁、本文デザイン、DTP… 小山 弘子
プロデュース… 稲村 哲

第1章

姓名判断の基本

姓名判断の基本

姓名術からみる良い名前・悪い名前とは

姓名術は古くから統計的な根拠のある開運法として発展してきました。現在、おこなわれている姓名術の源は、昭和初期に熊崎健翁氏が体系化して発表したもので、この体系は中国三千年前の宇宙哲学である陰陽思想と五行思想を基本としています。

私の純正運命学は、長い歴史を持った伝統ある姓名術に研究と吟味を重ねて、日本の現代社会の実情にマッチするように練り上げたものの集大成です。

膨大なデータを分析して統計をとると、名前がもたらす運・不運があることは明らかです。「名前で運命が決まるなんて」と思われるかもしれませんが、姓名術を知るにつれて、これが根拠のあることだということがわかってくるはずです。

良い名前が幸せを呼ぶ

言葉には〝言霊〟といって、霊が宿っているといわれています。また、名前を構成している文字のそれぞれの画数は、それぞれ異なった数の霊導力を持っていて、その人の吉凶を支配しています。

名前は一生のうちに数えきれないほど書き、呼ばれるのですから、運勢に大きな影響を及ぼします。

「良い名前は幸運を招き、悪い名前は不幸を招く」というのが姓名術の基本です。名前なんて符号にすぎない、というのは大きな間違いです。

良い名前は生涯あなたを強力にサポートし、幸せを運んできてくれるのです。

姓名術の活用法と救い

姓名術は、万人に幸せをもたらすためにあります。おおいに活用して、それぞれの幸せをつかんでいただきたいと願っています。

では幸せとは、いったい何なのでしょうか。「富を築きたい」「名誉が欲しい」「出世したい」、いや「地位や名誉よりも、とにかく健康であればよい」と思う人もいるかもしれません。人によっては「のんびりと趣味を楽しみながら、おだやかな生活ができればいうことなし」と思う人もいるでしょう。幸せの価値観は、人それぞれです。

ただし、金銭欲や物欲、出世欲にとらわれすぎると、人をだしぬくことや、けおとすことばかりを考え、常に疑心暗鬼になり、不安や嫉妬で心が安まらなくなってしまいます。いくらお金や物に恵まれても、心が貧しい状態では幸福とはいえません。

私は、真の幸せは自分の心にあるのだと思います。自分の個性や能力を十分に発揮して、周りの人々と協調しながら、生きがいのある毎日を送ること。そして一番大切なのは、心が安定していることです。

欲求不満のない平和な心で過ごすことができたら、これこそ本当の幸福といえるのではないでしょうか。そして、金銭や学歴などであがなえない貴いものが、良い名前から生まれてくるのです。

そういう意味でも、私の姓名術では、成功運だけでなく、対人関係運、安定運、健康運も同等に重視しています。

「私は惜しまず努力をしているのに、なぜ成功できないんだろう」「事故や災難に見舞われ、つらい日々を送っている」「肉親との縁が薄くて孤独だ」「会社や学校での人間関係に悩んでいる」など、現在の状況に満足できない方は、自分の名前を見直してみることをおすすめします。

名前のどこかに、あなたの不運のもとになっている凶数があるはずです。改名すれば、心の持ち方も変わり、幸せの扉を開くことができます。

運が開ける良い名前の条件

では、どんな名前が幸せを運んできてくれるのでしょうか。

たとえば、初対面の人には、まず自分の名前を名のりますね。名刺を渡すこともあるでしょう。電話をかけるときも同様で、名前はあなた自身を象徴するものです。名前によってあなたのイメージが形成されるといってもおおげさではありません。つまり、誰からも好感を持たれる名前、親しまれる名前が、良い名前ということになります。

さらに、姓名術では、名前に使われる文字の画数を重視します。総画数だけでなく、姓名を五つの部に分け、それぞれの画数、五行の調和をみます。

名づけをするとき、改名するときは、これらの要素を念頭において考えてみてください。

改名する場合、戸籍からの変更は家庭裁判所で許可をもらうという手間がかかります。しかし、姓名術では暗示誘導という考え方があります。

暗示誘導とは「この名前に変えたほうがいい」という吉名を用い、ふだんからその吉名を使用し、その名前になりきることで吉の効果が得られるというものです。

字画が悪い、五行のバランスが悪いなど、姓名判断であまり良くない名前であっても、良い通称名を常時使用し暗示誘導を受ければ、戸籍上とは関係なく、良い名前ということになります。

✦四運の画数が良く、三運の調和が良い名前

ここで、具体的に良い名前の条件について解説しましょう。

名前は祖運、主運、初運、助運、総運の五運に分けられます。

このうち祖運を除いた四運の画数がすべて吉数で、祖運、主運、初運の三運で五行の調和が良いことが、良い名前の第一条件です。

名前の例

漢字	画数
守	6
山	3
由	5
希	7
也	3

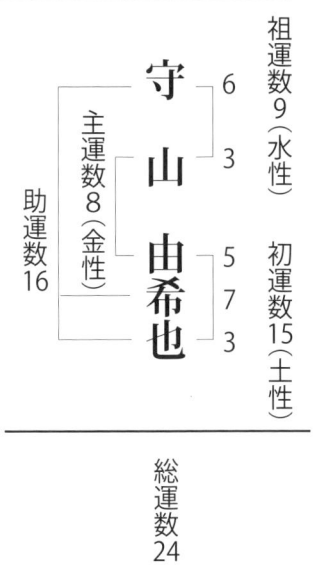

祖運数9（水性）
主運数8（金性）
助運数16
初運数15（土性）
総運数24

第2章で詳しく説明しますが、画数が意味する五行の調和・不調和も姓名判断では大きな意味を持ちます。この姓名は金生水、土生金という、相生の関係となり調和がとれています。

✦読みやすい名前

名づけには法律で決められた漢字しか使えませんが、読み方についての制約はありません。だからといって次のような名前はいかがなものでしょうか。

名前の例

吉田　摩璃音（よしだ　まりおん）
友川　瞳燿（ともかわ　きらら）

俗にいうキラキラネームです。どちらも凝った名前で見た目は美しい感じがしますが、一度で読める人は少ないでしょう。フリガナをふらなければ読めないような特殊な読み方では、名前を書いたり、名刺を交換したりするたびに相手に説明しなければなりません。そのうえなかなか名前を覚えてもらえず、その人の存在自体が薄いものになってしまいます。

個性的で他の人とは違った名前をつけたい気持ちはわかりますが、奇抜だったり、凝りすぎていたり、趣味性が強い名前はマイナスの面が多いといえます。

✦書きやすい名前

名前は一生のうちに数えきれないほど書くものです。やたら画数が多い、めったに使われないといった漢字を使うのは避けたほうがいいでしょう。最近は、一つの音に一つの漢字をあてた次のような名前も多いようです。

名前の例

沢口　富彌哉（ふみや）
後藤　亜耶華（あやか）

富に恵まれるように、華（はな）やかな女性に、という願いはわかりますが、実際に書くのはたいへんです。自分で書くのさえわずらわしくなるような名前はできるだけ避けたほうがいいでしょう。

✦見た目に美しい名前

名前を考えるときは、必ず名だけではなく、姓に続けて書いてみましょう。姓と名のバランスはとれていますか。次の例のように、姓も名も画数が多い①（名前の例）だとちょっとうるさい感じがしますし、両方とも少ないと寂しい感じです。また、三字姓や画数の多い姓に軽すぎる名前の②、逆に画数が少ない姓に重すぎる名前の③も、バランスが悪くて落ち着かないものです。

姓の画数と名の画数とのバランスがそれぞれ良いと、見た目に美しく書きやすい名前になります。何度も書いて確かめることをおすすめします。

名前の例

①梶浦　柾義（かじうら　まさよし）
②川久保　一（かわくぼ　はじめ）
③小山　劉慈郎（こやま　りゅうじろう）

✦聞きやすい名前

ここ数年、字の意味より響きを重視した名前が増えてきました。たしかに名前は書くより呼ばれることのほうが多いもの。響きが良く、聞きやすいことは大切な要素になります。

音には、やわらかい音とかたい音があります。カ行、サ行、タ行、ハ行などはかたい音、ア行、ナ行、マ行、ヤ行、ラ行、ワ行などはやわらかい音です。

✦かたい音が多い、シャープな印象を与える名前

名前の例

立木　克也（たちき　かつや）
川上　竜子（かわかみ　たつこ）

✦やわらかい音で、やさしい印象を与える名前

名前の例

浅野　祐弥（あさの　ゆうや）
沢井　綾乃（さわい　あやの）

カツヤ、ヒサオ、タツコ、サツキのように、かたい音が多い名前はシャープな感じ、ユウヤ、マキル、マユ、アヤノなどやわらかい音で構成された名前はやさしい感じを与えます。

強い子になってほしいなら、たくましさやおおらかさを感じさせる響きを持つ名前、やさしい子になってほしいなら、やわらかさや愛らしさを感じさせる響きを持つ名前を考えるといいでしょう。

また、音にも意味や霊力がありますので、音の持つイメージとともに、意味もよく考慮して選ぶといいでしょう。

✦呼びやすい名前

聞きやすいことと同時に、呼びやすいことも大切な要素です。

カ・ツ・キのようにかたい音ばかりが続く場合、イ・イ・チのように母音が重なる場合、サ行やラ行が重なる場合もいいづらいものです。

また、姓に続けていうと発音しにくかったり、バランスが悪く違和感があったりということもあります。

名前の例

川崎　清彦（かわさき　きよひこ）

姓の最終音と名のはじめの音が同音（き・き）なので、発音しづらくなった例です。

名前の例

辻　彩（つじ　あや）

彩という名前はすてきなのですが、一字姓にはあいません。一字姓の場合、名は三音、三字姓の場合、名は二音でおさえると安定します。

名前の例

合田　淳次（ごうだ　じゅんじ）

濁音(だくおん)が多い名前は、響きも悪くいいづらいので、避けたほうが賢明です。フルネームで声に出して何度も呼んでみましょう。

✦個性的な名前

個性が強すぎる名前はマイナス面が多い、というお話をしましたが、あまりにも平凡すぎる、というのも考えものです。

難しいと思われるでしょうが「奇抜すぎない」「ほどよく個性的で印象的」な名前をつけるのが理想的です。そのために気をつけなければいけないことについて、少しお話ししましょう。

名前にも、時代によって流行というものがあります。最近では現代的で響きの良い名前が人気ですが、流行の名前は、どうしても同名の人が多くなってしまいます。

せっかくすてきだと思ってつけてみたものの、ありふれた名前ではつまらないもの。流行に左右されすぎるのも考えものです。

また「鈴木」とか「田中」、「小林」などの、同姓が多い姓の人が、名まで「広」「明子」などよくある名づけをすると、まったく印象に残らない名前になってしまいます。

名前の例

鈴木　広（ひろし）

田中　明子（あきこ）

姓がよくある姓の人は、名はユニークで創意が感じられるものにしましょう。そして、一番大切なことは、つけた人の願いがストレートに伝わってくる名づけをする、ということです。

たくましく、健(すこ)やかに、やさしく、美しく、など、名前にこめる思いはさまざまですが、あふれる思いが伝わる名前は、強い印象を与えます。逆に平凡な名前は、その人の印象も薄いものにしてしまいます。

名づけの際に避けたい名前

良い名前の条件については、もうおわかりになったことと思います。ここでは「これだけは避けたい」という、悪い名前についてお話ししましょう。

まず避けていただきたいのは、祖運を除いた四運に凶数が入っている名前、三運の調和に欠ける名前です。

三運の調和については第2章で、画数の吉・凶については第5章で詳しく説明しますので、ご覧になってください。

そのほかにも、次のような名前は避けてください。

不吉、不潔な印象を与える文字を使った名前

たとえば法律では許されていても、嫌な印象を与える文字は使わないようにしましょう。過去に「悪魔」という名が世間を騒がせましたが、次の字も避けるようにしたいものです。

漢字の例

鬼・死・醜・殺・葬・罰・凶・
狂・災・苦・忌・怒・虐・害・
飢・豚・恥・亡・貧・乏・朽・
泣・吐・卑・病・厄・血・涙・
悩・悔・臭・屑・闇・盗・禍・
憎・悔・淋・掠・耽・呑・蔭

こっけいな名前、だじゃれのような名前

人にからかわれたり、笑われたりするような名前をつける人はあまりいないと思いますが、気づかずに命名してしまうことがあります。

漢字そのものに問題がなくても、読んだときの印象が悪いものや、こっけいに聞こえる名前がありますので、何度も読み書きすることも忘れないことです。

名前の例

水田　真理（みずたまり）
芳賀　繁（葉が茂る）
沖　珠江（おきたまえ）
浅賀　絵里（あさがえり）

名前だけ良くても、姓に続けると別の意味になってしまって、なんだかおかしい、ということもあります。

また次のような名前は、だじゃれのようでおすすめできません。

名前の例

安芸　晶子（あき　あきこ）
富田　登美子（とみた　とみこ）
山路　歩（やまじ　あゆむ）
春野　桜子（はるの　さくらこ）
田端　実（たばた　みのる）

何度もお話ししましたが、名前はフルネームで、全体のバランスをよくみるように心がけてください。

◆歴史上の人物や有名人と同じ名前

伝説的な英雄や憧（あこが）れの有名人にあやかりたいという気持ちはわかりますが、あまりにも大人物で有名すぎる人の名は、おすすめできません。

たとえば木村という姓の人が拓哉とつけると、からかいの対象になったり、かえってコンプレックスの原因になったりしますし、家康や信玄などというおおげさな名前も、おかしいものです。

◆男女の区別がつきにくい名前

名前の例

ゆう・かおる・けい・
じゅん・ひろみ・ちあき・
まさみ・はるみ・しのぶ

時代を反映してか、男女の区別がつかない名前が増えています。

現代的でおしゃれな感じはしますが、何かと間違われることが多いので、慎重に考えたほうがいいでしょう。

どうしてもそのようにつけたいときは、字を工夫してみましょう。

名前の例

男 浩巳（ひろみ）

女 宏美（ひろみ）

✦姓か名かはっきりしない名前

これには二通りあります。

名前の例

清水牧野（しみずまきの）

中村清水（なかむらしみず）

三好結城（みよしゆうき）

石田清松（いしだきよまつ）

これらのように、姓か名かまぎらわしい名前は、人を混乱させます。また、次のように姓と名の区切りがはっきりしない名前も困ります。

名前の例

森元明（もりもと・あきら／もり・もとあき）

南里英子（なんり・えいこ／みなみ・りえこ）

✦身内や家族が同じ、または似ている名前

同名（同音同字）はもちろんのこと、ユウコとヨウコのように発音が似ている名前も混乱のもとになりがちです。できるだけ、家族の人とははっきりと違う名前をつけましょう。

姓の始まりと順位について

姓名、あるいは名前を書いてくださいといわれると、誰でも自分の名前を書きます。しかしこれは本来の意味の姓名でも氏名でもないのです。驚く方もいらっしゃるでしょうが、ここで「姓」と「氏」、「苗字」の始まりをお話ししましょう。

そもそも「姓」や「氏」、「苗字」は、どこからきたのでしょうか。

「姓」はもともと「かばね」といって、古代では家系によって世襲する職名だったのです。これが時代とともに、その家系自体をさす称号になっていきました。大和朝廷のころ活躍した蘇我大臣馬子なら「大臣」が姓で「蘇我」が氏ということになります。「氏」は家に伝わる称号ですから、変わることはありません。「姓」もはじめは私的な称号だったのですが、大和朝廷の支配が強くなるとともに、朝廷が奪うようになりました。

これは国家が認定する爵位のようなもので、功績によって上がったり下がったりしました。

姓の最高の位が臣、次に連があります。臣の一族の長は大臣、連の一族の長は大連と呼ばれ、大きな権力を握っていました。

その後、645年の大化の改新を経て、唐にならった律令制度が推進されました。そして天武天皇のもと、姓は「八色の姓」として整備され、次のように8段階で順位づけられたのです。

一位・真人（まひと）
二位・朝臣（あそん）
三位・宿禰（すくね）
四位・忌寸（いみき）
五位・道師（みちのし）
六位・臣（おみ）
七位・連（むらじ）
八位・稲置（いなぎ）

このような姓を賜った家系は、位が高かったということになります。皆さんが『百人一首』や『古今和歌集』などでよくご存じの歌人たちも、この姓を持っています。

淡海三船は真人、藤原仲麻呂は朝臣、大伴家持は宿禰、山上憶良は臣といった具合です。

当時、身分の高い人々は、藤原朝臣仲麻呂、大伴宿禰家持というように、氏とともに姓も名のるのが普通でした。

氏を使う意味とは

それでは「氏」とは何でしょう。氏は家系を守る血族が子孫に伝えていった「家の称号」です。古代には大氏と呼ばれる家系のもとに小氏が集まり、氏の長が一族を統率していました。これが氏上なのです。

氏族は血縁集団ですが、職業も世襲し、しだいにその名が氏族の称号になっていきました。

軍事をつかさどっていた大伴氏・物部氏、祭祀をつかさどっていた斎部氏・中臣氏、財政をつかさどっていた蘇我氏などが代表的な氏族です。

これらの氏族の血族ではないものの、その氏につかえる一族もまた、品部とか部民、曲部といって氏称がつけられる民となりました。

たとえば、大伴氏の部民は大伴部、中臣氏の部民は中臣部。本来は「大伴氏の家来」「中臣氏の家来」という意味でしたが固有の氏称になったのです。

氏のルーツは千数百年も昔にさかのぼるわけですが、現代まで伝わっているものもあります。

阿部はもともと丈部（駆使部）といって、豪族のメッセンジャーをしていた部民だったといわれています。

服部はもともと、織物職人の機織部という部民だったといわれています。そのほかに、大石、大食、段、多という氏は祭司者だったといわれています。

苗字の歴史について

現在の「姓」や「氏名」といった場合の姓や氏、つまり「山田」や「平沢」などは、本来は苗字だったのです。

苗字は、もとは家名といいました。「氏」や「姓」が公的な呼び名だったのに対して、苗字は通称のようなものでした。

昔は氏・姓・苗字・名と、すべてを名のっていたのです。

たとえば織田信長のフルネームは次のようになります。

氏	姓	苗字	官職名	字	諱
平	朝臣	織田	上総介	三郎	信長

由緒ある氏ではなく、なぜ苗字のほうが一般的に使われるようになったのでしょうか。それは氏称が血族全員の呼称だったため、一族が増えるにしたがって、どこの誰だかわかりにくく区別がつかなくなってきたからです。

奈良時代、平安時代に一時代を築いた藤原氏を例にとりますと、加賀の藤原氏は加藤、佐賀の藤原氏は佐藤、近江の藤原氏は近藤、那須の藤原氏は須藤、伊豆の藤原氏は伊藤、武蔵の藤原氏は武藤というように藤をつけて名のりました。

このほか方角からとった上原、中原、下原、北原、東原、南原、西原なども、藤原氏の流れです。

このように、土地の名と名前には深い関係があることが多く、今でも同じ土地に住んでいる人の苗字がみんな同じ、ということはよくあることです。

江戸時代までは、武士以上の身分の者か、一部の豪商や名主しか正式に苗字を名のることはできませんでした。

庶民も苗字を名のることができるようになったのは、明治時代になってからです。明治3年に発布された太政官布告によって、すべての国民に苗字を名のることが許されるようになりました。

当時、読み書きがままならない人は、役場の書記やお坊さんなどにつけてもらったといいます。

こうしてみますと、今でこそあたりまえのように名のっている苗字ですが、すべての人が名のれるようになってから、まだ150年ほどしかたっていないのです。

氏と姓、苗字には、以上のような歴史的な意味と違いがあります。今では姓名や氏名といえば苗字と名のことで、戸籍にも苗字と名が記載されています。

第2章

姓名判断の手順

姓名判断の手順

文字の画数はふだん使っている文字数で数える

姓名判断では、文字の画数によって人生の吉凶を判断します。ですから、画数を正しく数えることが、重要なポイントになります。ここで正しい数え方をマスターして、実際の名づけに生かしてください。

✦楷書体の画数で数える（その1）

画数の数え方にもいろいろな流派があります。田口二州の姓名術では、ふだん日常的に使っている文字で数えます。運勢を決めるのは、日常的に使いなじんでいる名前だからです。

ですから、ふだん名前を常用漢字である新字体で書いているならば新字体で、旧字体で書いているとすれば旧字体で数えてください。

旧字体と新字体というと、どちらを使えばよいのかおわかりにならない方もさぞかし多いことでしょう。そこで、ここでは新字体と旧字体について詳しく説明します。

もともと漢字も姓名学も中国から渡来してきたもので、明治以降の日本ではおよそ300年前に清で編纂された『康熙字典』に準拠していました。

この字体は象形から形づくられた文字の成り立ちを重視していますので、とくに〝かんむり(冠)〟や〝へん(偏)〟などの数え方には特徴があります。

たとえば、くさかんむりは「艸」で6画、さんずいは「水」で4画、しんにゅうは「辵」で7画、といった具合です。

しかし、新字体ができると、くさかんむりは「艹」

で3画、さんずいは「氵」で3画、しんにょうは「辶（⻌）」で3画（4画）というように、旧字体に比べるとぐっと簡略化されてきました。

これは、日本に限らず、漢字の発祥地ともいえる中国においても、まったく同じことがいえます。

近年では、日本の中高年のほうが中国の若者よりも旧字体を理解しているようです。

こうした経緯から、日本の場合でも新字体の漢字が定着していったのです。

ただし、姓名判断上ではどちらを使っているかによって数え方が違います。戸籍では旧字体になっているが、いつも自分で書くときは新字体を使っている、名刺での表記は新字体だ、という場合は新字体で数えればいいわけです。

たとえば「オオサワ　メグミ」さんの場合、新字体では「沢」は7画、「恵」は10画ですが、旧字体ですと「澤」は16画、「恵」は12画になります。

大3	沢7	恵10
大3	澤16	恵12

このように、新字体で書いた場合と、旧字体で書いた場合とでは、画数がかなり違ってきます。旧字体で書くと吉数でも、新字体で書くと凶数になる、ということもあるでしょう。そのようなときは、ふだんから旧字体を使うようにすればいいのです。

また、ひらがなにすると吉数になることもあります。どうしても凶数になってしまう場合は、字の使い方を工夫してみましょう。

これらの字は本人の書き方によって変わります。

今と昔で本人の書き方で画数が違う漢字の例

昔	雅（12画）	紫（11画）	柴（9画）
今	雅（13画）	紫（12画）	柴（10画）

今と昔では書き方で数え方が変わります。

牙→4画　牙→5画

此→5画　此→6画

✦楷書体の画数で数える（その2）

何度も述べましたように、ふだん使っている文字にこそ、霊導力（れいどうりょく）が宿っているのです。

流派によっては「水（さんずい）」や「犬（けものへん）」、「手（てへん）」は4画、「示（しめすへん）」は5画とするところもありますが、田口二州流は、そのまま素直に「氵」「犭」「扌」は3画、「ネ」は4画と数えます。

数え方が難しい漢字もありますので、下の一覧表を参考にしてください。

また、印刷物に使われる活字は、本来の字とは少し異なっている部分がありますので、注意してください。たとえば「良」や「衣」などは活字ではハネが「レ」になっているので、つい2画と数えがち

画数が難しい字・つくり

乙 1	衣 6	柴 10（9）
乃 2	匠 6	鶴の隺 10
子 3	臣 7（6）	皐 11
幺 3	釈の釆 7	紫 12（11）
夊 3	彩の采 8	歯 12
弓 3	佳 8	雅 13（12）
阝 3	食 8	棄 13
辶 3	昂 8	舜 13
辶 4	飛 9	璃 15
比 4	勁 9	
母 5	奎 9	
牙 5（4）	遥の䍃 9	
瓦 5	朔 10	
癶 5	鬼 10	

ですが、実際に手で書くときは「レ」と書きますので、1画になります。つまり、「良」は7画、「衣」は6画が正しい数え方です。

なお、「佐々木」「すゞ」などに使われている繰り返し符号は、本来の字に直して数えます。この場合は「佐佐木」「すず」として画数を求めればいいのです。

✦漢数字の数え方

一から十までの漢数字は、普通に数えると「一」が1画、「三」が3画、「四」が5画、「五」と「六」は4画、そのほかの数字はすべて2画ということになります。しかし、姓名判断上では漢字としてより数字の意味に重きをおいて画数を出します。「四」は4画、「六」は6画として、「八」は8画、「九」は9画として数えてください。

漢数字を書くときは、無意識に書く人の心の中に数理観念が働きます。そのため、漢数字どおりに数えたほうが判断は的中するというわけです。

✦かな文字の画数の数え方

カタカナは、そう迷うこともなさそうですが、ひらがなについてはちょっと注意が必要です。ひらがなは、書くときの息の継ぎ方によって画数が決まっているからです。

たとえば「は」「ま」「ね」などは3画ではなく4画、「ほ」も4画ではなく5画になっています。これは結びのところでひと息継ぐので、終筆を1画加えているからです。

また、「ば」や「ザ」などの濁音は2画プラス、「パ」や「ピ」などの半濁音は1画プラスとして数えます。ですから「ば」は4画プラス2画で6画、「パ」は2画プラス1画で3画になります。

なお、ひらがな・カタカナの画数と漢数字、アルファベットなど英数字の画数は289ページにありますので、参照してください。

姓名の五分類

名前はその人を暗示しています。吉凶を占うためには、まず姓名を祖運・主運・初運・助運・総運の五つの運に分類しなければなりません。次のように紙に名前を書き出して、調べてみましょう。

菊 11　池 6　竜 10　平 5

祖運数17（菊・池）
主運数16（池・竜）
初運数15（竜・平）
助運数16（菊・平）
総運数32

五運には、それぞれ次のような意味があります。

【祖運】 姓の画数の合計数です。単独では吉凶をあらわしません。ここの数だけは吉数でも凶数でもかまわないのです。主運数、初運数と調和しているかどうかによって吉凶を判断します。

【主運】 姓の最後の文字の画数と、名の最初の文字の画数との合計です。その人の性格と人生をあらわします。また、祖運数と調和しているかいないかによって、成功運を判断します。

【初運】 名前の画数の合計数です。子ども時代の運命をあらわします。また、主運数との調和・不調和によって境遇の安定、不安定を判断します。

【助運】 姓名の全画数から、主運数を除いたものです。ただし、一字姓や一字名の場合は、祖運数や初運数をそこに足します。配偶者や対人関係の吉凶、運勢の流れなどを判断します。

【総運】 姓名すべての画数の合計数です。一生の運勢をあらわします。ただし総運数が吉数であっても、祖運・主運・初運の三運の配合が悪いときは、吉数の暗示はあらわれません。

五運のあらわし方

姓名の構成はさまざまです。もっとも一般的なのは二字姓・二字名ですが、一字姓・一字名もあれば三字姓・三字名もあります。

その構成によって五運の出し方も違いますので、次の例を参考にして、間違えないように五運を出してみましょう。

画数の数え方

一字姓・一字名

林（はやし）8
滉（あきら）13

祖運数8
初運数13
主運数21
助運数21
総運数21

一字姓・二字名

原（はら）10
翔（しょう）12
也（や）3

祖運数10
初運数15
主運数22
助運数13
総運数25

一字姓・三字名

岸（きし）8
由（ゆ）5
加（か）5
里（り）7

祖運数8
初運数17
主運数13
助運数20
総運数25

二字姓・一字名

文字	よみ	画数
鈴	すず	13
木	き	4
絢	あや	12

祖運数17
初運数12
主運数16
助運数25

総運数29

二字姓・二字名

文字	よみ	画数
平	ひら	5
川	かわ	3
壮	そう	6
亮	すけ	9

祖運数8
初運数15
主運数9
助運数14

総運数23

二字姓・三字名

文字	よみ	画数
高	たか	10
橋	はし	16
満	ま	12
祐	ゆ	9
子	こ	3

祖運数26
初運数24
主運数28
助運数22

総運数50

三字姓・一字名

文字	よみ	画数
久	く	3
保	ぼ	9
田	た	5
楓	かえで	13

祖運数17
初運数13
主運数18
助運数25

総運数30

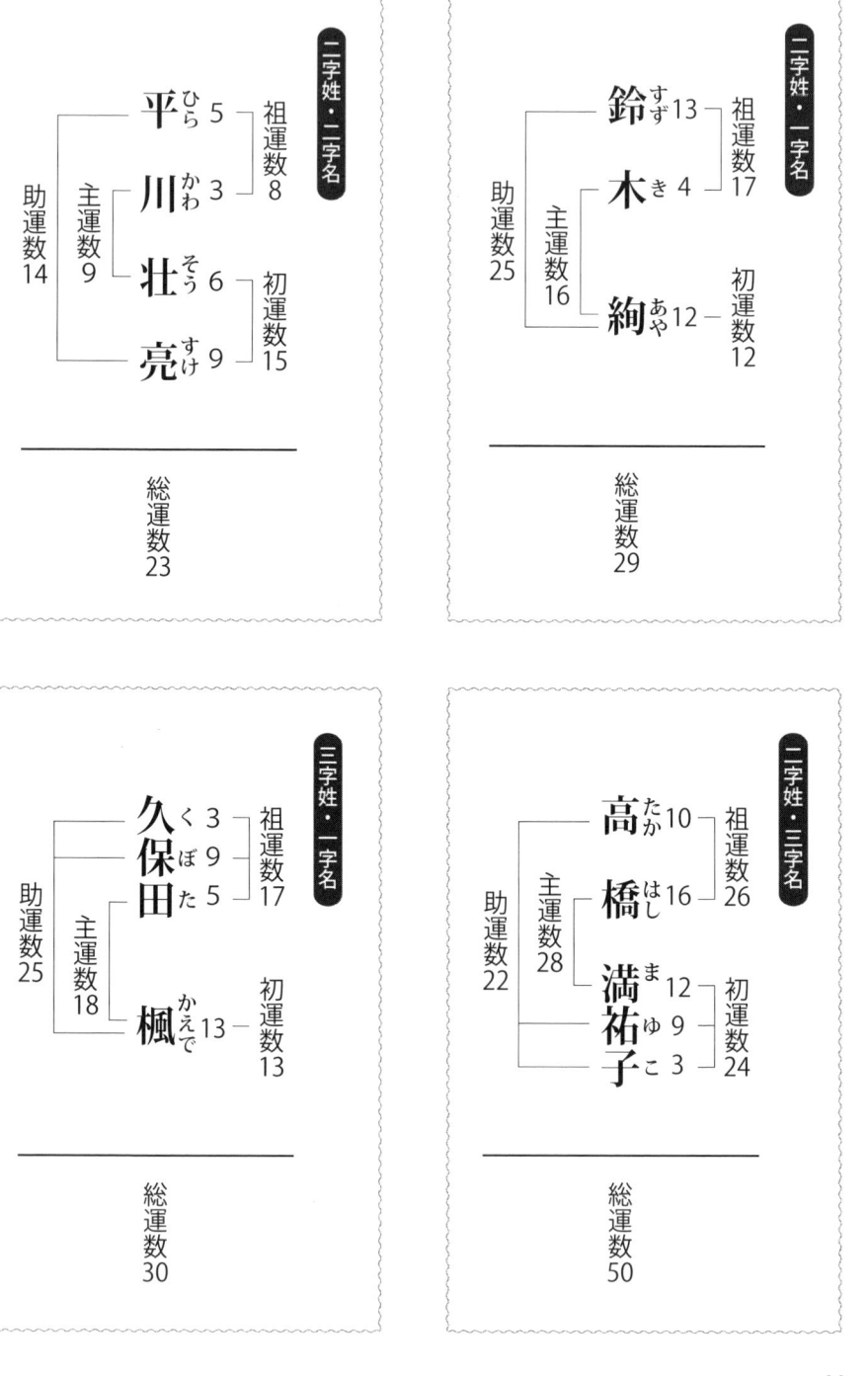

三字姓・二字名

長（はせ）8・谷（せ）7・部（べ）11　涼（りょう）11・真（ま）10

祖運数26　初運数21　主運数22　助運数25

総運数47

三字姓・三字名

早（さ）6・乙（おと）1・女（め）3　清（せい）11・太（た）4・郎（ろう）9

祖運数10　初運数24　主運数14　助運数20

総運数34

四運が暗示するもの

ここではもう少し詳しく、四運がそれぞれ暗示するものについてお話ししましょう。四運というのは、主運（しゅうん）、助運（じょうん）、初運（はつうん）、総運（そううん）のことです。祖運（そうん）は単独では吉凶をあらわしませんので、ここでは除外します。

これら四運は、さまざまな形で、その人の人生に大きな影響を及ぼしますので、よく理解しておいてください。

四運のそれぞれの吉凶は、第5章（93ページから）で詳しく説明しています。〇印のついている画数が吉数、×印の画数が凶数となります。

✦性格と人生を示す主運

主運数が吉数であれば、日々の努力が報（むく）われ、高い評価と地位を得ることができます。目上の人には引き立てられ、同僚や目下の人からは慕（した）われ、満ち足りた人生を送ることができます。経済的にも恵まれた一生となるでしょう。

逆に、主運数が凶数の人は、どんなに一生懸命努力しても実りが少なく、不平不満が多い人生になります。せっかくチャンスがめぐってきても、思いがけない不運に見舞われて逃してしまったり、成功への階段を上りかけると、妨害されたりして、不遇な一生を送ることになるかもしれません。

主運数は、社会的な成功に大きな影響を及ぼします。とくに男性は、この運数の吉凶によって人生が左右されますから注意が必要です。

また、最近は社会に出て活躍する女性が増えてきました。女性も主運数に吉数を持てば、成功への切符を手に入れることができるのです。

✦子どものころの運勢を示す初運

初運は、少年・少女時代の運命をあらわします。これが吉数の人は、家庭に恵まれ安定した環境の中で、幸福な少年・少女時代を過ごすことができるでしょう。

凶数の人は、両親の愛情に恵まれないとか、経済的に不安定であるとか、何か満たされない少年・少女時代を送ることが暗示されています。

また、主運数との調和・不調和によって、生まれ持った境遇が安定しているかいないかを判断することができます。

✦対人関係と配偶者運を示す助運

助運が吉数の人は、交際上手で誰とでもスムーズな人間関係を結ぶことができます。

そのため、多くの友人に囲まれてにぎやかで楽しく幸せな人生です。何か困難なことがあっても上手に対処できます。配偶者にも恵まれ、円満な家庭を築くことができるのです。

凶数の人は、周囲に対して愚痴が多く、不平不満が絶えません。せっかく友人や配偶者に恵まれても、感謝の気持ちを忘れていると、最後にはみんなに見放されて、寂しい人生を送ることになってしまう結果もあります。

一生の運勢を示す総運

総運が吉数の人は何ごとも順風満帆、安定した幸せな一生を送るでしょう。ただし、三運の調和が悪い場合は、その限りではありません。さまざまなトラブルに悩まされがちです。

逆に、総運が凶数でも、三運の調和が良い場合は、中年まではなんとか順調な人生を歩めます。しかし、晩年には凶数の影響が出て、寂しい老後になってしまうこともあります。

姓名数の配合による調和と不調和

五運の出し方は、もうおわかりになったことでしょう。しかし、五運のすべてが吉数だったからといって喜ぶのはまだ早いのです。

これまでに何度か、姓名数の調和・不調和という言葉を出してきましたが、これが姓名判断で人生の吉凶を占う大きな要素になります。

五気五行の出し方

まず、主運、初運、助運、総運の画数が吉数であること、そのうえに祖運、主運、初運の三運の調和が良いこと、この二つの条件がそろったときにはじめて、幸せを招く名前となるのです。どんなに運数が良くても、三運の調和に欠けると、幸せな人生を送ることができません。

三運の調和が良いか悪いかは、祖運、主運、初運のそれぞれの数を、木・火・土・金・水の五行（五要素）に分けて調べます。

この五行（五要素）という考え方は、中国の古代思想が基になっています。古代中国では、宇宙にあるすべてのものは、木・火・土・金・水の五つの要素から構成されている、と考えられていました。

これを五気五行といい、画数をみる上でそれぞれの要素が割り当てられています。

この五気は、無形の気からあらゆる有形物が生ずる源です。木の気は木の形となり、火の気は火の形となり、土の気は土の形となり、金の気は金の形となり、水の気は水の形となるということで、宇宙のあらゆるものを形成させる精気なのです。

「行」とは、「おこなう」「なされる」「成り立つ」という意で、五気の働きを意味します。

〝火〟と〝水〟は万物のはじめで、火と水がなかったら、あらゆるものの命はありません。それに〝土〟の土地、〝木〟の住居や家具の木製品、〝金〟のすべての金属類がなければ私たちの生活は成り立ちません。つまり、この五気がそろって、私たちの生活があるのです。また、五気は季節もあらわします。

〝木〟は万物を成長させる〝暖かい気〟春を、
〝火〟は万物を旺盛にさせる〝暑い気〟夏を、
〝土〟は四季の中間にある〝湿った気〟土用を、
〝金〟は植物を実らせる〝涼しい気〟秋を、
〝水〟は万物が来るべき春を待つ静かな状態〝寒い気〟冬を意味します。

五気五行の代表的なものは次のとおりです。

	五欲	五臓	五味	五色	季節
木	生命欲	肝臓	酸味（さんみ）	青	春
火	名誉欲	心臓	苦味（にがみ）	赤	夏
土	飲食欲	脾臓	甘味（かんみ）	黄	土用
金	金銭欲	肺臓	辛味（からみ）	白	秋
水	色情欲	腎臓	鹹味（しおからみ）	黒	冬

姓名術や手相、人相などの東洋の占術、漢方医術は、このような中国の古代思想を取り入れて発展してきました。

姓名判断では五行（五要素）を、字の画数の下ひと桁の数で割り振ります。

◎木性──1と2

1、2、11、12、21、22、31、32画など

◎火性―3と4

3、4、13、14、23、24、33、34画など

◎土性―5と6

5、6、15、16、25、26、35、36画など

◎金性―7と8

7、8、17、18、27、28、37、38画など

◎水性―9と0

9、10、19、20、29、30、39、40画など

五要素の相生と相剋をみる

五気五行を出したら、次に祖運→主運→初運の相生と相剋を調べて、良い名前であるかどうかの判断をします。

五要素の見方としては、木→火→土→金→水と続き、水の次は再び木という順に並んでいます。

隣り合っている関係にあるときは良好なバランスを保っていると判断します。逆に隣り合っていない場合は、反発し合う関係と考えます。

この五行（五要素）の調和がとれている場合（それぞれが隣り合った関係にあること）を相生といい、それぞれの要素は互いに助け合います。

これとは逆に不調和な場合（それぞれが隣り合っていない関係のとき）は相剋といい、それぞれの要素は対立し、互いに傷つけ合います。

✦調和がとれている配合―相生（相手を助けたり、自分が助けられたりする関係のこと）

木と木をこすり合わせると火が出ます。火に木を投じると、ますます火は激しく燃えさかります。

◎火生土（かしょうど）

火は燃えつきると灰になり、最後は土になります。

◎土生金（どしょうきん）

金をはじめ、さまざまな鉱物は土の中から産出されます。

■三運の調和が良い……相生の関係

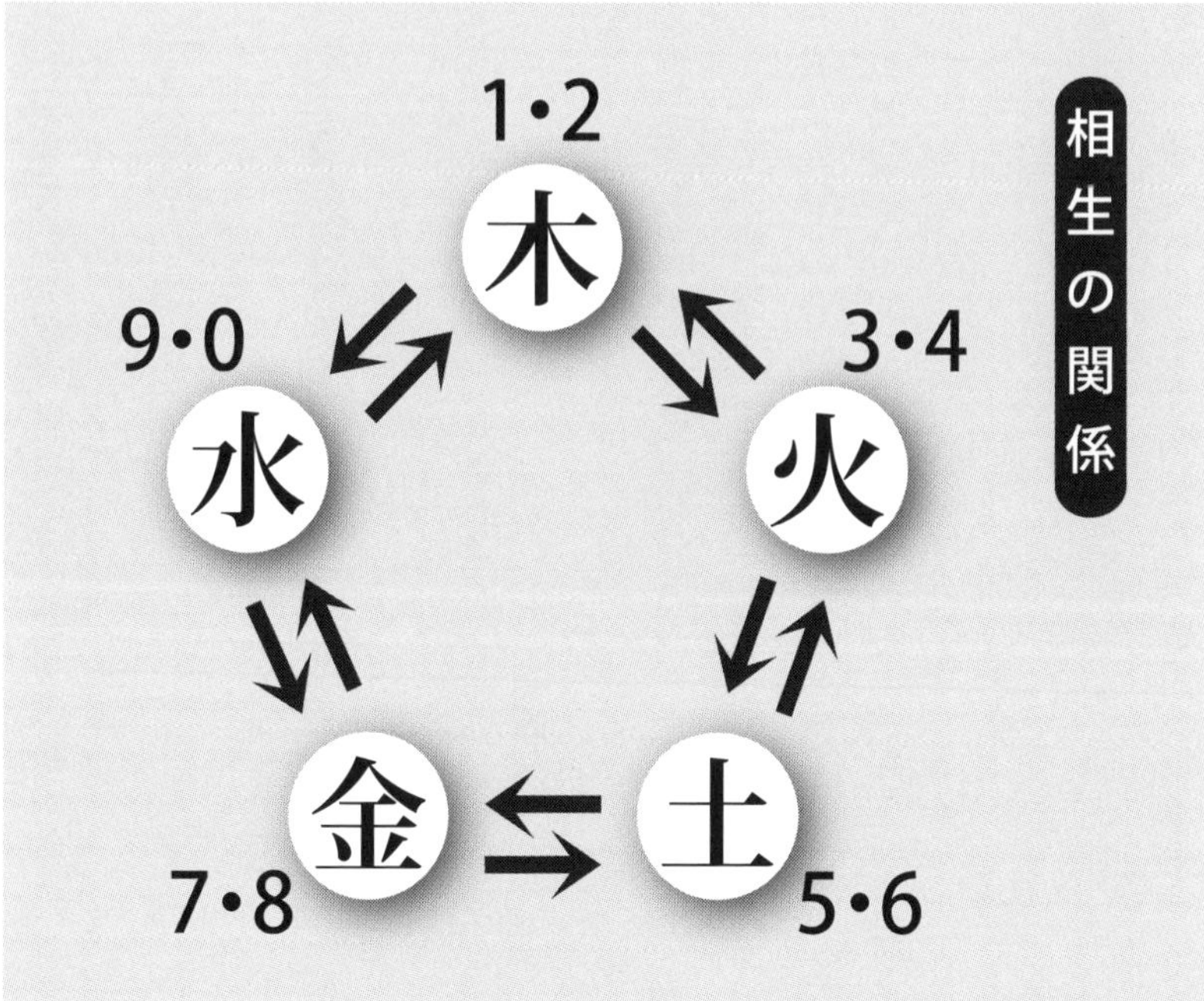

■三運の調和が悪い……相剋の関係

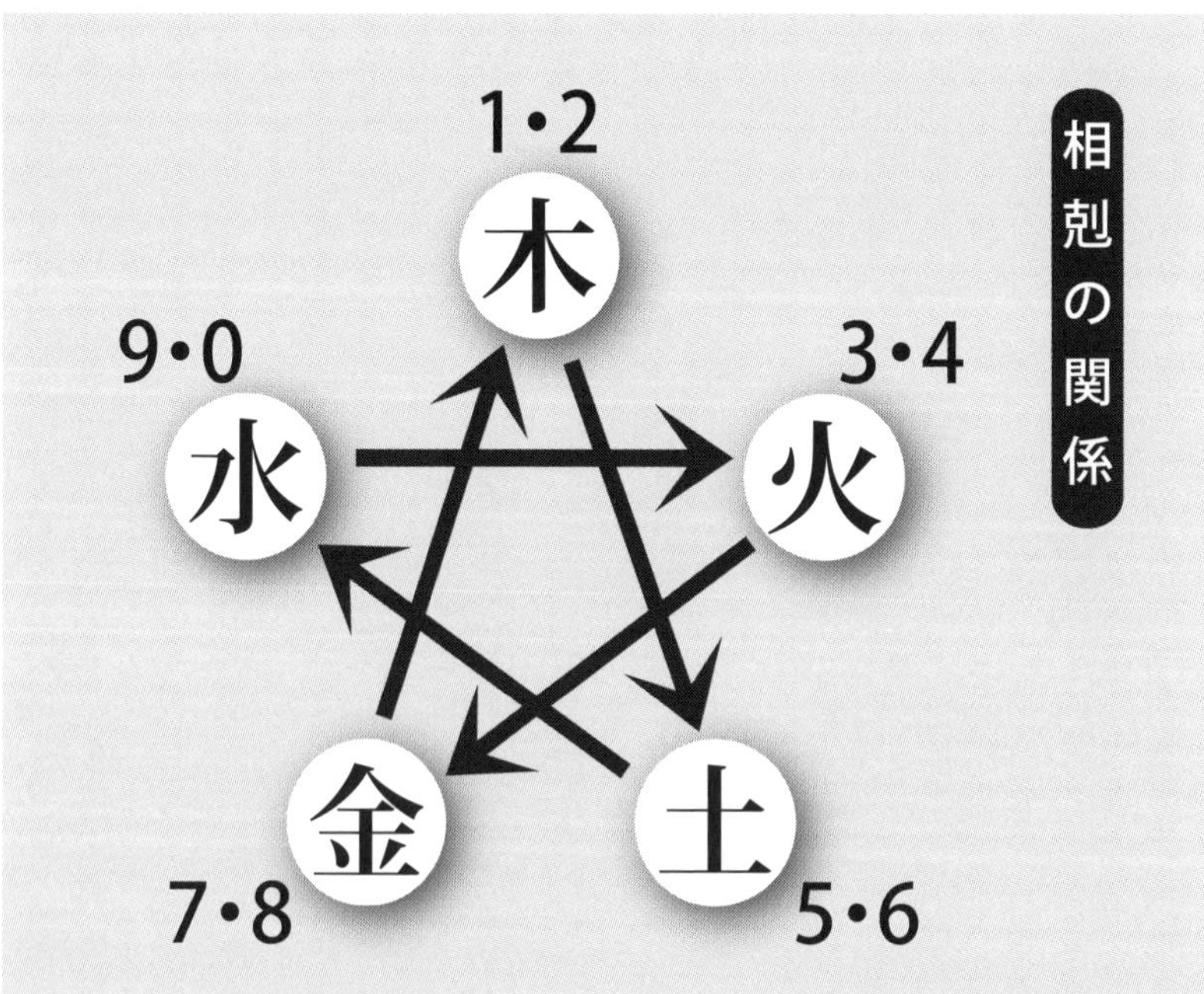

◎金生水（きんしょうすい）

金がとれる場所には湧水があります。また、冷たい金属の表面には、水滴が露になります。

◎水生木（すいしょうもく）

水がなければ木は枯れてしまいます。水を得ると、木は大きく育ちます。

✦不調和な配合―相剋（互いに打撃を受けたり、打撃を与えたりする関係のこと）

◎木剋土（もくこくど）

木は土を押しのけて根を張り、土の養分を奪います。土はやせてしまいます。

◎土剋水（どこくすい）

土は水の流れをせき止めたり、水をにごらせたりします。

◎水剋火（すいこくか）

水は燃えさかる火の勢いを止め、消してしまいます。

◎火剋金（かこくきん）

火は金属（鉱物）を溶かし、その姿を変えてしまいます。

◎金剋木（きんこくもく）

金属でつくった刃物は木を切ったり傷つけたりします。

三運の調和が必要なわけ

祖運→主運、主運→初運のそれぞれが相生の関係にあり、しかも主運、初運、助運、総運が吉数なら申し分ありません。それこそ最高の吉を呼ぶ名前ということができます。

逆に、それぞれの画数が吉数でも、三運が相剋の関係にあるときは、チャンスが訪れても生かせなかったり、成功しかけても何かしら邪魔が入ったりして、なかなか幸運を呼び込むことができません。せっかく吉数の名前を選んでも、望みどおりにいかないことがあるのです。

一般的な姓名判断の場合、総運数や名前の吉凶だけで、運勢の善し悪しを判断するケースが多いようです。しかし、田口二州流では、三運の調和がとても大切な要素になります。

ですから、名前をつけるときには画数の吉凶はもちろんのこと、三運の調和・不調和も十分に考え合わせて決めることが重要なポイントになってくるわけです。

三運の調和がとれている名前

それでは、実際に名前を書き出して祖運、主運、初運の画数の下ひと桁の数字を調べてみましょう。

祖運と主運、主運と初運が相生の関係にある場合（36ページの図で隣り合っているもの同士の場合）と、もしくは同じ五気の場合は、三運の調和の良い名前となります。

少し難しい見方ですので、具体例をあげてみていきましょう。

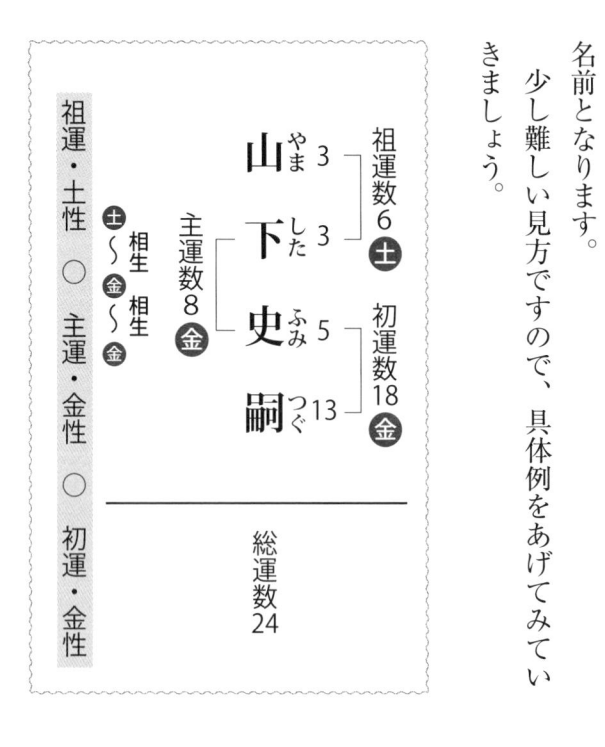

山（やま）3　下（した）3　史（ふみ）5　嗣（つぐ）13

祖運数6 土

主運数8 金

初運数18 金

相生 相生
土～金～金

総運数24

祖運・土性 ◯ 主運・金性 ◯ 初運・金性

宮（みや）10 田（た）5 莉（り）10 那（な）7

祖運数15 土
主運数15 土
初運数17 金
総運数32

土〜土〜金 相生 相生

祖運・土性 ○ 主運・土性 ○ 初運・金性

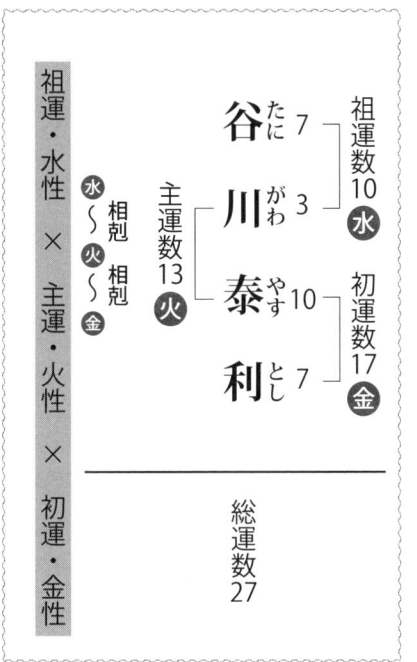

安（あん）6 藤（どう）18 志（し）7 朗（ろう）10

祖運数24 火
主運数25 土
初運数17 金
総運数41

火〜土〜金 相生 相生

祖運・火性 ○ 主運・土性 ○ 初運・金性

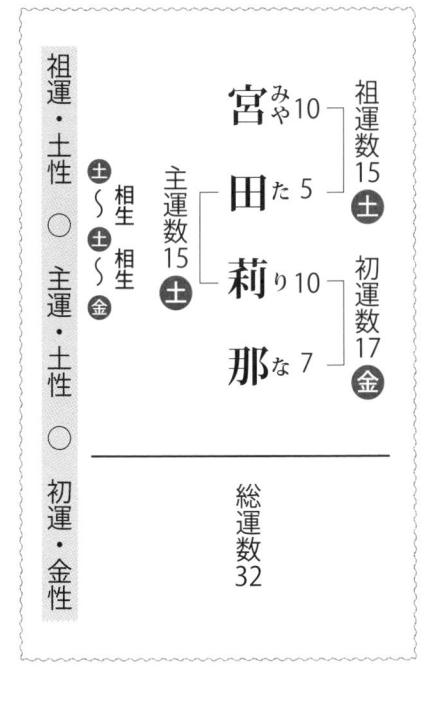

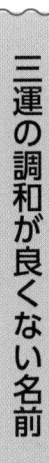

三運の調和が良くない名前

祖運と主運、主運と初運が、それぞれ相剋の関係になっている場合は、三運の調和が悪い名前と考えます。

どのような場合が、調和が良くないのか、実際に例をあげてみます。

難しい見方ですが、命名の際には十分気をつけてください。

谷（たに）7 川（がわ）3 泰（やす）10 利（とし）7

祖運数10 水
主運数13 火
初運数17 金
総運数27

水〜火〜金 相剋 相剋

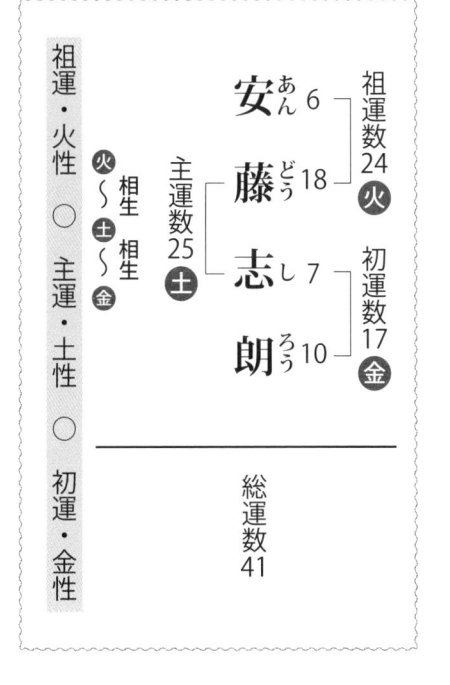

祖運・水性 × 主運・火性 × 初運・金性

神（かん）9　田（だ）5　夕（ゆ）3　奈（な）8

祖運数14 火　初運数11 木

主運数8 金

相剋　相剋
火〜金〜木

総運数25

祖運・火性 × 主運・金性 × 初運・木性

大（お）3　久（おく）3　保（ぼ）9　陽（はる）12　充（みつ）6

祖運数15 土　初運数18 金

主運数21 木

相剋　相剋
土〜木〜金

総運数33

祖運・土性 × 主運・木性 × 初運・金性

三運の吉格と凶格

祖運、主運、初運のすべてが調和している名前を三運吉格といい、逆に、相剋し合う名前を三運凶格といいます。三運凶格の名前は、不運や災難の暗示がありますから、できるだけ避けるようにします。

もし、自分の名前が三運凶格だった場合は、改名を検討してもいいかもしれません。

ただし、家庭裁判所で申し立てをしたり、役所へ申請を出したりなど、たいへんな思いをして改名するより、通称名を工夫することで暗示誘導を引き寄せ三運凶格から逃れる手段があります。

ふだん、名前を書くときや周囲の人に呼んでもらう名前を、新旧の文字を入れ替えたり、仮名や異文字を使ったりして、調和の良い名前を考えてみるのです。本書を参考にしてください。

次に、吉格か凶格かが一目でわかる代表的な早見表を載せましたので、参考にしてください。

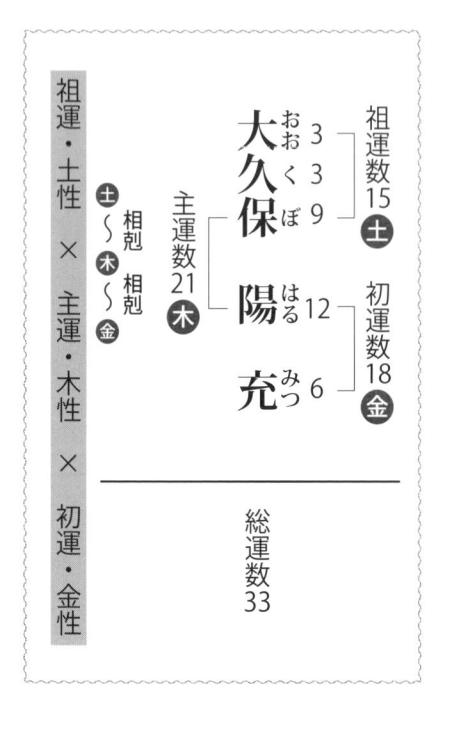

■三運吉格の早見表（表の数字は画数の下ひと桁の数です）

木性数の姓と三運吉格

祖運	主運	初運	五要素
1・2	1・2	1・2	木木木
1・2	3・4	1・2	木火木
1・2	1・2	3・4	木木火
1・2	1・2	5・6	木木土
1・2	3・4	5・6	木火土
1・2	3・4	3・4	木火火

火性数の姓と三運吉格

祖運	主運	初運	五要素
3・4	1・2	1・2	火木木
3・4	1・2	5・6	火木土
3・4	5・6	5・6	火土土
3・4	5・6	3・4	火土火
3・4	3・4	1・2	火火木
3・4	5・6	7・8	火土金
3・4	1・2	3・4	火木火

土性数の姓と三運吉格

祖運	主運	初運	五要素
5・6	3・4	1・2	土火木
5・6	3・4	5・6	土火土
5・6	7・8	5・6	土金土
5・6	5・6	3・4	土土火
5・6	5・6	7・8	土土金

金性数の姓と三運吉格

祖運	主運	初運	五要素
7・8	5・6	3・4	金土火
7・8	5・6	5・6	金土土
7・8	5・6	7・8	金土金

水性数の姓と三運吉格

祖運	主運	初運	五要素
9・0	1・2	1・2	水木木
9・0	1・2	5・6	水木土
9・0	7・8	5・6	水金土

■三運凶格の早見表（表の数字は画数の下ひと桁の数です）

凶災の運格

祖運	主運	初運	五要素
5・6	9・0	5・6	土水土
9・0	3・4	9・0	水火水
3・4	9・0	3・4	火水火
3・4	5・6	9・0	火土水
5・6	3・4	9・0	土火水
1・2	5・6	9・0	木土水

生命の凶兆を暗示する「水剋火」「土剋水」の配合です。

病難の運格

祖運	主運	初運	五要素
7・8	3・4	7・8	金火金
7・8	1・2	7・8	金木金
3・4	7・8	3・4	火金火
1・2	5・6	1・2	木土木

心も体もともに病にさいなまれやすい配合です。

急変・短命の運格

祖運	主運	初運	五要素
9・0	3・4	3・4	水火火
3・4	3・4	9・0	火火水

突然の災難の凶兆となる配合です。

遭難の運格

祖運	主運	初運	五要素
7・8	5・6	9・0	金土水
7・8	7・8	9・0	金金水
7・8	3・4	9・0	金火水
5・6	9・0	9・0	土水水
3・4	7・8	9・0	火金水
9・0	9・0	3・4	水水火

外傷をともなった危険にあいやすい配合です。

第3章

あなたの性格と人生

あなたの性格と人生

主運数からわかること

ここでは、主運数（しゅうんすう）があらわす、あなたの性格と運勢、そして仕事運・恋愛運について紹介します。主運数の出し方は、もうおわかりでしょう。姓（せい）の最後の文字の画数と、名の最初の文字の画数を合計したら、その下ひと桁の数字で判断してください。

1を主運に持つ人の性格と人生

◆性格と運勢

誰からも信頼される、誠実で温厚（おんこう）な人柄の持ち主です。感情のおもむくままに行動することはなく、人間関係は円満で、たくさんの良い友人に囲まれるでしょう。周囲の温い応援で指導者的立場につくこともあります。

また、何ごとも慎重に判断するので一か八（いちかばち）かの勝負に出たり、ギャンブルに走ったりすることはありません。そのため、大きな失敗をすることなく堅実な人生を歩みます。

豊かな才能の持ち主で、どんな道に進んでも成功します。ときに不運に泣くことがあっても、必ず新たなチャンスが再びめぐってきて、あなたを成功へと導いてくれるのです。

ただし、姓名数の調和に欠けると、慎重さが裏目に出て優柔不断（ゆうじゅうふだん）になり、せっかくのチャンスを逃してしまうことに。何ごとも勇気を持って決断をするよう、心がけることが大事です。

◆仕事運

誰とでも良い人間関係を結ぶことができるので、たくさんの人から援助の手がさしのべられ、何をしても成功します。会社の中では組織のしっかりした一員として実力を発揮しますし、独立しても成功をおさめることができる運勢です。

◆恋愛運

炎のような激しい恋や、浮ついた愛は、あなたにとって無縁のものです。一人の人と静かに愛を育み、生涯変わらぬ愛を貫きます。

2を主運に持つ人の性格と人生

◆性格と運勢

とても生まじめな人です。何ごともいいかげんにすませることはしません。妥協することもないので、頑固で偏屈な人と思われがちです。人づき合いは苦手で、他人と一緒に行動するより一人でいることを好みます。しかし、深くつき合った人には高く評価されます。

自分の夢の実現に向けて着々と力を蓄え、人があっと驚くような偉業を成し遂げるような波乱万丈の人生です。

姓名数の調和が悪いと、ルーズな性格が前面に出てしまい、なにかと苦労が絶えません。金銭面でも苦労することが多くなります。また、人づき合いが不器用なため、あと一歩というところでチャンスを逃してしまうこともあるので、くれぐれも人間関係を大切にすることが成功への道です。

◆仕事運

地道にコツコツ目標に向かって励むような仕事が向いています。あれこれ幅広く手を出さずに、一つの道を突き進んでください。努力は報われ、いつしかその道の大家になっていることは夢ではありません。

3を主運に持つ人の性格と人生

✦性格と運勢

とても明るく活動的。すぐに他人とうちとけることができ、誰からも好かれます。その反面、人に頼まれると嫌とはいえず、一生懸命に尽くします。常に人に囲まれていないと気がすまない寂しがり屋の面があるので、それが裏目に出ると、出しゃばりだと思われることもあります。

姓名数の調和が悪いと、独善的で勝手なところが強く出て失敗してしまいます。ギャンブルにおぼれて身を滅ぼすこともありえます。

✦仕事運

有能な人で、困難な仕事でも手際よくこなします。しかし、功を急ぎすぎるあまり、つまらない失敗をして転落することもあるので慎重さを忘れないでください。多才ですが、目移りせず一つの分野にうちこめば成功するでしょう。

人目をひく華やかな仕事や、情報を自在に操らなければならない仕事、スピードを競うような仕事は不向きで、おすすめできません。

消極的でいるとチャンスを逃してしまいがちです。ここぞというときには積極的に行動するよう心がけて運をつかんでください。

✦恋愛運

理想を高く持つ人です。大恋愛をしたいと願っていても、相手に気難しい印象を与えてしまうので、理解してもらうまで時間がかかります。恋愛を美化しすぎて、だまされたり傷ついたりすることも多いので要注意です。

理想の人に出会ったなら、激しく燃えあがるような恋になるでしょう。

込んだほうが成功への近道となります。

✦恋愛運

一途に恋の炎を燃やします。恋愛感情を心に秘めたり、耐え忍んだりなどということは苦手です。情熱的な恋に身を焦がすタイプです。

4を主運に持つ人の性格と人生

✦性格と運勢

一見おとなしくて温厚にみえますが、内面には炎のように激しく燃えるものを持っています。大胆な行動力と反骨精神は、いったん火がつくととどまるところを知りません。自分でもおさえることができず、ときに暴走することもあります。

何ごとにもマイペースなので、他人にはわがままで身勝手な人と思われがち。自分が持つ秘めたエネルギーをどう生かすかが、あなたの最大の課題です。

姓名数の調和に欠けると、感情の起伏が激しく、とらえどころのない性格になります。落ち込んだり、自暴自棄になったり、周囲を困らせてしまうこともたびたびです。そのせいで円満な家庭生活を営むことができなくなる場合もあります。

また、不摂生な生活から健康を損ねることがあるので十分注意してください。

✦仕事運

豊かな創造力や企画力を持っていますが、人の上に立つとワンマンになり、才能を生かしきることができません。組織の中では参謀的な立場でいたほうが、その実力を十分に発揮できる人です。

✦恋愛運

恋多き人生です。ただし、肝心なときに慎重になりすぎて、愛を告白するチャンスを逃すこともあります。迷ったときは友人のアドバイスを受けるのも、恋愛成就の近道です。

5を主運に持つ人の性格と人生

✦性格と運勢

社交的で協調性に富む性格です。目上の人には引き立てられ、友人や部下からは慕われます。話し上手で機転がきき、人の心をつかんで離しません。組織のまとめ役として大活躍するタイプです。

ただ、周囲の顔色を常にうかがう八方美人の一面があります。頼まれると嫌とはいえない性格が裏目に出ることもあります。

姓名数の調和が悪いと、無計画でいいかげんなところが強く出て、せっかくの才能を生かすことができないので注意を要します。

✦仕事運

サービス業やレジャー産業、営業職などにつくと、社交的な性格が生かされて大成功します。時流にのれば、大きな仕事も成し遂げる力があるので積極的になることです。

協調性があるので、組織の中でも実力を発揮することができ、独立しても成功をおさめることができます。逆に事務職は不向きです。

✦恋愛運

誰からも好かれ、たくさんの恋愛を経験するでしょう。しかし、それにうつつを抜かしていると本当に大切な人を見逃してしまうことも。自分にふさわしい相手を見極める目を持ちましょう。

6を主運に持つ人の性格と人生

✦性格と運勢

面倒見がよく気前のよい性格です。束縛を嫌い、なによりも自由であることを欲する人です。ふだんは行動的ではありませんが、いざ人ができない難題が持ち上がると進んで買って出て、見事にやり遂げます。能力は高く名誉欲の強いタイプでもあります。

他人に対しては、ときに厳格になったり、寛容になったり、「大物」と思われたり、さらに単なる「お人好し」と思われたりと、評価が分かれます。また、親しくしていた人と何かのきっかけで突然離れてしまうこともあります。

姓名数の調和に欠けると、不平不満ばかりいうひねくれ者の印象を与えます。

✧仕事運

あれこれ手を出していると、どれも中途半端に終わり大成しません。自分の力を生かせる仕事を一つ見つけたら、それに向かって一心に集中することが成功へのカギです。

✧恋愛運

大恋愛に憧れているのですが、自分の感情を上手にコントロールできずに、不倫に走ったり三角関係になったり、異性関係のトラブルをおこしがちです。あまり暴走してばかりいると誰からも相手にされなくなる危険性があります。

7を主運に持つ人の性格と人生

✧性格と運勢

バイタリティあふれる生来の活動家です。一つの成功に満足せず、常に新しい領域に挑戦し続けます。周囲によく気を配り、良いものは積極的に取り入れて成長します。いったんこれと決めたら、がむしゃらに突き進むタイプです。

しかし、冷静な判断力に欠けるところがあり、思わぬ失敗を招くおそれがあります。何かを成そうとするときには、まず自分の足元をみつめ、成算を考えてから行動をおこすようにしましょう。また、人間性の幅を広げるためにも、あふれる活力をコントロールできる精神力を養うことも大切です。

姓名数の調和が悪いと、自分勝手になりやすく、暴走しては失敗し、結果的に世間を恨むことになりがちです。

げることも投げやりになることもなく、着実に進んで成果をあげます。

しかし、強情で頑固な面があるので人づき合いは不器用なほうです。うわべをとりつくろったり、お世辞をいって取り入ったりはしませんから、友人には信頼されます。深く長く誠実につき合える人です。

時代の空気を直感的につかむ能力にたけていますが、物事を筋道を立てて理論的に分析したり、説明したりするのは不得手です。

姓名数の調和に欠けると、不慮の事故や災難によりケガなどに見舞われることがありますので、十分な注意が必要です。

✦仕事運

組織の中では十分に力が生かせません。サラリーマンよりも、芸術家や研究者に向いています。ただし、自分を売り込むことが苦手なため、成功への扉を開くのはなかなか難しいでしょう。対人での誠実さが強い武器になります。

✦仕事運

どんな職業についても成功します。信頼を集め重要なポストにつくことができるでしょう。周囲から推されて、他人の事業を引き継ぐこともあります。ただし、あなたの行動力を利用しようとする人にだまされることがあるかもしれません。損得勘定を忘れないことも肝心です。

✦恋愛運

持ち前の積極果敢な性格がフルに発揮されて、思いどおりの恋愛の勝利者になります。

8を主運に持つ人の性格と人生

✦性格と運勢

いったん心に決めたことは、何があってもやり遂げる強い意志の持ち主です。どんな苦労も耐え忍ぶ忍耐力も併せ持っています。逆境におかれても、め

◆恋愛運

愛情を伝えるのが苦手なタイプ。心の中では激しい情熱の炎を燃やしていても、うまく表現できないため、その気がないと誤解されがちです。しかし、いったん愛した人には生涯誠実な愛を捧げます。

9を主運に持つ人の性格と人生

◆性格と運勢

何ごとにも淡白であっさりした性格です。さっぱりしているのはいいのですが、逆にいうと移り気で、一つのことに集中できない人です。

気が向くと、しばらくはそのことに夢中になっていますが、すぐに飽きてしまい、ほかのことに関心が移ってしまいます。

運よく時代の波にのれば、思いがけない成功をおさめることもありますが、長続きしない可能性もあります。

好奇心旺盛で多才なので、さまざまな方面で力を発揮しますが、飽きっぽい性格が邪魔をして、結局は中途半端で終わってしまいがち。いかに気分のむらをおさえるかが、あなたの最大の課題といえます。

姓名数の調和が悪いと、不平不満の絶えない暗い人生になります。あせるとますます失敗が重なることに。前向きに気持ちを明るく持って、ゆったりとかまえるように心がければ吉です。

◆仕事運

創造力・企画力ともにすぐれ、頭の回転が速く勘も働きます。流行の先端を行くような華やかな職業が向いています。プロデューサー、ファッションデザイナー、建築家などがぴったりです。

◆恋愛運

社交性があり、初対面の人とでもすぐにうちとけることができます。恋多き人生を送りますが、常に恋愛のトラブルが絶えません。この人と決めたら一途な気持ちを持つように心がけましょう。

0を主運に持つ人の性格と人生

✦性格と運勢

器用で才気あふれる人。しかし何ごとにも慎重で、考えに考えた末にやっと行動をおこすタイプです。思慮深く分別のある人のように思われがちですが、内面は気まぐれで、現状に満足することがなく、気持ちはフラフラしています。

常に変化を求める気持ちとは裏腹に、大事なときは慎重になりすぎて決断できず、みすみすチャンスを逃すことも多いでしょう。

変化を求める気持ちが強いほど、現実とのギャップが広がり、悩みが深くなります。

そんなときは一人で抱え込まずに、さまざまな分野の人たちと積極的に交わり、アドバイスを素直に受けましょう。

人の輪に飛びこみ、視野を広げることによって、あなたの才能は開花するはずです。

姓名数の調和が悪いと、常に異性間題のトラブルにつきまとわれることになります。

✦仕事運

あなたが持つ独特の雰囲気を生かせる仕事が向いています。湖・海・水などに関係した仕事、水商売、占い師などの神秘的な仕事がぴったりです。その道のスペシャリストになると成功します。

✦恋愛運

恋愛に関しては早熟なタイプ。求愛に応えるのですが、束縛されることを嫌うので、一途に愛を捧げるということは難しいでしょう。

相手を次々に変え、火遊びを重ねる傾向にあります。

第4章

あなたの成功運・安定運

あなたの成功運・安定運

祖運でみる成功運

祖運数（そうんすう）と主運数（しゅうんすう）との配合によって、成功運をみることができます。祖運数は、それ自体は特別の意味を持ちませんが、主運数に大きな影響を与え、配合が良ければあなたを成功に導いてくれます。

逆に、たとえ主運数が吉数でも、祖運数との配合が悪い場合は、成功をつかむことができないということになります。

祖運数と主運数との関係の善し悪しが、あなたの成功を左右する、といってもいいでしょう。

では、祖運数をもとに主運数との配合をみていきましょう。

○印―調和
×印―不調和
△印―調和・不調和半々

◆祖運部　木（1・2）の人

主運部　木（1・2）　木木調和　○

名前の例

男
吉6 田5 龍16 平5（祖運数11、主運数21）

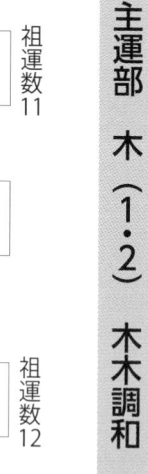

女
坂7 本5 早6 帆6（祖運数12、主運数11）

祖運部、主運部ともに木性の人は、順調に成功への道を歩む調和の良い配合です。

木が何本も集まって林となり森となると、清水が流れ、小鳥やリスなどの小動物も住みつき、それぞれが助け合いながら、居心地の良い緑豊かな大地が生まれます。

祖運の木は、主運の木を支えて、さらに大きな発展へと導きます。このように祖運部、主運部ともに木の人は、周囲の人々の協力を得て、成功を手にすることができます。

主運部 火（3・4） 木火調和 ○

名前の例

男 野11 島10 誠13 也3（祖運数21、主運数23）

女 金8 子3 莉10 緒14（祖運数11、主運数13）

火は激（はげ）しく燃えさかる炎ですから、主運部に火を持つ人は、運気が盛（さか）んであるという暗示があります。この火に木を合わせると、ますます火の勢いは強くなります。火にとって木は、もっとも強力な援護者（えんごしゃ）です。

祖運部に木、主運部に火を持つ人は、目上の人や上司、先輩などからさまざまな支援を受け、順調に発展します。落ち込むことがあっても、めげずにがんばれば、必ず支援者があらわれ、あなたを成功に導（みちび）いてくれることでしょう。

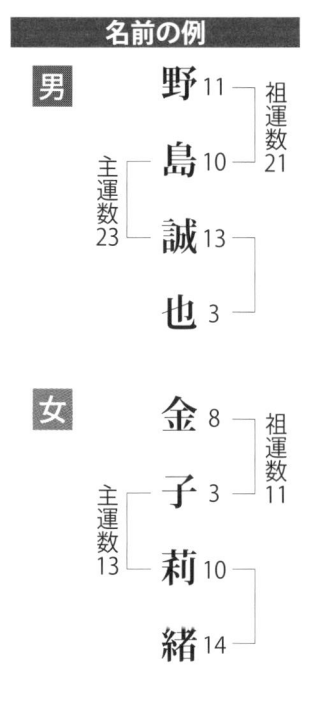

主運部 土（5・6） 木土不調和 ×

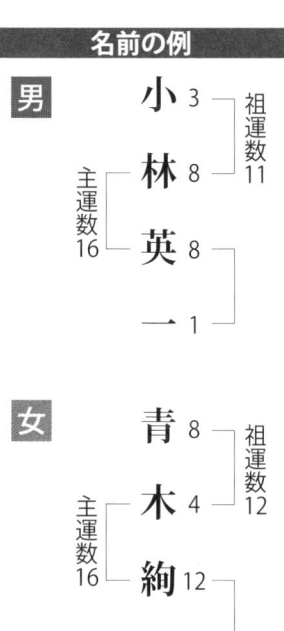

名前の例

男 小3 林8 英8 一1（祖運数11、主運数16）

女 青8 木4 絢12 子3（祖運数12、主運数16）

木にとって土はなくてはならない存在ですが、土にとってみれば、木は自分の養分を吸い取り、徐々にやせさせる存在です。

一見すると相性が良さそうにみえるのですが、木は土の運気をそいでしまうのです。

祖運部が木で主運部が土の人は、ある程度の成功を手に入れることはできても、長続きせずにしだいに衰退してしまいます。

地道に努力をすることはいとわない性格ですが、その見返りや評価を求めます。しかし、思うような評価は得られず、常に気持ちがグラグラとゆれ動いてしまい、不安定な人生になってしまいがちです。

主運部　金（7・8）　木金不調和　△

名前の例

男

名前	画数	
河	8	祖運数11
口	3	主運数17
颯	14	
人	2	

女

名前	画数	
中	4	祖運数11
村	7	主運数17
紗	10	
良	7	

金は輝き、鋭利、高貴などの良い暗示があるのですが、祖運に木がくると、この良さが生かされません。

自然の産物である木は、光り輝く金の良さを伸ばすことができないのです。

祖運部に木、主運部に金を持つ人は、自分の持ち味をなかなか発揮できず、周りの評価が得られにくい運勢となりがちです。

しかし、あきらめずに努力を続けると、いつしか光り輝く才能を認められる日が訪れます。

主運部　水（9・0）　木水調和　△

名前の例

男　高10 野11 祐9 司5（祖運数21・主運数20）

女　中4 沢7 千3 晴12（祖運数11・主運数10）

木と水は良い調和とされています。おおむね順調に進む運勢です。

しかし、水の中に木の枝が落ちると、やがて木は腐り、水をにごらせてしまいます。また倒木が勢いよく流れる水をせき止めることもあります。

祖運部に木、主運部に水を持つ人は、それなりの成功はおさめるのですが、健康面や家庭内トラブルによって心が乱され、順調に進んでいたところの足元をすくわれることがありますので、気を緩めずに。

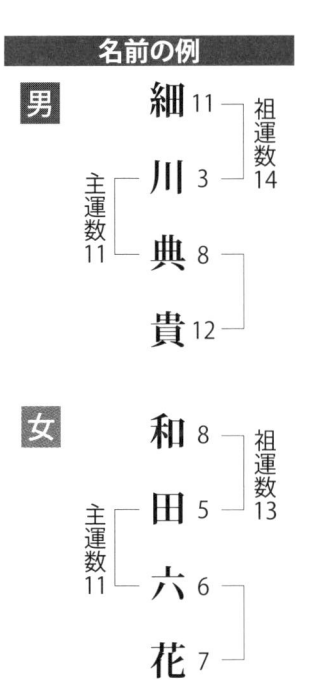

✪祖運部　火（3・4）の人

主運部　木（1・2）　火木調和　○

名前の例

男　細11 川3 典8 貴12（祖運数14・主運数11）

女　和8 田5 六6 花7（祖運数13・主運数11）

火は燃える炎とともに日、すなわち太陽も暗示します。木は太陽の恵みを受けて、すくすくと成長します。木にとって太陽は最大の味方。太陽の光が惜しみなく木にそそがれることによって、木の中の運気が大きく育つのです。

祖運部に火、主運部に木を持つ人は、いつも太陽に見守られて順調に発展し、やがて大木になります。

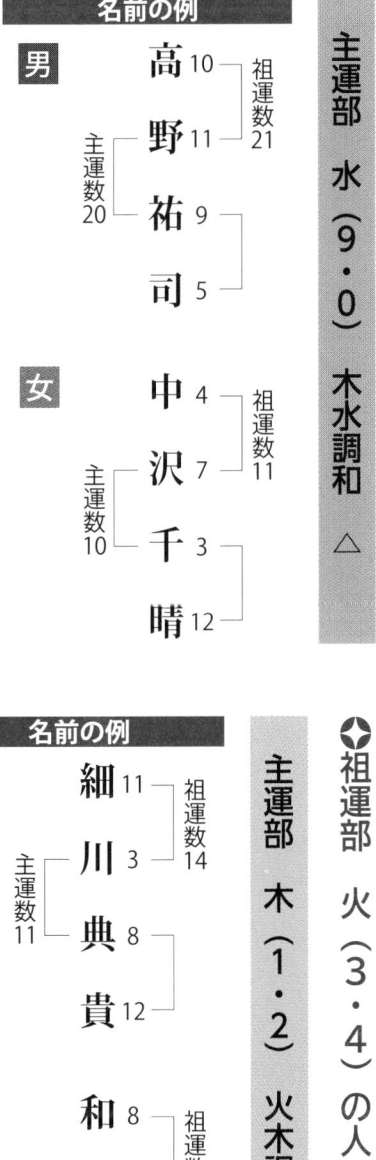

主運部 火（3・4） 火火調和 ○

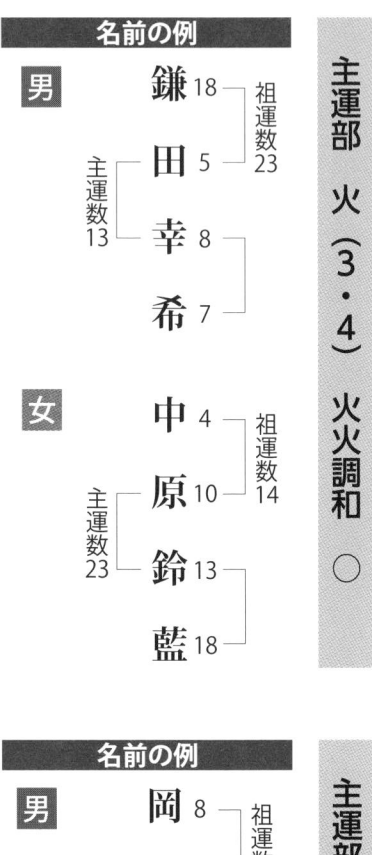

名前の例

男　鎌18 田5 幸8 希7　（祖運数23、主運数13）

女　中4 原10 鈴13 藍18　（祖運数14、主運数23）

燃えさかる炎に別の炎が加われば、さらに勢いが増します。また、火が消えかかっても、新たな火を入れると、また火勢（かせい）が回復します。

このように火は火をあおり、とどまるところを知りません。

祖運部、主運部ともに火を持つ人は、常にチャンスに恵まれます。もし落ち込みかけても必ず新たな支援者があらわれ、運気は再び盛り上がります。勢いの良い運勢です。

主運部 土（5・6） 火土調和 ○

名前の例

男　岡8 本5 桂10 輔14　（祖運数13、主運数15）

女　瀧19 井4 菜11 々11 子3　（祖運数23、主運数15）

土は、それ自体では輝くことはできませんが、そこに火が加わることで、美しい陶器（とうき）やガラスとなって光を放ちます。火は土が秘めている価値や可能性を大きく引き出します。

これが火土調和の暗示です。

祖運部に火、主運部に土を持つ人は、常に自分を評価してくれる人や、引き立ててくれる人に恵まれます。学生時代は先輩や先生が、社会に出てからは上司や取引先の人などに、能力が認められます。

主運部 金（7・8） 火金不調和 ×

名前の例

	名前	画数	祖運数	主運数
男	秋本蒼翔	秋9 本5 蒼13 翔12	14	18
女	福島花音	福13 島10 花7 音9	23	17

金は形があればこそ、美しく光り輝きます。しかし、火は金を溶かし、輝きや高貴さなどを奪い、金の価値を損なってしまいます。

祖運部に火、主運部に金を持つ人は、光り輝く金そのままの才能を開花させようとしても、邪魔が入ったり不運に見舞われたりと、心折れることがあるかもしれません。だからといってあきらめてしまうと、せっかくの才能もさびつき、失意の日々を送ることになります。

主運部 水（9・0） 火水不調和 ×

名前の例

	名前	画数	祖運数	主運数
男	大原律	大3 原10 律9	13	19
女	宮内礼乃	宮10 内4 礼5 乃2	14	9

水をかけると火は消えますが、火は水を沸騰させ蒸発させてしまいます。火と水は互いにそれぞれの勢いを消してしまう関係にあるのです。

活火山から噴きだした火のかたまりが川をせき止め、湖として封じ込めることがあります。川からすれば、火は迷惑以外の何物でもありません。

祖運部に火、主運部に水を持つ人は、スイスイ世間を渡ろうとこころみますが、いつも流れを乱されて、なかなか思うようにいきません。

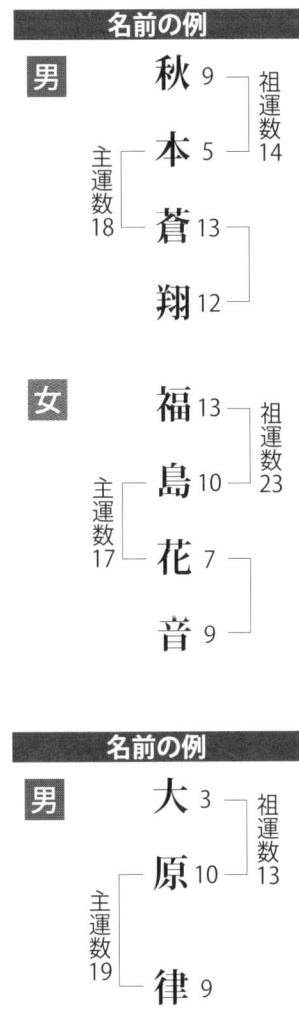

✪祖運部　土（5・6）の人

主運部　木（1・2）　土木不調和　×

名前の例

男　石 5　原 10　陵 11（祖運数15　主運数21）

女　壇 16　由 5　梨 11　佳 8（祖運数16　主運数21）

木が死んで倒（たお）れると、土になります。土は腐木（ふぼく）から養分を吸い取り、力を蓄（たくわ）えます。しかし、木が生きているときは、土からみれば木は自分の養分を奪い、命をそぐ憎い相手となります。

土は木をしっかり支えているようにみえますが、実は木を倒さんとねらっているのです。土と木は敵対関係にあるといってもいいでしょう。

祖運部が土、主運部が木の人は、表面的には順調のようにみえますが、内心は周りの人たちが、いつ自分を裏切るかと、いつも不安でいっぱいです。落ち着いて物事に取り組むことができないので、成功はおぼつかない暗示です。

主運部　火（3・4）　土火調和　○

名前の例

男　新 13　山 3　啓 11　伍 6（祖運数16　主運数14）

女　長 8　岡 8　由 5　菜 11（祖運数16　主運数13）

燃えさかる火は、土の中からたくさんの価値あるものを生み出します。土を燃やしつくして新しい土を得ると、またそこから光り輝くものを生み出します。火からみれば、自分の努力や能力を証明するものが次々にあらわれる土なのです。

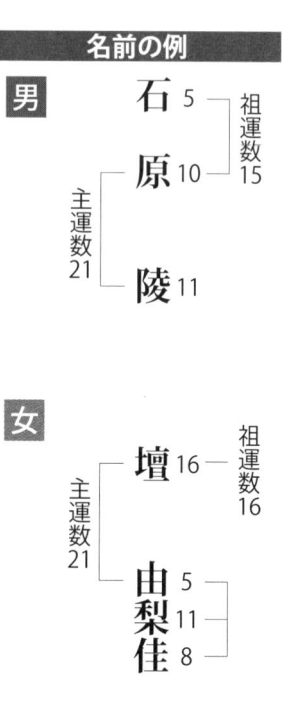

どんなに能力がある人でも、仕事が来なければ、

力をみせることもできませんし、評価を得ることもできません。この配合の人は、社会に出ると自分にとって財産となるような良い仕事の縁に恵まれ、順調に成功をつかむことができます。

主運部 土（5・6） 土土調和 ○

名前の例

男 宮10 本5 泰10 寛13（祖運数15、主運数15）

女 前9 沢7 茉8 優17（祖運数16、主運数15）

塵（ちり）も積（つ）もれば山となるといいますが、土こそ積もればやがて山になるのです。土と土がくっついて大きな土のかたまりとなり、さらに周りに土が集まり、長い年月を経て堂々とそびえたつ山になるのです。これが、この配合の人が持つ暗示です。

つまり、祖運部も主運部も土の人は、時間はかかりますが、あせらず一歩一歩着実（ちゃくじつ）に進めば、やがて大人物になり、大きな成功をおさめることになるでしょう。

主運部 金（7・8） 土金調和 ○

名前の例

男 平5 陽12 向6（祖運数5、主運数17）

女 森12 井4 ゆ3 り2（祖運数16、主運数7）

金属は土から生まれます。代表的なものが金です。土は金の生みの親のようなものです。この配合の人には持って生まれた幸運がついてまわります。主運部である金の暗示どおりの華（はな）やかな人生です。祖運部の土は、さらに金を生み出し、大きな力を与えてくれます。

祖運部に土、主運部に金を持つ人は、生まれ持った幸運に加え、多くのチャンスに恵まれます。

主運部　水（9・0）　土水不調和　×

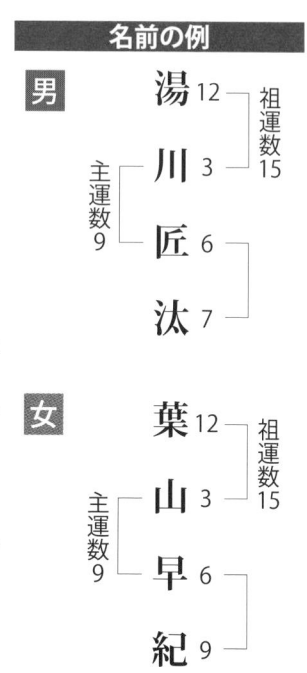

名前の例

男　湯12 川3 匠6 汰7（祖運数15　主運数9）

女　葉12 山3 早6 紀9（祖運数15　主運数9）

水にとって土はいつも邪魔物です。大河に土砂が流れ込むと、水はにごり、勢いがそがれます。川に土が流れ込むと、流れがとどこおってしまいます。

祖運部に土、主運部に水を持つ人は、このような暗示をまぬがれることができません。大きな流れにのって物事が順調に進んでいても、あと一歩というところで邪魔が入り、達成できません。努力が報われない、といった憂き目にあいやすいでしょう。

✪祖運部　金（7・8）の人

主運部　木（1・2）　金木不調和　×

名前の例

男　岡8 誠13 司5（祖運数8　主運数21）

女　野11 村7 巴4 江6（祖運数18　主運数11）

斧やのこぎりは金属でできています。木はのこぎりで切り刻まれ、かんなで削られます。木にとって金属は、自分の身を傷つけるもの以外の何ものでもありません。

祖運部に金、主運部に木を持つ人は、仕事が順調にいきかけても、ばっさり切られてしまったり、業績が伸びかけたかと思うと妨害されたりと、不遇に悩まされます。

主運部 火（3・4） 金火不調和 ×

名前の例

男：吉 6　野 11　蓮 13（祖運数17、主運数24）

女：川 3　本 5　実 8　結 12（祖運数8、主運数13）

火の勢いを強めるのに、金属はなんの役にも立ちません。逆に、火の中に鉄のかたまりを投げ入れると、鉄の力にねじふせられて火は消えてしまいます。

この配合の人は、独立独歩の傾向があります。他人の援助を求めないからといって、人へのほどこしをおろそかにしていると、成功は難しいでしょう。強引に目標を達成しようとすると、健康を損なうおそれがあります。

主運部 土（5・6） 金土調和 ○

名前の例

男：片 4　山 3　陽 12　平 5（祖運数7、主運数15）

女：鈴 13　木 4　菜 11　央 5（祖運数17、主運数15）

土は、中に金のように光り輝くものを秘めているのですが、その力に気がつかないことが多いのです。それは、土があまりにもありふれた存在だからです。金は土に働きかけ、土の潜在能力を引き出します。

この暗示を受けるため、祖運部が金、主運部が土の人は、自分の才能を開花させ、十分に実力を発揮することができます。早くから目標を定めて一生懸命努力すれば、必ず成功します。

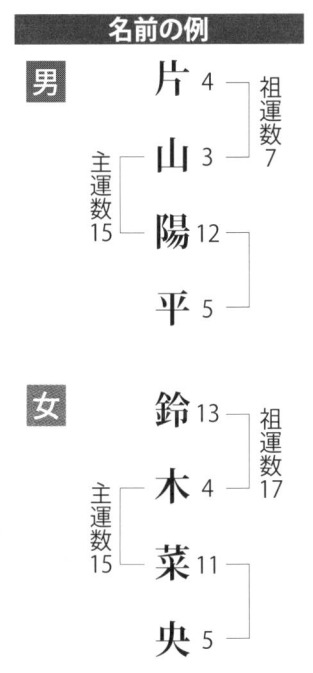

主運部　金（7・8）金金調和　△

名前の例

男　佐(7)々(7)木(4)太(4)郎(9)　祖運数18　主運数8

女　藤(18)巻(9)怜(8)奈(8)　祖運数27　主運数17

金のあるところに金は集まるもの。金と金は互い に反射し合い、さらに輝きを増します。資金は申し分なく集まり、思いがけない大成功をおさめるでしょう。すばらしい財を築くことができます。

ただし、ねたまれることも多く、似た者同士が反発し合うのと同じように、お互いにもめてしまうといったトラブルが起こりがちです。常に周囲の人への気配りを忘れないようにしましょう。

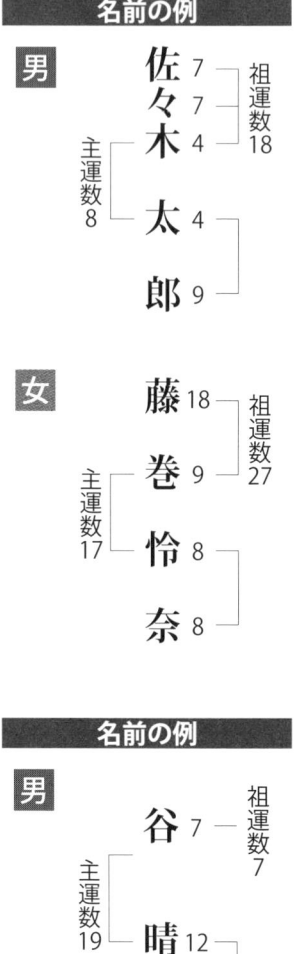

主運部　水（9・0）金水調和　△

名前の例

男　谷(7)晴(12)也(3)　祖運数7　主運数19

女　坂(7)野(11)芽(8)生(5)　祖運数18　主運数19

金と水はおおむね調和しているといえるのですが、長続きしません。たとえば鉄製のバケツに水をくんで置いておくと、サビが出て水がにごります。水をくむにはバケツが必要ですが、時間がたつと水を汚してしまいます。

この暗示を受けて、祖運部が金、主運部が水の人は、表面的には順調に進んでいるようにみえますが、実際は苦労の絶え間がありません。ただし、主運部が29画の人は、例外的に成功への階段を上ります。

✪祖運部　水（9・0）の人

主運部　木（1・2）　水木調和　○

名前の例

男　石 5　毛 4　伶 7　典 8（祖運数 9／主運数 11）

女　福 13　寺 6　由 5　海 9（祖運数 19／主運数 11）

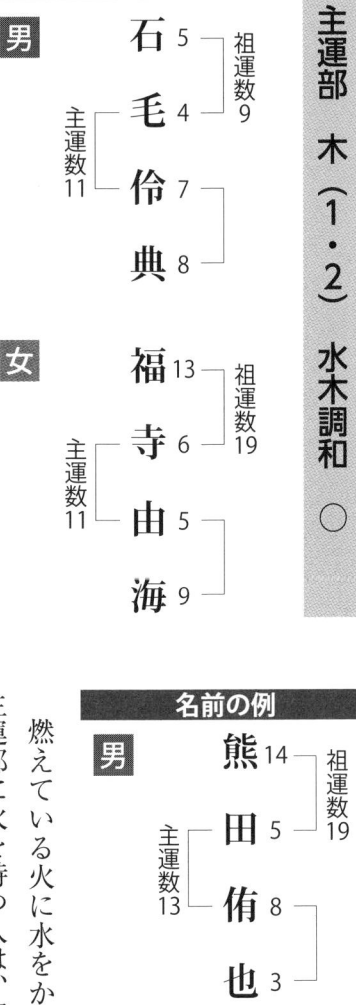

木にとって水の恵みは不可欠のものです。水は木を生き生きとさせて大きく育てます。

この暗示を受けて、祖運部に水、主運部に木を持つ人は、すばらしい早さで成功を手に入れることができます。仕事でも学業でも大きな成果をあげ、スピード出世するでしょう。

スランプになることもないほど、たいへん理想的な成功運の持ち主です。

主運部　火（3・4）　水火不調和　×

名前の例

男　熊 14　田 5　侑 8　也 3（祖運数 19／主運数 13）

女　徳 14　江 6　芹 7　果 8（祖運数 20／主運数 13）

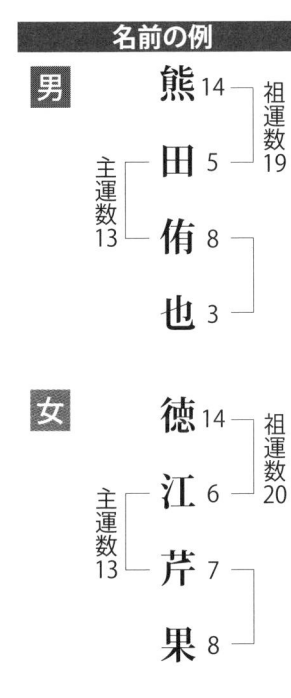

燃えている火に水をかけると消えてしまいます。主運部に火を持つ人は、運気が盛んで情熱的な人ですが、祖運部の水が、文字どおり運気に水をさしてしまい成功はおぼつきません。

順調に進むようにみえるのですが、なぜかトラブルに巻きこまれ、不運に見舞われて挫折（ざせつ）してしまいます。ただ、そうした中にはさまざまな困難をのりこえて大成功をおさめる人もいます。

主運部　土（5・6）　水土不調和　×

名前の例

男：篠 17　山 3　大 3　士 3（祖運数 20、主運数 6）

女：宮 10　脇 10　早 6　稀 12（祖運数 20、主運数 16）

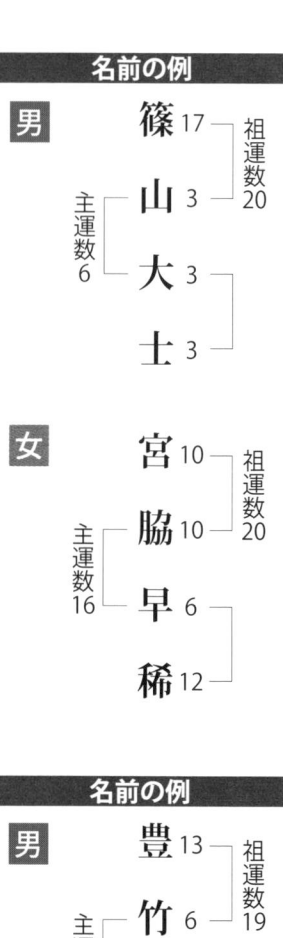

土は水の流れをせき止め、にごらせてしまいます。祖運部に水、主運部に土を持つ人は、この暗示を受けるので、あまりいい人生が期待できません。

突然災難におそわれたり、順調に進んでいたはずの仕事が水の泡になってしまったりするようなことがよくあります。しかし、乾いた大地にとってみれば、適度の雨は土の力を豊かにする恵みの雨になります。主運部が吉数であれば、この暗示が働き、さまざまな困難を克服して、希望を叶えられます。

主運部　金（7・8）　水金調和　○

名前の例

男：豊 13　竹 6　琉 11　生 5（祖運数 19、主運数 17）

女：太 4　田 5　愛 13　加 5（祖運数 9、主運数 18）

よく晴れた朝、金属の器に朝露がしっとりと張りついているのをみることがあるでしょう。これは空中に浮遊している水分が、金属を求めて集まってきたものです。金は慕ってきた水によって、己の力を知り、さらに輝きます。

この配合の人は、会社を経営する側であろうと、会社員として組織の中で働こうと、何をやっても順調に発展し、目的はすべて達成して大成功の人生を歩むでしょう。

主運部　水（9・0）　水水不調和　×

名前の例

男

山	3
蘭	16
蒼	13
空	8

祖運数19　主運数29

女

潮	15
田	5
月	4
奈	8

祖運数20　主運数9

川は合流すると勢いを増し、大河となります。古代からこういう大河のほとりに、文明が発達し都市が誕生しましたが、勢いよく流れていた水も静かになり、あとはただようだけのようです。

祖運部、主運部ともに水の人は、人生の節々に実力以上の力を発揮して成功をおさめるのですが、しだいに勢いを失い、衰退してしまいます。没落しては、また一からやり直すという、少々疲れる人生になります。

祖運部と主運部でみる

成功運

早見表

祖運部　木(1・2)の人の成功運

祖運部	主運部	成功運	
1・2(木)	1・2(木)	○木木調和	周りの人々の協力を得て順調に成功の道を歩みます。
	3・4(火)	○木火調和	目上の人、先輩に引き立てられて発展します。
	5・6(土)	×木土不調和	協力者はいても思うように運びません。不本意な結果に終わります。
	7・8(金)	△木金不調和	多くの困難がありますが、努力してのり越えれば成功します。
	9・0(水)	△木水調和	健康面や家庭面でのトラブルに悩まされますが、おおむね成功します。

祖運部　火(3・4)の人の成功運

祖運部	主運部	成功運	
3・4(火)	1・2(木)	○火木調和	朝日が昇るように、すばらしい成功をおさめます。
	3・4(火)	○火火調和	学業に仕事に、いつもチャンスに恵まれ、希望は達成されます。
	5・6(土)	○火土調和	先輩や上司に目をかけられ、援助を受けて順風満帆です。
	7・8(金)	×火金不調和	努力してもむくわれることがなく、閉じこもりがちになります。
	9・0(水)	×火水不調和	成功しても、長続きはしません。

祖運部　土(5・6)の人の成功運

祖運部	主運部	成功運	
5・6(土)	1・2(木)	×土木不調和	外から見れば順調なようですが、内心は苦労の連続です。
	3・4(火)	○土火調和	思いのままに事が運び、順調に発展します。
	5・6(土)	○土土調和	ゆっくりですが、一歩ずつ着実に成功への道を歩みます。
	7・8(金)	○土金調和	天与の幸運に恵まれ、すばらしい成功をおさめます。
	9・0(水)	×土水不調和	やることなすこと失敗し、骨折り損に終わってしまいます。

祖運部　金(7・8)の人の成功運

祖運部	主運部	成功運	
7・8(金)	1・2(木)	×金木不調和	日上の人の引さ立てがなく、なかなか日的を達成できません。
	3・4(火)	×金火不調和	成功は困難です。無理をすれば体をこわします。
	5・6(土)	○金土調和	早くから目標を立てて進めば、必ず達成できます。
	7・8(金)	△金金調和	思わぬ成功をおさめますが、周囲の反感やねたみに悩まされます。
	9・0(水)	△金水調和	主運数29の人以外は、順調そうにみえても結局は苦労します。

祖運部　水(9・0)の人の成功運

祖運部	主運部	成功運	
9・0(水)	1・2(木)	○水木調和	どの分野に進んでも、周囲があっと驚くような成功を遂げます。
	3・4(火)	×水火不調和	大成功する人も中にはいますが、たいていの場合は波乱や急変に見舞われ、思うようにいきません。
	5・6(土)	×水土不調和	前途多難ですが、主運部が吉数なら希望は達成できるでしょう。
	7・8(金)	○水金調和	すべて順調に進み、目的も叶う理想的な配合です。
	9・0(水)	×水水不調和	実力以上の成功をおさめますが、一時的なもので、やがて衰退します。

初運でみる安定運

成功運は、祖運数と主運数で判断しましたが、安定運は主運数と初運数で判断します。

物が満ちあふれている現代こそ、精神的な充足を求める気運が高まっています。いくら富や名誉を手に入れても、心が満ち足りていなければ幸せとはいえません。不平不満ばかりでイライラして毎日を過ごすより、安らかな気持ちで過ごしたいものです。

また、波乱万丈、起伏に富んだ人生はおもしろいかもしれませんが、できれば一生安泰に暮らしたいものです。安定運は、あなたの人生や生活、心が安定しているかどうかを暗示しています。

安定運を判断するには、初運の要素が主運の要素にどんな影響を与えるかをみます。

✦主運部　木（1・2）の人

初運部　木（1・2）　木木調和　○

名前の例

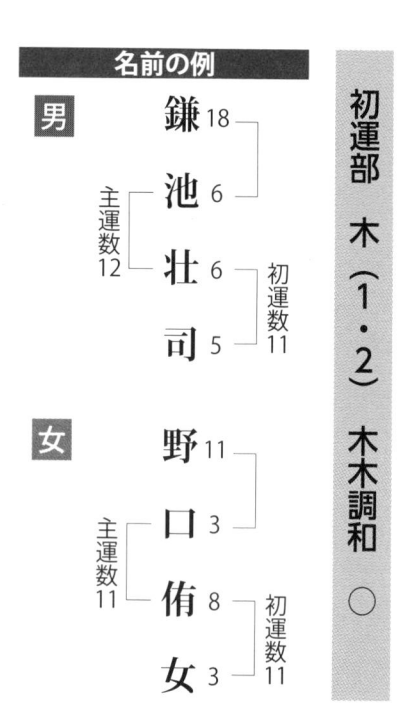

	文字	画数	主運数	初運数
男	鎌	18		
	池	6	主運数12	
	壮	6	主運数12	初運数11
	司	5		初運数11
女	野	11		
	口	3	主運数11	
	侑	8	主運数11	初運数11
	女	3		初運数11

木は集まれば集まるほど、風雨に耐える力が強くなります。この場合も初運の木は、主運の木を守り、支え、そして育みます。

主運部、初運部ともに木を持つ人は、この暗示を受けて、どこに行っても良き理解者、良きパートナーに恵まれます。また、配偶者にも恵まれ、円満な家庭を築きます。事業も順調に発展し、生涯おだやかに暮らせるでしょう。

初運部　火（3・4）　木火調和　○

名前の例

男　花 7　村 7　彰 14　哉 9　（主運数21／初運数23）

女　大 3　倉 10　彩 11　乃 2　（主運数21／初運数13）

火に木をくべると、火勢が増します。つまり、運気がますます盛んになる、ということです。ここでいう木とは、意思と力と熱気を秘めた木です。

銘木として知られている檜は、「火の木」とも呼ばれます。木はどっしり静かにかまえていますが、内には充実した力強さを感じさせます。

主運部に木、初運部に火を持つ人は、才能が開花し、すべてが順調に発展します。心も生活も満ち足りた人生です。

初運部　土（5・6）　＊この配合に限り木土調和　○

名前の例

男　林 8　嘉 14　基 11　（主運数22／初運数25）

女　中 4　井 4　花 7　奈 8　（主運数11／初運数15）

木と土は相剋関係にあるため、本来は不調和のはずですが、主運部が木、初運部が土というこの配合に限り、不調和とみなしません。

木は土の養分を吸い取り、土をやせさせます。しかし、土が肥沃でたっぷりあったなら、木に栄養を与え大きく育みます。土から十分に力をもらった木は、やがて天を突くような大木に成長するでしょう。豊かな森には幾本もの杉や檜が、土の恵みを受けてすくすくと育っていきます。

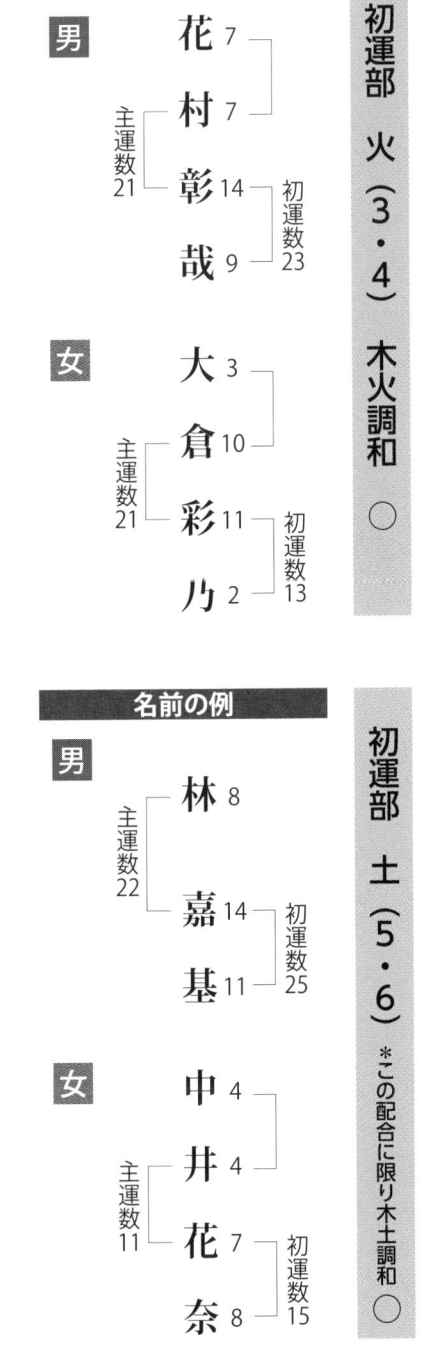

このような暗示を受けて、主運部に木、初運部に土を持つ人は、何不自由のない安定した人生を送ること間違いなしです。

初運部 金（7・8）木金不調和 ×

名前の例

男　田 5　淵 12　晋 10　児 7　（主運数22、初運数17）

女　長 8　谷 7　川 3　怜 8　（主運数11、初運数8）

木は金属によって切り倒されます。斧やチェーンソーで切断され、ナタで割られ、のこぎりで切られます。まな板にでもなってしまったら、毎日包丁で傷つけられるのです。

大きな木になろうとしても、金属の出現ですべてが台無しです。木にとって最大の敵、そして最大の不安要素は金でしょう。

主運部が木の人が初運部に金を持つと、いっときも心の安まることがありません。落ち着かない、不安定な生活になります。引っ越しや転職を繰り返し、居所の定まらない根無し草の人生です。

初運部 水（9・0）木水調和 △

名前の例

男　有 6　賀 12　亮 9　（主運数21、初運数9）

女　河 8　井 4　李 7　子 3　（主運数11、初運数10）

木にとって水は大切な要素ですが、あまりに水をやりすぎると根が腐ってしまいます。鉢植えに水をやりすぎて、だめにしてしまった経験を持つ人は多いと思います。また、木材としてはしっかりしまったものが良いとされています。水気の多い木材は、建材には向きません。

このように、主運部が木、初運部が水の人は、おおむね調和しているのですが、ある程度まで行くと、その後は伸び悩む傾向があります。

人生でいいますと、若いときには比較的順調に進んでいても、中年くらいになるとトラブルに巻きこまれがちになり、苦労が絶えません。仕事も、最初はうまくいっていても、しばらくするといきづまる可能性があります。

✦主運部 火（3・4）の人

初運部 木（1・2） 火木調和 ○

火を勢いよく燃やすには、木をくべるのが一番です。絶やさず木を足してやれば、いつまでも火は燃え続けるのです。

この配合は、周りにたっぷりたき木があり、火勢が衰えることなく持続することを暗示しています。

主運部に火、初運部に木を持つ人は、この火のように安定した人生を送ることができます。職場では有能な部下に恵まれ、よき配偶者を得て、家庭も明るく円満です。

名前の例

	名前	画数	
男	桜	10	
	井	4	主運数13
	春	9	
	貴	12	初運数21
女	谷	7	
	口	3	主運数14
	紬	11	初運数11

初運部　火（3・4）　火火調和　○

名前の例

男：岡 8　寺 6　昌 8　樹 16（主運数14、初運数24）

女：高 10　島 10　心 4（主運数14、初運数4）

火に火を加えると、激しい勢いで燃えます。しかし、いつまでも燃え続けるということはありません。大きな山火事が発生しても、いずれは鎮火するように、いつか火勢は衰え、下火になります。

この暗示を受けて、主運部・初運部ともに火の場合は、はじめはすばらしい勢いを示すのですが、いつのまにか衰退し、あとは細々と燃えるだけです。やや下降ぎみの安定運となります。

初運部　土（5・6）　火土調和　○

名前の例

男：阿 6　部 11　陽 12　大 3（主運数23、初運数15）

女：畑 9　野 11　晴 12　己 3（主運数23、初運数15）

土を焼くとレンガや陶器、ガラスができます。また、土の中から金が取れます。つまり、常に周りから価値あるものや、役立つものが充塡されるのです。

主運部に火、初運部に土を持つ人は、この暗示を受けて、周囲の支援を得て、生涯安定した暮らしが約束されています。

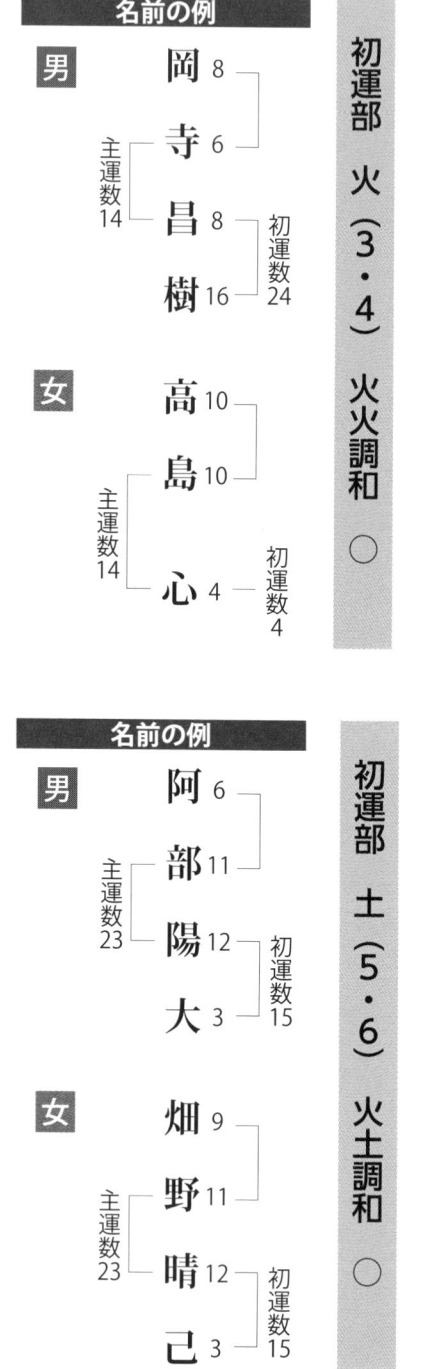

初運部 金（7・8） 火金不調和 ×

名前の例

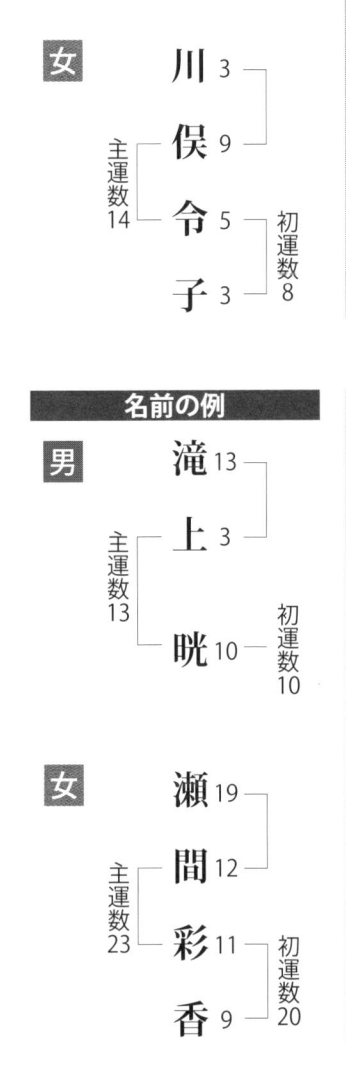

男：井 4・沢 7・薪 16・一 1（主運数23、初運数17）

女：川 3・俣 9・令 5・子 3（主運数14、初運数8）

金を火の中に入れると溶けてしまい、金の持つ美しさが損なわれてしまいます。鉄を火にかけてもただ熱くなるだけで、何も生み出しはしません。

つまり、この配合ではせっかくの火を生かすことができず、無駄にエネルギーを消費するだけです。

主運部に火、初運部に金を持つ人は、対人関係がスムーズにいかず、安定した人生を送ることはできないことを暗示しています。

初運部 水（9・0） 火水不調和 ×

名前の例

男：滝 13・上 3・晄 10（主運数13、初運数10）

女：瀬 19・間 12・彩 11・香 9（主運数23、初運数20）

燃えている火のそばに水があります。これでは、火はいつ消されるかと心配で、落ち着いて燃え続けることなどできません。どちらにしてもいつか消される運命にあるのは間違いないのですから。

この配合を持つ人は、常に不安にさいなまれています。たとえ成功しても、その成功をいつ失うかもしれず、落ち着かない日々を過ごすことになります。

そして思いがけない災難にあうこともあります。

✧主運部　土（5・6）の人

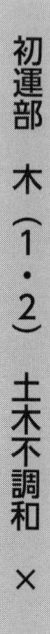

初運部　木（1・2）　土木不調和　×

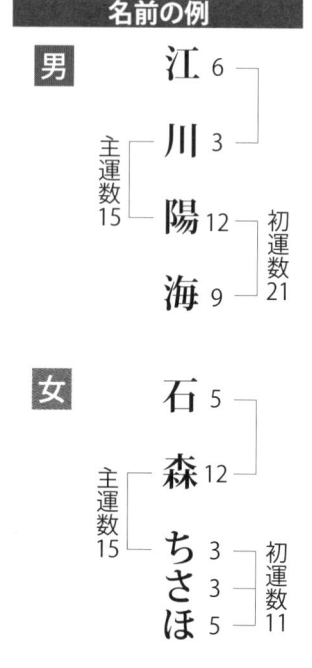

名前の例

男　江（6）川（3）陽（12）海（9）　主運数15　初運数21

女　石（5）森（12）ちさほ（3・3・5）　主運数15　初運数11

木は土の力を奪い、やせさせます。すっかりやせてしまうと、ほかの土地に根を張り、どんどんと養分を吸収します。そこで吸いつくすと、またほかへと次々に根を伸ばしていくのです。一見すると、土と木の相性はたいへん良さそうですが、実は少しも安定せず落ち着かない配合なのです。

主運部に土、初運部に木を持つ人は、一つの場所に定住することができず、また一つの仕事にうちこむこともできません。常にゆれ動く不安定な人生を送ることになります。

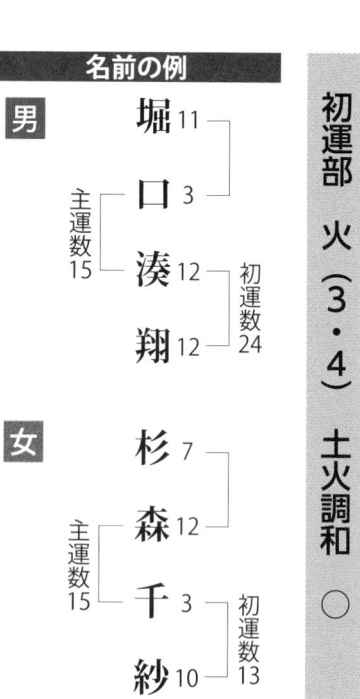

初運部　火（3・4）　土火調和　○

名前の例

男　堀（11）口（3）湊（12）翔（12）　主運数15　初運数24

女　杉（7）森（12）千（3）紗（10）　主運数15　初運数13

太陽がさんさんとふりそそぐ大地は、気持ちがよいものです。火は土を温めて、居心地のよい空間をつくります。この配合は、しっかりした落ち着いた安定感を暗示しています。

主運部が土、初運部が火の人は、心に曇りがなく、いつも澄みきったおだやかな気持ちを保ちながら、生涯安定した生活を送ることができる運勢です。

初運部 土（5・6） 土土調和 ◯

名前の例

男：永 5　倉 10　正 5　悟 10（主運数15、初運数15）

女：向 6　後 9　澪 16（主運数25、初運数16）

土と土はよくなじみ、混じり合います。一緒になったからといって、輝いたり、何か特別価値があるものを生み出したりというわけではありません。

しかし、少しずつ土を盛っていくといつか山のように高くなります。

華やかな人生を送ることはありませんが、地道に一歩ずつ発展を遂げていくタイプです。家庭は円満で良き友人にも恵まれ、静かで平安な日々を送ることができるでしょう。

初運部 金（7・8） 土金調和 ◯

名前の例

男：高 10　野 11　慶 15　人 2（主運数26、初運数17）

女：塙 13　い 2　お 4　り 2（主運数15、初運数8）

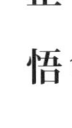

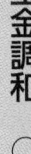

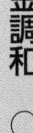

金は土から取れます。金は取り出されると、土に光をあて輝かせて、土を引き立てます。

この暗示を受けて、主運部が土、初運部が金の配合は調和良く、自分一人で輝くのではなく、他者の引き立てによって、徐々に力を発揮していきます。共同事業のチームワークもうまくまとめてキラリと光るものがあります。

安定感をしっかり保ち、ゆっくりと時間をかけて確実に発展、熟成していく運勢です。

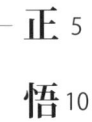

初運部　水（9・0）　土水不調和　×

名前の例

	名前	画数	主運数	初運数
男	寺尾英規	寺6 尾7 英8 規11	15	19
女	井澤華	井4 澤16 華10	26	10

激しい雨や鉄砲水は、土を押し流し、山を崩し、地形までを変えてしまいます。本来、安定しているはずの土にしてみれば、水は憎い存在です。

この暗示を受けて、主運部に土、初運部に水を持つ人は、常に不安定な生活を余儀なくされます。一難去ってまた一難、ようやく落ち着いたと思ったら、さらなる困難がやってくる、という具合でいっときとして心の安まることはありません。

落ち着かない一生を送ることになります。

✪主運部　金（7・8）の人

初運部　木（1・2）　金木不調和　×

名前の例

	名前	画数	主運数	初運数
男	黒木蒼弥	黒11 木4 蒼13 弥8	17	21
女	高畑香乃	高10 畑9 香9 乃2	18	11

ナイフや日本刀は、木のさやにおさめて保管します。むきだしのままでは危ないからです。金の持ち味である輝きや鋭利さは、木にさえぎられて本来のシャープな姿をアピールすることができません。このように木と金は反発し合うものです。

木の中におさめられてしまった金は、いつか木を突き破ってやろうと、すきをねらっています。

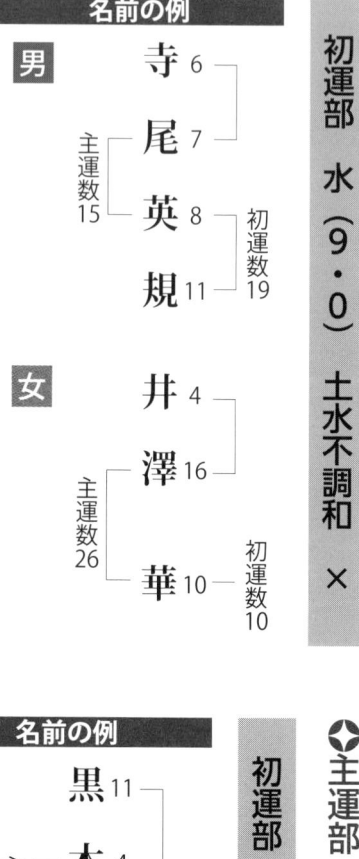

このように、主運部が金、初運部が木の人は、心

の中にいつも葛藤をかかえ、表面上は一見安定しているようにみえても、不安定このうえない生活を送るハメになります。

初運部　火（3・4）　金火不調和　×

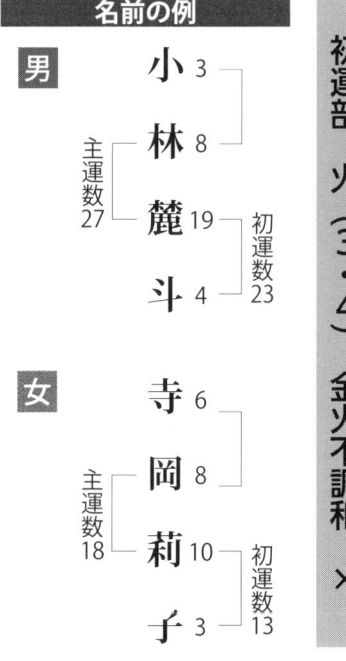

名前の例

男　小林麓斗　（小3・林8・麓19・斗4）　主運数27　初運数23

女　寺岡莉子　（寺6・岡8・莉10・子3）　主運数18　初運数13

金は価値あるものの代表のような存在ですが、火に焼かれると形を失い、本来の美しさが失われてしまいます。また、人間が金属を加工する場合は火を使います。金は火によって、無残に姿を変えられてしまうのです。

この暗示を受けて、主運部が金、初運部が火の人は、変転の多い、浮き沈みの激しい人生を送ります。何度も転職を繰り返し、少し落ち着いても、またいつ波風に揺さぶられるかわからず、いっときも心が安まることはないでしょう。

初運部　土（5・6）　金土調和　○

名前の例

男　大塚錠　（大3・塚12・錠16）　主運数28　初運数16

女　竹田愛琳　（竹6・田5・愛13・琳12）　主運数18　初運数25

金属の特質である鋭利さは、ほかの要素を傷つけることが多く、金属同士でもお互いに傷つけ合うので、相性の良い相手にめぐり会うのはなかなか難しいのです。こうした環境の中で、もっとも相性が良いのは土なのです。

土は、金の生みの親のようなものですから、ピッタリ相性がいいのはあたりまえといえばあたりまえかもしれません。

この配合の人は、良い師や良い部下に恵まれる暗示があります。持ち前の自分の能力を十分に発揮し、安定した一生を送ることができるのです。

初運部　金（7・8）　金金調和　△

名前の例

男
池 6
畑 9
奏 9
空 8
主運数18（畑・奏）
初運数17（奏・空）

女
大 3
江 6
彩 11
衣 6
主運数17（江・彩）
初運数17（彩・衣）

似た者同士だからといって、必ずしも仲がいいとは限りません。とくに美しさや輝き、高貴さを売り物にする金と金とは、常に互いに競い合って争いがちです。

この暗示を受けるので、主運部、初運部ともに金の人は、周りの人とトラブルを起こしやすいのです。謙虚さを忘れず、周りの人と円満にいくように心がければ安定しますが、そのように努力しなければ、波乱に富んだ人生を送ることになります。

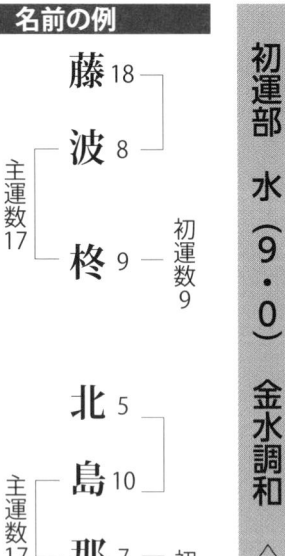

初運部　水（9・0）　金水調和　△

名前の例

男
藤 18
波 8
柊 9
主運数17（藤・波）
初運数9（柊）

女
北 5
島 10
那 7
弓 3
主運数17（島・那）
初運数10（那・弓）

金と水は、本来は調和しますが、安定運として考えるとあまり良くありません。水は金属を求めて周りに集まります。しかし、そのために金属がさびてしまうことがあります。また、金を水が水力で押し流してしまうこともあります。

主運部に金、初運部に水を持つ人は、安定した生活を送っていても、ある日突然思いがけないことが起こって、運命が変わってしまうことがあるのです。

✦主運部　水（9・0）の人

初運部　木（1・2）　水木調和　△

名前の例

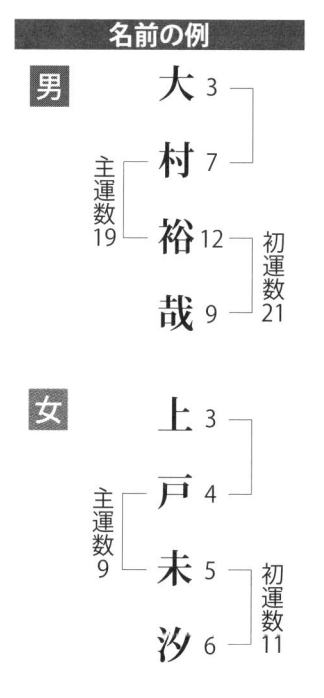

男　大3 村7 裕12 哉9（主運数19／初運数21）

女　上3 戸4 未5 汐6（主運数9／初運数11）

木によって勢いよく流れる水をせき止めようとしても、少しの時間なら止められますが、いずれは破られてしまいます。

この暗示を受けますので、主運部が水、初運部が木の人は、見た目はいかにも安定しているようでも、長続きはしません。

本来水の持っている特徴(とくちょう)が強調され、変転を繰り返し、安定しない困難の多い人生となりそうです。

初運部　火（3・4）　水火不調和　×

名前の例

男　河8 合6 斗4 眞10（主運数10／初運数14）

女　小3 宮10 香9 澄15（主運数19／初運数24）

火は水を蒸発(じょうはつ)させてしまいます。液体であったものが気体に変わるということは、大きな変動、波乱があるということです。

主運部が水で初運部が火の配合を持つ人は、不慮の事故や災難にあい、それまでの生活を大転換しなければならなくなったりします。そのために不安定な人生を送ることになりかねませんので、日頃から注意することをおすすめします。

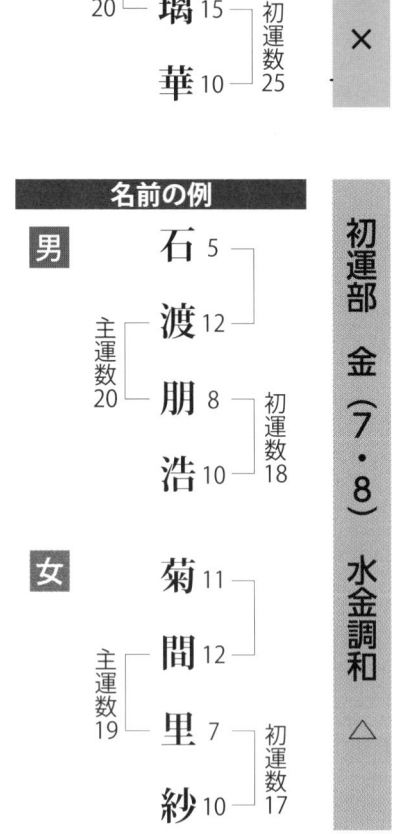

初運部　土（5・6）　水土不調和　×

名前の例

男　榊14 原10 勇9 樹16（主運数19、初運数25）

女　柴9 田5 璃15 華10（主運数20、初運数25）

流れる水をせき止めるには、土のうを積み上げるのが一番効果的です。

この暗示から考えますと、水と土の配合は安定運がいいように思えるのですが、実はそうではありません。

主運部が水の人は、常に自由に流れていたいのです。ですから、安定した生活をしていても、心の中には大きな葛藤があり、迷いや悩みが絶えず、精神が安定しない人生となります。

初運部　金（7・8）　水金調和　△

名前の例

男　石5 渡12 朋8 浩10（主運数20、初運数18）

女　菊11 間12 里7 紗10（主運数19、初運数17）

金だらいや鉄のバケツの中に水を入れておくと、水は落ち着いて安定しているようにみえます。しかし、ちょっとでも揺さぶられたり、バケツを動かされたりすると、たちまち波うち、外にあふれます。

主運部が水、初運部が金の人は、この暗示を受けますので、一時的には安定するのですが、いつその生活が破れ乱されるかわかりません。

このことを心に留めて、常に冷静に周りの状況を見定めて過ごすようにしましょう。

初運部 水（9・0） 水水不調和 ×

名前の例

男

関 14
篤 16
也 3
主運数30（関・篤）
初運数19（篤・也）

女

平 5
川 3
優 17
乃 2
主運数20（川・優）
初運数19（優・乃）

どこまでもいつまでも自由に流れていたい、というのが水の持つ性格です。ささいなことにはこだわらず、流れ続ける自由人でありたいわけです。

主運部が水、初運部も水となると、この性格がさらに強くなって、どこまで流れ続けていくのか、本人にさえもわかりません。

この配合の人は、時代の流れにのって成功することがあるかもしれませんが、持続することはできず、安定しない人生になります。

主運部と初運部でみる

安定運

早見表

主運部　木(1・2)の人の安定運

主運部	初運部	安定運	
1・2(木)	1・2(木)	○木木調和	協力者に恵まれて事業は順調、家庭も円満です。
	3・4(火)	○木火調和	順調に発展し満ち足りた生活を送ることができます。
	5・6(土)	○木土調和	この配合に限り調和とみなします。安定した生活を送ることができます。
	7・8(金)	×木金不調和	不安定な人生です。引っ越し、転職を繰り返しがちです。
	9・0(水)	△木水調和	若いころは順調ですが、のちに苦労が多くなります。

主運部　火(3・4)の人の安定運

主運部	初運部	安定運	
3・4(火)	1・2(木)	○火木調和	有能な部下、円満な家庭に恵まれ、安定した人生です。
	3・4(火)	○火火調和	安定運ですが、初運にも3・4(火)がくると勢いが長続きしません。
	5・6(土)	○火土調和	境遇は安定し、ゆとりのある生活を送ることができます。
	7・8(金)	×火金不調和	人間関係でいつも悩まされ、心が休まることがありません。
	9・0(水)	×火水不調和	常に不安定で落ち着かす、災難にあいやすいでしょう。

主運部　土(5・6)の人の安定運

主運部	初運部	安定運	
5・6(土)	1・2(木)	×土木不調和	一つの仕事や場所にとどまることができず、落ち着かない生活です。
	3・4(火)	○土火調和	心身ともに安定して順調に発展します。生活も豊かです。
	5・6(土)	○土土調和	平穏な毎日です。初運も5・6(土)だと、発展は地道でゆっくりです。
	7・8(金)	○土金調和	たくさんの助力を得て、確実に発展します。
	9・0(水)	×土水不調和	常に不安定です。安定したのもつかの間、たちまちこわれます。

主運部　金(7・8)の人の安定運

主運部	初運部	安定運	
7・8(金)	1・2(木)	×金木不調和	表面的には安定しているようにみえますが、内心は不安にさいなまれています。
	3・4(火)	×金火不調和	苦労ばかり多くて実りは少なく、心はいつも不安定です。
	5・6(土)	○金土調和	優秀な部下に恵まれ、生活環境は安定します。
	7・8(金)	△金金調和	自己主張が強すぎて摩擦を起こしがちです。少し控えると運は開けます。
	9・0(水)	△金水調和	安定と不安定が交互にきます。不慮の事故にあう可能性もあります。

主運部　水(9・0)の人の安定運

主運部	初運部	安定運	
9・0(水)	1・2(木)	△水木調和	安定の時期はあっても、長続きしません。
	3・4(火)	×水火不調和	思いがけない事故や災難にあうことが多いので要注意です。
	5・6(土)	×水土不調和	安定しているようにみえますが、心は迷い続けて落ち着きません。
	7・8(金)	△水金調和	発展はしても、基礎が不安定なので大成しません。
	9・0(水)	×水水不調和	時流にのって成功することがありますが、持続しません。

助運でみる恋愛運・結婚運

助運数とは、姓名の総画数から主運数を引いたものです（ただし、一字姓や一字名の場合は祖運数や初運数を加算）。姓名判断では、この助運数によって対人関係、結婚運、恋愛運をみることができます。
助運数が吉数の人は恋愛も成就し、良い配偶者にも恵まれます。反対に、凶数の人は結婚しても不満の多い家庭生活を送ることになります。

✦助運部　1・2の人

吉数の場合（11・21・32画など）

名前の例

東 8
大 3
雅 13
助運数21

あなたの配偶者は、理知的でなおかつ見返りを求めず人に尽くす人です。そのため、人望を集めて誰からも好かれます。家庭を大切にして、何か問題が起こっても機敏に対応してくれるので、安心して頼れるタイプです。

凶数の場合（12・22・42画など）

名前の例

川 3
久 3
保 9
英 8
伍 6
助運数12

あなたの配偶者は、思いやりはあるのですが、ささいなことにいつまでもくよくよこだわる人です。そのわりに結婚に対して高望みをしがち。結婚生活は退屈で、もの足りなく感じるかもしれません。

✦助運部　3・4の人

吉数の場合（13・24・33画など）

名前の例

原	10	助運数13
楓	13	
子	3	

あなたの配偶者は、明るくやさしく子ども好きで、申し分のない人です。どんなに仕事が忙しくても、家庭をおろそかにすることはありません。多少のんき気なところもありますが、幸せな結婚生活を送ることができます。

凶数の場合（14・34・43画など）

あなたの配偶者は、見栄っ張りで、感情的な人です。気に入らないことがあると、すぐに頭に血がのぼって、見さかいがなくなります。また、飽きっぽいので何ごとも長続きしません。結婚生活を安らぎの場とするのは難しいようです。

名前の例

本	5	助運数14
木	4	
壮	6	
亮	9	

✦助運部　5・6の人

吉数の場合（5・6・15・16・25・36画など）

名前の例

鈴	13	助運数25
木	4	
遥	12	

あなたの配偶者は、包容力があり、心の温かな人です。派手さはなくても、いぶし銀のような味を持ち、誰からも好かれます。小さな幸せを大切に育む

家庭的な人ですから、幸せに満ちたしっかりした結婚生活になります。

凶数の場合（26・36・46画など）

名前の例

前 9
田 5
典 8
優 17
助運数26

あなたの配偶者は、行動力と思いきりの良さから対外的には魅力的にみえますが、その実、頑固でわからず屋のうえに怠惰なところがあり、家庭内での協力は期待できません。

✦助運部　7・8の人

吉数の場合（7・8・17・18画など）

あなたの配偶者は、都会的でスマートな人。流行にも敏感で、洗練されたファッションに身を包み、何ごともテキパキとこなしていくので、誰からも憧れと尊敬のまなざしでみられます。結婚後も、人目にとらわれず自分のスタイルで生活を楽しむタイプです。

名前の例

松 8
野 11
朱 6
音 9
助運数17

凶数の場合（27・28画など）

名前の例

影 15
山 3
千 3
尋 12
助運数27

あなたの配偶者は、いつも自分が中心にいなくては気がすみません。しかも、意地っ張りで、いつも屁理屈ばかりこねて、対人関係はスムーズにいきません。家族を思いやることが少ない人です。

✦助運部 9・0の人

助運部のひと桁が9・0の場合（9・10・19・20画など）は、すべて凶数になります。

名前の例

谷7 崎11 浩10 太4 郎9

助運数20

あなたの配偶者は、自分の殻に閉じこもっているので、何を考えているのかわかりません。プライドが高く気まぐれなところもあります。

ただし、決定的な凶数といえない面もあり、ほかの運数や要素から良い影響を受けると、創造力のあふれる、才能豊かな人になります。その場合は、結婚生活も円満となります。

数理調和・不調和でみる健康運

✦五要素と五臓の影響

第2章でも紹介しましたが、姓名判断の元となる古代中国の思想では、万物はすべて五要素にあてはめることができると考えられています。これは、健康運をみるときにも使います。人間の五臓を次のように五要素にあてはめることができます。

- ●木性―1・2―肝臓系統
- ●火性―3・4―心臓系統
- ●土性―5・6―胃腸系統
- ●金性―7・8―肺臓系統
- ●水性―9・0―腎臓系統

この五要素の相生・相剋関係は健康にも影響を及ぼします。三運の調和が悪い相剋関係にある場合は、剋されるほうの内臓に影響が出ます。

木性数相剋の病気

三運の配合の中に木金（1・2と7・8）あるいは金木（7・8と1・2）があると、肝臓系統の病気にかかりやすくなります。

疲れやすく、不眠症や歯痛、眼病、食中毒、吹き出物などに悩まされがちです。また、神経系で悩まされることもあります。

火性数相剋の病気

三運の配合の中に火水（3・4と9・0）あるいは水火（9・0と3・4）があると、火に関係する心臓系統に疾患が心配されます。

心臓、循環器系、冷え、浮腫、神経過敏、視力減退などの症状を訴えることがあります。

土性数相剋の病気

三運の配合の中に土木（5・6と1・2）あるいは木土（1・2と5・6）があると、土に関係する胃腸系統に障害が心配されます。

吐き気、消化不良、腹部腫瘍、疲労、めまい、自家中毒などの症状が出ます。

金性数相剋の病気

三運の配合の中に火金（3・4と7・8）あるいは金火（7・8と3・4）の配合があると、肺臓関係の疾患に悩まされます。

また、火金の配合で祖運部が剋された場合は脳神経系統の障害、金火の配合で主運部が剋された場合は呼吸器疾患、火金の配合で初運部が剋された場合は、便秘など下半身に障害が出やすくなります。

水性数相剋の病気

三運の配合の中に土水（5・6と9・0）あるいは水土（9・0と5・6）があると、冷えによる不調から、腎臓や膀胱、生殖器に疾患が出やすくなります。また、腰痛や皮膚病、歯周病や口内炎など口の中の病気も注意が必要です。

第5章

画数の意味

画数の意味

画数の意味を理解しよう

画数にはそれぞれ意味があり、吉凶があります。この画数の意味と吉凶は、主運・初運・助運・総運に共通します（祖運は吉凶なし）。総運数だけでなく、主運数、初運数もチェックしてください。

ただし、画数が吉数だからといって良い名前だと決めるのは早計です。四運のすべてが吉数で、しかも祖運・主運・初運の三運の調和がとれているものが、幸運を招く良い名前です。

この条件を満たす名前を考えるのは、なかなかたいへんだとは思いますが、まずは初運数から良い名前を探していきましょう。

なお、画数の下の○印は吉数、×印は凶数、△印は吉凶半々をあらわします。では、画数の意味と吉凶をみていきます。

1画 ○

すべてはここから始まります。自然の恵みを受けてすくすくと育つ樹木のように、必ず希望は達成されます。あなたの繁栄を約束する大吉数です。

男性

どんな分野に進んでも、リーダーシップを発揮し、人の上に立ちます。そのための努力を惜しみません。実力も行動力もあるうえに、人望も備わっていますので、誰からも信頼されて大成します。

ただし、うぬぼれたりおごったりすると、幸運が不運に転じて失敗します。この点がこの数を持つ人の心配なところです。人徳を積むことも必要です。

女性

理想が高く、気位も高い人です。

他人の気持ちを考えず自分勝手に進んでしまうので、高慢な人とみられがちです。もう少し相手の気持ちを思いやる余裕を持てば、さらに大きな成功を手に入れることができます。

2画 ×

名誉や地位、財産を得て幸せそうにみえますが、心が満たされることはありません。いつも孤独で心労が絶えず、むなしい人生です。

男性

儲け話は逃しません。努力を惜しまず貪欲に蓄財し、着々と富を築きます。人がうらやむような境遇にはなりますが、頑固で自分勝手な性格が災いして、人間関係のトラブルが絶えません。また欲に目がくらんだ結果、かえって大損することもあります。目先の利益だけを追わず、将来を見通す目を持つことで視界が開けます。

女性

損することをおそれて、何ごとにも消極的です。すぐに人を頼るわりに、心から人を信じることはできません。そのため、いつも精神的に不安定で、くよくよ悩んでばかりいます。

本来はゆっくりコツコツと進んでいくタイプですから、マイペースを心がけると運が開けてきます。

3画 ○

才知にあふれ、明朗活発、積極的な人です。明るい性格で、誰からも愛されます。ただし、姓名数三運の調和に欠けると、飽きっぽい性格になります。

男性

太陽のように明るく活発な性格です。友人や目下の人には慕われ、目上の人からは引き立てられます。

周囲の人望を得て、成功する人です。

順調な人生ですが、あまり調子にのりすぎると足をすくわれます。あなたの人気をねたんで、足を引っ張ろうとする人があらわれることもあります。

女性

明るくさっぱりとした性格です。誰とでもすぐにうちとけ、誰に対しても親切で、みんなに慕われるリーダー的存在です。子ども運や結婚運に恵まれ、幸せな家庭を築きます。

ただし、調子にのりすぎる傾向もあるので、自慢話はほどほどにすることです。

4画 ×

順調に進んでいたはずなのに、突然足元が崩れて失敗してしまったり、思いがけない理由で計画が挫折したりと、波乱に満ちた人生になるでしょう。

男性

高い理想を持つのはいいのですが、一攫千金を夢みて、八方に手を出して失敗します。

短気で根気がなく、思いどおりにならないと八つ当たりするので、誰からも相手にしてもらえなくなります。

本来はまじめで責任感の強い人ですから、長所を生かして一つのことをやり通せば成功します。ときには大自然の中でのんびり過ごすくらいのゆとりを持ちたいものです。

女性

一見おだやかそうですが、喜怒哀楽が激しく、情緒不安定な傾向があります。被害者意識も強く、たいしたことでもないのにいつまでも一人でくよくよ悩んでいます。

仲の良い友だちがいても、すぐ陰で悪口をいったり、自分勝手なふるまいをしたりするので、長続きしません。相手の身になって考えるようにすれば運が開けます。

5画 ○

心身ともに健康な人です。病気や事故にあうこともなく長寿をまっとうし、生涯恵まれた幸せな生活を送るでしょう。

男性

ふだんは温厚で柔和(にゅうわ)な性格ですが、ここぞというときには、激しい闘志をみせてがんばる人です。他人を思いやるやさしさと秘めた強さで、誰からも好かれ頼られます。

女性

一緒にいるとほっとするような、やさしい気持ちを持った人です。常にプラス思考で、どんな困難にあってもへこたれず、前向きに取り組みます。

また、困っている人には惜しげなく手をさしのべ、いつも他人のために進んで行動します。財産や名誉にも恵まれ、幸せな一生を送れます。

6画 ○

先祖の恩恵によって幸運が舞い込みます。両親や先祖に対する感謝の気持ちを忘れなければ、必ず財産や名誉を築きあげることができます。

男性

面倒見(めんどうみ)のいい人で、困っている人をみたら放っておけない性格です。自分が多くの人に引き立てられたように、自分も人を引き立てようとします。思い詰めることなく自然に人の上に立つことができるので、経営者や実業家として成功します。

女性

金銭感覚の鋭いところが、他人からはケチな人だと誤解されがちです。本来は心のやさしい人ですが、少し自分勝手なところがあり、身勝手な人とみられることがあります。常に相手を思いやる心を忘れないようにすることが大事です。

7画 ○

自立心・独立心が旺盛な人です。竹を割ったようにさっぱりとした性格の持ち主で、自信にあふれています。ただし、他人に対する配慮に欠け、反感を買って孤立しやすい面があります。いつも周りへの気配りを忘れないようにしましょう。

男性

頭脳明晰、抜群の行動力と強靭な精神力で、どんな困難ものり越え、強い信念を持って目標を達成します。常に謙虚に他人の意見に耳を傾ければ、成功をおさめることができます。

女性

何ごとにも積極的に取り組み、自立心旺盛な性格が、周りから生意気ととられがちです。負けん気の強さはあなたの長所ですが、あまりムキにならず他人との協調を心がけるようにしてください。

8画 ○

強い意志と確固たる信念で道を切り開き、目標を達成します。裏表のない社交的な性格で、誰に対しても誠実に接します。

男性

卓越した行動力で、難しい仕事もやすやすとクリアし、高い評価を受けます。どんな状況におかれても実力を発揮し、成功へと突き進みます。ただし、自分の力を過信して軽率な行動をとったり、物事にこだわりすぎたりすると、思わぬ失敗をしてしまうことがあります。

女性

意志の強さが裏目に出て、意地っ張りだと思われがちです。本来の素直さと社交性を忘れなければ、良きパートナーと出会い、幸せな家庭を築くことができます。ただし、姓名数三運の調和に欠けると悪妻になってしまう可能性があります。

9画 ×

病弱・逆境・破壊・短命などの暗示があります。自分ばかりでなく、家族にまで影響を及ぼす画数ともいわれています。しかし、姓名数三運の調和が良ければ、特異な才能に恵まれることもあります。

男性

おだやかな性格にみえますが、内面は不満でいっぱいです。何ごとにも消極的で、何をしてもうまくいきません。ひねくれて後ろ向きの考え方ばかりしていると、周囲から疎まれるようになります。

またこの数字を持つ人は、ときに特殊な能力に恵まれることがあります。

女性

ささいなことにいつまでもこだわったり、他人の幸運や財産をねたんだりすることが多いタイプです。そのため、自分で自分の世界を狭くして、寂しい人生を送ることになります。

心を開いていけば運勢を切り開くチャンスはあります。異性関係のトラブルに巻きこまれやすいタイプなので注意しましょう。

10画 ×

孤独と喪失を暗示する凶数です。世をすねて疑り深くなると、よけいに暗示が強くなり、絶望的な人生になりかねません。

男性

そのときの気分によって、いうことをコロコロ変えるので、人から信用されません。ふだんは慎重な性格ですが、感情的になると思わぬ暴言を吐き、人に疎まれる、といった一面もあります。

また、独りよがりな判断があだになって、失敗したり、財産をだまし取られたりすることがあります。気が高ぶりそうなときは深呼吸をして、冷静になる方法を身につけてください。

女性

ひがみっぽく、すべてを悪意に解釈します。人の善意を信じることができず、恩をあだで返すような態度しかとれません。そのため、しだいに人が遠ざかり、孤立してしまいます。自分からとけこむ努力をしなければ、孤独から抜け出すことはできません。

恋愛運もなかなか思いどおりにはいきませんが、包容力のあるパートナーを選べば、幸せをつかむことができます。

11画 ○

一気にとはいきませんが、着実に発展し、最後に大きな成功をつかむでしょう。努力したら努力しただけ、必ず報われる運数です。

男性

没落(ぼつらく)した家を再興する、傾(かたむ)いた事業を立て直す、という暗示があります。コツコツ努力を積み重ねれば、必ず実るときが来ます。少し時間はかかりますが、短気を起こさずマイペースで進みましょう。

女性

おとなしくかつおしとやかな外見とは裏腹に、ファイト満々、バイタリティあふれる人です。ここぞというときには、すばらしい力を発揮し、必ずそれをものにします。結婚してからは、かわいい子どもに恵まれ、楽しい家庭を築くことができます。

12画 ×

力もないのに高望みをして失敗します。仕事もやりとおす力不足で、途中で挫折(ざせつ)して、目標を達成することはできないでしょう。

男性

身のほど知らずに大風呂敷(おおぶろしき)を広げ、欲しいものを強引に手に入れようとしては失敗を繰り返します。実力不足を認めないで、小ざかしく立ち回ろうとするので、ますます深みにはまってしまいます。

謙虚に自分の落ち度を認め、反省する姿勢を持ちましょう。また、他人と協調することを心がけましょう。金銭面はしっかりしているので、財を築く可能性はありますが、一時的な蓄財となります。

女性

虚栄心が強く、見栄っ張りです。分不相応な生活を望み、ローン地獄に陥ることもあります。物欲の強さが災いして、家庭が崩壊したり、好きでもない人と結婚したりすることがあるかもしれません。

冷静に自分の足元をみつめ、地道に暮らすことを心がけないと、すべてを失うハメになります。

13画 ○

温厚で円満な人柄です。周囲の援助を受けて成功します。良識的で社交性もあり、安定した人生です。ただし、姓名数三運の調和に欠けると、実のない浮ついた成功になってしまいます。

男性

おだやかな性格で誰からも好かれます。とくに年長者の引き立てを受け、恵まれた一生を送るでしょう。芸能方面に進むと、才能が開花します。

女性

才知あふれる人です。聡明なうえに親しみやすい性格なので、尊敬を集め、誰からも慕われます。ただし、姓名数三運の調和を欠くと、うぬぼれ屋でずるがしこく、嫌味な性格になります。謙虚さを忘れないようにすれば吉です。

14画 ×

スムーズな人間関係が結べず、いつも孤独です。また、努力しても思いどおりにいかないことが多く、精神的に苦しい毎日を送ります。

男性

義理堅く几帳面な性格はいいのですが、他人にもそれを要求するので、堅苦しい人と思われがちです。相手が自分の思いどおりにならないとイライラし、人に疎まれて孤立することが多くなります。

また、自分の思いを伝えることがあまり上手ではないので、すぐ相手のペースにはまってしまいます。フラフラしないで自分の意志をはっきり伝えることを心がけるようにすればいいのです。

姓名数三運の調和が良ければ、成功のチャンスがめぐってきます。

女性

目標に向かって地道に努力します。しっかりした性格ですが、自分だけが正しいと思いこみ、自分と違う価値観を認めないのが大きな欠点です。

このため、人間の幅が狭くなり、成長することができません。いろいろな価値観があることを認めてつき合える、おおらかな心が必要です。そうでないと結婚しても、そんなあなたの態度に夫が疲れ、家庭不和を招く最大の原因になります。

15画 ○

姓名数三運の中でも大きな幸運を得る運数で、多芸多才な人です。誰からも愛され、周囲の支援を受けることによって大成功します。

男性

社交的で、いつも相手を上手に立てるタイプの人です。また人望を集め、とくに上司や先輩にかわいがられて大成します。

意志がかたい分だけ少し強情なところがありますが、この点さえ注意して改善すれば、幸せな人生を歩めるでしょう。

女性

家庭運がよく、両親の愛を一身に受けて成長し、結婚後はやさしい夫とかわいい子どもに恵まれます。ただし、苦労らしい苦労を経験していないため、逆境に弱い面があるのが気になります。

姓名数三運の調和が悪いと、胃腸疾患に悩まされます。

16画 ○

物事を大局的にとらえられる人で、ここぞと思われるチャンスは逃しません。人の心をつかむ、天賦の才能の持ち主です。人望が集まり、リーダーとして大活躍するのも夢ではありません。

男性

面倒見のよいリーダータイプの人です。また、世話好きで誰に対しても親切なので、自然と人が集まり、リーダーとなって大成功します。

ただし強引に押し進めて失敗することもありますので、事業を成功へ導くには、押すばかりでなく引いてみることも大切です。

女性

少しわがままなところがありますが、がんばり屋で明るくのびのびした性格の持ち主です。リーダーになると本領を発揮して、うまく人をまとめていくことができるので得なタイプです。

17画 ○

ささいなことにこだわらない、おおらかな性格です。強い意思を持ち、自分の目標に向かって積極的に突き進み、必ず希望を達成します。

男性

熱血漢で、物事を次々に実行していく行動力には目を見張るものがあります。ただし、先を急ぎすぎて誤解を招くことも。とくに、目上の人に反発してトラブルを起こしがちな点は要注意です。

せっかちになりすぎず、周りに気を配るようにすると何ごともうまくいきます。力を蓄えて作戦を練るのも成功の秘訣です。

女性

活発で積極的な性格です。努力家でもありますから、社会に出て成功します。ただ、勝ち気な面が出すぎると、周りの反感を買い不和を招きますので、この点は注意が必要です。

18画 ○

エネルギッシュで、どんな困難ものり越えて、富と名声を得るでしょう。ただし、強引にことを運びすぎると失敗することもあります。

男性

たとえ孤立無援になっても、自分の意志を貫くたくましい人です。常に雄々しく困難に立ち向かい道を切り開きます。ただし、自己中心的になりやすいところも。姓名数三運の調和が悪いと、この欠点が強く出るので注意しましょう。

女性

誰に対しても親切で、働き者です。周囲の人の信頼を得て、幸せな一生を送ることができます。

スムーズな人間関係のためにも、話をするときは言葉を選ぶことが大切です。姓名数三運の調和が良ければ、健康にも恵まれます。

19画 ×

一生懸命努力しても報われることはありません。不遇な生涯を送ることになります。

男性

天才的な頭脳とすばらしい行動力で一時的には成功しても、長続きすることはありません。立ち直ってはまた挫折する、という繰り返しで浮き沈みの激しい人生です。

せっかくの能力も努力も、残念ですが、むなしいだけとなってしまいます。

女性

肉親の縁が薄い人です。そのため、家庭に対する憧れが強く、懸命に努力するのですが、思いどおりにはいかず、理想と現実とのギャップに悩むことになります。どんなに愛情をそそいでも、夫の病気や浮気で心が安まることはないでしょう。

20画 ×

意欲はあるのですが、力不足で苦境に立ち、破滅に向かいます。短命の暗示があります。

男性

働き者でよく努力しますが、小心者なために思っていることをなかなか実行できません。意欲ばかりが空回りすることになりがちです。その結果、他人からあまり評価されず、不遇な人生を歩みます。また、親子・肉親の縁が薄い運数でもあります。

女性

対人関係のトラブルが絶えず、いっときも気の安まることはありません。人に裏切られたり、たちの悪い男性につきまとわれたり、いわれなき非難や中傷に泣かされることも多いようです。異性とのトラブルで転落することもあります。

本来はがんばり屋さんですから、意志を強く持って行動すれば、最悪の事態は避けられます。

21画 ○ 専業主婦には凶

頭脳明晰で人間的な魅力にあふれています。周囲の人望が厚く、誰からも信頼され、リーダーとして成功をおさめるでしょう。

男性

誠実な人で、心から他人のために尽くします。その人柄にひかれて、自然に周りに人が集まり、指導者的立場につくことになります。若いころは多少苦労することがあるかもしれませんが、しだいに富と名誉を得て、幸せな一生を送ります。

結婚は、心身ともに波長の合う良い妻を得ることができますので、家庭生活は明るく安泰です。

女性

社会に出ると、思う存分実力を発揮し、高い評価を受けるでしょう。キャリアウーマンとして大活躍します。しかし、家庭に入ると、自分の運勢が強すぎて、夫の運気に勝ってしまう傾向があります。夫を早く亡くしたり離別したりで、思わぬ苦労をすることがあるかもしれません。

女性の名前に、この画数をつけるのはおすすめできません。

22画 ×

あと一歩というところで挫折し、目標を達成することができない運数です。また、姓名数三運の調和が悪いと陰気な性格になり、人に疎まれます。

男性

この数字を持つ人は、無気力、消極的で病弱な人と、ねばり強く積極的で意欲的な人との、正反対の二つのタイプに分かれます。

後者のタイプの人は、若いころはうまくチャンスをつかんで成功するのですが、長続きしません。慢心してぜいたくな生活におぼれてしまうからです。最終的には運にも見放されて、転落してしまいます。

女性

恋愛や結婚に挫折することが多いようです。順調にいっていたはずなのに、なぜかゴール目前に破談になってしまいます。結婚後も、理想が高すぎて夫と意見が合わず、ケンカが絶えません。寂しい家庭生活になります。

また、対人関係や異性関係のトラブルに巻きこまれやすいので、十分に注意しましょう。

23画 ○ 専業主婦には凶

昇る朝日のように、すべてが順調に進みます。明るく素直な性格は誰からも愛され、満ち足りた一生を送ることができます。

男性

一代で財をなす運数です。バイタリティにあふれ、人の嫌がる仕事も進んで引き受けます。ただし、口は災いの元。おしゃべりがすぎると、人の心がみるみる離れてしまいます。

女性

仕事を持つと、すばらしい能力を発揮します。輝かしい栄光を手にすることができるでしょう。しかし、家庭に入ると、配偶者との縁が薄く、幸せな結婚生活とはなりません。

家庭に入るより、キャリアウーマンとして生きる道を選ぶほうが向いています。その際、敵をつくらないように、人間関係には十分気を配りましょう。

女性の名前に、この画数をつけるのはおすすめできません。

24画 ○

頭脳明晰で、経済的にも恵まれます。一発勝負には不向きですが、コツコツと努力してしだいに財を築き、晩年繁栄する運数です。

男性

恵まれた才能やセンスがあるだけでなく、社交的で積極的な人です。

この運数を持つ人は、出会いから運が開けることが多いので、積極的に人の輪の中に飛びこむようにしましょう。会話の中から事業のヒントや、成功のカギを得ることができます。

25画 ○

女性

表面は温和でおっとりしているようにみえますが、芯は強く、機転のきく人で、そこここにしなやかさが感じられます。

先を見通して、段取りを整えるのも上手で、ことが起こっても臨機応変に対処できます。誰からも信頼される徳ある人です。

強い個性が長所となって、何をしても頭角をあらわします。ねばり強い闘志でどんな困難も克服して成功する幸運数です。

男性

一を聞いて十を知る、反応の速さは天性のものです。勘が鋭く、相手の気持ちを読みとるのも上手です。また、障害が大きければ大きいほど闘志を燃やし、実力を発揮して成功します。口調が強くなりがちなところは注意を要します。

女性

しっかり者なので、周りの人から頼られます。家事の切り盛りも上手ですから、明るい家庭を自然に築くことができます。

姓名数三運の調和が悪いと、姑との折り合いが悪く苦労することが多くなります。

26画 ×

すばらしい力を持っています。その卓越した能力で天下をとることもありますが、長続きせず、結局は寂しい晩年を迎えます。波乱に富んだ人生です。

男性

昔の英雄や豪傑に多い画数です。仕事はバリバリこなすので、やり手として高い評価を受け、出世します。しかし、自信過剰になって他人を見下し、傲慢で人間的な温かさに欠けるため、周囲と摩擦が絶えません。敵が多く、協力者に恵まれることはないので寂しい性格です。

家庭をかえりみない人が多く、そのツケが回り、家族からも見放されて孤独な生涯となりそうです。

女性

いっときは人もうらやむような成功を手に入れて、思いどおりの人生を進んでいくのですが、それを鼻にかけるので、わがままで嫌味な奴と他人から敬遠され遠ざけられます。

しだいに運が衰退しても、過去の栄光が忘れられず、愚痴ばかりいっています。ついには誰からも相手にされなくなり、昔の栄光を自慢しているばかりで、一人ぼっちの何とも寂しい毎日を送るようになるかもしれません。

27画 ×

自尊心が強く、他人に頼らず自分の力で道を切り開きます。中年までは順調に発展しますが、信じるものは自分だけ、という態度が人との不和を生み、中年以降は寂しい人生になります。

男性

自信に満ちあふれ、意志が強く実行力もあるので、自分の道を突き進んで成功を手に入れます。

しかし、成功すればするほど、本来の温和な性格が影をひそめ、独善的で頑固な面が強くなります。他人を信じず、人の意見に聞く耳を持ちません。そして、しだいに人が離れ、事業も傾いていきます。

本来の自分に立ち戻って、素直な気持ちで他人と接するよう心がけてください。

女性

勝ち気で出しゃばりです。やり手なのですが、自分が自分が、といつもしゃしゃり出て嫌われます。一生懸命やっても、評価されるより悪口をいわれることのほうが多い、損な人生です。独りよがりはやめて、謙虚さを心がけてください。

28画 ×

性格的にこれといった欠点はないのですが、なぜか人間関係でいつもつまずきます。とくに肉親の縁が薄く、家庭内でもトラブルが絶えません。

男性

もともと力はある人ですから、人からも信頼され、仕事もうまく軌道にのって、順調に発展していきます。しかし、いったん運が落ちはじめると何をしてもうまくいかず、対人関係も険悪になる一方です。浮き沈みの激しい人生で、一生を通じて心労が絶えないでしょう。

また、恋愛をしても相手の気持ちをよく理解できず、結局は逃げられてしまうことが多いようです。

女性

一本気で強情な人です。この性格が、長所として生かされているときは頼りになる人ですが、結果としては裏目に出ることが多く、わがままで我の強い人と思われがちです。相手に対して自分からうちとけるように心がけないと、あなたの良さを理解してもらうことは難しいでしょう。

姓名数三運の調和が良い場合には、人の支援を得て幸せに暮らせますが、逆の場合ですと、孤独で寂しい一生に終わってしまうことがあります。

29画 △

いつも不平不満ばかりいっていると、たとえ成功していたとしても、やがて運が逃げていきます。自重してプラス思考を心がければ、幸せの扉を開くことができます。

男性

的確な判断力と豊富な知識を持ち、自分のやりたいことを、意欲的にやっていく人です。成功してそれなりの財を築くでしょう。ただし、欲を出しすぎると失敗するので、ほどほどのところで満足するよう心がけましょう。

苦境に陥ったときは、一人で考えこまないで周りの人に意見を求めてみるといいでしょう。視野が広がり、新しい道がみえてきます。

女性

気性が激しく、勝ち気な人です。常に他人とあれこれ比較して自分が勝っていることを確認しなければ気がすみません。そのためいっときも気が抜けず、心が安まることはありません。

力はあるのですから、人は人、自分は自分とわりきって、自分の道を歩くようにすると実力を発揮できます。ただ家庭におさまるより、社会に出て仕事をしたほうがあなたの能力を生かせます。ただし、一言多いのが玉にキズ。反発を買うような軽率な発言はつつしみましょう。

30画 △

吉凶半々の運数です。良いことと悪いことが交互にやってきます。不運に見舞われてもめげずに、それを自分の糧にできれば、晩年は幸せに暮らせます。

男性

大きな夢を持って努力する人ですが、一攫千金をねらって大博打をうつ傾向があります。ときには成功しても、失敗すれば傷は深く、失意の日々を送ることになります。

失敗しても悲観せず、それをバネにしてがんばれば、また幸運がめぐってきます。

女性

白馬にのった王子様の出現を、ひたすら待ち続けている人です。努力もしないで、甘い夢ばかり追っていても何も実現しません。人に頼るより、自分で道を切り開くことを忘れずに。

31画 ○

すべてに恵まれた大吉数です。人望を集め、富と地位と名誉を手に入れ、満ち足りた人生になるでしょう。

男性

強い成功運を持っていますので、大失敗することはありません。頭が良くて意思も強いうえに、行動力もあります。必ず自分の希望を達成して、大きな成功をつかむでしょう。

志を高く持って徳を磨けば、あなたの能力が十分に生かされ、生涯幸せに暮らせます。富貴栄達の安泰数です。

女性

素直で飾りっ気のない人柄で、誰からも好かれます。そのうえ、情に厚く、親切で社交的です。自然に周りに人が集まり、楽しく幸せな人生を送ります。

この運数を持つ人は、家庭に入っても幸せ、仕事をしても成功、両立もできるという具合に、何をしても順調です。ただし、あまり派手になりすぎると経済的に窮地に追いこまれることになりますので、気をつけてください。

32画 ○

思いがけない幸運に恵まれます。それを自分の力で、より大きな成功へと発展させることができる、強運の持ち主です。

男性

誠実で何ごとにも一生懸命に取り組むので、誰からも好感を持たれます。先輩や上司に引き立てられ、順調に発展していく運勢です。

ただし、それは自分の努力とともに、周りの人たちの助力のおかげだということを忘れてはいけません。成功したからといって、おごったり、うぬぼれたりすると、周囲から見放され、せっかくのツキが落ちてしまいます。孤立してしまってからでは取り返しがつきません。

女性

必死になってがんばるわけでもないのに、自然に運が開けて成功するタイプです。だからといって、慢心すると幸運が逃げていってしまいます。地道な努力を怠らないようにすることです。

また、鼻っ柱が強いので、友だちを失ったり、恋人にふられたりすることがあるかもしれません。誰とでも、素直な気持ちで接することが大切です。

33画 ○ 専業主婦には凶

豪快な気性と天与の幸運で、富と名声を手に入れます。しかし、成功と失敗は紙一重。あなたが周りの人とうまく協調していけるかどうかが、一生の明暗を分けるカギとなります。

男性

活発でエネルギッシュな人です。たとえ困難なことがあってもひるみません。さほど苦労しなくても、周囲の援助で思いどおりに望みは叶うでしょう。

ただし、欲を出すと、すべてが水泡（すいほう）に帰してしまいます。常に、周りの人たちへの感謝の気持ちと協調する心を忘れないようにしましょう。それがこの画数の人の成功するポイントとなります。

女性

苦労せずに望みは叶いますが、女性にとっては運気が強すぎる運数です。とくに、姓名数三運の調和が良くないと、縁遠くなり、結婚しても夫まで不幸にしてしまうことがあるので注意してください。

芸能人や宗教家としては、成功をもたらす吉数でもあります。

34画 ×

病気や事故などの災難にあうことが多い不運な運数です。若いころは成功しても、最終的には何ごとも思いどおりにならず、不遇に見舞われます。やけを起こすと、ますます深みにはまります。

男性

大学受験・就職と、社会に出るまでは比較的順調な人生です。あなたの努力が実り、希望したとおりの結果が得られるでしょう。ところが、それからあとは不運の連続になりがちです。

病気やアクシデントに次々と見舞われ、せっかく築きあげたものが、あっという間に崩れ去ってしまいます。とくになにかと体調を崩しやすい傾向がありますので、健康には十分注意して、不運の芽をつみとるようにしてください。

女性

まじめに一生懸命がんばるのですが、どうしても良い結果が出ません。良かれと思ってしたことが裏目に出て、相手を傷つけたり怒らせたりしてしまいます。また、旅行中に思わぬ事故に巻きこまれることもあります。

人をうらやんだり、自分の不運を他人のせいにしたりすると、孤立してますます苦境に陥（おちい）ります。もう少しゆったりとかまえて、不運をやり過ごす余裕を持ちましょう。

35画 ○

積極的な性格とはいえませんが、責任感が強く誠実に仕事に取り組みますので、目上の人にかわいがられて成功をおさめるでしょう。

男性

どんな仕事でも快く引き受け、確実に仕上げます。また、裏表がなく、まじめでひかえめな性格なので、誰からも好意をもたれます。

自分をアピールしたり、人と競争したりするのは苦手です。営業職や人目をひく華やかな仕事には向きませんが、緻密な仕事やコツコツと地道に積み重ねていく仕事は得意です。研究者や学者、事務職などが、おすすめの職種です。

女性

しとやかで、やさしくひかえめですが、いわゆる良妻賢母タイプです。家庭に入れば、内助の功を発揮して夫を支え、子どもにも愛情をたっぷりそそいで、円満な家庭をつくります。

ただし、家の中にばかり目を向けていると視野が狭くなりますので、少しは外に出て、趣味を楽しんだり、ボランティア活動などをしてみたりすることをおすすめします。

36画 ×

チャレンジ精神旺盛で、果敢に新しいことに挑戦します。しかし、計画性がないために最後までやり遂げることができず、人にも見放されてしまいます。

男性

才覚があり、英雄運も持っていますので、うまく時代の波にのれば、大事業をおこしたり、人の上に立ったりして活躍するでしょう。しかし、他人のために自分が泥をかぶって損をすることがあり、なにかと人と対立しがちで、浮き沈みの激しい人生です。

いいときは長く続かず、失意の人生となるかもしれません。また、旅行先や外出先でのケガや事故には注意しましょう。

女性

おだてられたり、ほめられたりすると、すぐその気になって、一生懸命相手に尽くします。頼まれると、嫌とはいえず、安請け合いをして自分が大損することがよくあります。

自分が疲れるだけでなく周囲にも迷惑をかけてしまうので、八方美人はほどほどに。できないことはできないといえるだけの勇気を持ちましょう。

37画 ○

独立心が強く、万難に打ち勝って成功します。才知にすぐれ、金運にも恵まれる幸運数です。ただし、周りへの配慮を欠くと、運が落ちてしまいます。

男性

何か大きなことを成しと遂げたいという願望が強く、普通のサラリーマンでは満足できません。そのために、一心に苦労して事業を成功させます。周りの人の信頼を得て、順調な人生です。

ただし、自分を過信して感謝の気持ちを忘れると、信用をなくします。謙虚に自分をふり返る余裕を持ちましょう。

女性

先をみとおして、段取りよく物事を進めていける人です。頭の回転が速く機転がきき、細かいことにもよく気がつきます。有能なキャリアウーマンとしての資質をすべて備えていますので、上司の信頼を得て、管理職まで進むかもしれません。

ただし、何から何まで自分でしなければ気がすまないので、高慢で協調性のない人だと思われることもあります。その点だけ注意しましょう。

38画 ○

一歩一歩着実に努力して、目的を達成します。努力と忍耐力で幸せな老後を迎えられる運数です。

男性

大きな野心を抱いて事業をおこす、リーダーとして大活躍する、などというタイプではありません。大望を抱いても困難が多くうまくいきません。背伸びせず、自分にできることをマイペースでコツコツと積み上げていくと、生活は安定し老後も安泰です。

また、組織の中でも、年を重ねるとともにあなたの真価が認められ、不可欠の人として尊重されるようになります。良い上司にめぐり会えれば、成功は間違いありません。

女性

温厚で従順な人ですから、誰とでもうまくつき合っていくことができます。この画数の人は、社会に出て働くより、家庭に入ったほうが大きな幸せをつかめます。良き主婦として、上手に家事をこなしていくでしょう。

ただし、家の中に閉じこもってばかりいると、視野が狭くなります。趣味や教養を深め、自分の世界をつくっていくことも大切です。

39画 △ 専業主婦には凶

長寿で名誉と富にも恵まれます。ただし、姓名数三運の調和が悪いと運が逆に作用し、すべてを失ってしまうおそれがあります。

男性

人生の起伏を自分の糧として、人間的に大きく成長していく人です。事業家としての資質にも恵まれていますので、組織の頂点に立ちリードしていくこともあるでしょう。

人間的な魅力で人望を一身に集め、地位も財産も得ます。ただし、成功に安住してしまうと、せっかく築いたものをすべて失うはめになります。常にチャレンジ精神を忘れないように心がけてください。また、うまくいっている時期ほど周囲に恩恵をほどこすようにすれば吉です。

女性

いわゆる女傑型の人です。仕事を持てば、有能で行動力もあるので十分に実力を発揮し、満足できる成果をおさめることができます。

しかし、結婚すると、運が強すぎて夫を押しのけてしまいます。自己主張をおさえるように努力しましょう。21画・23画・33画と同じ意があります。

40画 ×

才知にあふれ、何ごとにも積極的に取り組む勇猛な人です。しかし、野望が大きすぎて一時的には成功しても、結局は転落してしまいます。

男性

頭が切れ、勝負度胸もいい人です。先見の明もありますので、うまくチャンスをとらえ、投機などで大儲けするでしょう。

しかし、持続力がないので成功もつかの間、引き際をあやまって、すべてをなくします。

一発勝負にかけるのではなく、地道に進んだほうが賢明です。自分の力を過信したりせずに、堅実に進んでいくように心がけることが大切です。

女性

エリート意識が強く、気位が高い人です。若いころは異性にもてて チヤホヤされるかもしれませんが、うぬぼれ心が身を崩すことがあります。

派手に立ち回り、人を見下している本性を見抜かれると、誰からも相手にされなくなります。その結果、寂しい人生を送ることになります。

若いうちから高慢な態度をあらためて、誠実に生きるように心がければ、きっとあなたの魅力が生かせるようになります。

41画 ○

能力にも健康にも恵まれ、行動力、人間性ともにすぐれています。望みは必ず達成され、満ち足りた人生になるでしょう。

男性

つき合い上手で、誰とでもスムーズな人間関係を結べるため、周りの人に愛され引き立てられます。また、実力もありますので、自分の力で着々と地位や財産を築いていきます。

向上心を忘れずに努力すれば、晩年もすべてに恵まれた幸せな人生を送れます。

女性

明るく裏表のない性格で、誰に対しても思いやり深く親切なため人望を集めます。多くの人のバックアップを得てリーダーになり大活躍するでしょう。

職場でも尊敬され、専業主婦となっても趣味のサークルやボランティア活動などで周囲を盛り上げ、楽しく幸せな人生を歩みます。

42画 ×

好奇心旺盛（おうせい）で、いろいろなことに頭をつっこみます。しかし、結局はすべて中途半端に終わり、何もなし遂げることはできません。

男性

器用貧乏（きようびんぼう）という言葉どおりの人です。浅く広くいろいろなことに手を出しますが、飽（あ）きっぽく、途中で放り出してしまいます。とくに中年以降に孤独の暗示があります。

自分の意志を強く持って、何か一つの道をきわめることが幸せの近道です。そうでなければ、ふと気がついたときには周りに誰もいない、財産も何もない、ということになってしまいます。

女性

気が多く、あれこれ手を出しては、すぐに飽きて放り出してしまうので、結局は何も身につきません。人柄は悪くないので孤立することはありませんが、本当に心を打ち明けられる友人を得ることは難しいでしょう。

43画 ×

意志が弱いため、人の言動にふり回されて、自分の人生の目的を見失ってしまいます。また、異性関係が派手になる暗示があります。

男性

友人との信頼関係を大切にするのはいいのですが、ただ相手のいいなりになっているだけでは、本当の友人関係とはいえません。周囲にふり回されないように自分の意思を持ち、しっかりと意見を相手に伝えましょう。

また、精神的なストレスを強く受けるので、心臓病やケガなどにはとくに気をつけてください。

女性

他人の目ばかり気にする人です。人に嫌われるのが怖くて、嫌なことも嫌といいません。そのために、かえって人に軽くみられてしまいます。気遣いでたいへんな思いをしても、結局は損をするだけで、誰からも感謝されることはありません。

また、異性とのトラブルに巻きこまれやすい運数です。甘い言葉に踊らされたりしないよう、十分に注意が必要です。

44画 ×

家族の縁が薄く、また健康にも恵まれません。次々に不幸に見舞われ、常に苦境の中にいて苦しむという不運数です。

男性

才知にすぐれ、独創性のある人です。発明をしたり、大発見をしたりする暗示がありますが、計画性がないので、道をあやまる場合が多いようです。大言壮語してサギ師扱いされることのないように気をつけてください。

また、姓名数三運の調和が悪いと、病気で苦しい日々を送ることになるので注意を要します。

女性

人一倍頭の回転が速く、才能にも恵まれています。しかし、それを鼻にかけて高慢（こうまん）な態度をとると、人は遠ざかり、しまいには誰からも相手にされなくなる寂しい人生を送ることになります。

また、見た目によらず体力に不安がありますので、自分できちんと健康管理をしていくことが大事です。

45画 ○

時代を先取りした発想力で、多くの人の支援を受け、困難を克服して目的を達成できます。明るい未来が待ち受ける強運数です。

男性

非常に探究心豊かな人です。自分が疑問に思ったことは徹底的に追究し、ついには新しい理論までを構築してしまいます。

どんな分野でもすばらしい能力を発揮して、偉大な仕事をなし遂げることができる運です。

ただし、研究に熱中するあまり、体をこわすことがあります。健康には注意しましょう。

また、姓名数三運の調和に欠けると、成果をあせって失敗します。自分のペースで進めることが肝心です。

女性

常にマイペースで、周りからはちょっと浮き世離（うきよばな）れしているようにみられるかもしれません。しかし、いざとなったら実力を発揮し、みんながあっと驚くようなことをやってのけます。

家庭に入っても、育児も家事も上手にこなす、申し分のない主婦として成功します。

46画 ×

若いときには努力が実って一度は成功をおさめますが、晩年運に恵まれません。突然思いがけない災難にあい、大きな打撃を受けて転落してしまう、という不運な数といえます。

男性

誰にも頼らず、自分の力で進学・就職と道を切り開き、順調に地位と財産を手に入れます。しかし、中年期になると、次々に災難や事故に見舞われ、結局すべてを失ってしまいます。

一度歯車が狂いだすと、もう立て直すことはできない運といえます。

女性

三十代くらいまでは順調な人生を歩みます。しかし、その後は何をやってもうまくいきません。とくに姓名数三運の調和に欠けると、運気は衰える一方で、寂しい晩年になるので要注意です。

47画 ○

特別大きな志を掲げていなくても、すべてが良い方向に進み、知らない間に花が咲き実を結びます。

いつのまにか成功を手に入れているという、天与の幸運に恵まれる人といえます。

男性

対人関係に最高の運を持っています。パートナーや協力者に恵まれ、どんどん事業は発展します。

この画数の人は、一人で何かをやるより、誰かと共同でことをおこしたほうが、大きな成功を得ます。また、他人がおこした事業を継いでも、さらなる繁栄を呼び込みます。そして、その幸運は子孫まで受け継がれ安泰です。

女性

小さなことにもまじめに取り組み、努力を惜しみません。誰からも好感を持たれ、多くの協力者を得ることができる性格です。

玉の輿にのり、幸せな結婚をします。やさしい夫、かわいい子どもに恵まれ、明るい家庭を築くでしょう。

48画 ○

常識家でおだやかな性格です。先を見通す確かな目を持っていますので、相談役として周りの人から頼りにされ、尊重される安定した存在です。

男性

頭の回転が速く、知性があり、的確な判断力を持っています。ただし、リーダーとしてよりも、補佐的な立場で力を発揮する人です。

自分で事業をおこそうという野心を抱くと、数々の波乱にあい成功できませんから、避けたほうが無難といえます。

この画数の男性は、コンサルタント的な職業につくと成功します。晩年は、相談役や顧問などの役職について活躍するでしょう。

女性

自分の立場をよくわきまえ、何でもそつなくこなします。時代のニーズを読んで適切に行動できる、頭の良さも持ち合わせています。職場でも家庭でも、自分の個性を生かしながら、うまく仕事をさばいていける人です。

49画 ×

良いときと悪いときの落差が非常に大きい、浮き沈みの激しい人生を送ります。

男性

上昇運のときは何をやってもうまくいくのですが、いったん運が落ちるとすべてに失敗するという不安定な一生といえます。

とくに中年期以降に、思いがけない災難にあう暗示があります。火事や盗難には十分に注意して生活してください。

女性

常に心がゆれ動き、不安定です。ささいなことにふり回され、精神的な悩みはつきません。

趣味にうちこんだり、友人とおしゃべりしたり、気持ちを明るく持つように心がけると心の落ち着きをとりもどし積極的になれます。

50画 ×

何をやってもはじめは順調に進むのですが、しだいに運気が衰え、それまでの努力がむくわれず水の泡となる不運数です。

男性

若いころは飛ぶ鳥を落とす勢いで、富と名声を手に入れます。しかし、それもいっときのこと。成功に酔いしれて自分を見失うと、坂を転がり落ちるように一気に衰退（すいたい）してしまいます。

攻めることばかり考えず、周囲をよくみて守りに転じて足元を固めることが大切です。

女性

努力はするのですが、協力者に恵まれず、いつも途中で挫折（ざせつ）してしまいます。思いどおりにならず、人間不信の袋小路（ふくろこうじ）に入りこむことも。

そんなときは、人間関係がスムーズにいくように、人に対する接し方を考え直してみましょう。

51画 ×

一度は栄光を手にしますが、すぐに衰退してしまいます。昔の夢にすがって生きるとさらに運が落ちますので、十分な注意が必要です。

男性

能力に恵まれ、若くして世に出て財産と名誉を手に入れます。しかし、長続きはせず、年とともに凶（きょう）兆（ちょう）があらわれ、おちぶれてしまいます。

過去の夢ばかり追っていると、ますます落ちこみます。昔の栄光はさっぱり忘れて、新しい人生を歩む切り替えが必要です。

女性

若いころはすべてに恵まれ、幸せを独り占めしたような満ち足りた生活を送ります。しかし、後半生は不幸の連続で、不本意な人生となりがちです。

嘆いてばかりいないで、逆境に耐える心の強さを養ってください。

52画 ○

自分の思いどおりの人生を送ることができる、幸運数です。あなたの理想はすべて実現します。

男性

普通の人なら、とうていのり越えられないような困難も、強い運気ではねとばして目的を達成します。知性に恵まれ、ねばり強く、抜群の洞察力を持っていますので、必ずチャンスを生かして成功につなげることができます。

ただし、あれこれ目移りすることだけは避けないと、ハプニングに見舞われます。

女性

理知的で、巧みな話術で人を魅了します。明るく華やかな雰囲気やキビキビした動作も、周りの人に好印象を与え、いつも人気の的です。

ただし、常に自分が中心にいないと気がすまないので、わがままな人だと思われることがあります。

53画 ×

自分を過大評価して背伸びしすぎるため、浮き沈みの激しい人生になります。いつも心の中に悩みをかかえこんでいて、つらい日々を送るでしょう。

男性

人づき合いはうまいので、職場ではこれといった問題もなく順調に進みます。表面上は幸せそうにみえますが、内面は悩みでいっぱいです。

家族には実力を見透かされて軽んじられるため、心の安まるところがないのが不幸です。

女性

非常に虚栄心が強いので、知ったかぶりをしたり、必要以上に自分を飾りたてたりします。しかし、すぐにボロが出て、恥ずかしい思いをします。周囲の人に嫌われて、いいことはありません。

54画 ×

なにかにつけ妨害が入り、物事がスムーズに進みません。いわば薄幸の人です。

男性

何も悪いことをしていないのに不運が続き、すべてに失敗します。やけになるとますます運が落ちますから、じっと耐えるしかありません。病気や短命、孤独、そして事故にあう暗示もあります。

女性

他人のために一生懸命にやってあげても、かえって恨まれたり、恩をあだで返されたりして報われることがありません。そのため、人間不信に陥り、自分で壁をつくってしまいます。孤独で寂しい人生を送ることになります。

55画 ×

いいときは何もかも順調なのに、いったんつまずくと信じられないほど不運が続き、盛運と衰退とを幾度となく繰り返す運数です。

男性

意志が強く忍耐力もありますので、万難を克服してなんとか目的を達成します。しかし、その目的を達成したとたんに、築きあげたものが足元からがらがらと崩れることがあるかもしれません。苦難の連続です。断ち切る気力を要します。

女性

自己中心的で自信過剰です。あらためないと誰からも疎ましく思われます。謙虚さを身につけなければ、運気をとりもどすことはできません。

56画 ×

何かをやろうとすると、必ず邪魔が入り、希望が叶いません。あせったり、ひがんだりは、まず禁物（きんもつ）です。ますます悪循環に陥（おちい）るだけです。

男性

意欲はあり、努力もするのですが、思いどおりにはいきません。挫折（ざせつ）して無気力になると、周りの人からも落伍者（らくごしゃ）とみなされてしまいます。希望を失わず、勇気を持って前に進みましょう。

女性

受験や仕事、結婚など人生の節目で望みが叶わず、いじけてしまいがちです。しかし、投げやりになっては、ますます運が逃げてしまいます。

57画 ○

晩年運に恵まれた運数です。若いころは苦労することもありますが、いったんのり越えると、あとは思いのままのラッキーな人生です。

男性

前半生に、九死に一生を得るような大きな災難にあいます。しかし、その後は順風満帆（じゅんぷうまんぱん）。すべての願いは叶い、幸せそのものです。

ただし、姓名数三運の調和に欠けると、再起不能になることもあるので十分注意してください。

女性

若いころは、小さなつまずきはありますが、それを糧（かて）にして大きな成功をつかみます。結婚しても、良き妻として夫を支えながら、円満で幸せな家庭を築きます。

58画 ○

波乱に富んだ人生ですが、転んでも転んでも、不屈の精神で起きあがり、最後に大きな幸せをつかみとる運勢です。

男性

前半生は、失恋、破産など苦難の連続です。しかし、どんな困難にもくじけることなく、失敗をバネにして見事に立ち直ります。後半生は、人間的にも大きく成長し、幸せそのものです。

女性

結婚前は浮き沈みが多く、不本意な日々を送ることもあるでしょう。しかし、この時期にあせったり、愚痴ったりせず、じっと耐えると運が開けます。我慢できるかどうかがポイントです。

59画 ×

あれこれと何をやってもうまくいかず、常に不平不満が多く満たされない人生です。

男性

よくいえば淡白であっさりした人物ですが、悪くいえば忍耐力がなく、無気力な人といえます。ちょっと困難なことがあるとすぐにあきらめ、あとは愚痴ばかりでは運は逃げます。自分の道は自分で切り開くという、強い意志を持つことです。

女性

困難をのり越える気力もなく、ただいじけているだけでなんの努力もしません。そのままでは退屈で寂しい人生で終わります。何か生きがいをみつけて、自分を奮い立たせましょう。

60画 ×

次々に災難に見舞われ、人生はイバラの道です。目的は何ひとつ達成されません。名づけには避けたい画数のひとつです。

男性

計画はすべて挫折(ざせつ)します。職場では対人関係に苦労し、家庭でもトラブルが耐えません。孤独と絶望、失意にとりかこまれ、一寸(いっすん)の光明(こうみょう)も見出せません。

女性

相手の気持ちを思いやることもなく、感情的にものをいいすぎて、人から嫌われ距離をおかれます。もう少し、相手の身になって考えるようにしましょう。また、物事を筋道立てて考えてから実行することも必要です。

61画 ○

自然の恵みをいっぱい受けて、ぐんぐんと発展、繁栄(はんえい)する大吉数です。

男性

温和な性格で、どんな人とでもいい関係になることができます。なんの苦労もなく、なすことすべてが順調に進み、富と名声をなんなく手に入れることができます。

困っている人には、いつでも救いの手をさしのべるやさしさを持っています。

女性

できる範囲でコツコツ努力すれば、必ず成功します。人との和を大切にしていけば、子孫の代まであなたの幸運を伝えることができるでしょう。

62画 ×

花が散り急ぐような、はかない運命です。一瞬でも美しく咲いた時期があればまだ救われますが、チャンスはなかなかめぐってはきません。

男性

心が狭く、軟弱（なんじゃく）な人です。誰からも相手にされず、何もできません。結婚しても、主導権は妻に奪われ、リードする姿勢を発揮することはないでしょう。

女性

目にうつったものは何でも欲しがる、欲深い人です。あれこれ手をつけるのですが、結局はすべて中途半端で情けない状態で終わります。

63画 ○

しおれかけた草花が雨でよみがえるように、窮地（きゅうち）に陥（おち）ると、誰かが救いの手をさしのべてくれます。

男性

常に精一杯（せいいっぱい）の努力をしていれば、力尽きて倒れそうになったとき、いつも思いがけない救いの手があらわれて、望みを叶えることができます。その幸運は子孫にまで及ぶでしょう。

女性

明るく思いやりのある性格なので、誰からも愛されます。職場でも家庭でも、人の和と笑い声に囲まれて、幸せな一生が送れます。

真夏に咲くひまわりのように、いつも明るく幸福感に満ちています。

64画 ×

アクシデントが次つぎに続き、何ごとも思いどおりにいきません。もがけばもがくほど深みにはまって、どうしようもなくなる凶運数です。

男性

なんとか事態を打開しようとしても、打つ手打つ手がすべて裏目に出て、ますます窮地に陥ります。苦しいときはジタバタせず、じっと耐えて時期が来るのを待つよりほかに方法がありません。

女性

目的を達成しようと一生懸命努力するのですが、運に見放されて計画は挫折します。結婚しても夫との縁が薄く、幸せをつかむことが難しい人生です。

65画 ○

自然と成功が転がりこんでくるような、幸運数です。精神的にも十分満たされ、健康にも恵まれて丈夫で長生きします。

男性

家庭でも職場でもすべての望みが叶い、順調な人生です。経済面でも健康面でも、何の心配もない、豊かな老後を迎えられます。

女性

子どものころは両親に愛され、恵まれた環境に育ち、成長してからはおおらかな人柄で周りの人に愛されます。生涯、苦労とは無縁の幸せな人生です。

66画 ×

盗難・病難・水難などさまざまな災害に見舞われ、気が休まることのない不運続きの毎日です。明るい未来はなかなか望めない、不運数です。

男性

対人関係のトラブルやアクシデントが多発して、心の安まるときがありません。心労で健康まで損なうおそれがあります。

女性

意見を述べれば摩擦が起き、黙っていると誤解されるというように、どちらに転んでもいい目は出ません。やけにならず、少しずつ前に進むしかありません。また、家庭運も期待できないと出ています。

67画 ○

博識(はくしき)であらゆる分野に精通しています。周りの援助も得て、マルチに才能を発揮して活躍します。

男性

本業でも高い評価を得ますが、趣味や教養の面でも一目(いちもく)おかれる存在になります。ユーモアにあふれ人柄もよく、遊び上手なので、誰からも好感を持たれ歓迎される人です。

女性

聡明で仕事もよくできますが、それを鼻にかけることなく、誰に対しても親切なので、周りの人の信頼を集めます。誰からみても、理想の女性です。経済的・社会的にもおおいに恵まれます。

68画 ○

子どものころから、科学分野に関心があり創意あふれる人です。論理的な思考が得意で、発明家や自然科学者として成功するでしょう。

男性

計画性があり堅実にことを進めますので、ほとんど失敗することがありません。コンピューター、IT関連の仕事についても、おおいにその実力を発揮する可能性があります。

女性

独創性があり、ユーモアたっぷりの巧(たく)みな話術で人をひきつけます。感性豊かな人ですから、芸術方面でもその特技を生かして進出できます。

69画 ×

生活の困窮(こんきゅう)、病気、事故などにあいやすい不運数です。パートナーとの死別や離婚もあるかもしれません。悔(く)いの多い人生といえます。

男性

苦労して、やっと安定した生活を手に入れたと思ったとたんに、不幸に見舞われて大混乱に陥ります。とくに中年期にこうした凶運が強く出ますので、注意が必要です。

また、姓名数三運が不調和の場合、交通事故などを起こしやすくなります。

女性

つつましくささやかな幸運で満足しているのに、それさえも運命の荒波にのみこまれてしまいます。思いがけない不運におそわれ、苦労が絶えない日々を送ることになります。

70画 ×

陸に上がった河童のように、自分に合わない環境の中でいらだち、もがき苦しむ暗示があります。

男性

自分に合った仕事を求めて職場を転々としたり、転居を繰り返したりします。しかし事態は悪化するばかりです。じっくり腰をすえたほうがおすすめです。

女性

次から次へと不幸に見舞われます。「私だけがなぜ?」と嘆いても、事態は好転しません。人の意見にも耳を傾け、気持ちを切り替えることです。

71画 ○

いつかは頂点にかけ昇る日が来ます。その日に備えて、じっくりと実力を蓄えましょう。すばらしい上昇運の持ち主ですから。

男性

若いうちに難しい仕事を進んで引き受け、吸収できることはできるだけ吸収して、努力すればするほど、成功はあなたの大きなものになります。

女性

あなたの幸せは約束されています。幸運をみんなと分かち合う気持ちを持てば、さらに財産と名誉に恵まれた豊かな人生が待っています。

72画 ×

幸運と不運とが隣り合わせになっていて、吉凶が相半ばする不安定な運数です。

男性

前半生は、幸運に恵まれて順調に進みますが、後半生は運気が衰えて苦しい生活になります。信用を落とさないことがポイントです。

女性

計画性がなく見栄っ張りで、分不相応のものを衝動買いして、ローンで首が回らなくなるタイプです。体面を気にするより、中身を充実させることが大切。しっかりした経済観念を持たないと、チャンスを生かせず、幸運を逃します。

73画 ○

理想は実現し、すべてあなたの思いどおりに進みます。まさにバラ色の人生です。

男性

何をやっても成功し、周りの人から賞賛されます。富と名誉を手に入れ、これ以上はない幸せな人生です。良き妻にも恵まれるでしょう。

女性

結婚すると内助の功を発揮し、夫を盛り立てて明るく円満な家庭を築きます。また、夫が失意のときもしっかり支えて、再起をうながします。理想的な妻です。

74画 ×

吉運と凶運との間でゆれ動く、不安定な人生になります。力はあるのですが、周囲の評価は賛否両論、極端に分かれます。

男性

多才で器用なので重宝がられますが、人づき合いが苦手なため、結局うまく利用されるだけに終わります。しかし、本音を隠すと周囲に冷たい悪い印象を与えます。円満な人間関係を心がければ、道は開けるので努力を要します。

女性

与えられたことは何でも上手にこなしますが、積極的に自分から取り組むことはほとんどありません。自分の人生は自分で切り開くという、強い意志を持つことが開運には必要です。

75画 △

水が高いところから低いところに流れるように流れにさからわないで努力すれば、いつか実るときがきます。あせって無理をすると運は逃げていきます。

男性

家業を継ぐより、自分の力で道を切り開いていったほうが成功します。ただし、功をあせってはいけません。地道な努力があなたを成功へと導きます。

女性

ありのままの気取らない姿が個性となります。自分が今ある状況を素直に認め、それに合わせて切磋琢磨しましょう。状況に無理にあらがっても、エネルギーを浪費して疲れるだけです。

76画 ○

大きな困難にあうこともなく、平和で幸せな日々を送ります。願いはほぼ叶えられ、順調に発展して成功をつかみます。

男性

幸せは約束されています。無理をしたり、賭けに出たりする必要はありません。普通に努力していれば、それで大丈夫です。経済的にも恵まれることでしょう。平和な晩年を迎えられます。

女性

やさしい人柄で信頼を集めます。困っている人をみると救いの手をさしのべ、それが自分の幸せとして返ってきます。おだやかで満ち足りた一生です。

77画 ○

天与（てんよ）の幸運に恵まれて成功します。周囲の助力も得られ、自然に繁栄していく吉運数です。

男性
目上の人の助言で、成功への道を開くことができます。中年期に困難にあうことがありますが、誠意を尽くして対処すればきっと克服できます。

女性
目的達成に向けてコツコツ努力する人です。彫刻や陶芸などにうちこむと、あなたの才能が開花して、大きな成功をつかめます。時間をかけて個性を磨くことがポイントです。

78画 △

洞察力（どうさつりょく）・行動力ともにすぐれ、バリバリと仕事をこなしていく人です。晩年には成功を得ますが、それまではなにかと苦労の多い運数でもあります。

男性
中年期までは、力はありながらチャンスを生かせず、頭角をあらわすことができません。しかし、年をとるとともに周りの人に認められるようになり、人間関係も発展して、幸せな晩年を迎えます。

女性
目先の利益ばかりにこだわると失敗します。しかし、失敗を素直に受け入れて人間的な成長の糧（かて）にしていくと、必ずや幸せを得ることができます。

79画 ×

人間的な温かみに欠けているうえ、自己中心的で人とのトラブルが絶えず、周囲の援助も得られません。その結果、逆境を招いてしまうことになります。

男性
自己中心的で冷淡（れいたん）な性格をあらため、誠実に生きれば、やがて運が開け富と名声を得ることができます。しかし、不人情なことを続けていると、苦難の連続となり、大いに苦しむことになります。

女性

優柔不断で、くよくよ悩んでばかりいます。そのままでは、周りの人ばかりでなく家族にまで見放されてしまいます。前向きに積極的に考え、自分の短所を克服していけば運は開けます。

80画 ×

努力を惜しまずがんばるのですが、苦労は絶えません。自分が思ったほど成果が上がらず、人からも評価もされず、実りのない人生です。

男性

つらいことや苦しいことばかりで、心が安らぐことはありません。病弱・短命の暗示もあります。ただし、隠居したあとは安穏に暮らせます。

女性

ふり返ってもいいことは何もなかった、というようなむなしい人生です。結婚生活も安住の地ではありません。いい思い出もなかったという寂しい老後を送りがちです。

81画 ○

男女ともに最良数で、生涯幸せに暮らせます。すべての願いは叶い、富も名誉もあなたのほしいままです。健康にも恵まれ、長寿をまっとうするでしょう。

第6章

発音による運勢と相性

発音による運勢と相性

音から判断する人生と性格

私たちがふだんなにげなく発している言葉は、霊力があり、言葉のひとつひとつの音に意味を持っています。そして、一生の間に数えきれないほど呼ばれる名前の音霊が、あなたの人生に大きな影響を与えるのです。

音声で運勢や性格を判断する場合は、姓は関係ありません。ポイントになるのは、あなたの名前の最初の音です。

運勢は、ふだん呼ばれている音でみます。たとえば陽菜さんであれば、「はるな」と呼ばれているなら〝は〟で、「ひな」と呼ばれているなら〝ひ〟で、「ゆうな」と呼ばれているなら〝ゆ〟で判別します。

五要素に分けて調べる

音も、やはり次のように五要素に分けて調べます。

- 木性―か行
- 火性―た・ら・な行
- 土性―あ・わ・や行
- 金性―さ行
- 水性―は・ま行

この分け方は、サンスクリット音韻学を基にして考えられたもので、「字音五行」あるいは「読音五行」と呼ばれているものです。

ここでは、それぞれの音が持っている意味や暗示についてお話ししますが、主運、初運、助運、総運の四運が吉数で、祖運、主運、初運の三運の配合が良い場合は、音霊が凶作用することはありません。

しかし、姓名数三運の調和に欠ける場合は運勢に大きな影響を与えますので気をつけましょう。

音が暗示するあなたの性格と運勢

あ行・・・土性

あ 進展型

発展、進展、創造、主権、決断、独裁などを暗示します。

「あ」はすべての音の始まりです。この音を持つ人は、積極的、行動的な性格で、先を見通す力を持っています。組織やグループのリーダーとなって、おおいに力を発揮するのです。

ただし、独断で物事を進めようとするので、周りの人と摩擦を起こしがちです。批判に屈することなく、自分の意志を貫徹するだけの力を持っていますが、自己主張をひかえめにすると、もっと対人関係がスムーズにうまくいきます。

女性の場合は、勝ち気な性格が災いして、家庭に入ると夫婦げんかが絶えません。家庭不和と病気に悩むことがありますので、吉名になるように工夫することをおすすめします。

い 静寂型

静寂・静穏（おだやかなこと）を意味し、成功、結実（実を結ぶ・成果があること）を暗示します。

この音を持つ人は、もの静かでおだやかな性格です。人あたりがよく温和なので、誰からも好感を持たれます。運気はしだいに上昇し、順調に発展するでしょう。事業をおこしても多くの支援者の協力を得ることができ、成功します。

ただし、調子にのりすぎると、思いがけない失敗をします。また、頼まれると嫌といえない性格が災いして、苦境に立たされることがあります。とくに、金銭面で損をして、他人のために自分の財産を失うことがあります。

三運の調和が良くないと、異性関係のトラブルに巻きこまれる暗示もあります。女性がこの音を持つと、陰気で暗い性格になります。結婚生活に破れ、離婚してしまうこともあります。

う　保身型

収穫、成功、情けに厚い、やさしい、などの暗示があります。

この音を持つ人は、思いやりがあり親切です。目上の人にきちんと礼を尽くします。几帳面で責任感が強く、頼まれた仕事は確実にやりとおします。

事務的な能力にはたけていますが、融通がきかないところがありますので、事業をおこす、一旗揚げる、などは苦手です。

また、取り越し苦労が多いため、せっかくのチャンスを逃しがちです。もう少し積極的な姿勢を持つと運がめぐってきます。

え　明朗型

伸びる、育み養う、離合集散などの暗示があります。

この音を持つ人は、明るくほがらかで、いつも笑顔を絶やしません。苦労を苦労と思わず、どんな困難もはねとばして進みます。実行力も能力も十分に備えていますので、必ず目的を達成して幸せな一生を送るでしょう。

ただし、消極的になってしまうと苦労が多く、晩年はあまり恵まれません。常に積極性を失わないことが大切です。

お　頑健型

苦悶、苦悩、色難の暗示があります。

この音を持つ人は、非常に警戒心が強く、用心深い性格です。多少頑固なところもあり、他人とうちとけて気軽に話をするようなことが得意ではありません。

慎重ですから大失敗をすることはありませんが、大きな仕事をなし遂げたり、財を築いたりするのは難しいようです。

また、不平不満が絶えず、心労で病気になることもあります。異性関係のトラブルに巻きこまれることもありますので、気をつけてください。

か行・・・木性

か　敏腕型

光輝・飛躍を暗示します。響きの強い音です。

この音を持つ人は、才知あふれ機知に富む人です。表面は温和にみえますが、芯が強く、気概がありますす。何ごともそつなくこなして、どんな困難も克服する力があります。

事業をおこしても成功することは間違いありません。経済的にも恵まれます。

ただし、強引に進みすぎると、周囲の反感を買って足を引っ張られることがあります。周りの人たちへの気配りを忘れないようにしましょう。

き　急進型

無限を意味し、せっかちで勢いはありますが孤独です。

この音を持つ人は、才知にすぐれ体力もあります。実力はあるのですが、独善的で他人の意見に耳を傾けないため、なかなか目的を達成することができません。友人にも恵まれず孤独です。表面上は華やかにみえても、寂しい毎日です。

家庭運が薄く、親離れも早いでしょう。とくに女性は孤独感から異性関係のトラブルに巻きこまれがちです。いざというときに頼りになる気の合う友人をつくっておくことがポイントになります。

く　俊英型

定着、乱れたものを統率する、などの暗示があります。

この音を持つ人は、先見の明があり、才覚にも恵まれています。強い意志とすぐれた外交手腕で成功をおさめるでしょう。たくさんの援助を受け、大きな利益を得ることもあります。

議論好きで理屈っぽいところが玉にキズですが、嫌われることはありません。

女性も愛情がこまやかです。結婚後は明るく幸せな家庭を築きます。

け　活発型

活発、勤勉、栄達を暗示します。

この音を持つ人は、快活で友情に厚いので、誰からも信頼され成功するでしょう。ただし、盛運と衰退とが隣り合わせになっているため、浮き沈みの激しい人生になります。

すばらしい成功をおさめたかと思うと、あっという間に転落し、もうだめかとあきらめかけるとまた盛り返す、という具合です。調子がいいときでも油断しないようにしてください。

こ　温順型

微細、温順、浮動などを意味し、繊細さを暗示します。

この音を持つ人は、もの静かで温和な性格です。誠実な人柄は、誰からも好感を持たれます。社交性もあり、たくさんの良き友人に恵まれ、地道な努力で幸運をつかみます。

ただし、用心深く、気が小さいので、大事をなすのは難しいでしょう。せっかくチャンスが来ても、思いきりのなさから、みすみす逃してしまうことも多いようです。

さ行・・・金性

さ　向上型

さわやかな音です。向上心、活動的などの前向きで積極的な意味を持ち、広がり騒ぐという暗示があります。

この音を持つ人は、明るく陽気な性格なうえ、お祭りなどのにぎやかなことが大好きです。

社交性に富み、自己アピールが上手なので、自然に人の上に立ちます。出世欲も強く、実力以上の力を発揮して富と名誉を手に入れます。

女性は、内助の功を発揮して明るく円満な家庭を築くでしょう。

し 内剛型

強情、頑固、孤立などの暗示があります。

この音を持つ人は、表面的には温かな人柄にみえますが、実際は頑固です。用心深く、人をなかなか信用しないところがあります。

自分から人を遠ざけてしまう傾向があるため、それが災いして孤立しがちです。結婚しても、家庭不和に悩むことがあります。

しかし、卓越した能力と持ち前の強情さがいい方向に出ると、一代で名をあげることも夢ではありません。

す 漸進型

多情（異性に対して移り気なこと）、集合、離散、寄り集まってもむなしい、などの暗示があります。

この音を持つ人は世話好きでお人好し、そのためにかえって迷惑をこうむったり、損をしたりすることがあります。

お金儲けは上手ですが、せっかく稼いでも浪費して、あっという間になくなってしまいます。どんなに働いても蓄財は難しいことになります。

また、気の弱さから、ささいなことにこだわりすぎて、いつまでもくよくよと思い悩みます。

異性に対して優柔不断なところがあり、トラブルに巻きこまれることもあるので要注意です。

せ 快活型

情熱、明敏（物事に明るく、頭の働きが早いこと）、快活、活動、切迫などの暗示があります。

この音を持つ人は、頭が良く明朗快活、情熱的な人です。何ごとにも意欲的に取り組むので成功をおさめ、人からもうらやまれる境遇になります。

ただし、プライドが高く、器量が狭いところがあるので、リーダー的存在にはなれません。また、異性問題でつまずいて、思わぬ失敗をすることがあるかもしれません。

そ　慶福型

温順、慎重、善良、慶福（めでたいこと）などを意味し、出世や喜びがやってくるという暗示があります。

この音を持つ人は、争いごとや競争を好まない平和主義者で、もの静かな性格です。

正直なうえに思慮深く、慎重でていねいにことを運ぶので、出世のチャンスに恵まれます。

ひかえめな性格ですから、華やかな仕事や競争の激しい仕事は不向きです。一人で仕事を進めるより、周りの人と協調しながら進めていくほうが、よりいっそう成功に近づきます。

た行・・・火性

た　繁栄型

繁栄、戦い争うという暗示があります。

この音を持つ人は、一見温厚そうですが、内には激しい闘志を秘めています。人に負けるのは我慢できない勝ち気な性格です。

そのためには努力を惜しまず、計画性もありますから、しだいに成功を手中におさめます。

また、正義感が強く、他人のことでも義憤を感じて怒ることがあります。ただし、それが高じて関係のないことにも口出ししたりすると、痛いしっぺ返しを食らうことになりかねません。

ち　堅忍型

満悦（満足し喜ぶこと）、細密、忍耐、不屈、内面の充実などの暗示があります。

この音を持つ人は、意志が強く、どんな困難も克服して道を開きます。知性、技能ともにすぐれ、惜しまず努力するので、成功は間違いありません。実力をフルに発揮して、一代で財を築くでしょう。

若いころは家庭的には恵まれず、苦労することもありますが、年をとるとともに運気がよくなり、幸せをつかみます。

つ 俊敏型

俊敏、才知の暗示があります。

この音を持つ人は、才知にすぐれていますが、我が強く頑固です。いったんこうと思うと、まっしぐらに突き進み、ほかをかえりみることがありません。反省が必要とされます。

自我を通しすぎることが裏目に出ると、周りの人たちと協調できず、何もなし遂げられないまま大失敗してしまうこともあります。

また、女性は虚栄心が強く、感情的になりやすい傾向があるので用心をおこたりなく。

て 進取型

進取（自ら進んでことをなすこと）、活動、発展の暗示があります。

この音を持つ人は、明るく行動的で活力にあふれています。向上心も強く、どんな困難ものり越えて目的を達成します。また、裏表のない性格で、つき合い上手。敵をつくらず誰からも好かれます。

ただし、功をあせると失敗します。足元をしっかり固めて、見栄っ張りなところをひかえましょう。

と 静穏型

静穏、慎重、失意、消極的などの暗示があります。

この音を持つ人は、理知的でもの静かな人です。しかし、消極的すぎるところがあり、ファイトに欠けるため、目的が達成できないことがあります。もう少し積極的になると、あなたの長所である辛抱強さや根気強さ、まじめさが生きて成功するでしょう。

女性の場合は、配偶者に恵まれにくく、心労の絶えない結婚生活になります。できれば、この音は避けたほうがいいでしょう。ただし、名前が吉数で、三運の調和が良い場合は、心配することはありません。

な行・・・火性

な　前進型

前進、推進の暗示があります。

この音を持つ人は、負けず嫌いで何ごとにも精力的に取り組みます。勇気もありますが、短気で強情、意地悪な面などのマイナス面が出てしまうと、とたんに人間関係がスムーズにいかなくなります。しかし、こうした感情をおさえるようにして少し自重すれば、人望を得て成功するでしょう。

どちらかといえば、表面に立つよりは補佐的な立場に立ったほうが、より実力を発揮できるタイプです。

に　奮闘型

奮闘、忍耐、忠実の暗示があります。

この音を持つ人は、思慮深く、温厚な性格です。誠実な人柄は誰からも愛されます。なおかつ責任感も強いので、目上、目下を問わずに周りから引き立てられ、順調に発展することできます。

ただし、リーダーとなりうる資質ではないので、会社を設立したり、独立したりするよりも、わき役に徹したほうが、あなたの資質を生かせます。

女性の場合は、良妻賢母になり円満な家庭を築くことができます。

ぬ　消極型

終極、消滅の暗示があります。常に孤独、貧困に苦しむ不運の音です。

この音を持つ人は、能力はありますが、努力したことが結果として報われることはありません。思いがけない不運や災難にある日突然見舞われ、すべてが台無しになってしまいます。

また、肉親との縁が薄く、幼いころ両親と別れたり、結婚しても離婚したりで、寂しい毎日を送ります。一つのところにどっしりと腰をすえて落ち着いていることができないで、職場も住居も転々とすることが多いようです。

ただし、姓名数三運の調和が良ければ、このような不運はなく無難に暮らせます。

ね 鎮静型

沈静、不遇、深沈（落ち着いていて動じないこと）の暗示があります。

この音を持つ人は、温和でおだやかにみえるため人に好かれます。しかし、実は無気力で消極的、自立心もありません。おまけに無類のお人好しです。

どんな職業についても長続きせず、職場を転々と変わります。積極性や発展性がなく、成功するのは難しいでしょう。

また、家庭運にも恵まれず、結婚するとしても晩婚になります。吉数、姓名数三運の調和を考えてから名づけに使うことをおすすめします。

の 知謀型

知謀、伸展（伸ばし広げる）、永続の暗示があります。

この音を持つ人は、冷静沈着で軽率な行動をとることはまずありません。包容力もあり、人を使うのも上手なので、成功して豊かな一生を送るでしょう。

また、人情家でもあり、面倒見もいいのですが、人の世話を焼いて自分が迷惑をこうむることもあります。とくに女性の場合は、情けが深すぎて異性から誤解されることがあるので注意しましょう。

は行・・・水性

は 興隆型

発展、興隆の暗示があります。何をしても成功する暗示があります。

この音を持つ人は、積極的で活力に富み、がんばり屋です。外交手腕にすぐれ、意志が強いので、自分で道を切り開き、順調に発展します。年とともに人徳も備わり、地位と名誉を手に入れます。ただし、女性の場合は、家庭的には恵まれず、夫との不和に悩むこともあります。

ひ　貫徹型

貫徹、発展、頑固、明らかなどの暗示があります。立身出世が望めます。

この音を持つ人は、どんな困難にもくじけず、自分の意志を貫き通します。思慮深く、心豊かなうえに、天与の幸運にも恵まれ、必ず成功を手にします。

女性も、結婚後は良き妻となり、円満な家庭生活を約束されていますが、「ひさこ」という名前は孤独の暗示があり、三運の調和が整った漢字にする必要があります。

ふ　明澄型

決断、進行、統一などの暗示があります。よどみがなく、まっすぐに突き進んで成功をおさめます。

この音を持つ人は、決断力があり、人の言葉に左右されることなく、初志を貫徹します。才知にもすぐれ、交渉やかけひきも巧みで、何ごとも機敏に対応して成功します。

女性は聡明で、家庭でも職場でも力を発揮して幸せをつかむでしょう。

へ　堅実型

堅実、退守（退きつつ守る）、進もうとして退くなどの暗示があります。

この音を持つ人は、表面上は頑固で堅物のようにみえますが、実際は温和でやさしい性格です。経済観念もあり、抜群の商才を兼ね備えています。そしてコツコツと地道に努力しますので、着実に蓄財して幸せな人生を送ることができます。

中年期には苦労しても晩年、老後は安泰です。

ほ　福禄型

出現、発明、結成など、あらわれ生じる暗示があります。

この音を持つ人は、独創性とすぐれた技能を持っています。良識を身につけ、政治的な手腕もなかなかのものがあります。

ただし、猜疑心が強く、人情味に欠けるところがあります。常に周囲の人との調和を心がければ、成功して財を築くことができるのです。

姓名数三運の調和が良くない女性は、嫉妬深くわがままになりがちで、結婚しても離別してしまう可能性があるので注意しましょう。

ま行・・・水性

ま　大成型

徳望（徳が高く、人望がある）、成功、まとめる、の暗示があります。

この音を持つ人は、ユーモアたっぷり、機知に富み、かけひきが上手です。人の心をひきつけ、思うままに人を動かすことができます。そのうえ、仕事熱心で努力家ですから、周りの人の信頼を集め、社会的地位を得るでしょう。

女性の場合、「まさこ」や「まきこ」は運気が強すぎて、夫を押しのけて前面に出てきてしまうことがあります。三運の調和が整わないときは避けたほうが無難な名前といえます。

み　静止型

静止、華美、定めなき、おさめとどめる、などの暗示があります。

この音を持つ人は、華やかで陽気な性格です。才覚があるので、どこにいても能力を発揮し、成功します。女性もキャリアウーマンとしてどこでも大活躍できる運勢です。

ただし、やきもち焼きでおしゃべり、すぐ人の悪口をいって疎まれる傾向があります。嫉妬深さや見栄っ張りなところを少しおさえましょう。

異性関係のトラブルも起こしがちなので、気をつけてください。

む　温和型

温和、従順の暗示があります。

この音を持つ人は、温厚で常にひかえめです。積極性に欠けますが、やりたいことにはじっくり取り組んで、いつしか目的を達成してしまいます。

人の上に立ったり、独立して事業をおこしたりするのは不向きですが、縁の下の力持ちになると、その資質が生きてきます。

女性は、夫を立てて円満な家庭を築きます。

め　不安型

不安、始動の暗示があります。動揺と発展が隣り合わせになっています。

この音を持つ人は、表面的には何ごともなく平穏にみえても、内心はさまざまな不安と葛藤で、常にゆれ動いています。虚栄心と欲望に苦しみ、異性問題で失敗することもあります。

しかし、ときに思いがけない勇気と行動力をみせて、大成功することもあるのです。

も　精力型

精力、集合、栄達の暗示があります。

この音を持つ人は、体力、知力ともにすぐれ健康にも恵まれています。また、交際上手で魅力あふれる人です。何ごとにもまじめに精力的に取り組むので、ますます人望を集め大きく躍進します。

ただし、情熱的であるばかりに異性問題で身をあやまりがちです。感情に流されず、また才におぼれず、冷静に自分をふり返ってみることが大切です。

や行・・・土性

や　行動型

行動、一徹、飛躍の暗示があります。

この音を持つ人は、商売の才覚にあふれ、抜群の行動力で成功をつかみます。ただし、勝ち気な面が強く出ると、せっかくのチャンスを棒にふります。

女性は、社会に出ると目を見張るような手腕を発揮して生き生きしますが、家庭では夫より強くなり、不和に悩みがちです。

ゆ　和順型

知謀、勝利などの暗示があります。

この音を持つ人は、頭が切れ、先見の明があります。常に三手先を読み、果敢に行動します。万難をのり越えて成功するでしょう。

よ　振興型

振興、信頼、円満の暗示があります。

この音を持つ人は、円満な性格で天与の人徳に恵まれています。誰に対しても親切で世話好きのうえに、努力家です。常日ごろからトップの位置にいるための努力を怠らず、周りの人から信頼され、リーダーとなって成功します。

女性の場合は、結婚すれば家庭を大切にし、夫や子どもたちに囲まれて幸せな一生を送ります。

ら行・・・火性

ら　不定型

不安、離反、表裏、定めがたいなどの暗示があります。

この音を持つ人は、裏表があり信頼されにくいところがあります。ただし、外交手腕がありますので、中年期までは上手な対人関係を保ち、成功する人もいます。しかし、晩年はよほど自重しないと、運に見放され、わびしい日々を送ることになるでしょう。

り　強引型

強引、孤独、離別、悲哀などの暗示があります。

この音を持つ人は、思いきりがよく陽気な性格です。しかし、自己主張が強く、いったんこうと思ったことは強引に押し通そうとするため、周囲に疎まれて、成功のチャンスを逃します。

また、肉親の縁が薄く、親と離別したり、結婚しても離婚したりで、孤独な生涯です。名づけのときは吉数と三運の調和をよく考えて決めましょう。

る　平安型（へいあん）

平安、温和、自然のまま、などの暗示があります。

この音を持つ人は温和で、闘争心や野心もないので、組織の中で注目されたり、リーダーになったりすることはありません。自ら道を切り開いて進んでいくというより、周囲の援助や引き立てによって成功するタイプです。

女性の場合は、誘惑に負けやすいところがあるので気をつける必要があります。

れ　通達型（つうたつ）

通達（とどこおりなく通ること）、狭量（きょうりょう）を暗示します。

この音を持つ人は、頭脳明晰（めいせき）で教養が豊かです。仕事には熱心に取り組みますので、周囲から厚い信頼を受け、評価と実績を積み上げることができます。

ただし、気が小さく、やや包容力に欠ける面が強く出ると、友人や部下から敬遠され孤立します。

ろ　幸慶型（こうけい）

多幸（たこう）、大成、博識の暗示があります。

この音を持つ人は、博識で才知にあふれています。いずれ指導者として誰からも尊敬される存在です。地位と名誉を得て、幸せな一生を送ります。

わ行・・・土性

わ　健全型（けんぜん）

健全、独立の暗示があります。

この音を持つ人は、生まれつきリーダーとしての資質を備え持っている人です。知力、行動力ともにすぐれ、弁も立ちます。また、金銭を集める手腕には独特のものがあり、必ず大成するでしょう。

女性は、内助の功を発揮し幸せな家庭を築きます。

音から判断する異性との相性

音は、その人の性格や運勢をあらわすだけでなく、人と人との相性もよくあらわします。ここでは、発音によって診断できる、男女の相性についてお話ししましょう。

相性の善し悪しは、自分の名前と相手の名前の最初の音で判断します。

第2章で画数の相生関係と相剋関係について説明しましたが、これは発音にもあてはまります。

音が相生の関係なら、二人の相性はぴったりです。でも、相剋の関係なら、摩擦がおこります。

たとえば晶乃さんと達也さんで考えてみましょう。晶乃さんは「あ」で土性、達也さんは「た」で火性。土性と火性は相生になりますので、息が合って、一緒にいるだけで楽しくなる関係です。

晶乃さんは、火性である「た行」「ら行」「な行」、金性の「さ行」の人と相性がいいはずです。しかし、木性の「か行」の人とは相剋関係で相性が悪く、この二人の恋はトラブルの連続となるのです。

では、それぞれの音の異性の相性について、具体的にみていきましょう。

マークの見方
◎理想の相性
○調和する相性
△相手を理解する努力が必要
×あなたに向かない相性

◆土性…「あ行」「わ行」「や行」の名前の人

◎・相手の名前が火性の音「た行」「ら行」「な行」で始まる場合

一目惚れをして、一気に恋の炎が燃えあがるなどということはありません。しかし、会うたびに自分にはない相手の魅力に気がつき、ひかれていきます。恋人として理想的な人です。

○・相手の名前が金性の音「さ行」で始まる場合

相手はかなりわがままな人ですが、あなたはうまく自分のペースに引きこむことができます。あなたが相手をリードして、恋は順調に発展します。

○・相手の名前が土性の音「あ行」「わ行」「や行」で始まる場合

はじめはあなたのほうが警戒して、なかなか恋は進展しません。しかし、交際が深まり、いったん相手の人間性を理解すると、けんかをしてもすぐ顔がみたくなるような、離れがたい関係になるのです。

△・相手の名前が水性の音「は行」「ま行」で始まる場合

表面的には良いカップルにみえますが、つまらないことですぐにけんかをして、トラブルが絶えません。お互いに、もう少し広い心を持ちましょう。

×・相手の名前が木性の音「か行」で始まる場合

頭では相手の良さがわかっていても、どうしてもウマが合いません。またあなたの良さも、相手はなかなか理解してくれません。

✦木性…「か行」の名前の人

◎・相手の名前が火性の音「た行」「ら行」「な行」で始まる場合

一緒にいるだけで最高に幸せ、というぴったり息のあったカップルになるでしょう。かたときも離れがたく、頭の中はいつも相手のことでいっぱいです。すべてをなげうって飛びこんでいっても、悔いはない人です。

○・相手の名前が水性の音「は行」「ま行」で始まる場合

あなたが疲れているときは心をいやしてくれ、あなたが退屈しているときは、よい刺激を与えてくれます。常にあなたの心のよりどころになってくれる人といえます。

△相手の名前が金性の音・「さ行」で始まる場合

相手があなたを自分の思いどおりにしようとするので、何かにつけ、反発を感じることがあるかもしれません。しかし、あなたに相手を立ててあげる気持ちがあれば、うまくいくものです。

△相手の名前が木性の音・「か行」で始まる場合

お互い、似た者同士ですから、友だちや恋人としては気も合いますし、楽しい時間を過ごせるでしょう。しかし、結婚すると、甘いムードに浸(ひた)れるのは最初のうちだけ。あっという間に飽(あ)きてしまいます。

×相手の名前が土性の音・「あ行」「わ行」「や行」で始まる場合

意見が合わないで、いつもけんかになってしまいます。人生観がお互いに異なるため、相手の考え方を理解するのは難しいでしょう。相手を思いやったり気遣(きづか)ったりが、なかなかできない関係です。

✪金性…「さ行」の名前の人

◎相手の名前が土性の音・「あ行」「わ行」「や行」で始まる場合

はじめて会った瞬間に、たちまち恋に落ちるでしょう。あなたが失意のときにはやさしく慰め、あなたが迷っているときには的確に指針を与えてくれます。たとえけんかをしても、あとをひくことはまったくありません。人生のパートナーとして最高の人です。

◎・相手の名前が水性の音「は行」「ま行」で始まる場合

二人はいつも一心同体で、人がうらやむような仲の良いカップルです。何も口に出さなくても、すべてをわかりあえます。お互いに、相手に尽くしてあげたい気持ちでいっぱいです。二人で協力して、明るく良い家庭を築くでしょう。

○・相手の名前が金性の音「さ行」で始まる場合

お互いに相手の行動を気にしたり、相手を束縛したりするようなことはありません。それぞれの性格を理解して交際すれば、良いカップルになれます。

△・相手の名前が火性の音「た行」「ら行」「な行」で始まる場合

どちらかといえば、相手の存在を負担に感じることが多いでしょう。しかし、「この人には自分が必要だ」とあなたが思うのなら、交際は長続きします。

×・相手の名前が木性の音「か行」で始まる場合

二人の関係は山あり谷ありで変化に富んでいます。友人や恋人としては楽しいのですが、結婚相手としてはマイナス面が大きいようです。

✪火性…「た行」「ら行」「な行」の名前の人

◎・相手の名前が木性の音「か行」で始まる場合

あなたのためなら、どんな犠牲もいとわない相手です。だからといって高圧的になることも束縛することもなく、あなたの意志を尊重してくれる、とても尊敬できる人です。良きパートナーとして、あなたの個性を伸ばしてくれる存在です。

○・相手の名前が土性の音「あ行」「わ行」「や行」で始まる場合

たまにはけんかをすることもありますが、おおむねうまくいく関係です。離れていても、気にかかってしかたがないような存在です。二人でいれば、ずっと楽しい人生になるはずです。

△・相手の名前が金性の音「さ行」で始まる場合

友人としてはすごくいいのですが、恋人としてはおすすめできません。愛が芽生えても、つき合っていくうちにだんだん二人のあいだに溝ができて、結局は別れることになりそうです。

△・相手の名前が火性の音「た行」「ら行」「な行」で始まる場合

ひかれる部分と反発する部分を、ともに持っている相手です。うまくいっているときはお互いに得るものも大きいのですが、いったんかみ合わなくなると、元の関係にもどるのは困難です。

×・相手の名前が水性の音「は行」「ま行」で始まる場合

あなたは精神的な結びつきを重視するのですが、相手は肉体の快楽のみを求めるタイプです。波長が合わず、結局あなたが傷つくことになるでしょう。

✪水性…「は行」「ま行」の名前の人

◎・相手の名前が木性の音「か行」で始まる場合

お互いの良いところを吸収し合って、じっくりと愛情を育んでいくことができます。アバタもエクボにみえるほど、相手に夢中になることがあるかもしれません。理想的なカップルです。

○・相手の名前が金性の音「さ行」で始まる場合

フランクなつき合いです。良き相棒になり、ともに人生をエンジョイできるようです。ただし、自由奔放すぎて、周りの人から反感を買うことがあります。少し自重して周囲を味方に引きこむようにすれば、あなたの人生にとってプラスになります。

△・相手の名前が土性の音「あ行」「わ行」「や行」で始まる場合

あまりウマが合いません。つき合ったからといってマイナスにはなりませんが、友人としても恋人としても、思ったほど期待はできません。

△・相手の名前が水性の音「は行」「ま行」で始まる場合

性格的に、お互いに非常に似ている部分と正反対の部分とがあります。あまり意地を張らず、少し相手を立てるように心がければ、いい関係を保っていくことができるでしょう。

×・相手の名前が火性の音「た行」「ら行」「な行」で始まる場合

相手が何を考えているかわけがわからず、一緒にいても疲れるだけです。なんとなく引け目を感じて、気楽につき合うことができません。お似合いのカップルになるのは難しいといえます。

音から判断する仕事の相性

音は、その人の性格や運勢をあらわすだけでなく、人と人との相性もあらわす、ということをお話ししましたが、これは人と仕事の間でも同じです。

自分に合っている仕事かどうかは、自分の名前の最初の音と仕事の名前の最初の音で判断します。

音が相生の関係なら、その仕事はあなたにぴったりということになり、相剋関係の場合はうまくいかないことになります。

ここでは職種で判断していますが、すでに仕事に就いている人は自分の名前と会社の名前で相性を判断してみてもいいのです。

✦土性…「あ行」「わ行」「や行」の名前の人

◎・仕事の名前が火性の音「た行」「ら行」「な行」で始まる場合

自分のキャラクターを前面に出して積極的にアピールする力が強いので、会社の営業や人前に出る仕事、接客業が合います。逆にデスクワークや一人でコツコツやる仕事は向いていません。

個性で勝負のタレント、落語家、パワフルさと頭脳明晰さで成功をつかむレジャー産業、たとえばホテル、遊園地、アミューズメントパークなど娯楽施設の経営者などがぴったりです。

○・仕事の名前が金性の音「さ行」で始まる場合

型にはまらず、自分の思いどおりに仕事を進めることができますが、ときに暴走すると思わぬ失敗をしてしまうので、常に周囲を見渡して判断するようにしましょう。

自分の得意な科目を集中的に教える塾講師、コンピュータープログラマー、ウェブデザイナーなどの情報関係の仕事で大活躍できます。

○・仕事の名前が土性の音「あ行」「わ行」「や行」で始まる場合

仕事のコツをつかむまで、多少時間がかかりますが、慣れてしまえばスムーズに仕事を進めることができます。ボキャブラリーの豊かさを武器に宝飾品や衣類、雑貨などの販売といった営業の仕事で大成功をおさめられます。

△・仕事の名前が水性の音「は行」「ま行」で始まる場合

最初はやりがいもあり、バリバリと仕事をこなすのですが、人間関係のトラブルで挫折してしまうことがあります。法律関係、マスコミ関係などの仕事を選ぶときは「人間関係がうまくいくかどうか」をまず第一に考えてください。仕事は困難でも、人との和がバランスよく保たれていれば、最終的には良い結果が得られるものです。

×仕事の名前が木性の音・「か行」で始まる場合

自分では適職だと思っているのですが、思うようにに自分の個性を発揮するチャンスがめぐってきません。学者、研究者として頭角をあらわすのは難しいでしょう。孤軍奮闘してステップアップをはかっても、妨害にあったり、理解してもらえなかったり、なにかとうまくいきません。

✪木性…「か行」の名前の人

◎仕事の名前が火性の音・「た行」「ら行」「な行」で始まる場合

社交的でたくさんの注目を集める人ですから、タレント、料理研究家などの仕事が天職といえます。趣味が仕事という幸運に恵まれ、芸能関係ばかりでなく絵画や文学といった芸術面でも大活躍するでしょう。こうした分野に関わるようなチャンスがあったら、ためらわず挑戦してください。

○仕事の名前が金性の音・「さ行」で始まる場合

スポーツ選手を目指している人は、よいブレーンがつきます。体力もあり、実力には恵まれているので、協力者が多ければ多いほど成功が確実なものとなります。常に周囲の人にはさわやかな印象を与えましょう。また、スポーツライター、作家も活躍が期待できる相性のいい仕事です。

○仕事の名前が水性の音・「は行」「ま行」で始まる場合

アナウンサー、レポーターなど報道関係の仕事が合います。いつも刺激がないと退屈してしまうタイプなので、ハードスケジュールでも生き生きとパワフルに仕事をこなします。ただし、ワーカホリックに陥りがちなので、健康管理を常づね怠らないようにすることが大事です。

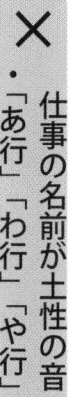

△・仕事の名前が木性の音「か行」で始まる場合

金融機関、貴金属を扱う仕事に興味を覚えますが、途中で飽きてしまいます。最初は懸命に勤めるのですが、慣れてくると、しだいにマンネリな日々に退屈を感じるようになります。目標を立てたり、気分転換をはかったりして生活にメリハリを持たせることが大事です。

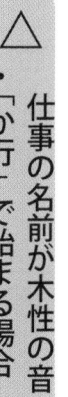

×・仕事の名前が土性の音「あ行」「わ行」「や行」で始まる場合

音楽関係の仕事、楽器演奏や歌手などに憧れを抱くのですが、実力がともなわず失敗するでしょう。実力に恵まれてもチャンスをつかむタイミングを逃してしまい、あと一歩のところで成功への扉が閉ざされてしまいます。趣味程度にとどめたほうが万事無難です。

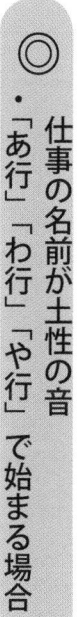

✦金性…「さ行」の名前の人

◎・仕事の名前が土性の音「あ行」「わ行」「や行」で始まる場合

存在感とカリスマ性があるので、歌手や楽器演奏者など音楽関係の仕事で頭角をあらわします。作曲家、作詞家としての実力も持ち合わせていますので、双方で大活躍できる運勢です。

◎・仕事の名前が水性の音「は行」「ま行」で始まる場合

まれにみる才知の持ち主ですから、各界の評論家として名を馳せることができるでしょう。浅く広くよりも専門分野を深く掘り下げると、ゆるぎない地位を築くことができます。ただし、毒舌（どくぜつ）がすぎると、思わぬ足をすくわれたり、疎外（そがい）されて孤立したりしてしまうので要注意です。

○・仕事の名前が金性の音「さ行」で始まる場合

作家、ジャーナリストとして社会にさまざまな主張や意見をアピールし、自分の存在感を見出します。また独特な感性を持っているので、多くの人から注目を浴びます。いつも好奇心を忘れず、感性を磨（みが）くことが大切です。

△・仕事の名前が火性の音「た行」「ら行」「な行」で始まる場合

デザイナー、調理人など修行が必要な職業は、良い先生や先輩に恵まれればある程度までいくことができるのですが、修行の場を間違えると芽が出ません。また、本来自分が一番でいたいという目立ちたがりな性格の持ち主なので、途中で投げ出してしまい、それっきりになってしまうこともあります。

△・仕事の名前が木性の音「か行」で始まる場合

カウンセラーのように、他人の悩みや相談を受ける仕事は向いていません。楽観的で、聞き役というより自分から積極的に話すタイプですから、一方的に自分の意見を押し通して話が終わってしまうという結果になってしまいます。

✪火性…「た行」「ら行」「な行」の名前の人

◎・仕事の名前が木性の音「か行」で始まる場合

木、花など植物に関わる仕事が向いています。一流ホテルの庭園を造（つく）るガーデナー、フラワーショップ、フラワーアレンジメントなどや、木材で家具を造る職人まで、植物があなたの才能を引き立ててくれるのです。

○・「あ行」「わ行」「や行」で始まる仕事の名前が土性の音場合

医師や薬剤師といった医療関係の仕事につくと、持ち前の勤勉さがおおいに発揮されます。ただし、書類やデータに頼りすぎると、頭でっかちで知識ばかりが先走り、実力がともなわなくなります。ときにはボランティア活動などをして、心の豊かさを磨くといい結果になります。

△・「さ行」で始まる仕事の名前が金性の音場合

思想家、作家などの職業は世間の支持を受けると成功しますが、少しでも世間とかみ合わない部分が出てくると、「どうして理解されないのだろう」と思い悩み、挫折することになります。

一方的に自分が正しいと意固地にならずに、柔軟な考え方と他人の意見によく耳を傾ける気持ちを持つことです。

×・「は行」「ま行」で始まる仕事の名前が水性の音場合

不動産関係の仕事は、思うように発展しません。不動産を所有すると土地と建物の値段が暴落し、仲介役を勤めると家主と買い手、借り手がトラブルを起こすなど、うまく仕事がまとめられず、あらぬ散財に悩まされることになります。

✪水性…「は行」「ま行」の名前の人

◎・「か行」で始まる仕事の名前が木性の音場合

教育に関する仕事、とくに大学教授、教師、講師、アドバイザーなどが向いています。人望も厚く人気運もあるので、たくさんの人に支持され、有名文化人になるのも夢ではありません。そのうえ情報収集をまめにすると、ますます発展し、その道をきわめるかもしれません。

○ 仕事の名前が金性の音・「さ行」で始まる場合

自由業を選び、生涯自由気ままに生きる人生です。海外へ単身渡り、大きな夢をつかむ可能性も大です。ただし、「どうせだめなら次があるさ」と根無し草のような生活をしていると、晩年に苦労することになります。

路頭に迷うことがないように、人生の最終目標を早めに定めるようにすれば運が開けます。

△ 仕事の名前が土性の音・「あ行」「わ行」「や行」で始まる場合

アクセサリー販売、エステティシャン、美容師など、憧れてはみるのですが、いざ勤めてみると、お客さんとのコミュニケーションがうまくとれず悩むことになります。夢を売る華やかな仕事の舞台裏にとまどうことばかりが増えてしまい、辟易させられるかもしれません。

△ 仕事の名前が水性の音・「は行」「ま行」で始まる場合

ファッション関係、水商売は悪くはないのですが、自分の理想や意見を他人に無理やり押しつけると、人間関係がぎくしゃくして、スムーズにいくことはありません。

良き相談相手を早めにみつけ、暴走しないよう軌道修正をすることを心がけましょう。

× 仕事の名前が火性の音・「た行」「ら行」「な行」で始まる場合

力仕事、たとえば農園、土木作業など体力勝負の仕事や野球、サッカー、バレーボールなどのプロスポーツ選手、探偵、通訳などは向いていません。体に無理がたたって大きなケガをしたり、病気になったりと、肉体的にも精神的にも不幸に見舞われて大成しません。早めに方向転換することをおすすめします。

陰陽のバランスをみる

さて、今まで画数や五要素、発音からみた名前の吉凶についてお話ししてきましたが、もう一つだけ注意していただきたいことがあります。

それは陰陽（いんよう）のバランスです。画数の奇数を陽、偶数を陰として、その配置をみることによって名前の吉凶が判断できるのです。

この考え方も〝宇宙の万物（ばんぶつ）は陰と陽のエネルギーの相関作用によってつくられている〟という中国の古代思想に基（もと）づいています。

陰陽の配置が良ければ幸せな一生になりますが、悪い場合には運気は衰退し、不運に見舞われることにもなりかねません。

ただし、陰陽のバランスが凶と出ても、画数が吉数で、姓名数三運の調和が良い場合は、陰陽による凶運が作用することはありません。名前を決めるときは、画数の吉、姓名数三運の調和を優先してください。

それではもう一度、名前とそれぞれの画数を書き出してみます。偶数には陰として●、奇数には陽として○をつけてください。

名前の例

○	大（おお）	3
○	谷（たに）	7
●	敏（とし）	10
○	央（ひろ）	5

✦幸運な配置

次のような配置の場合は、陰陽のバランスが良くすべてに恵まれた生涯になります。

◎二字の姓名のとき

名前の例

●	旭（あさひ）	6
○	誠（まこと）	13

◎三字の姓名のとき

吉のバランス

●	○
○	●

名前の例

- ● 倉（くら）10
- ● 橋（はし）16
- ○ 涼（りょう）11

◎四字の姓名のとき

吉のバランス

●	○	●	○
○	○	●	●
○	●	○	●

名前の例

- ○ 君（きみ）7
- ● 原（はら）10
- ○ 弘（ひろ）5
- ● 明（あき）8

◎五字の姓名のとき

名前の例

- ● 飯（いい）12
- ○ 田（だ）5
- ● 結（ゆ）12
- ● 月（づき）4

吉のバランス

●	●	●	○	○	○
○	●	○	●	○	●
●	○	●	○	●	○
○	●	●	●	○	○

名前の例

- ● 竹（たけ）6
- ○ 之（の）3
- ● 内（うち）4
- ○ 柚（ゆず）9
- ○ 香（か）9

名前の例

○ 滝（たき）13
● 元（もと）4

○ 康（こう）11
● 太（た）4
● 朗（ろう）10

吉のバランス

○	○	○	●	●	●
●	●	●	○	○	○
○	○	●	●	●	○
●	●	○	○	○	●
●	○	●	○	●	○

◎六字の姓名のとき

名前の例

○ 小（お）3
○ 笠（がさ）11
● 原（わら）10

○ 由（ゆ）5
● 佳（か）8
● 莉（り）10

吉のバランス

○	○	○	●	●	●
○	●	●	●	○	○
●	○	○	○	●	●
○	○	●	●	●	○
●	●	○	○	○	●
●	●	●	○	○	○

✦不運な配置

◎単一陰陽

名前の例

○ 杉（すぎ）7
○ 田（た）5
○ 千（ち）3
○ 聖（ひろ）13

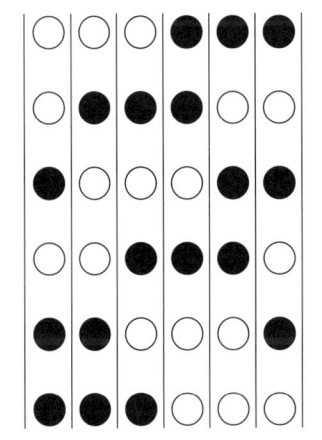

名前の例

● 萩（はぎ） 12
● 原（わら） 10
● 裕（ゆう） 12
● 弥（や） 8

奇数のみ、偶数のみの姓名の人は、陰陽の調和に欠けるため、苦労と失敗が多い人生となります。ときには破竹の勢いで発展することもありますが、いったん運気が衰えると、みるみる落ちこんで衰えていくことになります。

凶のバランス

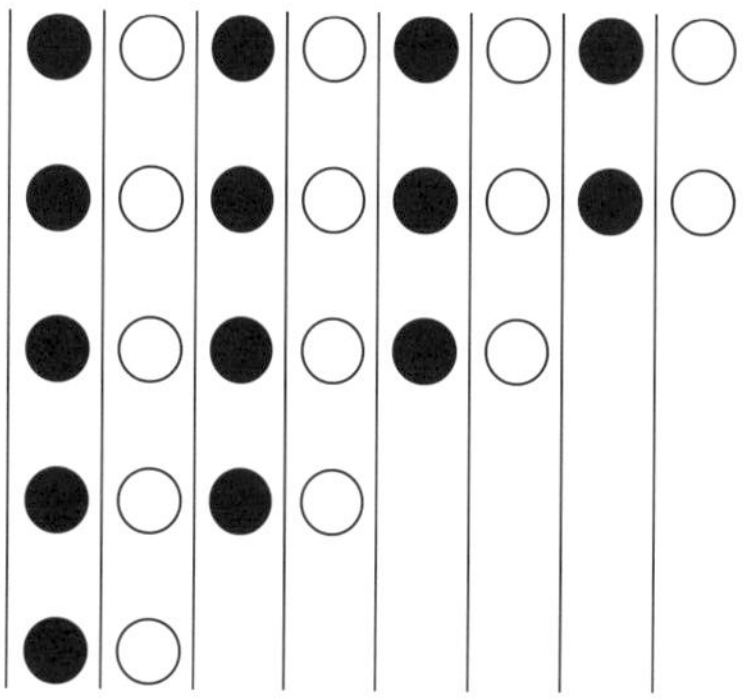

◎離れ陰陽

名前の例

● 桜（さくら） 10
● 井（い） 4
○ 沙（さ） 7
○ 也（や） 3
○ 加（か） 5

名前の例

○ 福（ふく） 13
○ 永（なが） 5
● 博（ひろ） 12
● 貴（き） 12

陰と陽が上下（名と姓）に分かれている配置は、孤独の暗示があります。家族運が薄い人が多く、社会の中で器用に立ち回れず孤立しがちになります。

凶のバランス

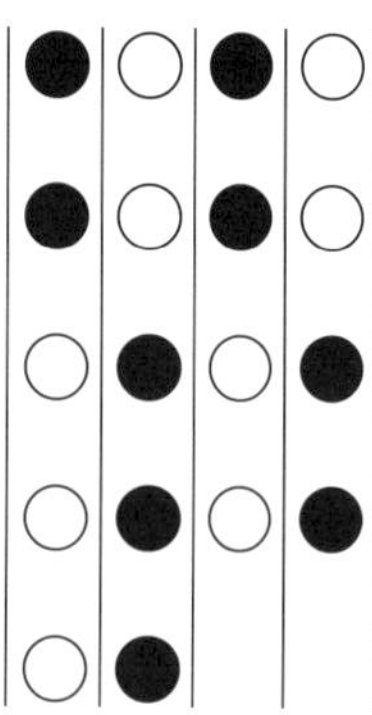

◎挟み陰陽

名前の例

○ 大（おお）3
● 木（き）4
● 芽（め）8
○ 生（い）5

名前の例

● 長（は）8
○ 谷（せ）7
○ 川（がわ）3

○ 宏（ひろ）7
● 明（あき）8

上下（姓か名）に奇数があって中間に偶数があるか、もしくはその逆の配置です。陰陽のどちらかがもう一方に挟（はさ）まれています。

この配置は、健康を害しやすく、病気に悩まされやすい運勢です。肉親との縁が薄く、仕事運もあまり恵まれません。

凶のバランス

●	○	●	○
○	●	○	●
○	●	○	●
○	○	●	○
●	○		

◎注意陰陽

名前の例

○ 代（よ）5
○ 々（よ）5
● 木（ぎ）4

○ 健（けん）11
○ 之（の）3
● 介（すけ）4

六文字姓名の場合に、気をつけたい配置です。

この配置は、財産を築けば健康を損（そこ）ない、家族運が良いと思えば事業に失敗するなど、幸せと不幸がともにやってくる悪運です。

◎遭難陰陽

凶のバランス

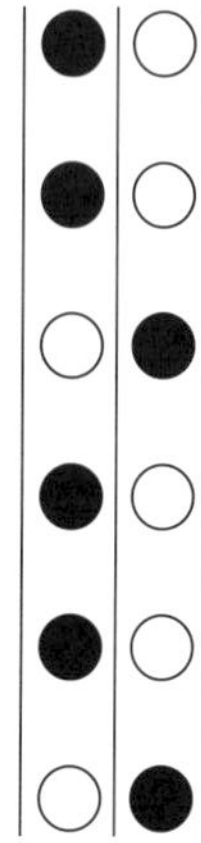

名前の例

- ● 高(たか) 10
- ● 木(ぎ) 4
- ● 桃(もも) 10
- ○ 花(か) 7

名前の例

- ○ 川(かわ) 3
- ○ 久(く) 3
- ○ 保(ぼ) 9
- ○ 大(だい) 3
- ● 貴(き) 12

陰と陽がかたよっている配置です。病気や災難、事故を暗示しています。

一方でこの配置は「還元陰陽(かんげんいんよう)」とも呼び、良き再出発の暗示と読むこともあります。

凶のバランス

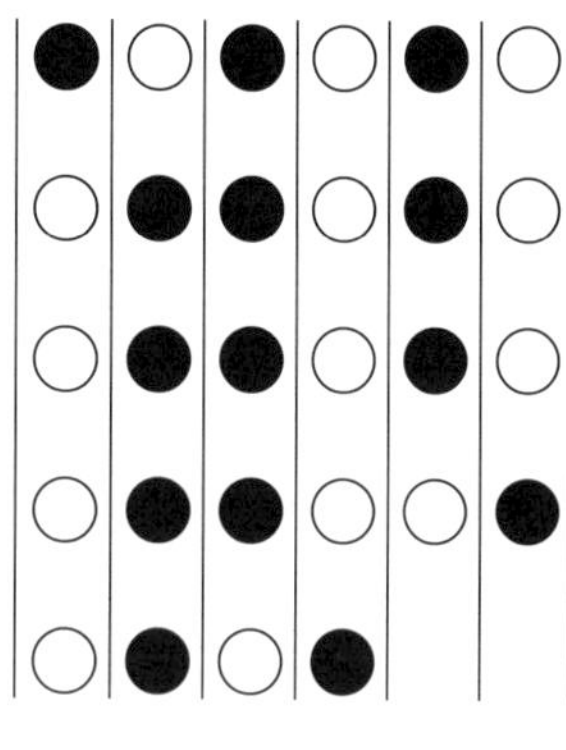

第7章

良い名前の決め方

良い名前の決め方

良い名前の発想法

「名前を考えて決めようといっても、何から考えたらいいのか…」という人のために、名づけをする際のヒントについてお話しします。これらを参考にして、納得できるような良い名前を選んでみてください。

✦願いが叶う偏や音から

健やかに、誰からも愛されるように、富と名誉を得られるように、健康でいられるようになど名前にこめる思いはさまざまです。

偏や音にも意味があります。たとえば、健康を望むなら「土偏」、金運を望むなら「金偏」の文字、リーダーになりたいなら「た行」で始まる名前、芸術家になりたいなら「は行」と「ま行」で始まる名前が良い、という具合です。

それぞれの偏や音が持つ意味を生かして名前を考えて決めるのも、一つの方法です。

✦季節や生まれ月にちなんで

干支や元号にちなんだ名前もありますが、とくに人気があるのは、生まれ月や季節にちなんだ名前です。

それでは、それぞれの月のキーワードとなる自然や風物をイメージさせる言葉を紹介します。漢字の意味や響きも取り入れて、名づけの参考にしてください。

1月のキーワード

睦月、初月、新春、初春、元旦、繭玉、手毬、七草、若菜、福寿草

2月のキーワード

初月、如月、令月、立春、早春、初花月、若水、若緑、風花、梅香

3月のキーワード

弥生、桃月、桜月、嘉月、雛祭り、椿、雪割草、桃花、初桜

4月のキーワード

卯月、鳥来月、清和月、花祭り、清明、陽春、桜、菜の花、蓮華、花梨

5月のキーワード

皐月、端午の節句、橘、菖蒲、薫風、新緑、早苗、藤

6月のキーワード

水無月、葵月、鳴神月、風待月、涼暮月、紫陽花、鮎、蛍、あやめ

7月のキーワード

文月、相月、七夕、織姫、彦星、夏潮、涼月、青峰、風鈴、蘭、百合、宵待草

8月のキーワード

葉月、桂月、壮月、夏祭り、花火、浴衣、向日葵、夕顔、百日紅

9月のキーワード

長月、玄月、秋分、秋風、宵月、菊、秋桜、竜胆、萩、紫苑

10月のキーワード

神無月、時雨、寒露、白帝、錦秋、流星、小春、白鳥、栗、胡桃、紅葉、霧

11月のキーワード

霜月、霜降月、暢月、小雪、初霜、初雪、七五三、銀杏、楓

12月のキーワード

師走、雪見月、聖夜、聖樹、葉牡丹、柚子、寒椿、柊

✦グローバル化を意識した名前

最近は国際化の時代を反映して、外国でも通用するような名前が人気です。たとえば、マリーやアンナ、サラ、ケント、ジョージ、ダンなどです。この中から画数の良いものを選び出して漢字をあてはめても、魅力的な響きの名前になります。

マリー……麻11里7　万3里7衣6　真10利7　茉8莉10
アンナ……杏7奈8　安6奈7　安6那7　安6菜10
サラ……紗10良7　桜10空8　沙7來8
ケント……賢15人2　憲16人2　研9人2　健11人2
ジョージ……丈3治8　譲20士3　城9次6　穣18児7
ダン……壇16　暖13

✦日本の古典文学を参考に

『万葉集（まんようしゅう）』や『古今和歌集（こきんわかしゅう）』『源氏物語（げんじものがたり）』などから、言葉や文字を抜き出して名前にするという方法もあります。古典だから古くさい、などということはありません。かえって新鮮な名前がつけられることもあるので一考の余地ありです。

また、自分の愛読書や感動を覚えた文学作品の中からとるという方法も考えられます。

✦好きな文字を使う

漢字は表意（ひょうい）文字ですから、それぞれ意味を持っています。それらの意味を理解して自分の願いをあらわす文字を選び、そこから名前を決めるのは、もっとも基本的な方法です。

次にあげるのは、名づけで人気のある漢字です。

男性は、空や海など無限の広がりを感じさせる漢字、女性は植物や人とのつながりを連想する、こまやかな愛情を感じさせる漢字が多く使われています。

名づけで人気の漢字

男性

蒼	碧	樹	朔	颯	翔	奏
13	14	16	10	14	12	9
空	陽	真	遥	涼	凌	琉
8	12	10	12	11	10	11

女性

愛	葵	杏	希	心	詩	咲
13	12	7	7	4	13	9
紗	茉	紬	花	柚	莉	凜
10	8	11	7	9	10	15

良い名前の選び方・決め方

✦良い名前の条件を整理しよう

ここでもう一度、良い名前の条件を整理してみましょう。

①主運数、初運数、助運数、総運数の四つの運数が吉数であること。

②祖運数、主運数、初運数の三運の調和がそれぞれ良いこと。

③姓名の画数の、陰陽のバランスが良いこと。

④名前の発音が吉音であること。

ただし、①と②の条件がそろっている場合は、③と④は気にする必要はありません。

また、祖運数が凶数であっても、それ自体が影響を及ぼすことはないのです。たとえば大江は9画、松井は12画、高津は19画というように、凶数の姓はたくさんありますが、改姓を考える必要はありません。

祖運数は、主運数、初運数との配合によって吉凶をあらわしますので、もし主運数、初運数との配合が悪いようであれば文字を変えて調和のとれた名前にすればいいのです。

結婚や離婚などで姓が変わり、調和が悪くなった人は参考にしてください。

なお、改名したからといって戸籍を変える必要はなく、吉名を常に使っていれば、その名前の持つ霊(れい)力(りょく)が働いて、あなたを幸運へと導(みちび)いてくれます。

✦名づけ・改名の実践

良い名前の条件はわかっても、実際にどうやって選び出せばいいのでしょうか。ここでは、その具体的な方法について解説してみたいと思います。

一つは、名前の候補をいくつか考えて、それらが姓と組み合わさったとき四運の画数の吉凶と、三運の調和・不調和を調べていく方法です。

もう一つは、あらかじめ姓に合う画数を選んでから、その画数の文字を探し出して名前を決めていく方法です。

どうしても使いたい文字がある場合は、両方を組み合わせて選ぶことができます。

この方法は、お子さんの名づけや改名だけでなく、芸名やペンネームを考えるときにも応用できます。あなたがやりやすいと思う方法を選んでください。

✦名前から選ぶ

それでは実際に、平井さんという姓の人に、二字名の男性名を選ぶことにしてみましょう。

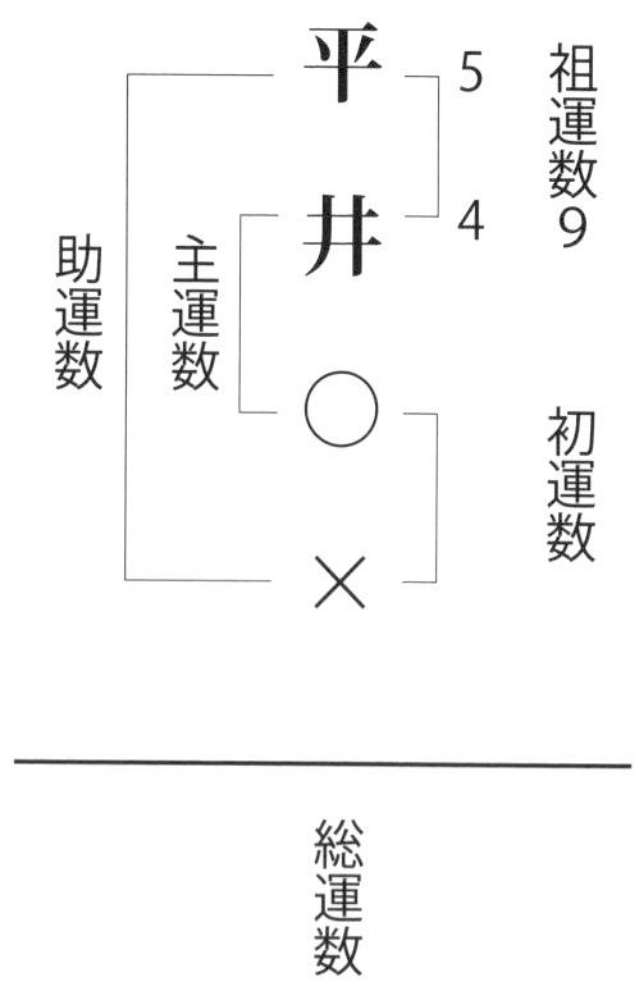

平井さんの場合、祖運数は9画です。第5章の「画数の意味」を参照して、吉数・凶数の数を書き出してください。

吉数	1・3・5・6・7・8・11・13・15・16・17・18・21・23・24・25・31・32・33…
凶数	2・4・9・10・12・14・19・20・22・26・27・28・34・36…

1 総運数の吉凶からチェック

平井 ○ ×

名前	画数	総運数	
伊織（いおり）	伊6 織18（24 吉）	9＋24＝33	吉
伸一（しんいち）	伸7 一1（8 吉）	9＋8＝17	吉
奏汰（そうた）	奏9 汰7（16 吉）	9＋16＝25	吉
海斗（かいと）	海9 斗4（13 吉）	9＋13＝22	凶
蒼士（そうし）	蒼13 士3（16 吉）	9＋16＝25	吉

2 主運数と祖運数の配合をチェック

70ページの「成功運早見表」を参照

名前	主運数	計算	祖運	主運	配合
平5 井4 伊6 織18	10 凶	9＋24＝33	水	水	不調和
平5 井4 伸7 一1	11 吉	9＋8＝17	水	木	調和
平5 井4 奏9 汰7	13 吉	9＋16＝25	水	火	不調和
平5 井4 蒼13 士3	17 吉	9＋16＝25	水	金	調和

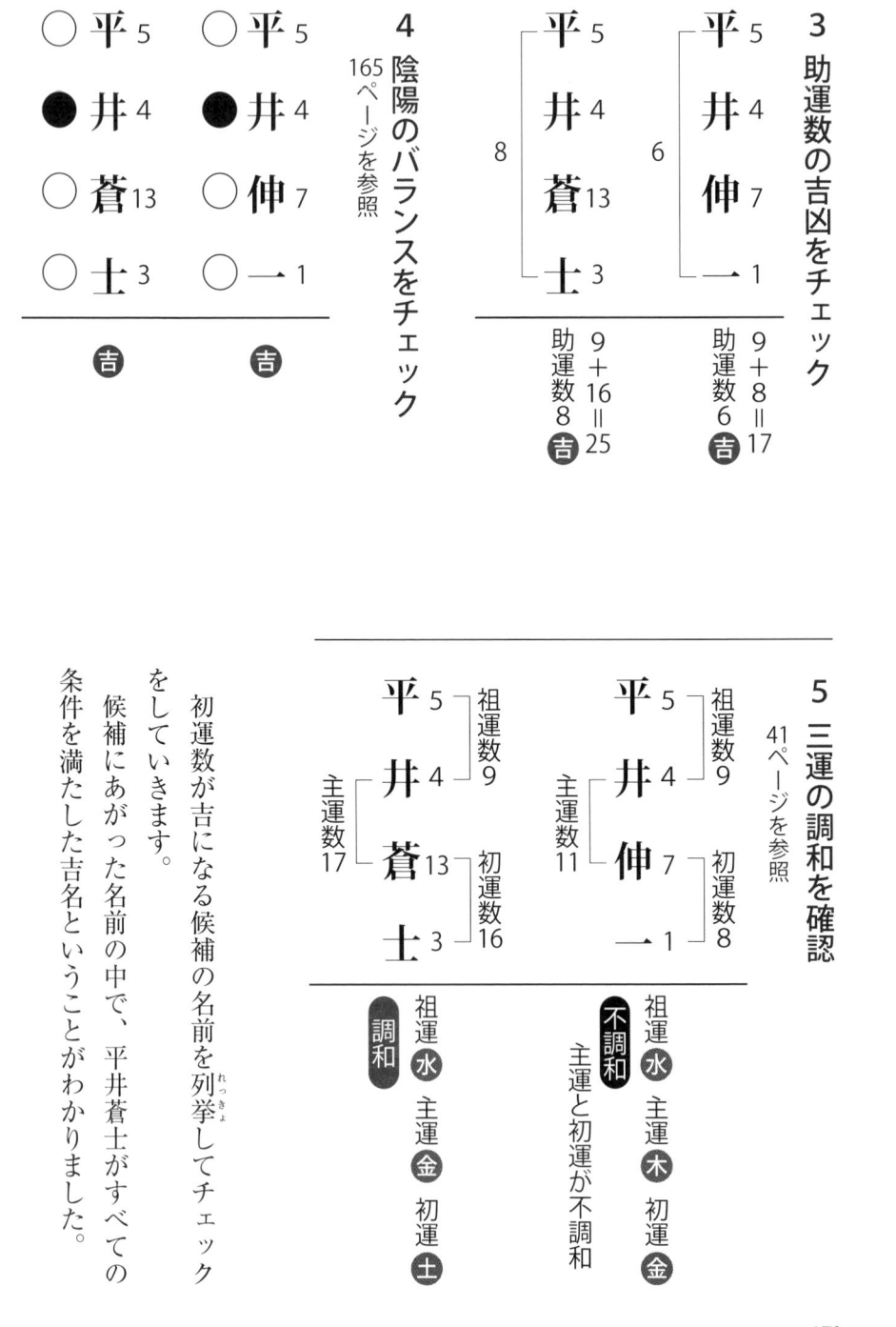

3 助運数の吉凶をチェック

平5 井4 伸7 一1　→ 6
助運数6　9＋8＝17　吉

平5 井4 蒼13 士3　→ 8
助運数8　9＋16＝25　吉

4 陰陽のバランスをチェック

165ページを参照

○平5 ●井4 ○伸7 ○一1　吉

○平5 ●井4 ○蒼13 ○士3　吉

5 三運の調和を確認

41ページを参照

平5 井4 伸7 一1
祖運数9　主運数11　初運数8
祖運 水　主運 木　初運 金　不調和
主運と初運が不調和

平5 井4 蒼13 士3
祖運数9　主運数17　初運数16
祖運 水　主運 金　初運 土　調和

初運数が吉になる候補の名前を列挙(れっきょ)してチェックをしていきます。

候補にあがった名前の中で、平井蒼士がすべての条件を満たした吉名ということがわかりました。

✪画数から選ぶ

では、次に画数から名前を選び出してみましょう。

新木（あらき）さんという女性だとします。

新13 木4 ○ ×
祖運数17

まず、五要素に分けて三運の調和をみます。

祖運数の下ひと桁（けた）は7ですから、祖運は金性になります。調和が良い配合を41ページの「三運吉格の早見表」を参照して探していきます。

	祖運	主運	初運	五要素
①	7・8	5・6	3・4	金土火
②	7・8	5・6	5・6	金土土
③	7・8	5・6	7・8	金土金

どれも主運は5・6の土ですが、今回は①の金土火調和で進めてみましょう。主運数は下ひと桁が5か6で吉数になる文字、初運数は下ひと桁が3か4で吉数になる文字を探してみます。

仮に○を12、×を11として、吉凶を確認していきましょう。

新13 木4 ○12 ×11
祖運数17
主運数16
初運数23
助運数24
総運数40

祖運数 17 吉
主運数 16 吉
初運数 23 吉（女性には凶）
助運数 24 吉
総運数 40 凶

初運数が女性には不向きな数の23、総運数が凶となり、このままでは吉名とはなりません。

では、◯を12、×を12として、同じように吉凶を確認していきます。

新 13 / 木 4 / ◯ 12 / × 12

祖運数 17
初運数 24
主運数 16
助運数 25
総運数 41

祖運数 17 吉
主運数 16 吉
初運数 24 吉
助運数 25 吉
総運数 41 吉

これならば、すべての画数が吉になりますので、三運の調和も良く吉名になります。

◯も×も12画の漢字となりますから、193ページからの「名前に使える画数別・漢字一覧表」を用いて、12画の漢字をみていきます。

媛、絵、喜、貴、葵、稀、琴、絢、晶、尋、晴、智、朝、陽、葉　遥……。

陽葵（ひなた・ひな）　**琴葉**（ことは）　**智晶**（ちあき）

などの名前が考えられます。

同じように②③の場合も考えてみましょう。一字名や三字名にしたい場合も、基本的なやり方は一緒です。最終的に出てきた画数の字を探せばよいわけです。

発音の吉凶、陰陽のバランスはみませんでしたが、すでに説明したように、四運が吉数で、三運の調和がとれている場合は、気にする必要はありません。

目的別に願いを叶える名前

良い名前の発想法や具体的な選び方がわかったら、偏に込められた意味や発音の五要素を願いの目的に合わせて考えていきましょう。

五行の五要素には、吉凶についてのさまざまな意味が暗示されています。それがどのように作用するかというと、画数が吉数ならば良い意味が作用します。逆に、画数が凶数になると、悪い意味が作用するのです。

三運の配合についても、調和が良ければ良い暗示が、不調和であれば悪い暗示が作用します。

これを上手に利用して、健康運、金運、対人運などが上昇する名前を選んでいくのが、「目的別に願いを叶える名前」ということになります。

目的別に名前を選ぶ場合、姓（祖運）に対しての画数が吉数で、しかも祖運、主運、初運の三運の調和がとれていれば、希望は達成できるといえます。

✦目的どおりに探せない場合

しかし、姓の画数によってはそのとおりにうまく名前を構成できないケースも出てきます。

とくに祖運数の下ひと桁が7か8の金性、下ひと桁が9か0の水性は、三運の調和が良い組み合わせが少ない姓で、選択肢が限られます。

そういうときは、あまり目的別にこだわる必要はありません。四運が吉数であること、三運の調和が良いことが、良い名前の一番大切な条件です。

ここまでこだわらずとも、男性、女性を問わず、みんなから親しみをこめて呼んでもらえるような〝幸運を導く良い名前〟であれば、健康運や金運、個性や人づきあい、運勢など、すべてにおいて順調にいきます。

こうしたことをふまえて、好きな漢字、好きな響きを取り入れながら名前を選んでいきましょう。それによって、生きがいのあるすばらしい充実した人生を送ることができるはずです。

✦健康で長生きできるように

なにより元気で長生きがいちばん。健康を望む場合は、足をしっかり地につけて、一歩一歩人生の長い道のりを踏みしめて歩めるように、「土偏（つちへん）」の字を選ぶといいでしょう。

音では「あ行」「や行」「わ行」、画数では5画がおすすめです。

男性

- 堅一（けんいち）11・1／能成（よしなり）10・6／愛斗（あいと）13・4／海耶（うみや）9・9／亜生央（あきお）7・5・5／唯人（ゆいと）11・2
- 井流火（いるか）4・10・4／晄良（あきら）10・7／敦央（あつお）12・5／明宏（あきひろ）8・7／育央（いくお）8・5／夕人（ゆうと）3・2
- 洋志（ようじ）9・7／勲（いさお）15／恭広（やすひろ）10・5／育男（いくお）8・7／堅伍（けんご）11・6／友輔（ゆうすけ）4・14
- 幸秀（ゆきひで）8・7／淳（あつし）11／堅也（けんや）11・3／幸正（ゆきまさ）8・5／善且（よしかつ）12・5／佳央（よしお）8・5
- 康人（やすと）11・2／夢二（ゆめじ）13・2／央（あきら）5／勇汰（ゆうた）9・7／瑛介（えいすけ）12・4／昭友（あきとも）9・4
- 巧（たくみ）5／靖（やすし）13／喜也（よしや）12・3／晶久（あきひさ）12・3／旭人（あきひと）6・2／堅介（けんすけ）11・4／詠一（えいいち）12・1／康弘（やすひろ）11・5／竺志（あつし）8・7／麻夫（あさお）11・4／可貴（よしき）5・12
- 篤士（あつし）20・3／孜朗（あつろう）7・10／脩（おさむ）11／堅太（けんた）11・4／育磨（いくま）8・16／太一（たいち）4・1／友基（ともき）4・11／洋太（ようた）9・4／佑哉（ゆうや）7・9／章人（あきひと）11・2／桂大（けいた）10・3
- 耀平（ようへい）20・5／圭佑（けいすけ）6・7／司（つかさ）5／悠介（ゆうすけ）11・4／悠馬（ゆうま）11・10／雄紀（ゆうき）12・9／歩夢（あゆむ）8・13／亜星（あせい）7・9／明弘（あきひろ）8・5／圭（けい）6／陽太郎（ようたろう）12・4・9
- 基（もとい）11／靖文（やすふみ）13・4／融一（ゆういち）16・1／圭一（けいいち）6・1／芳明（よしあき）7・8／未城夫（みきお）5・9・4／奎吾（けいご）9・7／侑輝（ゆうき）8・15／敦博（あつひろ）12・12／惟夢（ゆいむ）11・13／惇（あつし）11
- 章文（あきふみ）11・4／勇駕（ゆうが）9・15／由智（よしとも）5・12／裕史（ゆうし）12・5／晃基（こうき）10・11／友麒（ゆうき）4・19／明高（あきたか）8・10／康朗（やすろう）11・10／勇夫（いさお）9・4／佳信（よしのぶ）8・9／良城（よしき）7・9

篤弥（あつや）16・8	五樹（いつき）5・16
綾人（あやと）14・2	優希（ゆうき）17・7
義人（よしと）13・2	章成（あきなり）11・6
嘉友（よしとも）14・4	裕三（ゆうぞう）12・3
英史（えいじ）8・5	悠太（ゆうた）11・4

女性

恵利花（えりか）10・7・7	和希（わき）8・7	愛未（あいみ）13・5	亜弥（あや）7・8	友果子（ゆかこ）4・8・3	夕乃（ゆうの）3・2	杏莉（あんり）7・10	愛（あい）13
亜衣（あい）7・6	由佳（ゆか）5・8	亜梨朱（ありす）7・11・6	愛梨（あいり）13・11	娃来（あいら）9・7	雪帆（ゆきほ）11・6	由理香（ゆりか）5・11・9	靖葉（やすは）13・12
恵美衣（えみい）10・9・6	礼奈（あやな）5・8	恵吏香（えりか）10・6・9	綾乃（あやの）14・2	圭奈子（かなこ）6・8・3	えみ 3・3	友理（ゆり）4・11	明那（あきな）8・7
彩衣（あやえ）11・6	芳実（よしみ）7・8	章帆（あきほ）11・6	恵利（えり）10・7	亜季（あき）7・8	彩加（あやか）11・5	梓（あずさ）11	優花（ゆか）17・7
彩（あや）11	由紀子（ゆきこ）5・9・3	友美（ゆみ）4・9	天音（あまね）4・9	綾子（あやこ）14・3	杏（あん）7	愛乃（あいの）13・2	有理（ゆり）6・11

圭那（けいな）6・7	絢曄（あやか）12・13	亜貴衣（あきえ）7・12・6	英里（えり）8・7	佑希乃（ゆきの）7・7・2	恵利依（えりい）10・7・8	由加子（ゆかこ）5・5・3	アキ 2・3	友紀絵（ゆきえ）4・9・12	阿希（あき）8・7	禮花（あやか）18・7
郁枝（いくえ）9・8	康乃（やすの）11・2	有梨奈（ゆりな）6・11・8	依里華（えりか）8・7・10	郁美（いくみ）9・9	亜矢子（あやこ）7・5・3	有沙（ありさ）6・7	由夏（ゆか）5・10	圭美（たまみ）6・9	陽子（ようこ）12・3	亜希子（あきこ）7・7・3
恵利（えり）10・7	晶子（あきこ）12・3	依美（えみ）8・9	由佳絵（ゆかえ）5・8・12	雪乃（ゆきの）11・2	彩乃（あやの）11・2	恵莉加（えりか）10・10・5	弓夏（ゆみか）3・10	衣美（えみ）6・9	亜沙子（あさこ）7・7・3	杏理（あんり）7・11
麻未（あさみ）11・5	衣美香（えみか）6・9・9	朱美（あけみ）6・9	悠里（ゆうり）11・7	幸香（ゆきか）8・9	亜美（あみ）7・9	枝理帆（えりほ）8・11・6	侑莉（ゆり）8・10	優希（ゆうき）17・7	夕実（ゆみ）3・8	彩花（あやか）11・7
友実子（ゆみこ）4・8・3	栄衣子（えいこ）9・6・3	泰花（やすか）10・7	枝理衣（えりい）8・11・6	弓乃（ゆみの）3・2	絵莉子（えりこ）12・10・3	和佳美（わかみ）8・8・9	あい 3・2	亜佐子（あさこ）7・7・3	佑美（ゆみ）7・9	良枝（よしえ）7・8

✦誰からも愛されるように

たくさんの友人に囲まれて楽しい人生を、良きパートナーに恵まれて明るい家庭を、という人も多いはずです。円満な人間関係、人気運を望む場合は、「木偏（きへん）」の文字を選ぶといいでしょう。音は「か行」、画数では15画がおすすめです。

男性

- 杜志宏（としひろ）7・7・7　海志（かいし）9・7　圭佑（けいすけ）6・7　恵汰（けいた）10・7　桂佑（けいすけ）10・7　滉平（こうへい）13・5
- 一帆（かずほ）1・6　航士（こうし）10・3　洸樹（こうき）9・16　加津也（かづや）5・9・3　国弘（くにひろ）8・5　幸希（こうき）8・7
- 憲太（けんた）16・4　昂佑（こうすけ）8・7　浩平（こうへい）10・5　樹弥（たつや）16・8　榛馬（はるま）14・10　桐也（きりや）10・3
- 櫂士（かいじ）18・3　勇樹（ゆうき）9・16　剛生（ごうき）10・5　吾郎（ごろう）7・9　和桂（かずよし）8・10　真杜（まさと）10・7
- 良樹（よしき）7・16　清浩（きよひろ）11・10　景亮（けいすけ）12・9　研太（けんた）9・4　恍介（こうすけ）9・4　謙（けん）17
- 顕司（けんじ）18・5　壱弥（かずや）7・8　清剛（きよたか）11・10　槙悟（しんご）14・10　恵治（けいじ）10・8　紘一（こういち）10・1　槙也（しんや）14・3　柊兵（しゅうへい）9・7　豪太（ごうた）14・4　和洋（かずひろ）8・9　桂矢（けいや）10・5
- 邦典（くにのり）7・8　賢人（けんと）16・2　絃太郎（げんたろう）11・4・9　政樹（まさき）9・16　浩汰（こうた）10・7　玄（げん）5　健三朗（けんざぶろう）11・3・10　椋太（りょうた）12・4　快斗（かいと）7・4　克幸（かつゆき）7・8　駈（かける）15
- 治馬（はるま）8・10　拳汰（けんた）10・7　公孝（きみたか）4・7　開理（かいり）12・11　慧也（けいや）15・3　和巳（かずみ）8・3　一翔（かずと）1・12　源馬（げんま）13・10　柾紀（まさき）9・9　柊耶（しゅうや）9・9　桐帆（きりほ）10・6
- 喬介（きょうすけ）12・4　椋一（りょういち）12・1　数馬（かずま）13・10　絢哉（けんや）12・9　聖正（きよまさ）13・5　林太郎（りんたろう）8・4・9　桐吾（とうご）10・7　快（かい）7　恵太郎（けいたろう）10・4・9　堅斗（けんと）12・4　杜泰（もりやす）7・10
- 海渡（かいと）9・12　皓太（こうた）12・4　和毅（かずき）8・15　概也（がいや）14・3　勤也（きんや）12・3　昌杜（まさと）8・7　風人（かぜひと）9・2　驍一（きょういち）22・1　和夢（かずむ）8・13　憲之介（けんのすけ）16・3・4　楓太（ふうた）13・4

樹（いつき）16　晃太郎（こうたろう）10・4・9

京助（きょうすけ）8・7　啓（けい）11

健太（けんた）11・4　一真（かずま）1・10

健輔（けんすけ）11・14　昂（こう）8

桂司（けいし）10・5　光一郎（こういちろう）6・1・9

女性

希恵（きえ）7・10　紀美（きみ）9・9　加奈（かな）5・8　果林（かりん）8・8　加衣（かえ）5・6　志桜里（しおり）7・10・7　嘩椰（かな）13・11　枝里香（えりか）8・7・9

花枝（かえ）7・8　歌織（かおり）14・18　花保（かほ）7・9　夏椰美（かやみ）10・13・9　桃花（ももか）10・7　嘩乃（かの）13・2　清乃（きよの）11・2　香保（かほ）9・9

榛菜（はるな）14・11　霞於莉（かおり）17・8・10　華奈（かな）10・8　実樹（みき）8・16　夏緒理（かおり）10・14・11　亜樹実（あきみ）7・16・8　香央梨（かおり）9・5・11　桐那（きりな）10・7

久実乃（くみの）3・8・2　加寿世（かずよ）5・7・5　琴衣（ことえ）12・6　阿樹（あき）8・16　花奈（かな）7・8　槙菜（まきな）14・11　掬乃（きくの）11・2　珂凛（かりん）9・15

喬子（きょうこ）12・3　公実（くみ）4・8　桃加（ももか）10・5　クミ 2・3　枝里（えり）8・7　桃奈（ももな）10・8　加央里（かおり）5・5・7　紀巳絵（きみえ）9・3・12

榛夏（はるか）14・10　花林（かりん）7・8　香那（かな）9・7　京香（きょうか）8・9　香苗（かなえ）9・8　果歩（かほ）8・8　乃里枝（のりえ）2・7・8　和美（かずみ）8・9　妃実子（きみこ）6・8・3　敬子（けいこ）12・3　加代子（かよこ）5・5・3

汐菜（きよな）6・11　香央理（かおり）9・5・11　香枝（かえ）9・8　加菜（かな）5・11　夏於里（かおり）10・8・7　夏那（かな）10・7　里枝（りえ）7・8　桐佳（きりか）10・8　霞（かすみ）17　加穂理（かほり）5・15・11　久美子（くみこ）3・9・3

花菜（かな）7・11　梗歌（きょうか）11・14　圭那子（かなこ）6・7・3　貴久美（きくみ）12・3・9　琴世（ことよ）12・5　絹子（きぬこ）13・3　カナコ 2・2・2　枝莉（えり）8・10　希美（きみ）7・9　琴巳（ことみ）12・3　紀久世（きくよ）9・3・5

公絵（きみえ）4・12　加菜栄（かなえ）5・11・9　桃衣（ももえ）10・6　貴莉子（きりこ）12・10・3　花織（かおり）7・18　夏穂（かほ）10・15　加奈絵（かなえ）5・8・12　香保里（かほり）9・9・7　佳代（かよ）8・5　加帆（かほ）5・6　香帆（かほ）9・6

花桜里（かおり）7・10・7　清那（きよな）11・7　果津枝（かずえ）8・9・8　夏弥（かや）10・8　香映（かえ）9・9　歌恵（かえ）14・10　かやこ 3・3・2　琴子（ことこ）12・3　聖未（きよみ）13・5　可歩（かほ）5・8　加子（かこ）5・3

✪財産に恵まれるように

金、銀、鈴、鎮（ちん）などの「金偏（かねへん）」の文字を選ぶと、金運に恵まれ、豊かな人生を送ることができます。音では「さ行」で始まる名前を、画数は6画、11画、24画、37画がおすすめです。

男性

蹴斗（しゅうと）19・4	翔太（しょうた）12・4	静人（しずと）14・2	進（しん）11	瞬也（しゅんや）18・3	将梧（しょうご）10・11
誠三（せいぞう）13・3	一矢（かずや）1・5	純平（じゅんぺい）10・5	鐘太（しょうた）20・4	峻一（しゅんいち）10・1	新治（しんじ）13・8
祥大（しょうた）10・3	駿（しゅん）17	鉱平（こうへい）13・5	尚汰（しょうた）8・7	聖也（せいや）13・3	整（せい）16
翔一（しょういち）12・1	鉱二（こうじ）13・2	将麻（しょうま）10・11	譲太（じょうた）20・4	純也（じゅんや）10・3	星耶（せいや）9・9
修一（しゅういち）10・1	辰夫（たつお）7・4	峻平（しゅんぺい）10・5	祥汰（しょうた）10・7	力哉（りきや）2・9	鈴太（りょうた）13・4

翔也（しょうや）12・3	昇吾（しょうご）8・7	直範（なおのり）8・15	孝憲（たかのり）7・16	俊午（しゅんご）9・4	純弥（じゅんや）10・8	敏照（としてる）10・13	鏡太（きょうた）19・4	蹴乎（しゅうや）19・5	峻司（しゅんじ）10・5	純司（じゅんじ）10・5
滋春（しげはる）12・9	晟治（せいじ）10・8	星樹（せいじゅ）9・16	俊介（しゅんすけ）9・4	詩朗（しろう）13・10	晴也（せいや）12・3	智教（とものり）12・11	嘉彦（よしひこ）14・9	萩一（しゅういち）12・1	祥央（さちお）10・5	燦斗（さんと）17・4
昭二（しょうじ）9・2	尚太郎（しょうたろう）8・4・9	翔司（しょうじ）12・5	尚悟（しょうご）8・10	真一（しんいち）10・1	精悟（しょうご）14・10	錠（じょう）16	純一（じゅんいち）10・1	峻太朗（しゅんたろう）10・4・10	聡士（そうし）14・3	伸介（しんすけ）7・4
翔胡（しょうご）12・9	蔣真（しょうま）14・10	明士（あきし）8・3	翔介（しょうすけ）12・4	湛也（じんや）12・3	翔平（しょうへい）12・5	壮（そう）6	晶介（しょうすけ）12・4	純矢（じゅんや）10・5	審一（しんいち）15・1	須巳於（すみお）12・3・8
峻爾（しゅんじ）10・14	征馳（せいじ）8・13	尚平（しょうへい）8・5	爽平（そうへい）11・5	星帆（せいほ）9・6	凌一（りょういち）10・1	蒼太（そうた）13・4	州汰（しゅうた）6・7	勢人（せいと）13・2	純佑（じゅんすけ）10・7	爽（そう）11

翔一朗（しょういちろう）12・1・10　青（せい）8

幸也（さちや）8・3　将一（しょういち）10・1

創己（そうき）12・3　晶市（しょういち）12・5

全（ぜん）6　臣太（しんた）7・4

漱希（そうき）14・7　颯太（そうた）14・4

女性

冴（さえ）7　早希（さき）6・7　鈴乃（すずの）13・2　佐千子（さちこ）7・3・3　祥子（しょうこ）10・3　沙織（さおり）7・18　さよ 3・3　沙耶（さや）7・9

詩織（しおり）13・18　幸保（さちほ）8・9　純子（じゅんこ）10・3　佐千世（さちよ）7・3・5　咲江（さきえ）9・6　聖子（せいこ）13・3　咲希（さき）9・7　染花（そめか）9・7

咲吏香（さりか）9・6・9　砂里枝（さりえ）9・7・8　サヨ 3・3　祥緒（さちお）10・14　沙千子（さちこ）7・3・3　沙千代（さちよ）7・3・5　桜花（さくら）10・7　佐希子（さきこ）7・7・3

慧子（さとこ）15・3　紗耶加（さやか）10・9・5　早紀（さき）6・9　紫甫（しほ）11・7　サエ 3・3　純緒（すみお）10・14　佐矢加（さやか）7・5・5　早耶迦（さやか）6・9・9

詩津香（しづか）13・9・9　志保（しほ）7・9　沙衣子（さえこ）7・6・3　糸於莉（しおり）6・8・10　星奈（せいな）9・8　鈴子（すずこ）13・3　さより 3・3・2　静子（しずこ）14・3

紗也加（さやか）10・3・5　祥江（さちえ）10・6　小絵（さえ）3・12　純江（すみえ）10・6　沙浬（さり）7・10　沙弥（さや）7・8　里恵（さとえ）7・10　沙紀（さき）7・9　さち 3・3　紫穂吏（しほり）11・15・6　砂耶（さや）9・9

佐衣理（さえり）7・6・11　咲乃（さきの）9・2　詩織（しおり）13・18　静夏（しずか）14・10　紫乃（しの）11・2　佐江（さえ）7・6　砂央理（さおり）9・5・11　糸保（しほ）6・9　佐知（さち）7・8　祥代（さちよ）10・5　詩央里（しおり）13・5・7

沙江子（さえこ）7・6・3　糸津香（しづか）6・9・9　紗於里（さおり）10・8・7　雫加（しずか）11・5　早耶（さや）6・9　小恵（さえ）3・10　沙都希（さつき）7・11・7　雫（しずく）11　史帆（しほ）5・6　志津（しず）7・9　沙耶香（さやか）7・9・9

小百合（さゆり）3・6・6　佐智世（さちよ）7・12・5　紗吏依（さりい）10・6・8　幸甫（さちほ）8・7　繍帆（しゅほ）19・6　佐也加（さやか）7・3・5　沙夜子（さよこ）7・8・3　佐和子（さわこ）7・8・3　節世（せつよ）13・5　咲絵子（さえこ）9・12・3　苑枝（そのえ）8・8

染香（そめか）9・9　純枝（すみえ）10・8　蒋子（しょうこ）14・3　世奈（せな）5・8　苑美（そのみ）8・9　早莉（さり）6・10　紗央（さお）10・5　世莉（せり）5・10　祥奈（さちな）10・8　世梨奈（せりな）5・11・8　紗帆（さほ）10・6

✪リーダー・実業家として活躍できるように

人の上に立って活躍していくには、パワーと人望（じんぼう）が不可欠（ふかけつ）です。盛んな運気（うんき）をあらわす「火」「日」「陽」などの「ひ」のつく文字を選びましょう。音では「た行」、画数では6画、16画、21画、23画、24画がおすすめです。

男性

暁彦（あきひこ）12・9　熙人（てるひと）14・2　輝人（てるひと）15・2　宏明（ひろあき）7・8　烈生（たけお）10・5　猛朗（たけろう）11・10

迅彦（としひこ）6・9　烈宏（たけひろ）10・7　智之（ともゆき）12・3　隆寛（たかひろ）11・13　明典（あきのり）8・8　辰哉（たつや）7・9

哲平（てっぺい）10・5　晴日（はるひ）12・4　友人（ともひと）4・2　大晄（たいこう）3・10　哲旺（てつお）10・8　輝弥（てるや）15・8

太一（たいち）4・1　徹昭（てつあき）15・9　達裕（たつひろ）12・12　明夢（あきむ）8・13　貴啓（たかあき）12・11　智也（ともや）12・3

皐平（こうへい）11・5　貴雄（たかお）12・12　熙己（ひろき）14・3　俊貴（としき）9・12　烈直（たけなお）10・8　春熙（はるき）9・15

智央（ともお）12・5　弘明（ひろあき）5・8　拓哉（たくや）8・9　熙也（ひろや）15・3　丈大（たけひろ）3・3　晴己（はるき）12・3　大夢（だいむ）3・13　拓矢（たくや）8・5　龍央（たつお）16・5　卓図（たくと）8・7　暢洋（のぶひろ）14・9

燎一（りょういち）16・1　陵史（たかし）11・5　昭則（あきのり）9・9　照英（てるひで）13・8　哲弥（てつや）10・8　堯史（たかし）12・5　映佑（えいすけ）9・7　徹弥（てつや）15・8　晟汰（せいた）10・7　雅明（まさあき）13・8　了爾（りょうじ）2・14

熙之（ひろゆき）14・3　貴教（たかのり）12・11　猛博（たけひろ）11・12　晟也（せいや）10・3　孝文（たかふみ）7・4　夏熙（なつき）10・14　拓馬（たくま）8・10　智王（ともお）12・4　岳和（たけかず）8・8　哲士（てつし）10・3　友晶（ともあき）4・12

龍幸（たつゆき）16・8　烈之（たけゆき）10・3　匠（たくみ）6　卓杜（たくと）8・7　達比古（たつひこ）12・4・5　龍摩（たつま）16・15　紀熙（としき）9・14　董生（とうき）12・5　徹哉（てつや）15・9　拓弥（たくや）8・8　琢馬（たくま）11・10

達晶（たつあき）12・12　知征（ともゆき）8・8　燎（りょう）16　晟己（せいき）10・3　烈也（たけや）10・3　智紀（ともき）12・9　利暢（としのぶ）7・14　信映（のぶあき）9・9　朝文（ともふみ）12・4　倶希（ともき）10・7　蒼基（そうき）13・11

尚其（なおき）8・8　知耶（ともや）8・9
宇真（たかまさ）6・10　琢人（たくと）11・2
建裕（たつひろ）9・12　飛鋭（ひえい）9・15
卓朋（たかとも）8・8　瞭太（りょうた）17・4
大夢（ひろむ）3・13　琉聖（りゅうせい）11・13

女性

知夏（ちか）8・10　智子（ともこ）12・3　多美（たみ）6・9　照巳（てるみ）13・3　環（たまき）17　昭乃（あきの）9・2　明子（あきこ）8・3　晶江（あきえ）12・6

晴加（はるか）12・5　知華（ちか）8・10　知歩（ちほ）8・8　昭香（あきか）9・9　千穂（ちほ）3・15　董子（とうこ）12・3　千佳（ちか）3・8　智世（ともよ）12・5

千尋（ちひろ）3・12　明実（あけみ）8・8　晶衣（あきえ）12・6　多恵（たえ）6・10　朋（とも）8　昭那（あきな）9・7　茅花（ちか）8・7　晶絵（あきえ）12・12

昭枝（あきえ）9・8　智江（ともえ）12・6　昭江（あきえ）9・6　映乃（あきの）9・2　知佳（ちか）8・8　茅果（ちか）8・8　千世（ちよ）3・5　晴子（はるこ）12・3

知香（ちか）8・9　多希（たき）6・7　輝乃（てるの）15・2　千代（ちよ）3・5　千夏（ちなつ）3・10　照葉（てるは）13・12　智代（ともよ）12・5　撞子（とうこ）15・3

知沙（ちさ）8・7　竹代（たけよ）6・5　都末枝（とみえ）11・5・8　タエ 3・3　珠江（たまえ）10・6　多未（たみ）6・5　朋実（ともみ）8・8　萄那（とうな）11・7　倶佳（ともか）10・8　ちせ 3・3　豊子（とよこ）13・3

たかね 4・3・4　都季絵（ときえ）11・8・12　多絵（たえ）6・12　知紗（ちさ）8・10　昭穂（あきほ）9・15　圭乃（たまの）6・2　昭美（あきみ）9・9　月子（つきこ）4・3　千晶（ちあき）3・12　知花（ちか）8・7　朝未（ともみ）12・5

知里（ちさと）8・7　千華（ちか）3・10　智絵（ともえ）12・12　貴江（たかえ）12・6　侶美（ともみ）9・9　つかさ 1・3・3　千花衣（ちかえ）3・7・6　多栄子（たえこ）6・9・3　津耶（つや）9・9　映帆（あきほ）9・6　津友子（つゆこ）9・4・3

多紀（たき）6・9　智加（ともか）12・5　知畝（ちほ）8・10　昭帆（あきほ）9・6　智早（ちさ）12・6　チホ 3・4　民江（たみえ）5・6　津季奈（つきな）9・8・8　友香（ともか）4・9　多絵里（たえり）6・12・7　都志江（としえ）11・7・6

ちひろ 3・2・2　知早斗（ちさと）8・6・4　千寿瑠（ちずる）3・7・14　春映（はるえ）9・9　トモヨ 2・3・3　多加代（たかよ）6・5・5　敏子（としこ）10・3　千奈（ちな）3・8　チズ 3・4　知果（ちか）8・8　月那（つきな）4・7

✦芸術・芸能方面で活躍できるように

芸術家として、また芸能方面で成功するためには、みずみずしい感性と強い個性が必要です。「氵（さんずい）」の文字を選びましょう。音は「は行」と「ま行」、画数は、独立心旺盛（おうせい）な7画、個性で光る25画、チャンスに強い16画、強い意志を持つ17画、33画がおすすめです。

男性

隼兎（はやと）10・7　澄忠（すみただ）15・8　博紀（ひろき）12・9　颯斗（はやと）14・4　将宏（まさひろ）10・7　洋直（ひろなお）9・8

光俊（みつとし）6・9　滋己（しげき）12・3　洸友（ひろとも）9・4　鴻太（こうた）17・4　浩一（こういち）10・1　風太（ふうた）9・4

宙（ひろし）8　匡惟（まさただ）6・11　宏隆（ひろたか）7・11　淳（じゅん）11　洸貴（ひろき）9・12　涼真（りょうま）11・10

大斗（ひろと）3・4　風太朗（ふうたろう）9・4・10　澪一（りょういち）16・1　洸明（ひろあき）9・8　浩平（こうへい）10・5　涼太郎（りょうたろう）11・4・9

槙人（まきと）14・2　浩司（こうじ）10・5　淳太（じゅんた）11・4　守（まもる）6　波彦（なみひこ）8・9　匡紀（まさき）6・9

澄彦（すみひこ）15・9　漠（ばく）13　光尋（みつひろ）6・12　陽生（はるお）12・5　清成（きよなり）11・6　将央（まさお）10・5　鴻孝（ひろたか）17・7　清登（きよと）11・12　涼馬（りょうま）11・10　広騎（ひろき）5・18　光顕（みつあき）6・18

潤（じゅん）15　洋人（ひろと）9・2　弘喜（ひろき）5・12　洋太（ようた）9・4　博己（ひろき）12・3　浩史（ひろふみ）10・5　滝太（りょうた）13・4　淳人（あつひと）11・2　楓人（ふうと）13・2　真弥（まさや）10・8　浩多（こうた）10・6

淳五（じゅんご）11・5　澄秋（すみあき）15・9　麻里央（まりお）11・7・5　洸二（こうじ）9・2　道也（みちや）12・3　紋多（もんた）10・6　淳矢（あつや）11・5　滋善（しげよし）12・12　広喬（ひろたか）5・12　遙基（はるき）14・11　衛（まもる）16

将生（まさお）10・5　匡敬（まさたか）6・12　淳平（じゅんぺい）11・5　陽斗（はると）12・4　遥也（はるや）12・3　洋和（ひろかず）9・8　潤一（じゅんいち）15・1　瓢汰（ひょうた）16・7　光央（みつお）6・5　澄人（すみと）15・2　博斗（ひろと）12・4

温文（あつふみ）12・4　洋太朗（ようたろう）9・4・10　渉平（しょうへい）11・5　昌則（まさのり）8・9　正敏（まさとし）5・10　雅人（まさと）13・2　牧歩（まきほ）8・8　弥千王（みちお）8・3・4　弘麒（ひろき）5・19　峰生（みねお）10・5　麻左人（まさと）11・5・2

森（12）一（1） しんいち
裕（12）哉（9） ひろや

淑（11）伴（7） よしとも
光（6）彦（9） みつひこ

文（4）芳（7） ふみよし
栞（10）汰（7） かんた

広（5）人（2） ひろと
鴻（17） ひろし

匡（6）一（1） まさかず
風（9）駕（15） ふうが

女性

麻（11）央（5） まお
真（10）帆（6） まほ
初（7）祢（9） はつね
沙（7）央（5）吏（6） さおり
美（9）希（7） みき
春（9）那（7） はるな
真（10）子（3） まこ
芙（7）美（9） ふみ

沙（7）枝（8）子（3） さえこ
遥（14）華（10） はるか
美（9）甫（7） みほ
美（9）玲（9） みれい
雅（13）絵（12） まさえ
万（3）智（12） まち
麻（11）里（7） まり
美（9）音（9） みお

真（10）由（5） まゆ
洋（9）花（7） ひろか
春（9）奈（8） はるな
真（10）奈（8） まな
美（9）那（7） みな
清（11）未（5） きよみ
洋（9）香（9） ひろか
亜（7）怜（8） あれい

真（10）梨（11）子（3） まりこ
布（5）夕（3）佳（8） ふゆか
遥（14）菜（11） はるな
穂（15）香（9） ほのか
沙（7）江（6）子（3） さえこ
真（10）里（7）奈（8） まりな
愛（13）菜（11） まな
布（5）沙（7）衣（6） ふさえ

真（10）澄（15） ますみ
茉（8）子（3） まこ
那（7）津（9）穂（15） なつほ
未（5）羽（6） みう
真（10）梨（11）恵（10） まりえ
美（9）奈（8） みな
布（5）友（4）香（9） ふゆか
芙（7）実（8） ふみ

真（10）利（7）亜（7） まりあ
水（4）紀（9） みずき
美（9）穂（15） みほ
春（9）花（7） はるか
晏（10）奈（8） はるな
美（9）空（8） みく
麻（11）希（7） まき
三（3）緒（14） みお
茉（8）那（7）美（9） まなみ
摩（15）美（9） まみ
麻（11）里（7）衣（6） まりい

美（9）咲（9） みさき
睦（13） むつみ
美（9）利（7） みり
洋（9）奈（8） ひろな
真（10）依（8） まい
鞠（17）枝（8） まりえ
麻（11）希（7） まき
満（12）理（11）奈（8） まりな
春（9）香（9） はるか
茉（8）亜（7）子（3） まあこ
美（9）帆（6） みほ

真（10）由（5）美（9） まゆみ
淳（11）江（6） あつえ
未（5）莱（11） みらい
春（9）美（9） はるみ
実（8）香（9） みか
芽（8）生（5） めい
素（10）枝（8） もとえ
麻（11）乃（2） まの
沙（7）都（11）希（7） さつき
美（9）佑（7） みゆ
昌（8）実（8） まさみ

実（8）保（9） みほ
未（5）佳（8） みか
美（9）弥（8） みや
真（10）巳（3） まみ
茉（8）弓（3） まゆみ
美（9）果（8） みか
真（10）莉（10）絵（12） まりえ
ま（4）ゆ（3） まゆ
美（9）沙（7） みさ
美（9）央（5）子（3） みおこ
真（10）璃（15） まり

水（4）菜（11） みな
美（9）江（6） みえ
実（8）紗（10） みさ
三（3）華（10）子（3） みかこ
淳（11）未（5） あつみ
光（6） ひかり
舞（15） まい
麻（11）緒（14） まお
美（9）砂（9） みさ
三（3）夏（10） みか
麻（11）衣（6） まい

会社名やアカウント名を決める

運数の暗示力は個人の問題だけでなく、会社や法人であれば組織全体に影響力を及ぼし、その組織の将来性や成功を左右することになります。

また、最近ではSNSのアカウント名やハンドルネームで、工夫を凝らしたユニークな名前を使用している人も多くみかけます。ネットの活動で、発展や成功、人気運を望むのであれば、やはり運数の力を利用しない手はないでしょう。

✪会社名・アカウント名の割り出し方

会社名やアカウント名を判断する場合は、三運の調和は考えずに総運数の吉凶だけで判断します。

また、発音や陰陽のバランスを気にする必要はありません。第5章を参考に、吉運数になる名前を考えましょう。

会社名を考えるときは、「株式会社」「有限会社」の部分は数えません。「丸山商事」であれば、3＋3＋11＋8の総運数25画で判断します。

アルファベットを使ったアカウント名を考えている場合は、290ページの「英数字の画数表」を参考にしてください。なお、「@」や「#」などの記号は、文字ではないため画数には入れません。

総運数の五行別にみる主な性質

◆**木性数**（1・11・21・31・32・41画など）
落ち着きと不屈さを持ち、蓄財性に富む。

◆**火性数**（3・13・23・24・33画など）
急進的で敏腕、感覚が鋭く、名声を好む。

◆**土性数**（5・6・15・16・25・35画など）
沈着不動、同化力があり、内に闘志を秘める。

◆**金性数**（7・8・17・18・37・38画など）
質実剛健、不屈不退、ポジティブが吉に。

◆**水性数**（29・30・39画）
理性に富み、融通がきくが、浮き沈みあり。

第8章

名前に使える画数別・漢字一覧表

1～3画

画数別の漢字表です。同じ画数の中では、音読みのアイウエオ順になっています。ただし、音読みが難しいものについては訓読みをもとにしました。名は、名前によく使われる読み方です。

●印がついているのは常用漢字外の人名用漢字、▲印は2004年に法務省が新規に追加した人名用漢字です。また、（　画）がついている漢字は、書き方によって画数が変わる漢字です。

1画

一
イチ・イツ
はじめ・ひと
つ

物事の始まりを表す。もっとも優れたもの、等しい、すべて、誠、もっぱらなどの意も。

名 もと・かず・くに・かた・かつ・ひじ・か・のぶ・ただ・ひ・ち・おさむ・ひと

乙
オツ・イチ・イツ
きのと

次、第二などの意。少し変わっているの意も。

名 お・と・おと・き・たか

2画

乃●
ダイ・ナイ
の・すなわち・なんじ・のぶ

「の」と読まれることが多い。女子名の末字に。

名 の・いまし・おさむ

丁
テイ・チョウ・チン・トウ・ソウ・ショウ
ひのと・あたる

十干の四番目。成年、一人前の男子を表す。強い、盛ん、丁寧などの意をもつ。

名 あつ・のり・つよし

刀
トウ
かたな

かたな、刃物をかたどる。小舟の意もある。

名 かたな・はかし

二
ニ・ジ
ふた・ふたつ・ふたたび・つぎ

二番目、次のもの、並ぶ、匹敵するなどの意。

名 つぎ・つぐ・かじ・ふた・ふ

入
ニュウ・ジュ
いる・はいる

はいる、いれる、進む、収める。貫くの意もある。

名 しお・いり・いる・なり

人
ニン・ジン
ひと

人間、しかるべきひと。男子名の末字に。

名 さね・と・め・きよ

卜▲
ボク
うらない・うらなう

うらなう。うらない。うらないごと。うかがう。

又
ユウ・ウ
また

助ける、豊か、もつ、すすめるなどの意がある。

名 また・やす・すけ・たすく

力
リキ・リョク
ちから・すじ・つとむ

ちからこぶをかたどる。努める、働き、勢い。

名 お・ちか・よし・いさお

了
リョウ
さとる・おわる

理解する、悟る、承知する、明らかなどの意。

名 あき・あきら・のり・すみ

3画

已▲
イ・シ・コ・キ
すでに・やむ・のみ

やめる。やむ、おわり。はなはだ。のみ、ばかり、だけ。

干
カン
ほす・もとむ・おかす・たて

乾かす・犯す、守る、強いなどの意。十干。

名 もと・たく・たて

丸
ガン・カン
まる・たま・まるし

まるいもの、玉。ひとかたまり、全部の意も。

名 まる・ま・まろ

己
キ・コ
おのれ・つちのと

はじめの意を表す。おのれ、自分。紀の本字。

名 な・おと

弓
キュウ・ク
ゆみ

ゆみの形を表す。弓なりに曲がったもの。

名 ゆ・ゆん

久
キュウ・ク
ひさしい・ひさ

止まる、止めるから転じて、永遠、不変の意。

名 つね

巾▲
キン・コ・コン
きれ・はば・ちぎり

ふきん、布きれ、ずきん。おおう。幅の略字。

下
ゲ・カ
した・しも・もと・くだる・さがる・おる

下部、ふもと。劣っている、若い、庶民。

名 もと・し・じ・した・しも

口
コウ・ク
くち

穴、入口。言葉、話すこと、飲食などの意も。

名 あき・ひろ

3画

工
コウ・ク たくみ・たくむ・さいく・わざ・つかさ

のみの形を表し、工作、工人の意。たくみ。

名 のり・ただ・よし・たくみ

叉▲
サ・シャ また

また、ふたまた。さす。やす。はさむ。さしはさむ。こまぬく。

才
サイ・ザイ はたらき・わずかに・ざえ

生まれつきの働き、能力の意。賢人、英才。

名 たえ・とし・かた・もち

三
サン・シン み・みっつ・みつ・ぞう・かず

数が多いことを表す。たびたび、しばしば。

名 ただ・み・みつ・かず・ぞ

山
サン・セン やま

うず高く盛り上がった所。最高潮。万一の幸運。

名 たか・たかし・のぶ

巳●
シ み・じ

精霊、霊力の象徴である蛇。神をまつるの意。

名 み

之●
シ の・ゆく・これ

足跡の形を表す。行く、至るなどの意。草木が大地から伸びるの意も。これ、の、を表す助字。

名 ゆき・の・より・のぶ・つな・くに・ひさ・ひで・よし・より・いたる

士
シ・ジ さむらい

侍、若者。男の美称。知能、人格に優れた者。

名 ひと・お・あき・こと・と

子
シ・ジ・ス こ・ね・み・おのこ・おとこ

大人や親に対して子供。実、種、人。愛する、いつくしむなどの意も。動物ではねずみ。

名 ただ・さね・ちか・たね・ね・み・みる・こ・しげ・つぐ・とし・やす・たか

勺
シャク・ジャク くむ

ひしゃくの形を表す。明らか、しめるなどの意。

女
ジョ・ニョ・ニョウ おんな・なんじ・め・むすめ

やわらかな女性の姿を表す。嫁入り前の娘。

名 こ・め・たか・よし

小
ショウ ちいさし・すくなし・ほそし・わかし・こ・お・いささか・ちいさい・さ

子供、小さい、細かい、少ない、細い。若い、幼い、いとけないなどの意もある。

名 こ・さ・お・ささ・ちいさ

上
ジョウ・ショウ うえ・かみ・のぼる・たてまつる・たっとぶ

上、上方、頂上。身分や地位が高い。高貴である。水準より高い。優れているなどの意も。

名 かみ・たか・ひさ・うら・ほず・まさ・すすむ・たかし・のぼる・え

丈
ジョウ・チョウ たけ

長さの単位。老人、長老の意。全部の意も。

名 たけ・とも・ひろ・ます

寸
スン・ソン はかる・わずか・き

長さの単位。とき、はかる、わずかなどの意。

名 ちか・き・のり

夕
セキ・ジャク ゆう・ゆうべ

もとは月と同意。夜のはじめ、夕方。昔の意も。

名 ゆ・ゆう

川
セン かわ

水が両岸の間を流れているさま。導く、貫く。

大
ダイ・タイ・ダ・タ おお・おおい・ふとし・はじめ

大きい、優れている、はなはだしい。初めは単に人を表したが、今は立派な人の意。

名 とお・もと・おお・お・き・おい・おう・とも・ひろ・まさ・まさる・たかし

千
セン ち

せんたび。数が多いこと。路。美しいさま。

名 ち・ゆき・かず

土
ド・ト つち

大地、住むところ。大地の神を表すことも。

名 ただ・のり・つつ・はに

凡
ボン・ハン なみ・およそ・すべて

すべて、おおよそ、あらまし。平凡なこと。

名 ちか・つね

万
マン・バン・マ よろず

さそりをかたどる。よろず、あまた、すべて。

名 かず・たか・つむ

与
ヨ・アイ くみ・とも・より・あたう・あずかる

手や口を合わせて仲間になる意から転じて、ともにする、あたえる。助ける、参加するの意も。

名 あと・くみ・すえ・とも・もと・よし・もろ・のぶ・あたえ・ひとし・あとう

也●
ヤ・エ なり・また

蛇の形を表す。断定、強意の助字として。

名 あり・ただ・なり・また

4画

引
イン
ひく・ひける
弓をひくから転じて、ひっぱること。率いる。
名 ひさ・のぶ・ひき

允●
イン
まこと
まこと、本当に、公平な、許す、認めるの意。
名 ただ・のぶ・よし・みつ

円
エン・ウン
まるい・まろ・まどか・つぶら
まる、まるい。物事がなめらかに進む。満ちている、あまねく、すべてに、穏やかの意も。
名 まど・のぶ・かず・みつ・つぶら・まる

云▲
ウン
いう
言う、いわく。ここに。めぐる。雲の略字。
名 おき・これ・ひと

王
オウ
きみ
大きな斧をかたどる。力の象徴。君主。
名 み・わ・きみ・たか・わか

火
カ・コ
ひ・やく・ほ
燃え上がる炎をかたどる。激しい感情、仲間。
名 ひ・ほ

牙▲（5画）
ガ・ゲ
きば・は
きば、犬歯。互いにかみ合う意。

介
カイ・カツ・ケ・ケチ
たすく・はさまる・よろう
人が分け入る形から転じて、区切る、助ける。
名 すけ・ゆき・よし・あき

刈
カイ・ガイ・ゲ
かる
草をかる。害のあるものを取り除く、断つ。
名 かり

及
キュウ・ゴウ
およぶ・および
人をつかまえたさまを表す。追いつく、至る。
名 おい

牛
ギュウ・ゴ
うし
前方に突き出た角のある頭をかたどる。うし。
名 うし・とし

斤
キン・コン
まさかり・おの
手斧、まさかり。切る、明らか、などの意も。
名 のり

区
ク・キュウ・オウ・コウ・ウ
さかい・わかつ
区分けすること。分ける、仕切る、隠す。
名 まち・くに

月
ゲツ・ガツ・ガチ
つき
月が欠けたさまを表す。月影、月日、光陰の意。
名 つき・つぎ

犬
ケン
いぬ
いぬ。つまらないもののたとえ。スパイ。無駄なもの。

元
ゲン・ガン
もと・きみ・かしら・はじめ
人の頭を表し、原、根本、はじめなどの意。
名 もと・ゆき・あさ・ちか

戸
コ・ゴ・ウ・オ
と・へ・とびら
扉、部屋。守る、司る、ひき止めるの意も。
名 もり・かど・と・ひろ・べ

互
ゴ・コ
たがい
たがいに、かわるがわる、入り乱れるの意。

午
ゴ
うま・まじわる・ひる
きねの形を表す。つきあたる、逆らう、貫く。
名 ま・うま

勾▲
コウ・ク
まがる
曲がる。かぎ、くぎりをつける。とらえる

公
コウ・ク・ショウ・シュ
きみ・おおやけ
開放された場所を表す。ひいては、おおやけ、司、君主。私欲がない、かたよらない、正しいの意。
名 きみ・ただ・ひと・とも・きん・さと・まさ・あきら・たか・なお・ひろ・いさお

孔
コウ・ク
あな・はなはだ
子供が乳房を吸うさまを表す。穴、通る。
名 よし・うし・ただ・みち

今
コン・キン
いま
陰の原字。覆う、深くとどめる、現代、すぐに。

四
シ
よ・よつ
息づくという意を表す呬の原字。四たび。
名 ひろ・もち

支
シ・キ・ギ
えだ・ささえ・かう
ささえる、もちこたえる、分かれるなどの意。
名 もろ・なか・ゆた

止
シ
とまる・あし
足跡を表す。とまる、定まる、落ちつくの意。
名 とも・ただ・おる・もと・と

氏
シ・ジ・セイ・ショウ
うじ
苗字、姓。家柄を表す名称。一族、うじ。
名 へ・うじ

4画

尺 シャク・セキ／ものさし・わずか
長さの単位。ものさし、短い、わずか、たけ。
名 かね・さか・さく

手 シュ・シュウ／て・た
て。てだて、力、助け。技に優れた人。
名 た・て・で

収 シュウ／おさむ
原義は、罪人を収容すること。ひいては、おさめる。とりたてる、入れる、集める、整えるなどの意も。
名 もろ・さね・なか・のぶ・なお・もと・かず・もり・すすむ

廿▲ ジュウ・ニュウ・デン／にじゅう
二十、十を二つ合わせたもの。

升 ショウ／のぼる・ます
すくいあげる、成る、実る、栄える、のぼる。
名 たか・ゆき・のり

少 ショウ／すくなし・わかし・いささか
ものがより少ない意から、若いことを表す。
名 お・すく・まさ・まれ

心 シン／こころ
かなめ、重要な部分。思いやり、精神、思慮。
名 み・ご・きよ・ごり・さね

仁 ジン・ニ・ニン／なさけ
人と、あい親しむの意をもつ二から成る。親しむ、いつくしむ、情、思いやりなどの意。
名 ひと・きみ・さと・きむ・さね・とよ・よし・と・のり・まさ・ただし・ひとし

水 スイ／みず
流れに沿って下る水のさまを表す。川、河川の総称。わき出る、横に平らなどの意も。
名 み・ゆ・な・たいら・なか・ゆく・みな

壬▲ ジン・ニン／みずのえ
みずのえ、十干の九番目。はらむ。へつらう。ふとい。

井 セイ・ショウ／い・まち
井戸。井桁のようにきちんとしたさま。町。
名 きよ

爪▲ ソウ・ショウ／つめ
つめ。つかむ。

双 ソウ／ふた・ふたつ・ならぶ・たぐい・つい
つがい、二つ、並ぶ、たぐいなどの意。
名 ふ

太 タ・タイ／おお・ふとし・はなはだ
非常に大きいさまを表す。はなはだしい、大胆。
名 ふと・ひろ・たか・もと

丹 タン／あか・に
丹砂（朱色の鉱物）。転じて、赤色、真心。
名 あきら・に・まこと

丑● チュウ・チュ／うし
指先を曲げて、ものをつかむさま。牛。結ぶ。
名 ひろ

中 チュウ／なか・うち・なかば・あたる・かなめ
真心、真ん中、ほどよい、的中する。
名 のり・ただ・よし

天 テン／あめ・そら
頭頂の意から転じて、頭上に広がる空、自然。
名 たか・かみ・そら・あま

斗 ト・トウ・ツ・シュ／ます
容量の単位。ます、ひしゃく。険しいの意も。
名 ほし・はかる・け

内 ナイ・ダイ・ゼイ・ネイ／うち・いる
家に入れるという意から、うち、内部を表す。心、思い、親しむ、大事にする。ある時期の間。
名 のぶ・ただ・ちか・まさ・みつ・うつ・はる

屯 トン・チュン／たむろ
草の芽が地上に出ようとするさま。集まるの意。
名 みつ・より・むら

匂▲ におい・におう
におう、香る。よい香り。刀の刃にみられるあや。
名 かおる・にお

日 ニチ・ジツ・ジョク／ひ・か
輝く太陽を表す。日光、日差し、昼、一昼夜。
名 のり

巴 ハ／ともえ
蛇がとぐろを巻いているさま。転じて、渦巻き。
名 とも

比 ヒ・ビ・ビツ・ビチ／くらぶ・ならぶ・ころ
人が二人並んでいるさまをかたどっている。転じて、並べる、くらべる、親しむ、仲間になる。
名 ちか・とも・これ・なみ・つね・たか・ひさ・たすく

反
ハン・ヘン・バン・ボン・タン　かえる・そむく・そる
手のひらを返すが原義。返す、背く、戻す。

夫
フ・フウ　おっと・おとこ・それ
一人前の男を表す。公共労務に出る男の意も。
名 ふ・お・あき・すけ

父
フ・ブ・ホ　ちち
老年者、男子に対する敬称。男子の長老者。
名 ちち・のり

不
フ・ブ・フウ・ホツ・ホチ・ズ
ふくらんだ花房がたれているさま。打消の助字。
名 ず

分
ブ・ブン・フン　わかつ・つとめ
刀で切りわけるの意。わける、裂く、隔てる。
名 ちか・わか・くまり

勿▲
ブツ・モチ・ボツ　なし・なかれ
なかれ、禁止の意を表す。ない、否定の意を表す。

文
ブン・モン・ビン・ミン　ふみ・あや・かざる
衣服の襟をかたどる。美しい、みやびやか、筋道、文字、礼儀、書物、学問などの意を表す。
名 あや・とも・いと・のり・ひさ・やす・よし・ふみ・ふむ・のぶ・ゆき・ひとし

片
ヘン・ハン　かた・きれ
木を二つに割った右半分を表す。割る、わずか。
名 かた

方
ホウ　かく・かた・ならぶ・くらぶ・まさに・あたる
かたわら、先端。転じて、かた、並べる、比べるなどの意を表す。向き、行き先、技術、やり方。
名 すけ・みち・たか・つな・かた・ふさ・なみ・まさ・やす・より・のり・しげ

毛
モウ・ボウ・モ・ボ　け
毛髪。草木や穀物など地上に生えるものの総称。
名 け・あつ

木
モク・ボク　き・こ
立木の形を表し、樹木の意。ありのまま。
名 き・こ・しげ

匁
もんめ・め
重さの単位。江戸時代の貨幣の単位。

厄
ヤク・ガ　あやうし・わざわい
苦しむ、災い。おさえる、狭い、包むの意も。

尤▲
ユウ・ウ　もっとも・とがめる
もっとも、とりわけ。とがめる、とが。災い。文中、もっとも、しごくその通り。

予
ヨ・ソ・ショ・シャ　あらかじめ・たのしむ・よろこぶ・かねて・ゆるす
与える、ゆるめる、大きい、前もって準備する。喜ぶ、楽しむ、心がなごむなどの意も。
名 やす・まさ・たのし・やすし

5画

友
ユウ・ウ　とも
手を添えて助けるから、友の意。仲間、群れ。
名 とも・すけ

圧
アツ・オウ・エン　おす
おさえるの意。鎮める、ふさぐ、嫌がるの意も。

以
イ　もって・ゆえに・おもう
人がものを持ってくるさま。携える、率いる。
名 のり・もち・ゆき・しげ

永
エイ・ヨウ　ながし・とこしえ
本流と支流に分かれている川をかたどる。ひいて長いの意。とこしえに、久しい、いつまでも。
名 なが・ひら・のり・ひさ・とお・つね・のぶ・ながし・はるか・ひさし

央
オウ・エイ・ヨウ　なかば
尽きる、半ば。ひろびろした、鮮明なさま。
名 てる・なか・ちか・ひさ

禾▲
カ　いね・のぎ
いね、穀物。わら、くき。なえ。のぎ。

加
カ・ケ　くわう
くわえる、重ねる、盛んになる、しのぐ、参加。
名 ます・また

瓦▲
ガ・ゲ・ギ　かわら・グラム
土を焼いて作った屋根のふき。素焼きの器。重さの単位、グラム。

可
カ・コク　よし・べし・よい
よいと認める。可能、許可の意を表す助字。
名 よし・より・よく・あり

外
ガイ・ゲ・ウイ　そと・ほか・よそ・と
区切りの外、表面。自分の仲間以外の人のこと。
名 と・との・ひろ・ほか

5画

叶●
キョウ・ギョウ かなう
名 やす・かない・かのう
口と十で多くの意見が一致するの意。かなう。

甘
カン あまし・あまえる・うまい
名 かい・よし
ものを口に含み味わうさま。転じて、うまい。

刊
カン える・けずる・きざむ
削ってそろえる。版木に刻む意から出版。

丘
キュウ・ク おか
名 たか・お・たかし・おか
小高い山、神霊のくだる聖地。虚しい、大きい。

旧
キュウ・グ ふるし・もと
名 ふる・ひさ・ふさ・もと
古い、過去の、久しく年月を経た、なじみ。

巨
キョ・コ おおし
名 おお・み・お・なお・まさ
矩の原字。大きい、多い。疑問、反語を表す助字。

玉
ギョク・ゴク たま
名 きよ・たま
美しい石の総称。優れたもの、大切なもの。

句
ク・コウ・グ・キュウ あたる
言葉を区切る、曲がるの意。任務にあたる。

兄
ケイ・キョウ・コウ あに・え
名 これ・えだ・さき・よし・ただ・しげ・え・ね・あに・さき
大きい、優れる。同輩、友人に対する敬称。上位の者、ますます、ましてなどの意もある。

玄
ゲン・ケン くろ・くろい
名 はる・つね・とお・とら
黒い糸を表す。転じて、黒い、奥深いなどの意。

乎▲
コ・オ・ゴ ああ・か・かな・や・よ
か、や、疑問・反語・強め・呼びかけを表す助辞。ああ、嘆息を表す。

古
コ・ク いにしえ・ふるし
名 ふる・ひさ・たか
神を象徴する冠を表す。転じて、いにしえ、昔。

五
ゴ いつつ・いつ
名 い・いず・いつ・かず
糸巻きの形を表す。陰陽の交わりを示す。

巧
コウ・キョウ たくみ・さとし・いつわり
名 よし・たえ・たくみ
原義は曲げて作る。わざ、腕前、上手である。

弘●
コウ・グ ひろし
名 ひろ・みつ・お・ひろむ
ゆみ鳴りの音。広い、広がる、大きいなどの意。

甲
コウ・カン さのえ・よろい・つめ・かぶと
名 き・か・かつ・まさる
種子の殻から転じて、よろい。優れたもの。

広
コウ ひろし
名 ひろ・みつ・たけ・ひろし
もと、大きく広い屋根の意。ひいて、ひろい。

功
コウ・ク いさお・てがら
名 いさ・なる・こと・あつ・かた・あう・かつ・のり・なり・なる・つとむ
原義は働き。ひいて、いさお（てがら）の意を表す。技、仕事、巧み、よい、ききめ、できあがり。

号
ゴウ・コウ となえ・さけぶ・おくりな・よびな
名 な・なずく
大声で泣き叫ぶ、呼びかける、呼び名、命令。

込
こむ
入りこむ、集まる、心をこめる、包む、つめる。

左
サ ひだり・しも・たすく・もとる・しるし
名 すけ
工具をとる左手から、左側の意。助けるの意も。

冊
サツ・サク・サン ふみ・ふだ・たてる
名 ふみ・ふん・なみ
文書の意。書物、天使の命令、はかりごとの意も。

札
サツ・サチ ふだ・さね
名 さね・ぬさ・ふだ
文字を書いた札、文書の意。ふだ、書き付け。

皿
さら
脚がついている容器をかたどる。覆いの意も。

仔▲
シ・サイ こ
子をあらわす語。たえる、やりとおす。細かい。

矢
シ や・ちかう
名 ただ・なお・や・ちこう
真っすぐ、正しい、誓う、つらねる、並べる。

只●
シ・シン ただ
名 ただ
語末や句末に添える助字。これだけ、ばかり。

市
シ・ジ いち
名 いち・なが・まち
ものの値段を公平に定めるの意から、市を表す。

示
シ・ジ・キ・ギ しめす
神に捧げる台をかたどる。転じて、しめす。
名 しめ・とき・み・しめす

仕
シ・ジ つかう
つかえる、官職につく、勤める、察するの意。
名 つこう・まなぶ

司
シ・ス つかさどる・つかさ
祠（まつる）の原字。まつるから転じて司る。
名 もり・かず・もと・おさむ

史
シ ふみ
歴史的な記録を書き記す人。歴史の書、記録。
名 ふみ・らか・ふの・ひと

主
シュ・シュウ・ス ぬし・あるじ・おも・かしら・きみ・つかさどる
神火を守る者から転じて、ぬしの意を表す。やどる、物事の根本、尊ぶ、つかさどる。
名 かず・ぬし・もり・つかさ

写
シャ うつす・うつる
家の中にものを移すから転じ、うつしとる。

汁
ジュウ しる・つゆ
液体がにじみ出ること。しる、おつゆ、吸いもの。
名 つら

出
シュツ・スイ シュチ いず
へこんだところから外にでるさまを表す。でる。
名 で・いず・いずる

処
ショ・ソ ところ・おる・おく
居る、とまっている、落ちつく、住む、場所。
名 すみ

疋▲
ショ・ヒツ・ガ・ソ あし・ひき
あし。ただしい。ひき、動物を数える語。布二反の称。
名 ただ

召
ショウ・チョウ・ジョウ めす
声を出して呼び寄せるの意。告げる、明らか。
名 めす・よし・よぶ・めし

申
シン さる・のぶ・もうす・かさねる
雷がはしるさま。のびる、ゆったりくつろぐ。
名 のぶ・もち・み・しげる

世
セ・セイ よ・よよ
もと、三十の意。転じて、一代、世の中、世代。
名 よ・つぐ・つぎ・とき

生
セイ・ショウ・ソウ なま・いく・うまる・はゆ・き・いのち・うぶ・なる・おう
地上に芽生える草木のさまを表す。ひいて、いきる、うまれる、命、新鮮な、初々しい。
名 い・う・お・き・く・たか・あり・なり・ふ・ふゆ・いける・よ・すすむ

石
セキ・ジャク・シャク・コク いし
原義は、崖の下にある小さなかたまり。かたい。
名 いわ・あつ・かた・いそ

正
セイ・ショウ ただ・ただし・まさ
征の原字で、他国に攻めていくが原義。ただす、正しい、あかし、かなめ、真っすぐな。
名 ただ・まさ・たか・さだ・のぶ・かみ・つら・なお・まさし・あきら・おさ

仙
セン
仙人、世俗を離れた高尚な人。軽く舞い上がる。
名 のり・ひら・ひさ・ひと

占
セン うらない・しむ
吉凶を判断して言うの意。占う、尋ねる、調べる。
名 うら・しめ

且
ソ・ショ・シャ かつ・しばらく・まさに
神に供える器の形を表す。そのうえに、また。
名 かつ

他
タ・ダ ほか
ほかの、異なった、別の、よその。異族の人。
名 ひと・おさ

打
ダ・テイ・タ・チョウ うつ
手で強く打つの意。たたく、取る、作るの意。

台
ダイ・タイ・コ・ケ うてな・しもべ
もと、太鼓の台。物見やぐら、土台。喜ぶの意も。
名 もと

代
ダイ・タイ・テ・イ・デイ よ・かわる・かえる・しろ
かわりの人、かわるがわる、時代、人の一生。
名 としよ・より・しろ

凧▲
たこ
たこ、風で上がる巾。

旦●
タン・ダン のぼる・はじめ
太陽が地平線からはじめて現れるさまを表す。早朝の意。夜明け、あけがた、明らかの意も。
名 あき・あきら・あけ・あさ・ただし

5画

庁
チョウ／いえ・つかさ
役所を表す。官庁、家、表座敷などの意。

汀●
テイ・チョウ／みぎわ・なぎさ
水があたる所。水ぎわ、なぎさ、波うちぎわ。
名 なぎさ・みぎわ

田
デン・テン・チン・ジン／た・かり・かる
あぜ道でくぎった耕作地の形。田、いなか。
名 た・だ・ただ・みち

奴
ド・ヌ／やっこ
しもべ、やっこ。やつ、あいつ。武家に仕えた使用人。

白
ハク・ビャク・ハ・ヘ／しろ・あきらか・もうす・せりふ
月が光るさまを表す。転じて、白い、明らか、申す。けがれがない。優れている、明るい。
名 きよ・あき・あきお・し・しら・しろ・あきら・きよし・しろし

冬
トウ・ツ／ふゆ
寒気の満ちる冬を表す。終わる、冬を越すの意も。
名 かず・とし・ふゆ

半
ハン／なかば
ものの半分を表す。なかば、分ける、真ん中。
名 なか・なかば・なからい

皮
ヒ・ビ／かわ・うわべ・こけ
ものの表面をおおっているもの。うわべ、表面。

必
ヒツ・ヒチ・ヘツ・ヘチ／かならず
武器の柄を表す。きっと、確かに、ぜひとも。
名 さだ

氷
ヒョウ・ギョウ／こおり・こおる・ひ
氷のように清らかで、汚れのないことを表す。
名 ひ・きよ

布
フ・ホ／ぬの・しく
織物の総称。広げる、つらねる、広くゆきわたる。
名 のぶ・しく・たえ・よし

付
フ／つく・あたう・つける
人にものを与える、くっつける、合わせるの意。
名 とも

払
フツ・ヒチ・ヒツ・ヒ・ビチ／はらう
手で払いのけるの意。はらう、ふるう、絶つ。

平
ヘイ・ヒョウ・ビョウ・ヘン・ベン／たいら・ひら
水面に浮かんでいる水草をかたどる。平たい、静か、安らか、わかりやすい、仲直りするの意。
名 たか・さね・よし・とし・ひら・なり・もち・つね・なる・おさむ・はかる

丙
ヘイ・ヒョウ／ひのえ・あきらか
神に供える机をかたどる。明らか、強いの意も。
名 え・あき・ひのえ

辺
ヘン／あたり・ほとり・わたり・ふち・へ・べ
道のかたわら、ほとりの意。付近、さかい、ふち。
名 ほとり

弁
ベン・ハン・ヘン／さね・わかつ・あらそう
両手で覆いをかぶるさまから、冠の意。
名 なか・さだ・わけ

母
ボ・モ・ボウ／はは
母親、乳母、ものを生じる根源となるもの。

包
ホウ・フ・ヒョウ／つつむ
子をみごもっているさまを表す。ひいて、包む、くるむ、囲む、入れる。草木が茂るの意も。
名 かた・かね・かつ・かぬ・しげ

戊▲
ボ・ボウ・ム・モ／つちのえ・ほこ
つちのえ、十干のひとつ。茂る。ほこ。
名 しげ

卯●
ボウ・ミョウ／う
肉を二つに切り分けたさま。うさぎ、茂る。
名 しげ・しげる・あきら・う

北
ホク・ハイ・ヘ／きた・そむく・にぐ
互いに背を向け合っているさま。そむく。
名 た・きた

本
ホン／もと
木の根本からもとの意を表す。かなめ、中心。
名 なり・もと・はじめ

末
マツ・マ・マチ・バツ・ベキ・ミャク／すえ・うら
もと、こずえの意。先、はて、最後。細かい。
名 すえ・とも・とめ・ひろし

未
ミ・ビ／いまだ・あらず・ひつじ
木に若い枝が出たさま。ひいて若い。まだ。
名 み・いま・いや・ひで

民
ミン・ビン／たみ
子供を産み人を増やす、が原義。一般の人。
名 み・たみ・ひと・もと

矛
ム・ボウ／ほこ
昔の武器。鋭く長い、務める、覆うなどの意。
名 ほこ・たけ

目
モク・ボク　かなめ・な・め・ま・みる・きめ・もく
まなこ、見る、注視する、人の上に立つ、品評。
名 め・み・より・ま

右
ユウ・ウ　みぎ・たすく
もと、導く、助けるの意。のちに右手、右側の意。重んじる、すすめるの意も。
名 う・あき・あきら・すけ・これ・みぎ・たか・たすく

由
ユウ・ユ・ユイ　よし・よる・なお・ごとし
酒つぼの形を表す。よる、基づく、訳、てだて。
名 ゆき・よし・より・ただ

幼
ヨウ・ユウ・イク・オク　いとけなし・おさない
力が弱いこと、ひいて幼い。いつくしむ、子供。
名 わか

用
ヨウ・ユ　もって・もちう・はたらき
用いる、行う、働き、作用、能力などの意。
名 もち・ちか

立
リツ・リュウ・イ・リットル　たつ・たてる
地上に立つ。定まる、ひとかどのものになる。
名 はる・たか・たつ

礼
レイ・ライ　のり・うやまう
原義は神をまつるときに行うべき儀礼。ひいて、人が守るべき秩序を表す。真心をもって扱う。
名 や・うや・ゆき・よし・ひろ・いや・あき・かた・なり・のり・まさ・みち

令
レイ・リョウ・レン　いいつけ・おさ・しむ・よい
原義は、人を集めて従わせる。命じる。教え。
名 よし・のり・はる・なり

6画

安
アン　やすし・おちつく
人が神殿で神に仕えるさま。やすらか、満足。
名 やす・あ・さだ・やすし

夷▲
イ　えびす・えみし・たいらげる
えびす、えみし。異国人。たいらげる。たいらで広い。

衣
イ・エ　ころも・きぬ・きもの・きる
えりもとの形を表し、ころもの意。おおうもの。
名 そ・きぬ・みそ

伊●
イ　これ・かれ・ただ
中国の賢人の名から、これ、かれ、ただの意に。
名 これ・ただ・よし

芋
ウ・コ・ク・キョ　いも
大きな葉をもついもの意。草が盛んに茂るさま。

印
イン　しるし
しるしを手にするから、印、はん、印鑑を押す。
名 おし・しる・おき・かね

因
イン　よる・たよる・ちなむ・ゆかり・もと・よりて
人が寝床につくさまを表す。ひいて頼る、もと。
名 より・なみ・よし・よる

宇
ウ　いえ・のき・そら
原義は大きなひさしのある建物。空、魂、空間。
名 う・たか・のき・うま

羽
ウ・コ・ゴ　はね・は・つばさ
鳥の翼をかたどる。はね、鳥類、補佐などの意。
名 は・わね

曳▲
エイ　ひく
ひく、ひきよせる。ひかれる。つまずく。
名 とお・のぶ

亦●
エキ・ヤク　また
わきの下の意。また、おおいに、なんと、やはり。
名 また

瓜▲
カ・ケ　うり
うり、つる性の植物。ひょうたん。星の名前。

仮
カ・ケ　かり・たとい・いつわり・かす
借りる、間に合わせ、かりの、にせの、もしも。

会
カイ・エ・カツ・カチ　あう・あつまる
米を蒸す道具にふたをする意から、あう、あわさる、集まるの意に。よいおり、さとる、わかる。
名 あい・はる・さだ・かず・もち・あう

回
カイ・エ・ウイ　めぐる・かえす・まわす・たび
渦巻きをかたどる。まわる、めぐる、転がる。

亥●
ガイ・カイ　い
大きないのししをかたどる。五行では水の意。
名 り

各
カク　おのおの
原義は、真っすぐ行く。おのおの、それぞれ。
名 まさ

缶
カン・フ　ほとぎ・かま
水・酒などを入れる素焼きのかめ。入れ物。
名 べ

6画

肌
キ
はだ

体を覆う皮。皮膚、体。気性、気質の意も。

伎●
キ・ギ
わざ

名 たくみ

わざをもつ人。芸人、芸者、俳優。才能の意も。

気
キ・ク・ケ
き・いき

名 おき

原義は食物を人に贈る。万物の根元力。意志。

机
キ・ギ・ガイ
つくえ

もと、さるなしという樹木の名。つくえ。ひじつき。

企
キ
くわだつ・たくらむ

名 もと

つま先立ちでのぞむ。くわだてる、あこがれる。

吉
キチ・キツ
よし・さいわい

名 よし・よ・き・さち

原義は男子が産まれるおつげ。よい、めでたい。

臼▲
キュウ・グ・ホウ・ブ
うす

米をつく道具。うすづく。

休
キュウ・ク
やすむ・さいわい・よい

名 やす・よし・のぶ・たね

人が木に身をよせてやすむさま。憩う。喜ぶ。

扱
キュウ・ソウ・ギョウ・シュウ
あつかう・おさむ・こく・しごく

手で取り込むの意。取り入れる、収める、及ぶ。

匡●
キョウ・コウ
ただす・すくう・ただし

名 ただ・まさ・たすく・まさし

ただすの意。正しい、救う、助ける、ためる。

叫
キョウ
さけぶ

大声を口から出すこと。呼ぶ、泣く、わめく。

共
キョウ・ク・グ・コウ
とも・ども

名 たか・とも

ものを両手で支えるさま。ともに、いっしょに。

仰
ギョウ・コウ・ゴウ
あおぐ・おおせ

名 もち・たか

あおぐ、見上げる、敬い慕う、おおせ、頼む。

旭●
キョク
あさひ・のぼる

名 あき・あきら・てる・あさひ

朝、昇る太陽のこと。あさひ、日の出、明らか。おごるさまを表す。

曲
キョク・ク・コク
まかる・まぐ・かがみ・くせ

名 くま・のり

竹で作ったまげものの形を表す。まがる、まげる。

圭●
ケイ・ケ
たま・かど

名 たま・かど・か・きよ

もと、土を重ねて土をはかるの意。玉、潔い。

件
ケン・ゲン
くだん・くだり

名 かず・なか・わか

人が牛を引くから、連なる。転じて区分けする。

伍●
ゴ

名 たすく・あつむ・いつ・ひとし・くみ

古代の軍隊が五人一組だったことによる。五人組、仲間になる、交わる。

光
コウ
ひかり

名 みつ・てる・ひかる・あきら・あかり・かね・ひこ・あき・ひろ・ひろし・みつる

燃え盛る火をかたどる。大いに輝く、ひかる、照らす、栄光、恵み、勢い、あまねく、大きい。

向
コウ・キョウ・ショウ
むかう・さきに

名 ひさ・むか・むき・むけ

原義は北側の窓。向き、向かう、めざす。

交
コウ・キョウ
まじわる・こもごも・かわす

名 かた

足を交差した姿を表す。交わる、かわるがわる。

亘●
コウ
わたる・ひろし・めぐる

名 のぶ・わたる・もとむ

もと、囲いをめぐらすの意。めぐる、求める。

行
コウ・ギョウ・アン・カン・ゲン
ゆく・みち・つら・すじ・めぐる・おこなう

名 ゆき・やす・つら・ひら・たか・あきおき・のり・みち・もち・あきら

もと、十字路の形をかたどり、人が行き交う道の意を表す。ひいて行く、転じておこなうの意。

考
コウ
かんがえる

名 たか・のり・なる・ただ・なり・ちか・よし・やす・とし

もと、長寿の老人の意。ひいて、考える、調べる、試みる、比べる、明らかにする、極める。

江
コウ
かわ・え

名 え・ただ・きみ・のぶ

大きい川を表す。もと、揚子江。川の総称。

6画

好
コウ　よし・このむ・すく・よしみ

大人が子供を育てるさまを表す。よい。

名 よし・たか・すみ・この

后
ゴウ・グ・ゴ　きさき・きみ・のち

きさき、きみ、天子。のち、土地の神の意も。

名 み・のち・きみ

合
ゴウ・コウ・カッ・ガッ　あう

声をそろえる、答えるから、あわせるの意に。

名 あい・あう・はる・よし

在
ザイ・サイ　あり・います

原義は土でせき止める。止まっている、生きている、存在する。ある、いる、明らかにする。

名 あり・あき・すみ・とお・まき・みつる・あきら

再
サイ・サ　ふたたび

同じことを繰り返す言葉。ふたたび、もう一度。

糸
シ　いと

細い生糸をかたどる。ひいていとの意。かすかな。

名 たえ・ため・より・いと

此▲（5画）
シ　この・ここ・これ・かく

自分に一番近い事物や場所をさすことば。ここで。

芝
シ　しば

めでたいしるしのキノコ。幸いだけ、霊芝。

名 しげ・しく・ふさ・しば

至
シ・テツ・デチ　いたる

矢が地面に突き刺さったさまを表す。いたる、きわまるの意。到着する、届く、このうえなく。

名 むね・のり・よし・ゆき・みち・ちか・いたる

旨
シ　むね・わけ・うまし

さじでなめること。ひいて、うまいの意。考え。

名 むね・よし

弛▲
シ・チ・イ　ゆるむ

ゆるむ、ゆるめる。はずす。おとろえる。おこたる、なまける。休む。

字
ジ・シ　あざ・あざな・もんじ・ます・うむ

家に子供が増えるさまを表す。養う。文字。

名 な

而▲
ジ・ニ・ドウ・ノウ　しかも・しこうして

しこうして、しかれども、しかし。なんじ。すなわち。あごひげ。

名 ゆき・なお

耳
ジ・ニ・ニョウ・ジョウ　みみ・のみ

つまみ、もののはし、限定の意味を示す。

名 み・みみ

自
ジ・シ　みずから・おのずから・より

自分で、おのずから、自然に。基づくの意も。

名 これ・より・さだ・おの

次
ジ・シ　つぎ・つぐ・やどり・とまり

もと、止まって休むの意。やどる、場所、順序。

名 ちか・つぎ・つぐ・ひで

寺
ジ・シ　てら・やくしょ

原義は手にものを持つの意。持、侍の原字。てら。

式
シキ・ショク・トク・チョク・チキ　のり・つつしむ

原義は工作をするときの決まり。ひいて則。

名 のり・もち・つね

守
シュ・シュウ・ス　まもる・おさむ・つとめ・そなえ・みさお

原義は家で事を司る。ひいて、まもる意を表す。保持する、大切にする、防ぐ、勤め、役人。

名 もり・さね・え・ま・もれ・まもる

朱
シュ・ス　あか

原義は木の中心が赤いの意。赤、赤色のもの。

名 あけ・あや・あけみ

州
シュウ・ス　しま・す

川に囲まれた土地を表す。なかす、集まる、国。

名 くに

舟
シュウ・シュ　ふな・ふね

ふね、たらい。おびる、身につけるなどの意も。

名 のり・ふね

充
ジュウ・ジュ・シュウ　みつ・あつ・あたる

子供が育つから、転じてみちる、備わる。

名 みつ・みち・あつ・みつる

旬
シュン・ジュン

めぐる意を表す。広くゆきわたる、満ちる。

名 ただ・まさ・ひら・とき

巡
ジュン・シュン　めぐる

一定の道をめぐるの意。見回る、やすんじる。

汝▲
ジョ・ニョ　なんじ

なんじ、そなた、お前。

6画

如
ジョ・ニョ ゆく・ごとし・しく・もし
もと、従順な言葉、従うの意。同じくする。
名 ゆき・すけ・なお・もと

匠
ショウ・ゾウ たくみ
学問や技術に秀でた人。工夫をこらして作る。
名 なる・たくみ

庄●
ショウ・ホウ・ビョウ
荘の意に用いられ、いなか、村里を表す。平ら。
名 まさ

丞●
ジョウ・ショウ たすく・すすむ・そえ・じょう・つぐ
人を穴から救い出すさまを表す。救う、助ける。
名 すけ・じょう・すすむ

色
ショク・シキ いろ
美しい人、いろどりの意。顔色、ようす、つや。
名 いろ・しこ

迅
ジン・シン・シュン とし・すみやか・はやい
速く行くの意を表す。すみやか、勢いが激しい。
名 はや・とし・とき

尽
ジン・シン つく・ことごとく
原義はからっぽの皿。転じて、つきる、つくす。

西
セイ・サイ・スイ にし
鳥が巣に戻るさま。それが夕方なので西の意に。
名 あき・し・にし

成
セイ・ジョウ なる・たいらぐ
原義は、平らげ正すの意。ひいてなしとげるの意を表す。なす、なる、治める、一人前になる。
名 なり・なる・しげ・まさ・ふさ・みち・あき・のり・あきお・ひら・さだ

汐●
セキ しお
夕方に起こるしおの満ち引きのこと。うしお。
名 きよ・しお

舌
ゼツ・セツ・ゼチ した・ことば
舌、舌の形のもの。楽器についている音を出すもの。

尖▲
セン さき・とがる・するどい
とがる、とんがり。先、はし。するどい。細い。

先
セン さき・まずる・もと
人よりも先立つの意。第一に、さきんじる、首長。
名 さき・ゆき・ひろ・すすむ

全
ゼン・セン まったく・すべて
原義はすべてを覆うこと。まったく、すっかり。
名 まさ・たけ・また・あきら

早
ソウ・サ・サッ はやし・さ
ものの始まりの意。夜明け、はやい、若い、急ぐ。
名 はや・さき

存
ソン・ゾン あり・たもつ・とう・ぞんず
もと、人間が生きながらえること。ひいて、ある、保つ、やすらかである、明らかにする。
名 あり・ありや・あきら・なか・のぶ・さだ・やす・すむ・たもつ・やすし

壮
ソウ・ショウ さかん
原義は大きい男、ひいて盛んの意。りっぱ。
名 もり・たけ・あき・まさ

多
タ おおし・おおの・まさる
神に供える肉を重ねたさまを表す。ものが多い。
名 な・まさ・おお・かず

宅
タク・ジョク やけ・やか・いどころ・いえ
部屋がいくつもある建物の意。住まい、屋敷。
名 いえ・おり・やか・やけ

托▲
タク ひらく・たのむ
ひらく。たのむ、まかせる。物を載せる台。

団
ダン・タン・トン・ドン・セン・ゼン まろ・かたまり
もと、まるくまとめるの意から、集まる、組。
名 まる・あつ・まどか

地
チ・ジ とち・つち・ところ
平らな土地の意。土、国、立場、生まれつき。
名 つち・くに・ただ

池
チ・ジ・タ・ダ いけ
大きな水たまりの意。いけ、ほり。飾り、心。
名 いけ

竹
チク・トウ たけ
竹が生えているさまをかたどる。たけ、ふえ。
名 たか・たけ

虫
チュウ・チュ・チョウ・キ むし
もと、まむしの意。ひいて小生物を表す。むし。
名 むし

仲
チュウ・ジュウ なか
人と人の間、中。兄弟の二番目、次などの意。
名 なか・なかし

兆
チョウ・ジョウ きざし・しるし・うらない
前ぶれ、きざし、非常に数が多いこと。おこり。
名 よし・とき

辻▲
つじ
つじ。十字路。道。

6画

伝 デン・テン／つたう・さずく・ゆずる・しゅくば
転々と伝えること。とりつぐ、言い広める。
名 ただ・つぐ・のり・よし

灯 トウ・チン・テイ・ジョウ・ドン／ひ・ともしび
もと、燃え盛る火の意。ひ、あかり、仏の教え。

当 トウ／あたる・まさに
高い窓から煙が出ていくさまを表す。あてる。
名 とう・まさ・まつ・たえ

同 ドウ・トウ／おなじ・ともに
物事が合う、合わさる、同じであること。仲間。
名 あつ・とも・ひとし

凪● なぎ・なぐ
凪と止まるで、風がやむ。海の波風が静まる。

弐 ニ・ジ／そう・ふたつ
もと、貨を二倍にする、そえるの意。重ねる。
名 すけ

肉 ニク・ジク・ジュ・ニュウ・ニュ／しし
切った肉をかたどる。やわらかな部分、ものの厚み。

任 ニン・ジン／になう・つとめ・まかす
耐える、仕事をする、勤める、役目、まかせる。
名 とう・ただ・ひで・たね

年 ネン・デン・ニュウ・デイ／とし・みのる・よわい
原義は秋の実り。稲が育つ期間の意で、一年。
名 とし・ね・と・かず・ちか

汎▲ ハン・ホン・フウ・ブ・ホウ・ボウ／あまねし・うかぶ・ひろい
ただよう。水にうかぶさま。うかぶ。広い、あまねく。
名 ひろ

帆 ハン・バン／ほ
風を受ける布の意。舟のほを表す。ほを上げる。
名 ほ

妃 ヒ・イ・ハイ／きさき・つれあい
つれあいの意。妻、きさき、皇族の妻、女神。
名 き・ひめ

百 ヒャク・ハク・バク・ミャク／もも
大きな数の意で百。多い、もろもろ、さまざま。
名 お・と・も・もも・はげむ

伏 フク・ブク・ブ・フウ・ホク・ボク／ふす・したがう
犬が人のそばにひれふすさま。従う、伏せる。
名 やす

牟▲ ボウ・ム・モ
牛の鳴き声。うばう。ふえる。苦労して求める。
名 もと・ます

朴 ボク・ホク・ハク／ほお・すなお
原義は、木の皮を表す。飾り気がない、すなお。
名 なお・すなお

毎 マイ・バイ／つね・ごとに
もと、草木が残るの意。転じて、常に、ごとに。
名 かず・つね

米 マイ・メ・バイ・ベイ／こめ・よね
もと、きびなどの実を表す。ひいて脱穀した米。
名 こめ・みつ・よね

名 メイ・ミョウ・ベイ／な
はっきりわかるようにする意から、名前、ほまれ。
名 かた・もり・あきら

有 ユウ・ユ・ウ／あり・もつ
原義は、ごちそうをすすめる。転じて、ある、持っているの意。保つ、富、存在する、さらに。
名 あり・なお・なり・とお・すみ・もち・り・みち・たもつ

妄 モウ・ボウ
道理がわからない、みだりにの意。でたらめ。

羊 ヨウ／ひつじ
羊は山の神なので、よい、めでたいの意もある。

吏 リ・シ・ジ／つかさ・やくにん
下級役人の意。つかさ、役人、治める、仕事。
名 さと・おさ・つかさ

両 リョウ／ならび・ふたつ
重りを二つかけたさまを表す。どちらも。
名 もろ・ふた・ふる

列 レツ・レチ／つらなる・くみ
もと、刀で分解するの意。転じて、連なる、並ぶ。
名 つら・とく・しげ・のぶ

老 ロウ／おゆ
人が腰を曲げて杖をついているさま。としより。
名 おい・とし・おみ・おゆ

肋▲ ロク・キン・コン／あばら
あばら。あばら骨。

六 ロク／む・むい・むっつ
家屋をかたどる。屋の原字。数詞のむつ。
名 む・むつ

7画

漢字	読み	意味	名
亜	ア・エ つぐ	古代人の住居をかたどる。次、準ずる。	つぎ・つぐ
医	イ いやす・くすし	原義は、病を治す酒。医者、いやす、救う。薬。	おさむ
位	イ くらい	原義は人が朝廷に立つ位で、くらいの意。官位、身分、地位、いるべきところ、品位、席次。	くら・つら・ただ・ひら・なり・たか・のり・ひこ・ただし
囲	イ かこむ・めぐる	かこいをめぐらすの意。かこむ、とりまく、守る。	もり
壱	イチ・イツ・イン ひとつ	ひとつ。もっぱら、ひとえに、まことに。	かず・さね・もろ
迂▲	ウ	遠まわりする。まわり道。まわりくどい。うとい、世間知らず。	
役	エキ・ヤク ぶやく・つとめ・いくさ	もと、武器を持ち警戒するの意味。仕事、労役。	ゆき・つら・まもる
応	オウ・ヨウ まさに・あたる・こたう	原義は心に受け継ぐの意。こたえる、返事する。	まさ・かず・たか・のり
何	カ・ガ なに・いずれ	荷の原字で、になうの意。転じてなに、いずれ。	いず・なに
花	カ・ケ はな	草木のはなの総称。美しく華やかなもの、開く。	はな・はる
伽●	カ・ケ・キャ・ガ とぎ	人の退屈を慰める。看病する、看病する人。	
我	ガ われ・わ・が	ぎざぎざの刃がついたほこをかたどる。自分。	
改	カイ あらたむ	原義は鬼を追い払い、新しい季節を迎える。	あら
戒	カイ いましむ	両手でほこを持つさま。警戒する、つつしむ。	
芥▲	カイ・カツ・ケ あくた・からし	からしな。からしなの実を粉にした香辛料、からし。あくた、ごみ。	
快	カイ・ケ こころよし	心が晴れ晴れする。気持ちがよい、さわやか。	はや・やす・よし
角	カク・ロク・コク かど・すみ・つの	牛のつのをかたどる。かど、すみ、比べる。	ふさ・つぬ・み・かど
肝	カン きも	おおもと、根幹。きも、心、真心、かなめ。	
串▲	カン・セン・ガン くし	くし。なれる。てがた。つらぬく、うがつ。	
完	カン・ガン・グツ・グチ まったし	原義は、屋根をぐるりと囲む。完全、保つ。	また・さだ・なる・ひろ
含	ガン・カン・ゴン ふくむ	原義は口の中にものをふくむ。いだく、しのぶ。	もち
岐	キ・ギ えだみち	分かれるの意。えだみち、高い、秀でる。	みち・ふなど
希	キ・ケ めずらし・ねがう	まれ、少ない、こいねがう、望む、静か。	まれ
汽	キ・ケ・キツ・コチ・カイ・イチ・イツ ゆげ	原義は水がかれる。転じて水蒸気の意味。ゆげ。	
技	ギ わざ	わざ、細工、腕前、巧み、工作に従事する人。	あや・わざ
迄▲	キツ・コチ いたる・まで	およぶ、いたる、まで。ついに。	
灸▲	キュウ・ク やいと	きゅう、火をつけたもぐさを体において熱で病気をなおす方法。やいと。	
求	キュウ・グ・ク もとむ・こう・せむ	つり下げた毛皮をかたどる。もとめる、探す。	もと・ひで・き・もとむ

7画

究
キュウ・ク
きわむ

原義は曲がりくねった穴。極める、終わり。

名 さた・すみ・きわむ

吸
キュウ・ギュウ
すう

息をすい込むの意。すう、ひきつける。広げる。

汲▲
キュウ・コウ
くむ

水をくみあげる。ひく、引き入れる。忙しい、せわしい。

杏●
キョウ
あん・あんず

あんず。銀杏は、イチョウの実、ギンナンのこと。

亨●
キョウ・コウ・ホウ
とおる・にて・まつる

原義は、神に食物をたてまつるの意。すすめる、支障なく行われる、煮るなどの意も。

名 ゆき・みち・あきら・とおる・なが・あき・ちか・すすむ

劫▲
キョウ・コウ・ゴウ
おびやかす

おびやかす、せまる。あわただしい。きわめて長い年月のこと。

局
キョク・ゴク
しきる・かぎり

区切り、へや、しきる、一部分、ようす、職責。

名 ちか・つぼね

均
キン・オン・ウン・エン
ひとし

原義は土地をならして平らにするの意味。ひいて、等しい、整える、治める、ともに、はかる。

名 ひとし・ただ・なお・ひら・まさ・たり・お・なり

近
キン・コン・ゴン・キ
ちかし・このごろ

近くに寄る、親しくする、似ている、ほとんど。

名 ちか

芹●
キン
せり

多年生の水草。葉に香気があり、食用にもなる。

名 せり

吟
ギン・ゴン
うた・うたう・うめく

原義は口を閉じてうめく。うたう、なく、嘆く。

名 こえ・おと・あきら

玖●
ク・キュウ

黒色の美しい石。公文書では九の代わりに。

名 き・たま・ひさ

君
クン
きみ

号令を出して人を治める者。領地をもつ者。

名 きん・なお・すえ・よし

形
ケイ・ギョウ
かたち・かた・あらわる

かたちが現れるの意味。かたち、明らかに見える。

名 すえ・なり・より・み

系
ケイ・ガイ
つなぐ・すじ・かく

糸が何かにひっかかっているさまをかたどる。

名 いと・とし・つぎ・つら

迎
ゲイ・ギョウ・ゴウ
むかう

むかえに行く、出むかえるの意。もてなす。

芸
ゲイ
わざ・うえる

かがんで木を植えるさまを表す。わざ、才能。

名 のり・まさ・すけ・き

決
ケツ・ケチ・ケイ
さく・きむ

切る、裂く、えぐる、解く。決める、覚悟する。

名 さだ

見
ケン・ゲン・カン
みる・まみゆ・あらわる

大きく見開いた目をかたどる。明らかにする。

名 み・ちか・あき・あきお

言
ゲン・ゴン・ギン
いう・こと・ことば

口からあらわれる心の意で、言葉。意見、いいつけ、文字、述べる、問う、約束などの意。

名 こと・のり・とき・あき・あや・のぶ・ゆき・とも・とし

冴●（6画）
コ・ゴ
さゆ

さえる、寒さが厳しい、すみわたる、鮮やか。

名 さえ

呉
ゴ・グ
くれる

大声の意味。やかましい、大きい、大言する。

名 くれ・くに

吾●
ゴ・ガ・ギョ・ゲ
われ・わが

自称の代名詞。自分、自分の、防ぐ、とどめる。

名 あ・みち・わが・われ

抗
コウ
ふせぐ・あぐ・あたる

原義は高くあげる。はむかう、防ぐ、拒む。

攻
コウ・ク
せむ・おさむ・みがく

敵を攻める、作る、みがく、研究する、堅固。

名 おさむ・よし

更
コウ・キョウ
さらに・かわる・ふける

もと、土地を平らに固めるの意味。あらためる。

名 さら・のぶ・とく・とお

宏●
コウ・ゴウ
ひろし

もと、屋根を大きく張る。ひいて広い、大きい。

名 ひろ・あつ・ひろし

7画

坑
コウ・キョウ
あな

土の中に掘った穴を表す。穴に落とす、堀。

孝
コウ・キョウ

子が老人を支えているさまを表す。ひいて、親や祖先によく仕える、祖先の志を継ぐ、孝行。

名 たか・あつ・なり・のり・ゆき・もと・みち・よし・たかし

告
コク・コウ・キク
つげる

もと、進言するの意味。申し上げる、知らせる。

名 つぐ・しめす

克
コク
よく・あたう

耐える、勝つ、できる、成し遂げる、定める。

名 かつ・よし・たえ・なり

谷
コク・ヨク・ロク
たに・きわまる

山の間のわれめ。きわまる、ゆきづまる。

名 ひろ・や・たに

佐
サ

助力、助ける、補佐する人、すすめる、治める。

名 すけ・よし・たすく

坐▲
サ・ザ
すわる・おわします・そぞろに・います・まします

すわる、こしかける。いながらにして、なんとなく。いる、ある、行くの敬語で、おわします。

沙●
サ・シャ
すな

細かいつぶの意味。すな、みぎわ。砂の本字。

名 す・いさ

作
サク・サ・ソク・ショク
つくる・なす・おこる・しごと

もと、動作するの意。つくる、始める、工作する、おこす、成す、仕事、作品、ふるまい、立つ。

名 なり・とも・なお・あり・ふかつくり・つくる

材
ザイ・サイ
まるた

役に立つ材木、才能、働き、役立てる。性質。

名 き・えだ・もとき

杉
サン
すぎ

針のように細い葉をもった木。スギ。常緑高木。

名 すぎ

孜▲
シ
つとめる

つとめる。おもう。あつく愛する。いつくしむ。

名 あつ

私
シ
わたくし・ひそか・わたし

もと、囲んで自分のものにした稲。ひいて自分。

名 とみ

志
シ
こころざし

心があることに向かう意。考え、しるし、目的。

名 さね・むね・ゆき・しるす

伺
シ
うかがう・みる・とぶらう・たずぬ

うかがう、ねらう、さぐる、訪問する、ただす。

名 み

似
ジ・シ
にる

作為的にまぎらわしくする、にせるの意。まねる、…のようである。捧げる、示す。

名 のり・あり・ちか・つね・あれ・あえ・あゆ・い・に・かた

児
ジ・ニ・ゲイ
こ

子供をかたどる。ちのみご、青年、か弱い。

名 る・ちご・のり・はじめ

七
シチ
なな・なの・なつ

切の原字で、断ち切るの意。ななつ、何度も。

名 な・かず・なな

些▲ (8画)
シャ・サ・セイ・サイ
いささか・すこし

いささか、すこし、わずか。なんぞ、この、これ。

社
シャ・ジャ
やしろ・くみあい

もと、耕作の土地の神。それをまつるほこら。

名 たか・あり

車
シャ・キョ・コ
くるま

馬に引かせる車の形を表す。車輪で動く乗り物。

灼▲
シャク
やく

やく、あぶる。灸をすえる。熱い。明らか。驚く。

寿
ジュ・シュウ
ことぶき・ひさし・ことほぐ

原義は年老いて長生きする。ひいて、めでたい。

名 ひさ・とし・なか・ひで

秀
シュウ・シュ
ひいず

もと、よく実った稲。ひいてひいでる。優れる。

名 ひで・すえ・みつ・よし

住
ジュウ・チュ・ジュ
すむ・とどまる

じっととどまるの意味。ひいて、すむ。やめる。

名 すみ・もち・よし・おき

初
ショ・ソ
はじめ・はつ・うい・そめる

物事のはじめの意。起こり、最初。根本の意も。

名 はつ・もと・はじめ

助
ジョ・ショ・ゾ　たすく
力を重ねて人をたすける。力をかす、加勢する。
名 すけ・ます・ひろ・たすく

序
ジョ・ショ　ついで
原義は、家の東西にのびた壁。順序、述べる。
名 のぶ・つぐ・つね・つき

床
ショウ・ソウ・ジョウ　ゆか・とこ
寝台をかたどる。ゆか、とこ、上品な、ゆかしい。
名 とこ・ゆか

抄
ショウ・ソウ　とる・かすめとる・すく
原義は手ですくいとる。転じて、書き写す。

肖
ショウ　にる・かたどる・あやかる
体つきが似るの意。かたどる、のっとる。消にも通じ、小さい、失う、きえる、衰える。
名 あれ・あゆ・ゆき・あえ・のり・すえ・たか

杖▲
ジョウ・チョウ　つえ・うつ
つえ、つえつく。よる、たのむ、たよる。むち打つ。とる。

条
ジョウ・チョウ・テキ・ジャク　えだ・すじ
もと、幹から分かれ伸びる枝の意。すじみち。
名 え・えだ・なが

状
ジョウ・ソウ　かたち
もと、犬の姿を表す。ひいて姿の意。ありさま。
名 のり・かた

芯▲
シン　しん
とうしんぐさという草の名。しん、物の中心。

身
シン・ケン　み・みずから
人がみごもったさまをかたどる。娠の原字。転じて体の意。全身、中心部、真心。
名 み・みる・ちか・これ・よし・ただ・むね・のぶ・もと

辰●
シン・ジン　たつ・とき・のぶる
たつ、十二支の五番目。動物では竜。とき、水星。
名 たつ・よし・とき・のぶ

臣（6画）
シン・ジン　おみ
見張っている目をかたどる。転じて、君主に使われる者、家来の意。召し使い、たみ。
名 お・み・おか・しげ・たか・みつ・おん・きむ・とみ・みる

伸
シン　のぶ・のす
のびる、真っすぐになる、長くなる、広がる。
名 ただ・のぶ・のびる

豆
ズ・トウ・ツウ・シュ　まめ・たかつき
長い脚のある器をかたどる。たかつき。まめ。

図
ズ・ト　え・はかる
原義は領土の地図。計る、描く、本、絵、企てる。
名 のり・みつ・はかる

吹
スイ・シ　ふく
大きく息をはくさま。楽器をならす、ふく。
名 かぜ・ふ・ふき・ふけ

声
セイ・ショウ・ゲイ　こえ・こわ
耳に聞こえる音、人の声。響き、言葉、名誉。
名 おと・ちか・かた・もり・な

折
セツ・セチ・ゼチ・テイ・セイ・ダイ・ジョウ　おる・くじ
原義は斧で木を切る。ひいておるの意味を表す。
名 おり

赤
セキ・シャク　あか・あかい・あけ
火が盛んに燃えているようす、またその色を表す。あか、何もない、あらわ、真心。
名 あか・はに・わに・はにゅう・か

走
ソウ・ス　はしる
人が走っているさまを表す。走る、出る、去る。
名 ゆき

宋▲
ソウ・ス
桑の転音。昔中国にあった国の名前。

束
ソク・ショク・シュ・ス　たば・たばね・つかぬ
木をしばったさまをかたどる。ひいてたばねる。
名 き・つか・さと・つかぬ

足
ソク・ショク・ス・シュ　あし・たる
ひざから下の部分を表す。下肢、根本、とどまる、満たす、歩む、程度を越えるなどの意。
名 ゆき・たり・あし・みつ・なり・たる・たらし

即
ソク・ショク　すなわち・もし・つく
ひざまずいて、人が食につく。つく、ただちに。
名 より・あつ・ただ・ひと

村
ソン　むら
むら、いなか、いなかめいた所、ひなびた。
名 すえ・つね・むら

7画

汰●
タ・タイ
もと選び分けるの意。洗う、うるおす、おごる。

妥
ダ・タ
やすし・おだやか
女性のなよやかなさまを表す。やすんじる。
名 やす

対
タイ・ツイ
むかう・こたう・あいて・あたる・ならぶ・つれあい・そろい
原義は人が楽器に向かい合う。並ぶ、相手。返答する。報いる。

体
タイ・テイ
からだ
連なる骨格の意で、からだ。決まり、おおもと。
名 もと・み・なり

沢
タク・ジャク・セキ・シャク・ダク・エキ・ヤク
さわ・うるおい
もと、水でうるおう、つやがある。
名 さわ・ます

択
タク・ジャク・ダク・ヤク・エキ
えらぶ
手で選び分けるの意味。良いものを選び取る。
名 えらむ

但
タン・ダン・エン
ただし
ただし、いたずらに、それだけ、もっぱらなどの意。
名 ただ

男
ダン・ナン
おとこ
田と力で耕作をする人。ひいておとこ。男子。
名 お・おと

肘▲
チュウ・チュ
ひじ
ひじ、腕の関節。

沖
チュウ・ジュ・トウ・ズ
おき・わく・とぶ
もと、水が湧き動くの意。むなしい、やわらぐ。
名 なか・おき・ふかし

町
チョウ・テイ・ジョウ・テン・トウ
まち・あぜ
もと、田を区切るあぜ道の意。境界、まち。
名 まち

呈
テイ・ジョウ・チョウ
しめす
進言するの意味。示す、さし出す、表す、公平。
名 しめ

弟
テイ・テ・ダイ
おとうと
もと順序の意。おとうと、弟子、下位の者、従う。
名 くに・ふと・つぎ・おと

廷
テイ・ジョウ
たか・ただ・にわ
もと、天子が立つ諸侯に会う庭。庭、役所。
名 たか・ただ・なが

低
テイ・タイ
ひくし・たれる
背の低い人の意。身分や格式、程度が低い。
名 ひら

辿▲
テン
たどる
ゆっくり歩く。考えながら歩く。考えをもとめる。

佃▲
テン・デン
つくだ
つくだ、開墾した田。田を耕す。狩り。

杜●
ト・ズ
もり・とず
ばら科の果樹、やまなし。塞ぐ、閉じるの意も。
名 もり・あかなし

兎▲
ト
うさぎ
うさぎ。月にうさぎがいることから月のことをいう。

努
ド・ヌ
つとむ
力をこめてつとめる。大いに励む、力を尽くす。
名 つとむ

投
トウ・ツ
なぐ
投げつける、投げ出す、捨てる、頼る、至る
名 ゆき

沌▲
トン・ドン・シュン・ジュン・テン・デン
ふさがる。まだ開通しない。くらい。

呑▲
トン・ドン・テン
のむ
のむ、丸飲みする。とりこむ、ほろぼす、ばかにする。

那●
ナ・ダ
くに
多い、美しい、やすらか、なんぞ、なに、あの。
名 ふゆ・とも・やす

忍
ニン・ジン
しのぶ
心の内でたえしのぶ。こらえる、許す。
名 おし・しの・たふ・しのぶ

把
ハ
とる
手でつかむの意。取る、握る、つかむ、たば。

芭▲
ハ・バ・ヘ
芭蕉（ばしょう）は草の名、ばしょう科の大型多年草。

貝
バイ・ハイ
かい・たから
こやすがいの殻の形を表す。貨幣、飾り、あや。
名 かい

売
バイ・バ・メ
うる
買と区別して、うるの意。あきなう。

伯
ハク・ハ
おさ・かしら
かしらとなる人の意。首長、一芸に秀でた人。
名 のり・お・く・たか・とも

麦 バク・ミャク・キャク・ゴキ　むぎ
五穀の一つ。イネ科の植物、むぎ。来るの意も。
名 むぎ

抜 バツ・ハツ・ハイ・バイ・ボチ・ヘツ・ヘチ　ぬく
もと、手で引き出すの意。ぬく、取る、あばく。

阪▲ ハン・バン・ホン　さか
山の傾斜した所。つつみ、土手。けわしい。

坂 ハン・バン・ホン　さか
傾斜している土地、つまりさか。つつみ、どて。
名 さか

判 ハン・バン　わかつ
刀できっぱり分けるの意味。けじめをつける。
名 ゆき・さだ・なか・ちか

伴 バン・ハン　とも
つれだつ人の意。ひいて、ともなう、連れ。
名 とも・すけ

庇▲ ヒ　おおう・かばう・ひさし
おおう。かばう、たすける、いたわる。ひさしは軒下にさしかけた小屋根のこと。

批 ヒ・ヘイ・ヘツ・ベチ　うつ・ただす
原義は、手で打つ。しりぞける、品定めする。

尾 ビ・ミ　お・おわり・つるむ
尻についた毛をかたどる。尾、おわり、つるむ。
名 お・すえ

芙● フ　はす
はすの花。美しい人。あおい科の落葉低木。
名 はす

扶 フ・ブ・ホ　たすく
手をそえて助けるの意味。よりそう、かたわら。
名 すけ・もと・たもつ

吻▲ フン・ブン・モン　くちさき・くちびる
くちさき、くちびる。ふち。

兵 ヘイ・ヒョウ　もののふ・つわもの・いくさ
両手に斧を持っているさまを表す。武器、軍人。
名 たけ・ひと・むね

別 ベツ・ヘツ・ベチ　わかつ・わける
分ける、別れる、わきまえる、区別する、決める。
名 わけ・わく・のぶ・わき

返 ヘン・ホン・ハン　かえる
原義は来た道を戻る。かえる、もとに戻す。
名 のぶ

甫● ホ・フ　はじめ・はじむ
もと、苗を田に植えるさまを表す。ひいてはじめの意。大きい、男子の美称。
名 はじめ・すけ・とし・かみ・なみ・まさ・もと・み・のり・よし

牡▲ ボ・ボウ・モ　おす
おす。おうし。鍵、錠前。

邦 ホウ　くに
境界のある領域、つまり国の意味。領土、都。
名 くに

芳 ホウ　かんばしい・かおり・におう
草花のよい香り。かぐわしいにおいのこと。評判がよい、優れた人、名誉、賢者などの意も。
名 ふさ・か・よし・はな・もと・みち・かおる・かんばし

防 ボウ・ホウ　ふせぐ・つつみ・まもる
もと、川の両側に高く盛った土。転じて、防ぐ。
名 ふせ

忘 ボウ・モウ　わすれる
わすれる。おろそかにする、気にとめない。

坊 ボウ・ホウ・ボッ　まち・へや・てら
区画された土地。ひいて、まち、へやの意を表す。

妙 ミョウ・ビョウ　わかし・しなやか
若い女性の美しさを表す。若い、しなやか、精巧。
名 たゆ・ただ・とう・たえ

冶● ヤ　いる・なまめかしい
原義は金属が溶ける。鋳る。なまめかしいの意も。

邑● ユウ・オウ　くに・むら・すみ・さと
もと、人が住む場所。ひいてまち、村、都。
名 くに・さと・すみ・むら

佑● ユウ・ユ　たすく・たすけ
右に助けるの意があり、人を加えて人を助ける。
名 すけ・たすく

酉● ユウ・ユ　とり・たる・みのる
十二支の第十番目。とり。樽、実る、秋、飽きる。
名 とり・なが・みのる

余 ヨ・ト・ツ・ヤ　あまり・ほか
柱で支えた屋根をかたどる。自分、ゆたかの意。
名 われ

妖▲
ヨウ・コウ・キョウ
あやしい

なまめく。なまめかしい、美しい。あやしい。不思議。

抑
ヨク・イキ
おさう・そも・そも・ふさぐ

原義は、手でおさえる。おさえつける、ふさぐ。

名 あきら

来
ライ・リ
くる・きたる・より

ライ麦をかたどる。くる、きたる、これから先。

名 き・くる・きたる・な

卵
ラン・コン
たまご

かえるのたまごをかたどる。たまごの総称。

利
リ
とし・もうけ・きく・よい

原義はすきで耕作する。転じて、収益、営利の意を表す。働き、よい、勢い、もうけ、順調な。

名 とし・かず・と・みち・より・かが・と・のり・まさ・とおる・みのる

李●
リ
すもも

すもも。吏・理に通じ、裁判官の意も。使者。

名 もも

里
リ
さと・みちのり

土と田を合わせて、村里の意。住まい、郷里。

名 さと・のり・さとし

良
リョウ
よし・やや

もと、穀物をふるいにかけてよいものを選ぶ。ひいて、よい意を表す。優れている、賢者。

名 よし・すけ・さね・かず・たか・なか・なが・かた・ふみ・お・み・まこと・つぎ

伶●
レイ・リョウ

賢い、音楽を奏でる人、役者。召し使いの意も。

冷
レイ・リョウ
ひややか・つめたし・さめる

寒気が厳しく冷たいの意。ひえる、寒い、清い。

名 すずし

8画

励
レイ
はげむ

激しくつとめる、はげむ、はげます、すすめる。

名 つとむ

戻
レイ・ライ
もどる・もとる・いたる

犬が戸の下をくぐるさまを表す。もどる、至る。

呂●
ロ・リョ

背骨をかたどる。背骨、長い、音楽の陰の音律。

名 おと・なが・ふえ・とも

芦▲
あし

あし、よし。水辺に生えるすすきに似た草。

労
ロウ
いたわる・はたらく・つかる・ねぎらう

休みなくつとめる。ひいて疲れる。ねぎらう。

名 もり

阿●
ア
お

丘、隈、曲がり角、おもねる、寄りかかる。

名 くま

委
イ
ゆだね・まかす・すえ・すつ・くわし

もと女が従うの意味。ひいてゆだねる。詳しい。

名 もろ・とも・くつ・つく

依
イ・エ
よる・たのむ

もと、人に寄り添う。ひいて頼る。従う。

名 より

育
イク・チュ・ジュ
そだつ・はぐくむ

原義は、子供が生まれる。転じて育つ。幼い。

名 すけ・やす・なる・なり

雨
ウ・オ・ヨ
あめ・あま

空と水滴で雨を表す。雨のように多い、友人。

名 ふる・さめ

泳
エイ・ヨウ
およぐ

流れにそっていく、およぐ。うまく世渡りする。

英
エイ・エン・ヨウ
ひで・はな

もと、美しい花の意。ひいて優れた者、秀でた才能を表す。うるわしい、名誉、はなぶさ。

名 ひで・はな・ふさ・てる・つね・ひら・あや・とし・よし・あきら・すぐる

易
エキ・ヤク・イ
やすし・かう・かわる・あなどる・おさむ・とかげ・やさしい

とかげの表面が光っているさまを表す。転じて変わる、かりて、やすい。やさしい。あなどる。

名 やす・おさ・かね・かぬ・やすし

奄▲
エン
おおう・たちまち

おおう。たちまち。ひさしい、ひさしくとどまる。ふさぐ、ふさがる。

名 ひさ

宛▲
エン・オン・ウツ・ウチ あたかも・あて・あてる・さながら・ずつ
あたかも、さながら。からだなどをくねらせる。割り当て。

炎
エン・オン・タン・ダン ほのお・もゆ
火が重なって、ほのおが盛んなさまを表す。

沿
エン そう・ふち
原義は川のふち。そう、たどる、前例に従う。

延
エン ひく・のぶ
長引く、のびのびになる、久しい、及ぼす。
名 のぶ・すけ・なが・とお

苑●
エン・オン その・しげる
囲ってある草原、牧場のこと。庭園、草木が茂る。
名 お・より

於●
オ・ヨ・ウ おいて
鳥をかたどる。ああ。嘆息、感嘆を表す助字。
名 お・より

欧
オウ・ウ はく
原義は吐くの意。撃つ、たたく、謳う、西欧。

往
オウ ゆく・さきに・いにしえ
原義は目的地に進んでいくの意。行く、去る。
名 よし・なり・ひさ・もち

押
オウ・コウ おす
手でおさえるの意。おしつける、強制する、重み。

旺●
オウ・ワウ さかん・さかえ・ひかる・ひろ
盛んなさまを表す。光が美しく輝く。日傘の意も。
名 あき・あきら

果
カ・カン・ガン・ワ・ラ はて・はつ・はたして・くだもの
木に実がなっているさまをかたどる。木の実、断行する、はたす、できばえ、はてる、終わる。
名 はた・はたす・あきら・まさる

河
カ・ガ かわ
原義は大きく曲がっている川。黄河。大きい川。
名 かわ

佳
カ・ケ・カイ よし・うつくし
美しい人。よい、優れている、おいしい。好む。
名 よし・か

価
カ・ケ あたい
値段、値打ち、評判、旧字体の價も使用可。

茄●
カ・ケ なす・はちす
はす、主にはすの茎のこと。なすびの意も。

届
カイ とどく
極に通じて至る。きわまる、思いがかなう。
名 ゆき・あつ

芽
ガ・ゲ・ゴ め・はぎ・めぐむ
牙は突き出るの意。草木の新芽。おこり、始まり。

劾
ガイ・カイ・コク・ゴク きわむ
罪を調べること。裁く、追及する、告発する。

画
カク・ギャク・エ・ガ・カイ え・えがく・はかる・わかつ・かぎる
原義は、田に線を引いて区切る。かぎる、境をつける、しきり。はかりごと、えがく。

学
ガク・カク まなぶ
しぐさをまねて習うの意。まなぶ、教えを受ける、知る、さとる、校舎、教育。
名 たか・のり・みち・さね・ひさ・さと・あきら・さとる・まなぶ

拡
カク・コウ・オウ ひろむ
広いに手を加えて、手で広げる。広める、満たす。
名 ひろ・ひろし・ひろむ

岳
ガク たけ
山が重なりそびえるさまを表す。高大な山。
名 たけ・たか・おか・たかし

官
カン つかさ・やく・おおやけ・くらい・はたらき
もと、集団になって公務を行う家。つまり役所。政府、役目、つかさどる、のっとる。
名 きみ・のり・おお・これ・ひろ・たか・おさ

侃●
カン つよい
もと、人の言葉が美しいこと。やわらぐ、強い。
名 つよ・つよし・ただ・なお

函▲
カン・ゴン・ゲン はこ・いれる
小型のはこ。ひつ。入れる、包む。よろい。

岩
ガン いわ
山にある大きな石の意を表す。いわ、いわお。
名 いわ・かた・せき・たか

8画

岸
ガン
きし・がけ
もと、山の高みの意味。崖、水ぎわ。きわだつ。
名 きし

玩▲
ガン
もてあそぶ
もてあそぶ、おもちゃにする。親しむ。めでる。

季
キ
すえ・とき・わかし・おわり
もと、まだ若い苗。ひいて幼い。おわり、すえっこ。
名 とし・すえ・ひで・とき

祁▲
キ・ギ・シ・チ・ジ
おおきい。さかんである。はなはだしい。多いさま。静か。

其▲
キ・ギ・ゴ
その・それ
人や物をさす代名詞。語意を強めたり、語調を整える。ほとんど。
名 その・とき・もと

祈
キ・ゲ
いのる
原義は神に福を願うの意。望む、切に願う。

宜
ギ
べし・よろしい
神に肉を供えるさまを表す。よい、よろしい、正しい、筋道が通る、都合がよい、むつまじい。
名 よし・たか・き・のり・なり・すみ・のぶ・のる・やす・よろし

泣
キュウ・リュウ・シュウ
なく
水となみだとでなくの意味。苦労、謝罪、ぐち。

居
キョ・コ
いる・おる・いどころ・や
もと、尻を落としてすわるの意。ひいて、いる。住む、とどまる、安んじる、占める。
名 おき・やす・いや・すえ・さや・い・おい・より

拠
キョ・コ・ギャク
よる
原義は手でよりすがる、よりどころの意。頼る。

況
キョウ・コウ
いわんや・おもむき
いわんや、まして。水が冷たいさま。ありさま。

享
キョウ
うく
すすめる、供える、まつる、ふるまう、保有する。
名 ゆき・あきら・みち・たか

京
キョウ・ケイ
みやこ
丘の上に家が建っているさまを表す。都、盛ん。
名 あつ・ちか・おさむ

供
キョウ・グ・ク
そなう・とも
そなえるの意。捧げる、支給する、設ける。従者。
名 とも

協
キョウ・ギョウ
かなう
多くの人が力を合わせる。一致する、かなう。
名 やす・かのう

尭●
ギョウ
ゆたか
土を盛ったさまを表す。高い、遠い、豊か。
名 あき・のり・たか・たかし

欣●
キン・コン・ゴン
よろこぶ
原義は大きく口をあけて笑う、喜ぶ。楽しむ。
名 よし・やすし

金
キン・コン
かね・かな
もと鉱物の意。転じて金属。武器、貨幣、こがね。
名 か・かな・かね

具
グ・ク
そなう・うつわ・つぶさに
原義は両手でものを供える。整う、支度、ともに。
名 とも

空
クウ・ク・コウ
そら・あな・むなし・あく・から
もと、穴を突き通す。ひいてむなしい。広い。
名 たか

屈
クツ・クチ・グチ・ケツ・ケチ
かがむ
もと尾が短いの意。かがむ、くじく、服従する。

径
ケイ・キョウ
こみち・ただちに
真っすぐな道の意。近道、小道、ただちに、方法。
名 みち

茎
ケイ・ギョウ・アウ・ヨウ
くき
草木が真っすぐに伸びている部分の意で、くき。
名 くき

肩
ケン・カン・コン・ゴン
かた
かた、かつぐ、担う。耐える、もちこたえる。

券
ケン・ガン
証拠書類、割り符。切手、印紙、証文、信用証書。

弦
ゲン・ケン
つる
もと、弓づるの意。弦楽器の糸。琴をならす。
名 いと・お・ふさ・つる

呼
コ・コウ・カ・ケ・キョウ
よぶ・あめ
息をはくの意から、よぶの意に。名づける、叫ぶ。
名 おと・こえ・うん・よぶ

8画

虎●
コ・ク　とら
ねこ科の猛獣、とら。勇猛なもののたとえ。
名 こ・とら・たけ

固
コ　かたし・いやし・もとより
もと、城をかたく守るの意。しっかりしている。
名 み・かた・たか・もと

岡▲
コウ　おか
おか、小山。盛り上がった山の背。

肴▲
コウ・ギョウ　さかな
おかず。穀物以外の食物。ごちそう。

杭▲
コウ・ゴウ　くい・わたる
くい。舟で渡る。

昊▲
コウ・ゴウ　なつぞら
なつぞら、そら。明るい。大きなさま。

肯
コウ・カイ・ケ　あえて・がえんず・うべなう
もと、骨に固くついた肉の意。かりて、うべなう。
名 むね・さき

庚▲
コウ・キョウ　かのえ・よわい
かのえ、十干の7番目。年齢。かたい、強い。大通り。
名 つぐ・やす

幸
コウ・ギョウ　さいわい・ねがう・みゆき
原義はあやうく罪をまぬがれる。あるいは長生きする。転じて、幸い。しあわせ、いつくしむ。
名 ゆき・たか・とみ・よし・とも・むら・たつ・ひで・さき・さち・みゆき

昂●
コウ　たかぶる
仰ぐ、高いの意。日が昇る、意気があがる、気持ちがたかぶる。明らかの意も。
名 あき・あきら・たか・たかし・のぼる

効
コウ・キョウ　ならう・いさおく・きめ・き
原義は習う、学ぶ。転じてききめ。明らかにする。
名 なり・かず・かた・のち

拘
コ　ウ・ク・キョ・ゴ　とどむ・とらう・かかわる
手でさえぎりとめるが原義。とどめる、かかわる。

国
コク　くに
もと境界線を引いた領土の意。くに、都、故郷。
名 くに・とき

刻
コク　きざむ・ほる
刀でしるしをつける、ひいてきざむ。彫る。
名 とき

忽▲
コツ・コチ　たちまち・ゆるがせにする
たちまち、いつのまにか。おろそかにする。数の単位で1の10万分の1。

昆
コン
昆虫の姿をかたどり、虫を表す。多い。
名 ひ・ひで・やす

昏▲
コン　くらい・くらむ・くれ
くらい。ゆうぐれ。理解不足。嫁入り。

采●
サイ　とる
手で果実をつみとる意。採の原字。選ぶ、彩り。
名 あや・うね・こと

妻
サイ・セイ・シ　つま・め
かんざしをさす女をかたどる。妻となった女。
名 つま

刷
サツ・サチ・セツ・セチ　する・きよむ・はけ
原義は刀できれいに削る。転じてする、こする。
名 きよ

参
サン・シン　まいる・まじわる・みつ・まゆみ
髪飾りが輝くさまを表す。交わる、加わる。
名 ちか・みつ・なか・ほし

祉
シ・チ　さいわい
神が下す幸いの意。めぐみ、幸福、賜与。
名 よし・とみ

肢
シ
肉と枝分かれするの意をもつ支とで、手足。

枝
シ・キ・ギ　えだ
もと、幹から分かれ出た小木。つまりえだ。末。
名 え・き・しげ・しな・えだ

姉
シ　あね
年を重ねた女の意で、あね。女性の尊称。
名 え・あね

始
シ　はじめ
胎に通じて、はじめの意を表す。起源、最初。
名 とも・もと・はる・はじめ

使
シ　つかう・しむ
仕事する人、つかう、使者、用いる、費やす。

治
ジ・チ・タイ・イ　おさむ・なおす
おさめる、整える、経営する、ただす、統治。
名 はる・とお・さだ・よし

8画

事
ジ・シ・ズ　こと・つかう
使の原字。使う、つとめる、専念する、仕事。
名 こと・わざ・つとむ

実
ジツ・シ・シツ　みのる・み・みつ・まこと
もと、家の中に財宝が満ちるの意。満ちる、富む、みのる、満たす、成し遂げる、中身、本質。
名 み・みつ・ま・みる・みのる・さね・ちか・つね・これ・なお・のり・まこと

侍
ジ・シ　さむらい・はべる・さぶろう・つきそい
人と待つで貴人に仕える人の意。武士、おつき。
名 ひと

者
シャ　もの
煮、暑の原字。人物、事物、所を表す。これ。
名 ひさ・ひと

舎
シャ・セキ　いえ・やど・おく
原義は宿る、あるいは休息する。身を寄せる。
名 や・いえ・やどる

昔
シャク・セキ　むかし
もと、積み重ねた日の意。むかし、さきごろ。
名 とき・ひさ・つな・ふる

若
ジャク・ジャ・ニャク・ニャ　わかし・ごとし・したがう・しく・もし
もと、両手をさしのべ神託を受けた者の意。転じて、従順。しなやか、若い、ごとし、似ている。
名 まさ・よし・なお・より・わか・わく

取
シュ・シュウ・ソウ　とる
耳をつかまえたさまを表す。ひいてとる、もつ。
名 とり・とる

周
シュウ・シュ　めぐる・あまねし・まわり
田に作物がたくさんなっているさまを表す。ひいて、ゆきわたる、めぐる。
名 ちか・かね・かぬ・のり・なり・かた・ただ・あまね・いたる・ちかし

受
ジュ・シュ　うく
うけ渡しをする、が原義。うける、得る。
名 つけ・しげ・うく・おさ

宗
シュウ・ソウ・ス　むね・おさ・とうとし
家の中に神をまつる。祖先、族長、尊ぶ、本源。
名 とし・むね・とき・かず

叔
シュク　おじ
原義は豆や実を拾う。若い、父母の弟、末。
名 よし・はじめ

述
ジュツ・シュツ・ジュチ　のぶ
原義は人に従う。他人の意見を重ねて言う。
名 のり・あきら・とも・のぶ

杵▲
ショ　きね・つち
きね、うすに入れたものをつく道具。つち。

所
ショ・ソ　ところ
もと、木を切る意を表す。処に通じ、ところ。地位。
名 のぶ・ど・ところ

沼
ショウ　ぬま
原義は曲がった池。泥深い池、人工の池の意も。
名 ぬま

昇
ショウ　のぼる
のぼる、日がのぼる、昇進する。穏やかの意も。
名 のぼる・のり・かみ

松
ショウ・シュ　まつ
まつは常緑針葉樹なので、長寿の象徴とされる。
名 ます・まつ・ときわ

承
ショウ・ジョウ・セイ・ソウ　うく・うけたまわる
原義は捧げすすめる。転じて受ける。受け継ぐ。
名 つぎ・つぐ・よし・うけ

昌●
ショウ　さかん
日が重なって、太陽が光り輝くの意。ひいて盛ん。栄える、よい、美しい、勢いがある。
名 まさ・すけ・よし・あつ・よ・あき・ます・あきら・さかえ・まさし・まさる

招
ショウ・キョウ・ギョウ　まねく
手でまねきよせるの意。呼ぶ、求める、つなぐ。
名 あき・あきお・あきら

尚
ショウ・ジョウ　なお・ひさし・ねがう・くわう・とうとぶ・あう・もし
もと、煙が高窓から流れるの意。ひいて加える。転じて、願う。尊ぶ、久しい、支配する。
名 ひさ・なお・なり・まし・ます・たか・さね・なか・まさ・よし・より・ひさし

垂
スイ・ズイ・ツイ　たる
草木がたれているさまを表す。たれる、辺境。
名 たり・たる・たれ・しげる

炊
スイ　たく・かしぐ
もと、火に向かって息を吹く。たく、料理する。
名 とぐ・とぎい・かし

枢
スウ・ス・シュ・チョ・ト・オウ・ウ　かなめ
原義はとぼそ。扉の開閉の軸なので、かなめ。
名 たる

8画

青
セイ・ショウ・チン
あお
草木の色、草木が茂るさま。若い。竹の皮。
名 はる・あお・きよ

斉
セイ・サイ・ザイ・シ・ジ・セン
ひとし・ひとしく・そろう
穀物の穂が生え揃っているさまをかたどる。そろう、等しい、敏速である、おごそか。
名 まさ・むね・なり・なお・とき・よし・きよ・ただ・とし・ただし・ひとし

性
セイ・ショウ
さが・うまれつき
もって生まれた心の働き、さが、命、万物の本質。
名 なり・もと

征
セイ・ショウ
ゆく・うつ・とる
悪を討つ、旅をする、進んでいく、利益を取る。
名 ゆき・もと・さち・まさ

姓
セイ・ショウ
かばね
血筋が同じの意。かばね、血族、苗字。
名 うじ

制
セイ
おきて・たちきる・おさえる
原義は枝を切り整える。ひいて、裁く、定める。
名 すけ・ただ・さだ・のり

析
セキ・シャク・シ
さく
原義は斧で木をさくの意味。分ける、分解する。

刹▲
セツ・サツ・セチ
旗をたてるはしら。てら、とう。短い時間。

拙
セツ・セチ
つたなし
人より手わざが劣るの意。つたない、へた。

卒
ソツ・ソチ・シュツ・シュチ
ついに・にわか・しもべ・おわる
衣にしるしをつけたさまを表す。昔は兵士がしるしのある服をきたところから、兵士、しもべ。
名 たか

阻
ソ・ショ
はばむ・けわし・へだつ・とどむ・そば
もと、険しい山が重なるの意。転じて隔てる。

陀▲
タ・ダ・チ・ジ
けわしい
けわしい。斜めな、よこしまな。やぶれる、くずれる。

苔▲
タイ・ダイ
こけ
こけ。
たか・とう・つな・もち

卓
タク・トク
すぐる・つくえ
ずば抜けて優れている、抜きん出る、非凡な。
たか・とう・つな・もち

拓
タク・セキ・シャク・チャク
ひらく
きりひらく、拾う、広げる、大きい、広い。
名 ひろ・ひろし・ひらく

坦▲
タン
たいら
たいら、たいらか。ひろい。ゆるやか。
名 やす・ひら・ひろ

担
タン・ケツ・ケチ・エン・セン
になう・かつぐ
になう、かつぐ、引き受ける、味方する、撃つ。
名 ゆたか

知
チ
しる
原義は、口と矢で口から出る言葉の意。ひいて、しる、さとる、見分ける、認める、知らせ。
名 とも・かず・のり・ちか・さと・とし・はる・つぐ・おき・ち・あき・しり

竺▲
チク・ジク・トク
あつい
太い竹。厚い。

忠
チュウ・チュ
ただ・まごころ
心と充実する意をもつ中とで、心をこめるの意。
名 あつ・ただ・つら・なり

抽
チュウ
ぬく・ひく
もと、手で引き抜くの意。除く、収める、引く。

宙
チュウ・ジュ
そら
もと、ふくらんだ覆い。転じて、広い空間。
名 おき・みち・ひろし

注
チュウ・シュ・シュウ・チュ
そそぐ
もと、水が流れるの意でそそぐ。一点に集中する。

帖▲
チョウ・ジョウ
じょう
かきもの。はりふだ。さだめる。つく、従う。紙や海苔の一定の枚数をいう。
名 さだ・ただ

長
チョウ・ジョウ
ながし・たけ・そだつ・ます・はじめ・おさ
原義は長い髪の老人。ひいてながい。老人、目上、尊ぶ、かしら、優れた者、育つ、はじめ。
名 なが・たけ・ひさ・ます・つね・おさ・みち・のぶ・いえ・たつ・たけし

8画

直 チョク・ジキ／なおし・のぶ・ただ・あたる
名 すぐ・ただ・ちか・なお
もと、真っすぐ見るの意。ただちに、正しい。

枕▲ チン・シン・ジン／まくら・のぞむ
まくら、まくらにする。のぞむ、見下ろす。牛馬をつなぐくい。

定 テイ・ジョウ／さだむ・おく
名 さだ・やす・つら・また
もと、屋内のものを整えておくの意。さだめる。

抵 テイ・タイ・ダイ／あたる
名 ゆき・あつ・やす
原義は手を当てて押しのける。拒む、ふれる。

底 テイ・タイ／そこ・した・なんぞ
名 さだ・ふか
もと、人がとどまって住むの意。転じて、そこ。

邸 テイ・タイ・チ・ジ／やしき・やど
名 いえ
もと、貴人が泊まる家の意。屋敷、宿。至る。

泥 デイ・ナイ・デツ／どろ
名 ね・どろ
ねばついた水からどろの意。汚す、とどこおる。

的 テキ・チャク／まと・あきらか
名 まと・まさ・あきら
明らかなこと。鮮やか。まと、目標、要点の意。

迪● テキ／みち・いたる
名 みち・ひら・ふみ・ただ・ただす・すすむ
原義は、道に従っていく。踏に通じて進む、踏む。導く、至る、ただす。用いるの意も。

迭 テツ・イツ・デチ・イチ／かわる・たがいに
代わる、互いに、かわるがわる、過ぎる、逃げる。

店 テン／みせ
原義は品物を並べた家。ひいて店。宿屋、借家。

典 テン・デン／のり・つかさどる・ふみ
名 のり・すけ・より・よし・とも・おき・つね・ふみ・みち・もり・つかさ
机の上に書物を置いたさまを表す。貴い書物。ひいてのりの意。法律、基準、教え、正しい。

東 トウ・ツ／ひがし
名 あずま・あきら・こち・もと・あがり・はる・ひで・はじめ・ひがし
木のなかばまで日が昇ったさまをかたどる。日が出る方角、ひがし、太陽。五行では春。

到 トウ／いたる
名 ゆき・よし・いたる
こえて至り着くが原義。いたる、届く、あざむく。

宕▲ トウ・ドウ／いわや
ほらあな。ほしいまま、わがまま。かってに動くさま。

沓▲ トウ・ドウ／かさなる・かさねる・くつ
くつ。かさなる。まじりあう。流れるようにしゃべる意。

突 トツ・ドチ・タチ・タツ・テツ・デチ／つく
犬が穴から飛び出す。出し抜け、つき出すの意

奈● ナ・ダイ・ナイ／いかん・からなし
名 なに
もと果樹の名、からなし。疑問、反語の助字。

乳 ニュウ・ニュ・ジ／ちち・ち
名 ち
もと、人が子を産み育てるの意。ちち、育てる。

念 ネン・デン／おもう
名 むね
心に強くとめておくこと。思う、覚えている。心。

杷▲ ハ・バ・ハイ／さらい・え
さらい、土をならしたり、かき集める道具。柄、つか。

波 ハ・ヒ／なみ
名 なみ
ゆれる水でなみの意味。まなざし、平穏でない。

杯 ハイ／さかずき・つき
原義は木を曲げて作った器。さかずき。

拝 ハイ・ヘ／おがむ
原義は両手をかかげて神に祈る。ひいておがむ。

苺▲ バイ・マイ・メ・ボウ・モウ・モ／いちご
いちご、バラ科の多年草で黄色や赤色の果実をつける。

泊 ハク・ヒャク・ビク／とまる
もと、舟をとめる水辺。ひいて、とまる、宿。

迫 ハク・ヒャク／せまる
名 せり・とお
ひっつくの意を表す。せまる、厳しい、苦しむ。

8画

八
ハチ やつ・や・やっつ・よう
分ける、別れる。与える。八方。数詞、時刻の名。
名 や・わ・かず・わかつ

版
ハン・ヘン いた・わかつ・ふだ
もと、平らな板の意。ひいて札、名札、はんぎ。

板
バン・ハン・ハン・ヘン・ベン いた
原義は平らな木。いた。背く、乱れるの意も。
名 いた

枇▲
ヒ・ビ・ヘイ
音を表す語。枇杷でびわ。

肥
ヒ・ビ こえ・こゆ
体に脂肪がついてふとること。豊か、盛ん。
名 こえ・とも・とみ・ゆたか

彼
ヒ かれ・かの
もと、別れるの意。三人称。あれ、かれ、かなた。
名 のぶ

披
ヒ・ビ ひらく
原義は手で開く。広める、分ける、かぶる。
名 ひら・ひろ

泌
ヒツ・ヒ・ビ・ビチ・ヒチ ながる
もと、すきまから水が流れる。軽快に流れる。

表
ヒョウ おもて・あらわす・しるし
衣と毛で、原義は下着の上に着る上着。ひいて、おもての意を表す。うわべ、あらわす、しるし。
名 おも・と・すず・よし・あきら・お・あき・うわ・きぬ・こずえ

拍
ヒョウ・ホウ・ハク・ヒャク うつ・かしら
手のひらを打ち合わせる。たたく。音楽の拍子。
名 ひら

苗
ビョウ・ミョウ・ム なえ・かり・なわ
草が田に生えたさまを表す。なえ、穀物、血筋。
名 なり・たね・みつ・え

斧▲
フ おの
おの、まさかり、木を切る道具。

府
フ くら・みやこ・やくしょ・あつまる
もと、ものをしまっておく蔵。屋敷、役所、都。
名 あつ・もと・くら

阜▲
フ・ブ・フウ おか
おか、大陸。おおきい、おおい。さかん。肥え太る、育つ。地名。
名 たか・おか・あつ

附
フ・ブ・フウ ホウ つく
もと、小さい丘の意。付くに通じる。近づく、頼る、親しむ、増す、加える、施す。
名 より・よる・ます・つく・ちか

武
ブ・ム たけし
ほこを持って攻めるの意から、強い、勇ましい。
名 たけ・ふか・いさ・たけし

服
フク・ブク・ホク・ボク・フ・フウ・ハク・バク きる・したがう
もと、舟の両側につける板の意。ひいて身につける。ふく。従う、用いる、仕事、習う。
名 よ・ゆき・こと・もと

沸
フツ・ヒ・ホチ・ハイ・ヘ わく
水が噴き出す。盛んにおこる、わく。水の音。

物
ブツ・モツ もの
もと、神に供える肉。ひいてさまざまなもの。
名 たね・もの

並
ヘイ・ホウ・ボウ・ヒョウ・ハン・バン ならぶ・なみ
ならび立つの意。類する、ともに、あまねく。
名 なみ・みつ・み・ならぶ

併
ヘイ・ヒョウ・ビョウ ならぶ・あわす・しかし
並と同義。並べる、合わせる。ともに。連なる。

坪
ヘイ・ビョウ つぼ
土地が平らな所。平地、土地の面積の単位。

歩
ホ・ブ あゆむ・あるく
足を交互に出す。あるく。進度、なりゆき。
名 すすむ

泡
ホウ あわ
水と包むであわの意。うたかた。盛んなさま。

放
ホウ はなす・おく・ゆるす・よる
もと、人を追い払うの意味。はなす、逃げる。
名 ゆく・ゆき

抱
ホウ・ボウ・ヒョウ・ブ いだく・かかう・だく
手で包む、つまりいだくの意。かかえる、守る。
名 もち

8画

法
ホウ・ホッ・ハッ
のり・おきて・のっとる
名 かず・つね・のり・はかる
公平なのり、おきて、手本、のっとる、礼儀。

宝
ホウ
たから
名 たか・とみ・かね・みち
もと、大切なものを家にしまっておく。たから。

奉
ホウ・ブ
たてまつる
名 よし・とも・うけ・な
草を両手で捧げるさまを表す。たてまつる。

朋●
ホウ・ボウ
とも
名 とも
昔、財宝だった一対の貝をかたどる。友、仲間。

肪
ボウ・ホウ
あぶら・こゆ
動物性脂肪のこと。あぶら、肥える、あぶらぎる。

茅●
ボウ・ミョウ
ち・かや
名 ち・かや
矛にはとがる、突き出るの意がある。かや。

房
ボウ・ホ
ふさ・へや
名 ふさ・のぶ・お
原義は堂のかたわらにある小部屋。住まい、巣。

牧
ボク・モク・ボウ・モ
まき・やしなう・かう・つかさ
名 まき
もと、牛を駆りたてるの意。放し飼い、養う。

奔
ホン・フン
はしる・にげる
人が手を振って走っているさまを表す。走る。

妹
マイ・バイ
いもうと・いも
名 いも
女と若い意の未で、いもうと。年下の女性。

枚
マイ・バイ
ひら・みき
名 ひら・ふむ・かず
原義はむちの棒。幹、つえ。細かいの意も。

茉●
マツ
まつ
茉莉。インド原産の草で、ジャスミンの一種。

抹
マツ
原義は手でこする。する、なでる、塗る、消す。

沫▲
マツ・バツ・マチ
あわ・つばき
あわ。つばき、よだれ。みずたま。やむ。汗が流れる。

弥●
ミ・ビ
あまねし・わたる・やや・ね・みつる
名 ます・やす・いや・みつ・ひろ・まね・や・いよ・ひさ・よし・ひさし・わたる
もと、弓がゆるむ意。安んじる、久しい、長時間、あまねく、いきわたる、広い、いよいよ。

味
ミ・ビ・メ・バイ・バツ・マチ
あじ・あじわい
名 あじ・うまし・ちか
口にうまいと感じるの意から、あじ。うまみ。

岬
みさき
もと山のかたわら。転じてみさき。やまあい。

明
メイ・ミョウ・ベイ・ホウ・ミン・モウ
あきらか・あかり
名 あき・あきら・てる・よし・はる・のり・とし・ひろ・みつ・あか・くに・きよし
日と月で光が輝くの意。あかるい、あきらかにする、賢い、見分ける、清らかである、夜明け。

命
メイ・ミョウ・ベイ
いのち・おおせ・うん
名 よし・のり・より・かた・もり・のぶ・なが・や・な・あきら・とし・まこと
天の言いつけの意。いのち、めぐり合わせ、世の定め、生まれつき、おおせ、教え。

免
メン・ベン・モン・バン・ブン・マン
ゆるす・まぬかる
娩の原字。子供を産むこと。転じて抜け出る、まぬかれる、取り除く、去る、許す。

門
モン
かど
名 かど・ゆき・かな・と
戸が向かい合って立っているさまを表す。入口。

茂
モ・ボウ・バイ・マイ・ボ
しげる
名 しげ・あり・たか・とう・もち・もと・しも・し・とも・とよ・ゆた・しげる
草がおおいしげる意を表す。草が盛んにしげる、豊か、多い、優れる、美しい、人徳がある。

孟●
モウ
はじむ
名 たか・たけし・もと・おさ・たけ・つとむ・はじめ・とも・なが・はる
長子、かしらの意。はじめ、特に四季のはじめ。大きい、努める。とりとめがないの意も。

夜
ヤ・テキ・チャク
よ・よる
名 よ・よる・やす
もと、月が出て明るいの意味。よる、暗闇。

油
ユ・ユウ　あぶら
川の名。油油は水などがよどみなく流れるさま。

侑●
ユウ　すすめる・たすく
有の原字。人を加えてすすめる、助けるの意。
名 ゆき・すすむ・あつむ

林
リン　はやし
木が並んでいるさまを表す。はやし。人や物事がたくさん集まっている所。多い、盛ん。
名 ふさ・しげ・き・きみ・きむ・よし・な・もと・とき・もり・しげる

例
レイ・レツ・レチ　ためし・たぐい・おおそ・ならわし・たとえ
人と列で、人の並び、同類を表す。ひいてならわしの意。おきて、あらまし、たとえる。
名 ただ・つね・みち・とも

怜●
レイ・リョウ　さと・さとし・とき・さとる
原義は心に明らか。さとい、賢い。あわれむ。
名 さと・さとし・とき

炉
ロ　いろり
原義は火を集めておく場所。いろり、ひばち。

和
ワ・オ　やわらぐ・なぎ・あたたか・なごむ・なごやか・あえる
原義は人の声や心に合わせて応じる。ひいて、やわらぐ、静まる、穏やか、調和する。
名 かず・たか・かつ・よし・より・まさ・ます・あい・やす・かなう・やまと

或▲
ワク・イキ・コク・ヨウ　ある・あるいは
あるいは、もしくは。ある。あるもの、あるひと。まどう。国、土地。

枠
わく
細い木で作った、布などを張るための骨組み。

9画

娃▲
アイ・ア・ワ　うつくしい
うつくしい、目元がうつくしい。美人。圭の転音が音を表す。

按▲
アン・アツ・アチ　おさえる・しらべる
おさえる、手で押さえつける。調べる、考える。証を立てる。

胃
イ
原義は、肉とふくろでいぶくろ。心、星の名。

為
イ　なす・す・ため
人手を加えること。なす、作る、学ぶ、習う、治める、行う。目的に向かって努力するの意も。
名 ため・すけ・なり・よし・しげ・ゆき・より・さだ・ち・す・た

威
イ　たけし・おどす
畏に通じて、おどし、おそれの意を表す。強い。
名 たけ・つよ・たか・とし

畏▲
イ・エ・ワイ　おそれる・かしこい・かしこまる・おそれ
おそれる、おびえる。うやまう。礼儀正しくする。

郁●
イク　たかし
もと国名。盛んなさまを表す。かぐわしい。
名 か・ふみ・あや・かおる

胤●
イン　たね・ちすじ・かず・つづき
筋が長く続くの意。血統を受け継ぐ子孫、種。
名 たね・つぐ・つぎ・み

姻
イン
女と、よるという意の因とで、嫁ぎ先。縁組み。

映
エイ・ヨウ・オウ　うつる・はえる
日光がはえて、光がうつり合うこと。明らか。
名 あき・てる・あきお・みつ

栄
エイ・ヨウ　さかえ・はえ・はゆ・きり
もと、桐の木の意。花が咲く、光り輝く、盛ん、さかえる、草木が盛んに茂る、名誉。
名 しげ・てる・よし・なか・はる・なが・まさ・ひで・たか・さか・とも・ひさ

屋
オク　や・やね・いえ・おおい
もと、寝室の意。ひいて家。住まい、建物。
名 や・いえ

音
オン・イン　おと・ね・こえ
もと言に同じ。ふしをつけた音声。音楽、文章。
名 おと・ね・なり・お・と

珂▲
カ
玉につぐ美しい石。しろめのう。くつわ貝、貝の一種。くつわ貝で作った飾りの意も。

迦▲
カ・キャ・ケ・カイ・ゲ
梵語でカを表す当て字、釈迦など。

9画

珈▲
カ・ケ
原義は婦人の髪飾りの意。

架
カ・ケ たな・かく
名 みつ
語源は加。木の上に加え置くで、たなの意。

科
カ ほど・しな・すじ・とが
名 しな
穀物の量を計ること。程度、区分、おきて。

俄▲
ガ にわか
にわかに、きゅうに。しばらく、ほどなく。

臥▲（9画）
ガ ふす
ふす、横になる、ねる。寝床。病床につく。

海
カイ うみ・わた
名 あま・み・うみ・うな
広く大きいさま、物事が多く集まる場所。

界
カイ さかい
名 さかい
田と分ける意の介とで田の境の意。区切り。

廻▲
カイ・エ めぐる・まわる
めぐる、まわる。めぐらす。めぐり。かえる、もどる。

恢▲
カイ・ケ・キ ひろい
ひろい、おおきい。志が大きい。ひろめる、盛大にする。めずらしい。

皆
カイ・ケイ・キ みな・あまねく
名 みな・み・みち・とも
原義は人々が同じように言うの意。ひいてみな。

垣
かき
名 かき・たか・はん
原義は土で囲いを巡らす、土塀、ひいてかき。

革
カク・キャク・キョク・コキ かわ・つくり かわ・あらたむ
動物の骨をかたどる。なめしがわ、あらたまる。

活
カツ・ガチ・カチ いく・よみがえる
名 いく
勢いよく水が流れる。生気あふれる、よみがえる。

括
カツ・クチ くくる
手で締めくくるの意。結ぶ、まとめる、くくり。

巻
カン・ケン・ゲン・コン まき・まく
名 まき・まる
もと、体を丸める。転じてものをまくの意に。

竿▲
カン さお
さお、たけざお、かけざお。おかす。やがら、矢のみき。

柑▲
カン・ゲン・ケン みかん
みかん、みかん類。蜜柑でみかんと読む。

看
カン みる
名 み・みる・みつ・あきら
原義は目の上に手をかざして遠くを見る。望む。

冠
カン かんむり
かんむりをつける、覆う、かしら、成年になる。

紀
キ おさむ・しるす
名 のり・とし・ただ・こと・すみ・もと・おさ・き・あき・かず・つぐ・つな
原義は糸と己でいとぐち、端緒。はじめ、かなめ、秩序だてる、おきて、しるす。

既
キ・ケ すでに・つく
原義は食べつくす。転じてすでに、ことごとく。

軌
キ わだち
名 のり
車が通った道、わだちの意。転じて、のり、手本。

客
キャク・カク ひと・とくい
名 まさ・ひと
原義は家に至り着いた人。ひいてきゃく。旅人。

祇▲
キ・ギ・シ・ジ くにつかみ・ただ・まさに
名 まさ
地の神、くにつかみ。すべての神。安らか、大きい。ただ、まさに。

急
キュウ はやし・きびし・せく・いそぐ
心がせくの意。気ぜわしい、速い、激しい。

級
キュウ しな
名 しな
もと、次々に糸をつぐの意。ひいて順序、位。

侠▲
キョウ・コウ きゃん
おとこだて、おとこぎ。きゃん、おきゃん、はすっぱ。はさむ。たもつ。

狭
キョウ・コウ・ゴウ せまし・せばめる
名 さ
もと、心がせまいの意。転じて空間がせまい。

9画

挟
キョウ　はさむ・さま
原義は手ではさむ。持つ、隠す、誇る、盛り立てる。
名 さし・もち

峡
キョウ・コウ　かい・はざま
山と挟むで、山と山の間、はざま、谷、谷川。
名

衿●
キン　えり
着物のえり、つけひも。結ぶ、帯びるの意も。
名 えり

九
ク・キュウ　ここのつ
腕を曲げたさまを表す。ここのつ、あまた。
名 かず・ただ・ひさ・ちかし

糾
ク・キュウ　ただす
もと、糸が絡み合うの意。あざなう、ただす。
名 ただ・ただし・ただす

軍
グン・クン　いくさ
車で囲んで陣地を作る、ひいて軍隊。いくさ。
名 むれ・むら・いさ・すすむ

型
ケイ・ギョウ　かた・いがた
もと、鋳型の意。かた、手本、法則。基本の動作。

契
ケイ・カイ・セツ・セチ・ケツ・ケチ・キツ　ちぎる・てがた
原義は刻む、割り符。ひいてちぎりの意を表す。
名 ひさ・ちぎる

計
ケイ・カイ・ケツ・ケチ　かぞう・はかる
言と十でまとめたものの数をよむ意。かぞえる。
名 かず・かずえ・はかる

奎●
ケイ・キ　また・またぐら
文運をつかさどる星座の名。二十八宿の一つ。股。
名 ふみ

係
ケイ・カイ　つなぐ・かかる・かかり
もと、人のつながりの意。つなぐ、かかわり。
名 たえ

勁●
ケイ・キョウ　つよい
強い、強くする、かたい、鋭い。健やかの意も。
名 つよし

頁▲
ケツ・ゲツ・ゲチ・シュ・ヨウ・コウ　ページ・かしら
書物の紙の一面、半枚。頭、こうべ。

県
ケン・ゲン　かく・かかる・あがた
もと、首をさかさまにしてつり下げる。かける。
名 とう・むら・さと

研
ケン・ゲン　とぐ・みがく・きわむ
ものをといでみがく。みがく、とぐ、きわめる。
名 あき・きし・きよ

建
ケン・コン　たつ
原義は法律を定めて国を治める。たてる。
名 たて・たけ・たつ・たけし

彦●
ゲン　ひこ・お・やす
美青年の意。男子の美称。教養のある男性。
名 ひこ・ひろ・よし・さと

限
ゲン・カン・ゴン・コン　かぎり
行き止まり。ひいてかぎりの意。境界、最大。

胡●
コ・ゴ・ウ　えびす
あごの下の肉のこと。はるか。なんぞ、えびす。

枯
コ・ク　かる
原義は、木がひからびる。かれる、衰える。

故
コ・ク　ゆえ・いにしえ・ふるし・わざと
古に通じて古いの意。ことさらに、もと、理由。
名 ふる・もと・ひさ

孤
コ・ク　ひとり・そむく
頼る者のいない子の意。ひとり。
名 かず・とも

弧
コ・ゴ・オ・ウ
弓形に曲がるの意。曲がる、背く、戻る。

後
ゴ・コウ・グ　うしろ・のち・あと・おくる
もと、人に遅れるの意。あと、のち、将来、若い。
名 のち・ちか・もち・のり

恰▲
コウ　あたかも
あたかも、ちょうど、まるで。鳥の鳴く声。

巷▲
コウ・ゴウ　ちまた
ちまた。路地、街路。道の分かれる所。ところ、場所。

紅
コウ・グ・ク　くれない・べに・あかし
べにばなから作る顔料。くれない、鮮やかな赤。
名 いろ・くれ・あか・べに

郊
コウ・キョウ　いなか
都の周辺、町はずれの意。まつる、いなか、田野。
名 ひろ・おか・さと

荒
コウ　あれる・すさむ・あばれる・あらい
雑草が広がり生えるの意。あれる、むなしい。
名 あららぎ・ら・あら

皇
コウ・オウ　きみ・すめらぎ
もと輝きわたるの意。天子、君、大きい、盛ん。
名 すべ・すめら

9画

厚
コウ・ダ
あつし

原義は、硬くて大きい岩。ひいてあつい。尊い。

名 あつ・ひろ・あつし

虹●
コウ
にじ

原義は、空に横たわる七色の竜。にじ、橋。

名 にじ

洸●
コウ
ひかる

水が勢いよく湧き出て、光っているさまを表す。広々している、深い、勇ましい、ほのか。

名 ひろ・ひろし・たけし・ふかし

恒
コウ・ゴウ
つね

原義は、不変の心。つね、とこしえに、いつも。

名 ちか・つね・のぶ・ひさ

侯
コウ・グ
きみ・よし

もと、矢を射る的。かりて諸侯。美しいの意も。

名 きぬ・きみ・とき・よし

香
コウ・キョウ
か・におい・かおり・かざ・こうばし・かんばし

もと、きびのおいしそうなかおりの意味。こうばしい、色や声、姿などが美しい。かんばしい。

名 か・よし・かが・たか・かおる

洪
コウ・グ

水が集まる、ひいておおみず。優れた、大きい。

名 おお・ひろ

査
サ・シャ
しらぶ

木と組み合わせる意の且で、いかだ。調べる。

砂
サ・シャ・シ
すな・よなぐ

細に通じ、微細な石の意。いさご、まさご。

名 すな・いさご

砕
サイ
くだく

石うすでひいてくだくの意。くじく、苦しめる。

哉●
サイ
かな

感嘆、疑問、反語の助字として用いる。はじめ。

名 か・や・ちか・はじめ

柵▲
サク・シャク・サン・セン・セキ
しがらみ・とりで

矢来。竹や木を立て並べたかき。しがらみ。とりで。架け橋。

昨
サク・ザク
きのう

過ぎた日を表す。さきの、きのう、以前。

削
サク・シャク・ソウ・ショウ
けずる・そぐ

もと、刀で小さくするの意。けずる、そぐ。

拶▲
サツ・サチ
せまる

せまる。おしひらく。会釈をする。

珊▲
サン・サツ・サチ
サンチ

珊瑚（さんご）。サンチ、センチメートルの当て字。

柿▲
シ
かき

かき。秋に実る赤い果実。

茨▲
シ・ジ
かや・いばら・くさぶき

かやで屋根をおおう、くさぶき。かや、いばら。植物のとげ。積む。

施
シ・セ・イ
ほどこす

もと、旗がゆらぐさまを表す。ほどこす、敷く。

名 はる・もち・のぶ・ます

思
シ
おもう・ここ ろ

心の働きの意を表す。おもう、ねがう、かんがえ。

名 こと・おもい

指
シ
ゆび・さす

手でさし示す意から、ゆび。さす、こころもち。

名 むね

姿
シ
すがた

女性のすがた。形態、ようす、おもむき、素質。

名 しな・たか・かた

持
ジ・チ
もつ

もつ、手に取る、保つ、助ける、引き受ける、正す。

名 もち・よし

室
シツ・シチ・シ
へや・いえ・むろ・つま

もと、ゆきどまりの部屋の意。ものを蓄える穴。

名 いえ・や・むろ

卸
シャ
おろし

荷物を下におろす。脱ぐ、解く、逃れるの意も。

柘▲
シャ
やまぐわ

やまぐわ、桑の一種。くわ色。

首
シュ・シュウ
くび・こうべ・しるし・もうす・はじめ

頭部をかたどる。くび、しるし、はじめ、おさ。

名 おびと・かみ・さき

9画

狩
シュ・シュウ　かり
もと、犬で獣をとらえるの意。かり、探し集める。
名 もり・かり

柊●
シュウ・シュ　ひいらぎ
木の名、ひいらぎ。常緑高木で葉にとげがある。

秋
シュウ・シュ・ショウ　あき・とき
稲が実る時季、つまりあき。実り、大切なとき。
名 あき・とき・とし・あきら

拾
ジュウ・シュウ・ショウ・キョウ・ギョウ　ひろう
手でひろい集めるの意。取る、補う、収める。
名 とお・ひろ

重
ジュウ・ジュ・チョウ・シュ　しげ・おもし・かさぬ・え
人が荷物を持っているさまをかたどる。ひいて、おもい、大切な、尊い、かさねる。落ちついている。
名 しげ・ふさ・あつ・え・かず・のぶ・あつし・いかし・おもし・しげる

祝
シュク・シュ・シュウ・チュ　いわう・ほぐ・のりと・ほがい・のる
原義は、神に祈る、または巫女の意。転じて幸いを祈る。祝福する。神に告げる、のりと。
名 とき・のり・ほう・い・よし・いわい・はじめ

春
シュン　はる
もと、草が芽吹き始める季節の意。はる、としごろ、青春期、年月。
名 あつ・かす・かず・とき・はる・あずま・はじめ

俊
シュン　とし
もと、人が抜け出るの意。優れた人、さとい。
名 とし・すぐる・たかし

洵●
ジュン　まこと・まことに
原義は巡る水。まことに。遠い、等しいの意も。
名 のぶ・まこと

盾
ジュン・シュン・イン・トン　たて
目を守るかぶとのひさしをかたどる。転じてたて。
名 たて

叙
ジョ・ゾ　のぶ・ついで・はしがき
順序づけるの意。ついで、しだい、述べる、始まり。
名 きよ・さる・のき

咲
ショウ　さく
笑の本字。人が笑うさまから、花が開くの意に。
名 さき

昭
ショウ・ジョウ　あきらか
日の光が明らかであるの意。照り輝く、著しい。
名 あき・てる・あきら・いか

茸▲
ジョウ・ジュウ・ニュ　きのこ・しげる・たけ
しげる。あつまる。芽生え。きのこ、たけ。たけのようにはえるもの。

乗
ジョウ・ショウ　のる・つい
木の上に人が立つさまを表し、ひいてのるの意。
名 のり・しげ・あき

浄
ジョウ・ソウ・セイ・シン
水が清い、汚れがない、潔い、波が静かなどの意。
名 きよ・しず・きよし

城
ジョウ・セイ　しろ・き・きずく
成と土でしろの意を表す。都、国。とりで。
名 き・くに・さね・しろ

食
ショク・ジキ・シ・ジ・イ　くう・くいもの・け・めし・はむ・おす・たべもの
食器に盛った食物をかたどる。たべもの、生活する、生計、糧、まつる。
名 あき・あきら・け・うけ・くら・みけ

拭▲
ショク・シキ　ぬぐう・ふく
ぬぐう、ふく。清める、よごれを取る。

津
シン　つ・わたし・あふれる
川を渡って進むの意。渡し場。集まる、手段。
名 つ・づ

侵
シン　おかす・せむ
もと、ほうきではき進む。ひいておかすの意。

神
シン・ジン　かみ・たましい・かん・こう
もと、雷神の意。転じてかみ、たましい。神霊。
名 か・かむ・きよ・しの

信
シン　まこと・たより
人と言とで、言葉と心が合致している、つまりまことの意。たより、まかせる、明らかにする。
名 のぶ・さね・とき・とし・ただ・あき・こと・さだ・ちか・みち・あきら

甚
ジン・シン　はなはだ
もと、夫婦の楽しみの意。ひいてはなはだしい。
名 たね・とう・しげ・やす

洲
ス・シュウ　くに・しま・す
州と同義で、中洲の意。波うちぎわ、島、大陸。
名 くに・しま

9画

帥
スイ・セイ・シュツ・シュチ
ひきいる
率に通じ率いるの意。先んじる、集める、従う。
名 そち・そつ

是
ゼ・シ・ジ・テイ・ダイ
これ
飾りがついたさじをかたどる。これ。正しい。
名 これ・つな・ゆき・よし

省
セイ・ショウ・セン
みる・かえりみる・はぶく・やくしよ
もと、目を止めて注視するの意。ひいて、つまびらかにする、かえりみる。はぶく、調べる。
名 み・よし・みる・はぶく・あきら

政
セイ・ショウ
まつりごと・まさに・ただす
原義は強制的に正す。ひいてまつりごとの意。教える、導く、治める。
名 まさ・のぶ・かず・おさ・のり・なり・ゆき・ただ・きよ・こと・まさし

星
セイ・ショウ
ほし
澄み輝くほしをかたどる。年月、さまざまの。
名 とし・ほし

茜●
セン
あかね
あかね科の多年生草本。根から赤色の染料をとる。

穿▲
セン・エン・オン
うがつ・はく
原義は穴と牙で噛んで穴をあけるの意。うがつ、ほる。穴をあける。つらぬく。極める。

染
セン・ゼン・ネン
そむ・しみる
もと、草木からとる染料。ひいてそめる。彩る。
名 そめ

洗
セン・セイ・サイ
あらう
水であらう。あらい清める。すすぐ、鮮やか。
名 きよ・よし

泉
セン・ゼン
いずみ・ぜに
岩石の間から水がしたたるさまをかたどる。源。
名 みず・い・み・いずみ

専
セン・タン・ダン
もっぱら
もと、糸を巻き付ける。転じて、ひとすじに。
名 たか・もろ・あつし

宣
セン
のぶ・とく・のたまう・みことのり・あまねし
もと、土壁をめぐらした獄舎の意。後、天子の正室、明らかなどの意に。述べる、のたまう。
名 のぶ・つら・むら・ふき・よし・すみ・のり・ひさ・ふさ・しめす・のぶる

浅
セン・ゼン・サン
あさし
水が少ない、ひいてあさい。薄い、はかない。
名 あさ

前
ゼン・セン
まえ・すすむ
もと、刀で切りそろえるの意。切る、進む。
名 さき・ちか・くま・すすむ

祖
ソ・シャ
せんぞ・はじめ・じじ・おおじ
さき、初めの意。先祖、おおもと、のっとる。
名 のり・ひろ・さき・もと

送
ソウ・ス
おくる
おくる、ものを与える、つかわす、贈り物などの意。

草
ソウ
くさ
もと、どんぐりのこと。転じて、草。下書き。
名 くさ・かや・しげ

奏
ソウ
かなでる・すすむ
草を両手で神に供えるさま。音楽を演奏する。
名 かな

荘
ソウ・ショウ
おごそか・しもやしき
草が盛んに茂る。壮に通じ、おごそか。
名 たか・まさ・たかし

相
ソウ・ショウ
あい・みる・たすく
もと、明らかに見るの意。互いに、助ける。
名 あい・みる・はる・すけ

則
ソク
のり・のっとる・すなわち
法律、標準、規定、筋道、のっとる、すなわち。
名 のり・つね・とき・みつ

促
ソク・サク・ショク
うながす・せまる・みじかし
人と速めるとで、せまる、うながすの意を表す。
名 ゆき・ぬか・ちか

俗
ゾク・ショク
ならい・いやし
世間の習わしの意。風習、習慣、平凡、世の中。
名 よ・みち

殆▲
タイ・ダイ
ほとんど・あやうい・ちかい
ほとんど、おおかた。あやうい、危険。あやぶむ。あぶないさまを表す。

退
タイ・トン
しりぞく
もと、戻りつく、ひいてしりぞく。譲る、消極的。
名 のき

耐
タイ・ダイ・ナイ・ドウ・ノウ
たう
原義はもちこたえる。たえる、しのぶ、ほおひげ。
名 たう・つよし

9画

待 タイ・ダイ　まつ・あしらう
もと、道で立ち止まるの意。まつ、もてなす。
名 まち・まつ・なが・みち

胆 タン　きも
原義は肌を脱ぐ。決断力、勇気、ふき清める。
名 い

炭 タン　すみ
原義は、燃えさしをまた火に返す、消しずみ。

単 タン・ダン・セン・ゼン　ひとえ
一つ、ひとえ、薄い、まじりけがない、すべて。
名 ただ・いち

段 ダン・タン
もと、ものを打ちすえるの意。鍛えるの意も。

茶 チャ・タ・ダ・サ・ジャ
中国・日本原産の常緑低木。葉を飲料にする。

昼 チュウ・チュ　ひる
もと、太陽が輝くの意。ひいて、ひる、昼間。
名 あき・あきら・ひる

柱 チュウ・チュ　はしら・ことじ・ささう
原義はじっと立っている木。はしら、支える。
名 はしら

挑 チョウ・ジョウ・トウ　いどむ・みだす・かかぐ
手ではね上げる。ひいていどむ。たわむれる。

勅 チョク　みことのり・いましむ
もと、いましめる、ひいて天子の命令の意。
名 とき・て

珍 チン　めずらし
もと、欠けるところのない美しい玉の意。ひいて貴重な。美しい、めずらしい、優れている。
名 よし・くに・たか・はる・のり・くる・いや・うず

追 ツイ・タイ・テ・スイ　おう
原義は、あとについていく。ひいておう、従う。

亭 テイ・チン・チョウ　あずまや・しゅくば
もと人がとどまり休息する建物の意。あずまや。
名 たかし

訂 テイ・チョウ・ジョウ　はかる・ただす
原義は公平にはかる。正当な、ただす、定める。
名 ただ・ただす

貞 テイ・ジョウ・チョウ　ただし
もと、占って問いただすの意。正しい、まこと。
名 さだ・ただ・つら・ただし

帝 テイ・タイ　みかど・あきらか
もと、神の意思を受けて天下を治める君。
名 ただ・みかど

姪▲ テツ・チツ・テチ・ジチ　めい・おい
兄弟姉妹の生んだ女の子。

点 テン・セン・タ　ちょぼ・ぼち
もと小さい黒いてん。ひいてしるしをつける。

度 ド・トク・タク　たび・のり・わたる・はかる
原義は手でものをはかるの意。測量する、推し量る、考える、のり、ようす、器量、人柄。
名 のり・なが・のぶ・もろ・みち・ただ・わたる

洞 ドウ　ほら
原義は水が通り抜ける、ひいて、うつろ。貫く。
名 あき・あきら・ひろ・ほら

峠 とうげ
山の上りと下りの境になる場所。とうげ、最高潮。

独 ドク・トク　ひとり
もと、闘犬の意。ひとり。他人の助けを借りない。
名 かつ

栃▲ とち
山に生える落葉樹。実は食用になる。

南 ナン・ナ・ダン　みなみ
原義は家の中が暖かい。ひいてみなみの意。
名 なみ・みなみ・あけ・みな

柔 ニュ・ニュウ・ジュウ　やわらか
もと、しなやかな木。やわらかい、やさしい。
名 やす・よし・なり・とう

祢▲ ネ・デイ・ナイ・セン
父のおたまや。父の廟。戦争に持っていく位牌。禰の略字。
名 ね

派 ハ・ハイ・ヘ・バク・ミャク　わかれ
水流が分かれるさまをかたどる。派生する。
名 また

肺 ハイ・バイ
五臓の一つ、肺臓。真心、心の奥底、赤いの意も。

9画

背
ハイ・バイ　せ・せい・うしろ・そむく
肉と後ろ側の意の北とで、体の後ろ側、せの意。
名 のり・せ・しろ

盃▲
ハイ　さかずき
酒を飲む器。器に盛った数を数える語。

柏▲
ハク・ヒャク　かしわ・このてかしわ
ひのき、こてがしわの総称。かしわの木。打つ、柏手は手を打ち鳴らすこと。

珀▲
ハク・ヒャク
白が音を表す。玉の名。

発
ハツ・ホツ・ホチ　はなつ・おこる・あばく・つかわす
もと、弓を射るの意。矢を放つ、ひいて出立する、行く。遣わす、起こる、明らかにする。
名 なり・のり・おき・ちか・のぶ・あきら・あき・しげ・とき・ひらく

畑
はたけ・はた
火と田で、草木を焼いて作った耕地。はたけ。

飛
ヒ　とぶ
鳥がとぶさまをかたどる。とぶ、速い、高い。
名 たか

毘▲
ヒ・ビ
たすける。あきらか。すたれる。もだえる。厚い。へそ。
名 まさ・やす・すけ・のぶ・てる・とも・よし・たる

美
ビ・ミ　よし・うつくし・ほむ
羊と大で、大きな羊。ひいて、うつくしいの意。おいしい、よい、うるわしい、りっぱな。
名 よし・はる・み・みつ・はし・とみ・よ・うま・ふみ・うまし・きよし

眉●
ビ・ミ　まゆ
もと、目の上のまゆをかたどる。ふち、長寿。
名 まゆ

秒
ビョウ・ミョウ　のぎ
もと、稲の穂先。転じて微細の意。かすか。

品
ヒン・ホン　しな
ものの意をもつ口が三つで、たくさんのものの意。
名 しな・かつ・ただ・かず

赴
フ　おもむく
原義は急いで行く。おもむく、至る、告げる。
名 ゆく・はや

封
フウ・ホウ・フ　さかい・おか・つつむ・とず
もと、木を植えて境界を作る。閉じる、領地。
名 かね

風
フウ・フ　かぜ・かざ
もと、鳳凰をかたどる。風が吹く、勢い。
名 かざ・かぜ

冒
ボウ・モウ・ボク・モク・バイ・マイ　おかす・おおう・ずきん
もと、目を何かで覆うこと。転じておかす。覆う、かぶる、隠す、断行する、むさぼる。

姥▲
ボ・モ　うば・ばば
年を取った女の人。老女。

保
ホ・ホウ　たもつ
子供をおんぶしているさま。育てる、たもつ。
名 やす・もり・より・やすし

変
ヘン・ベン　かわる
もと、ひっくり返すの意で、ひいてかわる。

柄
ヘイ・ヒョウ・ホウ　え・がら・から・つか
手に持つ木の意で、器の木のとって。権力の意も。
名 え・えだ・かい・かみ

胞
ホウ・ヒョウ・フウ・フ・ビョウ　えな
もと、胎児を包む膜の意。母の体内、はらから。

昴●
ボウ・ミョウ　すばる
すばる。フレアデス星団。星宿の名。昴は別字。

某
ボウ・ム・バイ・マイ　それ・それがし
梅の原字。かりて不定称、一人称の代名詞に。
名 いろ

勃▲
ボツ・ホツ・ボチ　おこる・にわか
おこる、興起する。にわかに。さかんに。怒るさま。

盆
ボン・ホン　ほとぎ
大きい皿の意。食器をのせるもの。あふれる。

昧▲
マイ・バイ・ブン・モン・メ　くらい
くらい。夜明け。物事をよく知らない。深く思い沈む。むさぼる。

柾●
まさ・ただし

木と正で、木目が真っすぐな木の意。まさめ。

名 まさ・まさき

俣▲
また

また、ふたまた。

面
メン・ベン
おもて・つら・かお・まのあたり・おも

おもて、うわべ、方向、会う、平面、前などの意。

名 おも・つら・も

籾▲
もみ

もみ、もみがら。

約
ヤク・ヨウ・アク・ケキ・キャク
ちかう・むすぶ・つづむ・おおむね・しめくくり

糸としめつける意の勺とで、糸でしばる。転じてまとめる、かなめ、しめくくる、簡単にする。

名 なり

耶●
ヤ
か

疑問・反語・感嘆の意を表す助字として用いる。

柚●
ユ・ユウ・ジク
ゆず

常緑低木、柑橘類の一種。果実に香気がある。

勇
ユウ・ヨウ
いさむ・つよし・つわもの

心身からわき出るの意。いさましい、元気がある。強い、思い切りがいい、いさぎよい。

名 いさ・いさみ・たけ・そよ・お・さよ・とし・はや・いさお・いさむ・たけし

祐●
ユウ・ユ
たすけ・たすく

天の助け、神仏の加護、人の助け。幸いの意も。

名 すけ・さち・むら・ます

宥●
ユウ・ウ
ゆるす・すむ・たすく

もと広い家。ひいて、ゆるい、許す、なだめる。

名 すけ・ひろ

要
ヨウ
かなめ・もとむ・よう

人が両手で腰をおさえているさま。かなめ。

名 やす・かなめ・とし・しの

洋
ヨウ・ショウ・ジョウ
なだ・おき

もと、川の名。ひいて大海。なだ、満ちあふれる。

名 ひろ・なみ・きよ・ひろし

洛▲
ラク
みやこ

川の名前。みやこ。まとう。

俐▲
リ

かしこい。さとい、さかしい。

名 り

律
リツ・リチ
ただす

もと、道に従わせる、ひいて定め。基準、法。

名 のり・おと・ただし

柳
リュウ・リュ
やなぎ

風のままに長い枝がなびく木の意。なよやか。

10画

侶▲
リョ・ロ
とも

ともづれ、ともとする。仲間。

名 かぬ・かね・とも

亮●
リョウ
あきらか・まこと

物事に明るい人。明らか、まこと、誠実。

名 すけ・あき・あきら・ふさ

厘
リン・テン・デン
みせ

原義は分けられた宅地。ひいて店の意。たな。

玲●
レイ・リョウ・ロウ

原義は玉がふれ合う澄んだ音。鮮やかで美しい。

名 あきら・たま

郎
ロウ
おとこ

もと、中国の地名。かりて男子の名称に用いる。

名 お・いらつこ

挨▲
アイ
ひらく

おしひらく。せまる、強く進む。ちかづく。

晏●
アン・エン
やす・やすし・さだ

晴れている、やすらか、穏やか、鮮やかで美しい。

名 さだ・はる・やす

案
アン
つくえ

もと、食器を置く机。調べる、考えるの意も。

員
イン・エン・ウン
かず

もと、丸いかなえの意。転じてものや人の数。

名 かず・さだ

院
イン・エン・カン・ガン・オン

もと、周りに土塀を巡らした家。ひいて囲い。

烏▲
ウ・オ・ア・アン・エン
いずくんぞ・からす

からす。黒い。いずくんぞとはなんぞ「どうして」「なぜ」の疑問や反問を表す。

10画

益
エキ・ヤク
ます

水が皿からあふれているさまをかたどる。転じて増すの意に。加わる、ためになる。

名 ます・あく・また・よし・やす・みつ・み・あり・のり・まし・すすむ

悦
エツ・エチ
よろこぶ

原義は心のつかえを取る。転じて喜ぶの意に。

名 のぶ・よし

俺▲
エン・ヨウ・アン
おれ

おれ、われの俗語。大きいの意。

宴
エン
さかもり・たのしむ・やすし

もと、家で安んじる、ひいて酒盛り、くつろぐ。

名 やす・よし・もり

桜
オウ・ヨウ・エイ
さくら

国花。ばら科の落葉高木。ゆすらうめの意。

名 さくら

晄▲
オウ・コウ
あきらか・ひかる・みつる

日と光で明るく輝くの意。明らか、光る、照る。

名 あきら・あき・てる・ひかる・みつ

翁
オウ・ウ
おきな

原義は鳥の首すじの羽毛。老人の尊称。父。

名 おい・ひと・とし・おきな

恩
オン
めぐみ

心と、人をいたむ意の因とで、恵むの意を表す。

名 おき・めぐみ

家
カ・ケ・コ
いえ・うち・や

もと、神をまつる所。住居、家族、家柄、一門。

名 いえ・や・やか・え・お

夏
カ・ゲ
なつ

もと、夏祭りの舞。転じてなつ。盛ん、大きい。

名 なつ

荷
カ・ガ
に・になう・はす・はちす

もと、ハスの意。になう、かつぐ、引き受ける。

名 もち

華
カ・ケ・ゲ
はな

草木が美しく茂っているさま。はなやか、彩り。

名 は・はな・はる

峨▲
ガ

山が高くてけわしい。さかんなさま。

桧▲
カイ
ひのき

ひのき、常用樹の一種。建材などに用いられる。檜の略字。

核
カク・ギャク・コク・コツ・ゴク・ゴチ・カイ
さね

もと、木の実の芯、種。ひいて物事の中心の意。

格
カク・キャク・コウ・リャク
いたる・うつ・さかう

木の枝が長く突き出ているさま。至る、ただす。

名 ただ・まさ・のり・いたる

莞●
カン・ガン
い

むしろを織るのに用いる、多年草。い。

栞●
カン・ケン
しおり

目印、道しるべ、しおり、手引き。彫るの意も。

名 しおり

姫（9画）
キ・ヨ・コ
ひめ

貴婦人の意。婦人の美称。愛らしいもの、王妃。

名 ひめ

記
キ
しるす・のり・ふさ

もと、物事を筋道たてて表す。転じてしるす。

名 なり・のり・とし・ふさ

起
キ
おこる・おく・たつ

原義は立ち上がって走る。ひいておこる、始める。

名 おき・かず・ゆき・たつ

帰
キ
かえる・とつぐ・おくる・かえす

もと、女性が嫁ぐの意。転じてかえるの意に。

名 もと・より

笈▲
キュウ・ソウ
おい

おい、おいばこ。書物などを入れて背負うもの。

赳●
キュウ
いさむ

原義は勇ましく進む。強い、勇ましいの意を表す。

名 たけ・たけし

挙
キョ・コ
あぐ・こぞる・みな

原義は手で持ち上げる。ひいてあげる。こぞって。

名 たか・しげ・たつ・ひら

胸
キョウ・ク
むね・むな

むね。首と腹の間の部分。心、思いの意も。

名 むね

恭
キョウ・ク
うやうやし

心と共とで、うやまう、つつしむの意を表す。

名 たか・うや・ただ・ちか

脇▲
キョウ
わき

わき。わきばら、胸の両側。もとは脅の字と同じ。

矩●
ク　のり
もと、夫とさしがねの意の巨で、さしがね、角形の定規の意。のり、おきての意も。
名 かね・つね・のり・かど・ただし・ただす

倶▲
ク・グ　とも
ともに、ともにする。そなわる。

宮
グウ・キュウ・ク　みや・いえ・かき
もと、大きな建物の意。家、神をまつる所。
名 みや・いえ・たか

訓
クン・シュン・ジュン・キン　おしえる・よむ
原義は教え導くの意。さとす、いましめる。
名 のり・くに・しる・とき

郡
グン・クン　こおり
原義は村が集まる。ひいて集まるの意を表す。
名 くに・さと・とも

恵
ケイ・エ　めぐみ・さとし
原義は人にものを与える、施しをする。ひいてめぐむの意。あわれむ、愛する、いつくしむ、賢い。
名 あや・さと・しげ・やす・よし・とし・さとし・めぐみ・めぐむ

桂●
ケイ・ケ　かつら
常緑高木、かつら。月の中にあるといわれる。
名 かつ・よし・かつら

桔▲
ケツ・ケチ・ゲチ・キツ
音を表す語。はねつるべ。

倦▲
ケン・ゲン　うむ・つかれる
うむ、あきる、いやになる。つかれる。

倹
ケン・ゲン　つづむ・つづまやか
つましい、他人に厳しい、質素、ひかえめ。

軒
ケン・コン・カン　のき
原義はながえが突き出た車。転じてのき、ひさし。
名 のき

拳●
ケン・ゲン　こぶし
手を丸めるの意で、こぶし。強い、かがむ。
名 たか・たかし・つとむ

剣
ケン　つるぎ
原義は先の鋭い武器。ひいてつるぎの意。刺す。
名 はや・あきら・つとむ

兼
ケン　かね・かねる
手で二本の稲を持っているさまから、あわせもつの意。添える、人を支配する、かねる、勝る。
名 かね・かず・かぬ・とも・かた

原
ゲン・ガン　はら・もと
源の原字。みなもと、基礎。はじめ、重ねる。
名 はじめ・はら・もと・おか

庫
コ・ク　くら
車は兵車を表し、兵車を収めるくらの意。
名 くら

個
コ・カ　ひとり
全体に対して一つ、一人。ものを数える助数詞。

娯
ゴ・グ　たのしむ
楽しむの意の呉に女を加えて、国名の呉と区別。

悟
ゴ　さとる
心が明らかになるの意。理解する、気がつく。
名 さと・のり・さとし

候
コウ・ク　うかがう・さぶらう・ものみ・きざし
うかがうの意。待つ、たずねる、考える、探る。
名 とき・そろ・みよ・よし

降
コウ・ゴウ　くだる・おりる・ふる
下に向かって歩く、くだるの意。おりる、従う。
名 り

高
コウ　たか・たかい
たかい、地位や身分がたかい、大きい、優れている、尊い、老いる、いばる。
名 たか・すけ・ほど・たけ・かぎり・あきお・うえ・あきら・かぎり・たかし

倖●
コウ・ギョウ　さいわい・さち
人と幸で思いがけない幸いの意。親しむ。

貢
コウ・ク　みつぐ
原義は天子にさしだす宝。ひいてみつぐの意。
名 つぐ・すすむ・みつぐ

浩●
コウ・ゴウ　ひろし・きよし・ゆたか
水が豊かで広大なさまを表す。広い、大きい。
名 ひろ・はる・いさむ

航
コウ・ゴウ　わたる
原義は舟で水上を進む。舟を並べる。舟で渡る。
名 わたる

10画

桁▲
コウ・ゴウ・ギョウ / けた
けた、掛け渡した横木。そろばんの位どり。あしかせ。ふな橋。衣がけ。

紘●
コウ / ひも・ひろむ
原義は冠のひも。ひいてつなぐ。広く大きい。
名 ひろ・ひろし

耕
コウ / たがやす
すきで田畑を整える、ひいてたがやすの意。
名 やす・おさむ・つとむ

校
コウ・キョウ・ギョウ / かせ・くらぶ・かんがえる・ただす
原義はしめつける意の絞に通じてかせ。学に通じてまなびやの意に。考える、ただす。
名 とし・なり

晃●
コウ・オウ / あきらか・ひかる・みつる
日と光で明るく輝くの意。明らか、光る、照る。
名 てる・あきら・あき・みつ

剛
ゴウ・コウ / つよし・こわし
もと、折れないかたい刀の意。ひいて強い、強固。気性が激しい、断ち切る。
名 つよ・よし・かた・たけ・たか・ひさ・まさ・よし・たかし・つよし・たけし

根
コン / ね
木の根元、ひいて物事の根源の意。よりどころ。
名 ね・もと

差
サ・シャ・サイ・シ・セ / たがう・つかわす・そろわず・やや・さす
草の葉がふぞろいなさまを表す。ひいて、違う、選ぶの意。品定めをする、間違う、使役する。
名 すけ・しな

唆
サ・セ / そそのかす
けしかける、そそのかす、人を誘って事をさせる。

紗●
サ・シャ / すず・たえ
糸と少とでうすぎぬの意。薄く軽い絹織物。
名 すず・たえ

座
ザ・サ / とこ・すわる
もと、家の中ですわる場所。敷物、地位、ざ。
名 くら・ゆき・え・おき

柴▲(9画)
サイ・シ・サ・ジャ・ゼ / しば
しば、雑木の小さいもの。かきね。ふさぐ。まつり。積み重ねる。
名 しげ

栽
サイ / うえる
木を植えること。苗木、植えこみ、花壇。
名 たね

宰
サイ / つかさ・つかさどる・おさ・つか
もと、宮中の饗宴をつかさどる人。転じて官吏。
名 ただ・かみ・すず・つかさ

晒▲
サイ / さらす
さらす。日にさらして乾かす。

砦▲(11画)
サイ・ゼ / とりで
敵を防ぐために築いた小さい城のこと。

財
ザイ・サイ / たから・わずか
もと、貝を積み重ねる意。蓄えた貨幣。才能。
名 たから

剤
ザイ・スイ・シ・セイ / きりそろう
もと、切り揃える。混ぜる。薬を調合する。

朔●
サク / ついたち
原義は月が元に返るで、ついたちの意。はじめ。
名 きた・はじめ・もと

窄▲
サク・シャク / せまい
せまい、せばめる。

索
サク・シャク・ソ・ス / なわ・つな・いく・さがす・もと
原義は縄。太い綱、尽きる、散る。
名 もと

桟
サン・ザン・シン・ジン / たな・かけはし
木を組んで作ったかけ橋のこと。たな、旅館。

蚕
サン・ザン / かいこ
もと、みみず。糸をはらむ虫の意も。かいこ。

残
ザン・サン / のこる・あまる・そこなう・のこす
原義は、ひどく損なう。ひいてのこる。滅ぼす。

師
シ / いくさ・おおし・おさ・みやこ
もと、集団の長の意。ひいて、指導者。都。軍隊。
名 みつ・のり・かず・もろ

紙
シ / かみ
糸と、平らの意に通じる氏とで、かみの意。
名 かみ

砥▲
シ・テイ・タイ / と・とぐ・といし
と、といし、刃物をとぐのにつかう石。たいらか。とぐ、みがく。

10画

時
ジ・シ　とき・これ

名 とき・これ・よし・ゆき・ちか・はる・もと・より

日が移る、季節、さらに広くときの意に。春夏秋冬、時の流れ、大切なとき、世のなりゆき。

射
シャ・ジャ・ヤ・セキ・ジャク・ヤク・エキ　いる・あたる・きらめく

名 い・いり

弓に矢をつがえたさまをかたどる。矢をいる、きらめく、ねらう、勢いよく発する。

借
シャ・シャク・セキ　かりる・たとい

原義は人に力を貸す。転じて人の助けをかりる。

酌
シャク　くむ

酒とひしゃくの意の勺で、酒をくむ。つぐ。

弱
ジャク・ニャク　よわし・よわる・よわまる

原義は弓をたわめる、転じてよわいの意。若い。

株
シュ・チュ　かぶ

名 もと・より

もと、木の根元の意。転じて切り株。名跡。

珠
シュ・ジュ　たま

名 み・たま

小さい丸い玉、真珠。美しいもののたとえ。

酒
シュ・シュウ　さけ・さか

名 さか・み・さけ

もと、酒をそそぐの意。転じてさけを表す。

殊
シュ・ジュ　ことに・ころす

名 こと・よし

もと、殺すの意。決める、絶つ、特別な、異にする。

袖▲
シュウ・ジュ　そで

そで。そでにする。そでに入れる。

修
シュウ・シュ　おさむ

名 のぶ・さね・なが・もろ・なお・おさ・ひさ・みち・まさ・もと・やす・おさむ

原義は清めて飾るの意。ひいて、整えおさめる。ただす、学ぶ、構える、繕う、慎む、優れた人。

従
ジュウ・ジュ・ショウ　より・したがう・したがえる

名 より・つぐ・しげ

もと、前の人について行く。従う、携わる。

十
ジュウ・ジッ　とお・と

名 みつ・そ・と・かず・しげ

針の原字。かりて数のとおに。多数、全部、完全。

峻●
シュン　けわしい・みね

名 たか・たかし・ちか・とし・みね・みち

原義はそそり立つけわしい山。ひいて厳しい、高い、けわしい、大きい。

隼●
ジュン・シュン　はやぶさ・たか

名 とし・はや・はやし・はやぶさ

原義は速く飛ぶ鳥。はやぶさの意。鷹に似た勇猛な鳥。勇猛な人のたとえとしても用いる。

准
ジュン・シュン・セツ・セ　かた・のり・みずもり・ひとし・ならう

名 のり

隼と同義。公文書では、区別して許す、依るの意で用いられる。なぞらえる、そのものに近い。

純
ジュン・シュン・トン・ドン・セン・ゼン・シ　いと・もっぱら

名 すみ・よし・とう・つな・あや・いと・あつ・あつし・いたる・きよし

原義は、混じりもののない生糸。ひいて、純粋、もっぱらの意。よい、美しい、やわらぐ。

紐▲
ジュウ・チュウ・ニュ　ひも

ひも。むすぶ、ゆわえる。転じて結束。結び目。もとづく、かかる。

書
ショ　かく・しるす・ふみ・かきもの・あらわす

名 ふむ・のり・のぶ・ひさ・ふん・ふみ

もと、筆で物事をかきしるすの意。かく、文字、手紙、本、記録、筆跡、書名。

徐
ジョ・ショ　おもむろ

名 ゆき・やす

原義はゆっくり行く。ゆるやか、おもむろ、遅い。

恕●
ジョ・ショ　ゆるす・はかる・ひろし・ゆたか

名 くに・のり・みち・ひろ

心とゆるやかの意の如とで、許す、思いやる。

除
ジョ・ジ・チョ・ヨ・ショウ　のぞく・はらう

名 のき・きよ・さる

もと、家の階段。捨に通じてのぞく。清める。

10画

秤▲
ショウ・ビン・テイ・チョウ
はかり
はかり、てんびん。公平なこと。はかる。

宵
ショウ
よい・よる
薄暗いの意をもつ肖と、家で夕方の意を表す。
名よい

将
ショウ・ソウ
まさに・はた・ひきいる・うく・もって
もと、神に食物を供えるの意。ひきいる、捧げる、すすめる、助ける、養う、行う、大きい。
名まさ・すけ・のぶ・ゆき・もち・はた・すすむ・たすく・ただし・たもつ

称
ショウ
はかる・あぐ・ほむ・となう・かなう
もと、稲を持ち上げて数えるの意。量る、唱える、呼ぶ、たたえる、掲げる、つり合う。
名あぐ・のり・みつ・よし・かみ・な

哨▲
ショウ・ソウ・チョウ
みはり
口をすぼめる、口笛を吹く。ちいさい。みはり、ものみ。

祥
ショウ・ジョウ
さいわい
示とめでたい意の羊とで、幸いの意を表す。
名なが・よし・さち・さか

笑
ショウ
わらう・えみ・えむ・え
体をしならせて笑うさま。ほほえむ。花が咲く。
名え・えみ

娘
ジョウ・ロウ・ノウ
むすめ
女と良で美しい女子の意。むすめ、未婚の女性。

唇
シン
くちびる
原義は口をふるわせる。転じてくちびるの意。

振
シン
ふるう・ふる
手と揺れ動く意の震とで、手でふるう、盛ん。
名とし・のぶ・ふる・ふり

娠
シン
はらむ
女と、みごもる意に通じる辰とで、はらむ。

晋●
シン・セン
すすむ・さしはさむ
もと、日が進むの意。進む、さしはさむ、抑える。
名くに・あき・ゆき・すすむ

針
シン
はり
細くとがっているの意。はり、刺す、縫う。
名はり

真
シン
ま・まこと
人がさかさまになったさまをかたどる。信に通じ、まことの意。本物、正しい、生まれつき。
名まさ・さね・ちか・また・ます・なお・ま・み・さだ・さな・ただ・まこと

秦●
シン・ジン
はた・しげ
もと、稲が実るの意。中国の古称、国名。
名はた

浸
シン
やや・ひたす
水が入り込むの意。ひたす、深い、しだいに。

陣
ジン・チン
つら
もと、軍隊の列。連ねる、にわかに、並べる。
名つら・ぶる

訊▲
ジン・シン・シュン
とう・たずねる
たずねる、とりしらべる。せめる、とがめる、いさめる。おとづれる。おさめる。

素
ス・ソ・ソウ
もと・もとより・しろ・きじ・むじ
原義は、細かい織り目の白糸。飾り気がない。
名もと・しろ・すなお

粋
スイ
混じりけがなく純粋の意。質がよい、もっぱら。
名きよ・ただ

凄▲
セイ・サイ
すごい・すさまじい・さむい
すざましい、はげしい。寒い、涼しい。

栖▲
セイ・サイ
すむ
すむ、すみか。やすむ、いこう。いそがしいさま。

晟●
セイ・ジョウ
盛ん、明らか、日が照って明るいなどの意。
名あき・あきら・てる・まさ

隻
セキ・シャク
ひとつ
とさかのある鳥をもつさま。一つ、片一方。

席
セキ・ジャク
まく・しく・むしろ
もと敷物の意。むしろ、ござ、座る場所、座席。
名のぶ・より・すけ・やす

屑▲
セツ・セチ・ソツ・ソチ
いさぎよい・くず
いさぎよい。はたらく。くず、くずにする。細かいさま。
名きよ

扇 センおうぎ 名み
戸と、開閉する意の羽からなる。おうぎ、あおぐ。

栓 セン
原義は穴にさしこむ木。せん、ほぞの意を表す。

閃▲ センひらめく
ひらめく、ちらつく。ぴかぴかする。いなずま。動くさま。身をかわす。

租 ソ・スウ・スみつぎ 名つみ・もと・みつぎ
もと、上納する稲の意。みつぎ、年貢、税、積む。

挿 ソウさす
原義はさしこむ。さしはさむ、さす。すきの意も。

倉 ソウ・ショウくら・にわか 名くら
穀物をしまっておく場所。くら、青い、悲しむ。

桑 ソウくわ 名くわ
くわの木をかたどる。葉は蚕の飼料になる。

造 ゾウ・ソウつくる・たつ・はじむ・なる・いたる 名なり・いたる
もと、歩いて席につく。かりてつくるの意。なる。

速 ソクはやし・とし・すみやか・まねく 名はや・めす・つぎ・ちか
せく意から急ぐ、はやい。すみやかに。招く。

捉▲ ソク、サクとらえる
とらえる、つかむ、にぎる。追いつく。

息 ソク・ショクいき・むすこ・ふやす 名き・いき・おき・やす
心と鼻の原字の自で、いきの意。休む、生きる。

孫 ソンまご 名ただ・ひこ・さね・ひろ
子と、続く意をもつ系とで、子に続くまごの意。

帯 タイおび・おびる 名よ・おび・たらし
もと、腰に巻いてあまりをたらした布。おび。

泰 タイやすし 名やす・ひろ・よし
もと、水の流れをよくする。ひいてやすらか。

啄● タク・チョウついばむ
鳥がものをついばむときの音を表す。コツコツ。

託 タク・タ・テよる・たよる・もたす・かこつく 名より
頼む、ことづける、まかせる、かこつける。

耽▲ タン・トンふける
ふける、たのしむ。おくふかい。原義は耳が大きくたれていること。

値 チ・ジ・ジキ・チョクあたい・ね 名あう・あき・あきら
人と人との身分などがつり合う。ひいてあたい。

致 チいたす 名むね・おき・よし・ゆき・いたる・とも・のり・いたす
原義は、人を送り届ける。伝える、収める、ゆだねる、成し遂げる、きわめる、おもむき。

逐 チク・ジク・トン・テキ・チャク・ドン・チュウ・ジュウおう
原義は獲物を追いかける。追う、あとをつける、従う、追求する、退ける、速く走る。

畜 チク・キクたくわう・たくわえる
冬に備えて食糧をたくわえること。たくわえる。

秩 チツ・ジツ・イツ・ジチ 名ふち・ついで・ちち・つね
もと、稲をきちんと積み上げるの意。順序。

酎▲ チュウ・ジュちゅう
焼酎の略。濃い酒。

衷 チュウ・チュはだき・こころ 名ただ・よし・あつ・ただし
もと、肌着の意。転じてうち、真心。よい。

釘▲ チョウ・テイ・レイ・リョウくぎ
くぎ。くぎを打つ。

砧▲ チンきぬた
きぬた、衣をのせて打つときに使う石台。草を打つ台。

朕 チン・ジンわれ・きざし
もと、舟のすきまを固める。きざし、自分。

通 ツウ・ツ・トウとおる・みち・かよい・とおす・かよう 名みち・とお・ゆき・なお
もと、真っすぐな道。とおる、貫く、かよう。

10画

悌●
テイ・ダイ
年少者が年長者によく仕えること。やわらぐ。
名 とも・やす・やすし・よし

庭
テイ・ジョウ・チョウ
にわ
原義は宮中の式場。役所、家の中、広場の意も。
名 にわ・なお・ば

逓
テイ・タイ・ダイ
かわる・たがいに・しゅくば
次々に行く。互いに、かわるがわる、囲む。

挺▲
テイ・チョウ・ジョウ・トウ
ぬく・ぬきんでる
ぬく、ぬきんでる、すぐれる。まっすぐ、ただしい。とびきりの意。

荻▲
テキ・ジャク
おぎ
おぎ、おぎよし。水辺の多年草。

哲
テツ・テチ
さとし・あきらか
ものの道理をよくわきまえるの意。明らか、賢い。
名 あき・のり・さと・さとし

展
テン
のぶ・つらぬ
もと、寝返りをうつの意。転がる、並べる。
名 のぶ・ひろ

徒
ト・ズ
かち・むだ・ただ・いたずらに・ともがら
もと、土を踏み歩く。従者、仲間、むなしい。
名 ただ・とも・かち

途
ト・ズ
みち
もと、行く手をさえぎるの意。転じて道、道路。
名 みち・とお

套▲
トウ
かさねる・くま・つつみ・つつむ
かさねる、衣服を数える単位。ながい。つつみ隠す。くま、曲がった地形。

唐
トウ・ドウ
むなし・ひろし・から・もろこし
大きい意を表す。庭、堤防、失う、大言。
名 から

桃
トウ・ドウ・シヨ・ジョ・ジョウ・チョウ
もも
二つに割れるの意。ばら科の落葉高木、もも。
名 もも

桐●
トウ・ドウ・ズ
きり
落葉高木、きり。家具や琴の材として用いられる。
名 きり・ひさ

透
トウ・ツ
とおる・すく・すかす・すける
原義は通す、通り抜けるの意。転じてすきとおる。過ぎる、越える、通過させる。
名 とおる・とお・ゆき・すく・すき

党
トウ・ショウ
くみ・むらざと・なかま
仲間、同じ目的で集まる人たち、親しむ。
名 とも・まさ・あきら

島
トウ
しま
原義は波間に浮かぶ山、つまりしまの意。
名 しま

凍
トウ・ツ
こおる・こごゆ
こおる、冷たい、こごえる、透明で美しいさま。

胴
ドウ・トウ・ズ
もと、大腸の意。どう。ものの中央の部分。

特
トク・ドク
ことに・ひとり・おうし
ひときわ大きい雄牛。ひいて唯一、傑出する。
名 こと・よし

能
ノウ・ドウ・ダ・ウ・ナイ
よく・よくす・あたう・はたらき
口をあけて襲いかかる獣をかたどる。熊の原字。よくする、あたう、働き、ききめなどの意。
名 よし・のう・とう・たか・むね・のり・ひさ・みち・やす・よき・ちから

納
ノウ・ドウ・トウ・ナッ・ナ・ナン
いる・おさむ
もと、ぬれた糸の意。転じて入れる、おさめる。
名 のり・とも・おさむ

馬
バ・メ・ボ・ム
うま・むま・ま
うまをかたどる。大きいもののたとえ。
名 ま・うま・むま・たけし

俳
ハイ・バイ
わざおぎ
人とそむくの意の非で、芸人の意。たわむれ。

配
ハイ
くばる・たぐい・つれあい・たぐう・ならぶ・めあわす
原義は酒をくばりすすめる。つれ合い、夫婦にする、並ぶ、くばる、わりあてる、従える。
名 あつ

倍
バイ・ハイ
ます・そむく
背に通じて、原義は人に背く。増す、加える。
名 ます・やす

梅
バイ・マイ
うめ
ばら科の落葉高木。実が熟すころの長雨を梅雨。
名 め・うめ

唄●
バイ・ハイ・ベ
うた
仏の功徳をほめたたえた歌。それを歌うこと。
名 うた

10画

漢字	音訓	意味	名
莫▲	バク・ボ・マク・モ・ミャク・ベキ くれ・ない・なかれ	ない、なかれ。くらい、くれ。おそい。幕。草木が茂るさま。	
畠▲	はた・はたけ	はた、はたけ。	
班	ハン・ヘン わかつ	玉を二つに割ったさまを表す。ひいて分ける。	なか・つら
般	ハン・バン・ハチ・ハツ めぐる	原義は土をたたいて平らにする。楽しむ、巡る。	かず・つら
畔	ハン・バン あぜ・きし・くろ・そむく	耕地の境、あぜの意。かたわら、ほとり、水ぎわ。	べ・くろ
挽▲	バン・マン・メン・ベン ひく	ひく。すすむ。	
秘	かくす・ひめる	原義は人が知ることができない神の力。隠す。	なし・やす
被	ヒ・ビ こうむる・おおう・きる・らる・る・すぎ	原義は寝るときにおおう衣。着る、こうむる。	
俵	ヒョウ たわら	原義は身の軽い人。かりて散る、分かち与える。	
豹▲	ヒョウ・ホウ ひょう	ひょう、ネコ科の猛獣。毛皮に斑点の模様を持つ。	
浜	ヒン・ビン きし・はま	もと舟を引き入れる溝。はま、波うちぎわ、岸。	はま
敏	ビン・ミン とし・さとし	原義は強いてつとめさせる。ひいてはやいの意。	とし・よし・はる・さと
浮	フ・ブ・ホウ うく・うかれる・うかぶ	もと、水をおおう。ひいてうく。はかない、軽い。	ちか
釜▲	フ かま	食物を煮る金属製の道具。	
粉	フン こ・こな	米と分ける意の分で、砕いた米、ひいてこな。	
陛	ヘイ・バイ・ヒ・ビ きざはし	土を並べて積み重ねた階段。きざはし。天子の称。	きざ・のり・よし・はし
娩▲	ベン・バン・ブン・マン・メン・モン	子を産む。	
勉	ベン・メン つとむ	力を注いでつとめるの意。励む、努める、励ます。	ます・かつ・つとむ
圃▲	ホ・フ はたけ	はたけ、菜園。農耕、農夫。おぎなう。	
浦	ホ・フ うら	もと、水ぎわの平地。波うちぎわ、浜辺の意。	ら・うら
捕	ホ・ブ・フ とらう・とる・つかまる	つかむ意の把に通じ、とらえる、つかまえるの意。	
畝	ホ・ボウ・モ せ・うね	もと、田の面積の意。耕地の面積の単位。うね。	せ・うね
俸	ホウ・ブ ふち	仕事をしてもらうふち。給料の意を表す。	
倣	ホウ・ボウ ならう	人と、ならうの意の放とで、人にならう、まねる。	より
砲	ホウ・ヒョウ つつ・おおづつ	もと、石を遠くに飛ばす武器。石弓、おおづつ。	
峯▲	ホウ・フ・ブ みね	山のいただき。峰と同じ。	たか・みね・お・たかし
峰	ホウ・ブ・ボウ・フ みね	山と、先がとがるの意の夆とで、山のいただき。	みね・たか・お・たかし
紡	ボウ・ホウ つむぐ	もと、糸と合わせるの意。糸をつむぐ、かける。	つむ
脈	ミャク・バク すじ	原義は体を流れる血の道。血管、みゃく。	
眠	ミン・メン・ベン・ビン ねむる・ねむい	目と覆うの意の民で目を閉じる、ねむるの意。	

10～11画

冥▲
メイ・ミョウ・くらい・ベキ・ベン・メン・くらい

くらい、くらがり。ふかい、とおい。空、海。死んでからの世、あの世。

耗
モウ・コウ・ボウ・ミュウ・へる・へり

原義は実が小さい稲。減る、費やす、乱れる。

紋
モン・ブン・あや

糸を加えて文と区別。あや、織物の模様の意。

名 あや

浴
ヨク・あびる・ゆあみ

水をかける、あびるの意。体を洗う、受ける。

容
ヨウ・ユ・かた・かたち・すがた・いる・かたどる・ゆるす・べし

もと、ものを集めておおうの意。入れる、許す、盛る。中身、姿、ありさまなどの意も。

名 まさ・やす・おさ・よし・かた・ひろ・なり・もり

莉●
リ

草の名。木の名、茉莉。垣根によく用いられる。

浬▲
リ・かいり・ノット

かいり、海上の距離の単位。ノット、船が1時間に進む早さの単位。

哩▲
リ・ボク・モク・マイル

マイル、距離の単位。語調を助けるための添え字に使われる。

栗●
リツ・くり

ぶな科の落葉高木、くり。厳しい、おののく。

名 くり

流
リュウ・ル・ながる・ながす

水が流れ出ること。広まる、及ぼす、血筋の意も。

名 はる・とも・しく

竜
リュウ・リョウ・リュ・ロウ・ル・モウ・ボウ・たつ

頭をもたげた蛇をかたどる。たつ。大きい、王者。

名 たつ・とお・かみ・きみ

留
リュウ・ル・とどまる・とめる・とまる

原義は田に作物を囲う。転じてとどめる、保つ。

名 と・とめ・たね・ひさ

旅
リョ・ロ・たび

もと旗の下に集まる軍隊。移動から転じてたび。

名 たび・もろ・たか

涼▲
リョウ・すずし・うすい・まことに

涼の画数違い。原義は澄んだ水。ひいてすずしいの意を表す。

名 すけ

倫
リン・たぐい・ともがら・みち・ついで

人と秩序正しいの意をもつ侖で、人と人との関係。類い、仲間、道理、並べる。

名 のり・とも・つね・しな・つぐ・とし・ひと・みち・もと・おさむ・ひとし

料
リョウ・はかる

原義は米を斗(ます)ではかる。ひいて量るの意。

名 かず

凌●
リョウ・しのぐ・ひむろ

積み重なった氷、厚い氷。しのぐ、侵す。

名 しのぐ

烈
レツ・レチ・レイ・はげし

原義は火が激しく燃える。ひいてはげしいの意に。

名 つよ・つら・やす・たけ

連
レン・ラン・つら・つらなる・しきりに・つれる

ひき連なるの意。続く、結ぶ、つなぐ、しきりに。

名 つら・つぎ・あさ・やす

恋
レン・こう・こい・こいしい

原義は心がひかれる。ひいて思い慕うの意。

朗
ロウ・あきらか・ほがらか

もと、月が明るい。ひいてほがらか、明らか。

名 あき・あきら・とき・お

狼▲
ロウ・おおかみ

おおかみ。おおかみのような性質でたけだけしいもの。あわてる。みだれる。

浪
ロウ・なみ

清らかに澄んだ水の意。波、流れる、さまよう。

名 なみ

倭●
ワ・イ・やまと

人と、任せる意の委とで従う、素直、従順の意。

11画

庵▲
アン・オウ・いおり

いおり。小さな草葺きの家。僧が仏を安置する小さな建物。家。

異
イ・ことなり・ことにす・あやし・こと

人が鬼の面をかぶっているさま。ことなるの意。

名 より・こと

11画

移
イ・シ
うつる・うつす
もと、稲がなびく意。転じてうつる。変わる。
名 より・よき・のぶ・わたる

尉
イ・ウツ・ウチ
やすんず・おさう・じょう
原義は火のしで布を平らにする。押さえる。
名 やす・じょう

惟●
イ・ユイ
これ・のぶ・ただ・おもう
思う、思いめぐらす、よく考える。ただ、これ。
名 のぶ・これ・あり・ただ

域
イキ・イ・ヨク
さかい・くに
土を加えて或と区別し、区切り、境の意に。
名 くに・むら

逸
イツ・イチ
うす・うしなう・そる・はやる・はしる・のがる
原義はうさぎが逃げる。走る、失う、逃げる、優れる、抜きん出る、安らか、速い。
名 とし・やす・はや・はつ・まさ・すぐる

寅●
イン・イ
とら・のぶ
もと、矢を両手でのばしているさま。虎。慎む。
名 とら・つら・ふさ・とも

淵▲
エン・イン
ふち
水を深くたたえている所。物が多く集まる所。深い。静かなこと。
名 なみ・ふか・ふち・すけ・すえ

凰▲
オウ・コウ
おおとり
おおとり、想像上の鳥、鳳凰（ほうおう）の雌。

黄
オウ・コウ
き・きいろ・こ
矢の先端に火をつけたさまをかたどる。きいろ。

菓
カ
くだもの・かし
木に実がなっているさまを表す。果実、菓子。

械
カイ・ゲ
かせ
木と戒めるで手かせ、足かせ。転じてしかけ。

掛
カイ・ケ
かけ・かく・かかり
原義は手でひっかける。かける、着手するの意。

晦▲
カイ・ケ
くらい・つごもり・みそか
月の最終日。よる。くらい、くらます。微か。

崖▲
ガイ・ギ・ゲ
がけ
きりたった、がけ。かぎり、果て。

涯
ガイ・ゲ・ギ
はて・きし・かぎり
水ぎわのがけ、岸の意。はて、かぎり、きわみ。

郭
カク
くるわ
城や市の外囲い。ものの外まわり、アウトライン。
名 ひろ

渇
カツ・カチ・ケツ・ゲチ・カイ・ガイ
かわく
原義は水がかれる。かわく、むさぼる、急ぐ。

喝
カツ
原義はしかりつける。おどす、どなりつける。

貫
カン・クン・ケン
つらぬく・さし・ぜにさし
さしに通した銑の意。つらぬく、つらなる、条理。
名 つら・ぬき・とおる

萱▲
カン・ケン
かや・すげ
かや、すげ、茅の一種。飢えたさま。

勘
カン・コン
かんがう
原義は耐える。監にも通じてよく調べるの意も。
名 さだ・のり・さだむ

眼
ガン・ゲン・ゴン
め・まなこ
原義は目のくぼみ。まなこ、要点、突出するさま。
名 め・まくはし

寄
キ
よす・よせ・おくる
原義は屋根の下に身をよせる。よる、やどる。
名 より

埼▲
キ・ギ・ゲ
さき
さき。きし。みさき。山のはし。

規
キ・ケイ・エ
のり・ただす
もと、円形を描く道具。ただす、のっとる、のり。
名 のり・き・み・ただ・ちか

基
キ
もと・もとい・もとづく
建物の土台。もとい、根本、よりどころ、はじめ。
名 もと・もとい・のり

亀●
キ・ク・キュウ・キン・コン
かめ・ながし・ひさし
甲は吉凶を占ったり、貨幣として用いられた。
名 かめ・ひさ・あま・すすむ

菊
キク・キョク・コキ
きく科の多年生草本。香りが高く、種類が多い。
名 きく・あき・ひ

11画

掬▲ キク・コク／すくう・むすぶ
すくう、両手ですくう。むすぶ。たなごころ。

頃▲ キ・ケイ・キョウ／ころ・このごろ・しばらく
ころ、このごろ、ちかごろ。傾く。片足、転じて半歩。

脚 キャク・キャ・カク／あし
下についで上部のものを支える部分。立場。
名 し・あし

毬● キュウ・ク／まり・いが
たま、まり。まりのように丸いもの。栗のいが。
名 まり

救 キュウ・ク・グ／すくう・たすく
原義は休止させる、ひいてすくう。守る、助ける。
名 なり・ひら・やす・すけ

球 キュウ・グ／たま
原義は美しい玉。たま、丸い形をしているもの。
名 たま

許 キョ・コ／ゆるす・ゆるし・ばかり・もと
もと相手の言葉に同意する。ゆるす、承知する。
名 もと・ゆく

据 キョ・コ／すえる
原義は腕が曲がっているの意。働く、すえおく。

魚 ギョ・ゴ／うお・さかな・いお・な
さかなをかたどる。われ、両目が白い馬の意も。
名 お・な・いお・うお

教 キョウ・コウ／おしう・しむ
原義はしいて、習わせる。おしえる、導く、教育、学問、命令、先生、宗教。
名 たか・なり・のり・みち・ゆき・かず・こ・おしえ

強 キョウ・ゴウ／つよし・つとむ・しいる
もと、殻がかたい虫。ひいてつよい。しいる。
名 こわ・あつ・かつ・たけ

菫● キン／すみれ
すみれ科の多年生草本。春に紫紅色の花をつける。
名 すみれ

偶 グウ・グ・ゴウ／たぐい・ならぶ・ちょう・たまたま
もと、ひとがたの意。仲間、類、たまたま。
名 ます

掘 クツ・グチ・ケツ・ガチ・コツ・ゴチ／ほる
えぐり取るの意。ほる、穴。抜き出るの意も。

堀 クツ・コツ・コチ・グチ／ほり・あな
土と穴の意に通じる屈で、土中に穴をほるの意。

袈● ケ・カ／けさ
僧侶の衣。肩からかけ衣を覆う。梵語の音訳。

蛍 ケイ／ほたる
光を発しながら飛ぶ虫。ほたるの意を表す。

掲 ケイ・ゲイ・ケツ・ケチ・ケン／かかぐ
原義は手で高くさしあげる。ひいてかかげる。
名 なが

啓 ケイ・カイ／ひらく・もうす
原義は、口で人を教え導く。転じて申し出るの意に。開く、さとす、教える、助ける、始まる。
名 ひろ・あきら・ひら・よし・のり・ひ・たか・のぶ・はる・さとし・ひろし

経 ケイ・キョウ／みち・つね・すじ・たていと・のり・さかい・はかる・おさむ・くびる・ふ・へる
原義は縦糸。すじ、常に変わらない道理、のり、道、書物、境、測る、治める、ぶらさげる。
名 のり・のぶ・つね・ふる・ふ・おさむ

渓 ケイ・カイ／たに
原義は行き詰まりの谷川。ひいて、谷、谷川。
名 たに

訣▲ ケツ・ケチ・ケ・ケイ／わかれる・わかれ
わかれる、わかつ。人と長くわかれる。奥義、秘訣。

牽▲ ケン／ひく
ひく、ひっぱる。ひきつけられる。ひかれる家畜のこと。いけにえ。ひくための紐、綱。

乾 ケン・カン・ゲン／かわく・そら・いぬい・ひる
高い旗ざおをかたどる。かわく、強い、うわべの。

捲▲ ケン・ゲン・カン／まく
まく。おさめる。いきおい。いさむ。こぶし。

険 ケン・サン／けわし
もと、切り立つ山が集まる。ひいてけわしい。
名 たか・のり

11画

健
ケン・ゴン　たけし・すこやか
力強いの意。すこやか、雄々しい、はなはだ。
名 たけ・きよ・たる・たけし

絃●
ゲン・ケン　いと
もと、糸をかけわたす。楽器に張った糸の意。
名 つる・いと・お

現
ゲン・ケン　あらわる・あらわす・うつつ
原義は玉の光があらわれる。あらわす、明らか。
名 あろ・み・あり

舷▲
ゲン・ケン　ふなばた
ふなばた、ふなべり。

袴▲
コ　はかま
はかま、ももひき、ズボン。

梧●
ゴ　あおぎり
落葉高木。琴や家具の材となる。支持する。
名 きり

康
コウ　やすし
原義は実りが豊かであるの意。ひいて安楽。
名 やす・やすし・しず・みち

梗▲
コウ・キョウ　おおむね・ふさぐ
やまにれという草の名。おおむね。ふさぐ、ふさがる。枝、茎。うれい。

控
コウ・ク　ひかえ・ひかう
原義は弓を引きしぼるの意。ひいてひかえる。

皐●
コウ　さつき・たかし
原義は、白く光る。沢、水辺。高い、ゆるやか。
名 たか・すすむ

郷
ゴウ・キョウ　さと・ふるさと
もと、区画された土地。ふるさと、村、いなか。
名 さと・あきら・あき・のり

黒
コク　くろ・くろい
くろ、暗い、悪い、暮れる、汚れる、おろか。
名 くろ

惚▲
コツ・コチ　ほれる・ぼける・ほうける
うっとりする。見とれる。ほのか、奥深いさま。ほれる。

紺
コン・カン　こんいろ
青と紫の間の色。もとは織物のこん色をさす。

混
コン・ゴン　まじる・ながる
もと、水が合わさって流れる。ひいて、まじる。
名 ひろ・むら・むろ

婚
コン　むことりし
結婚、夫婦になること、縁組、妻の実家の意。

菜
サイ・セイ　な
食べるためにつみとった草。野菜の総称。
名 な

採
サイ　とる
つまみ取る、つみ取る、手に取る、選び取る。
名 もち

彩
サイ　いろどり・つや
美しいいろどり、飾りの意。あや、つや、姿。
名 あや・たみ

祭
サイ・セイ・セ　まつり・まつる
もと、神に肉を供える。ひいてまつる、行事。

偲●
サイ・シ　しのぶ
賢い、才能がある、思い慕う、しのぶなどの意。
名 つとむ

細
サイ・セイ　ほそし・こまかし・こまやか・くわし
もと、ほそい糸。ひいて広くほそいの意。詳しい。
名 くわし

斎
サイ・シ　つつしむ・ものいみ・とき・いえ
もと、神をまつる際に身を清める。つつしむ。
名 よし・きよ・いつ・ただ

崎
さき
曲がりくねったみさき。険しい、あやうい。

笹●
ささ
原義は竹の葉。群生する小さく細い竹の総称。

産
サン・セン　うむ・うまれ・うぶ
新たに生まれ出る。生じる、作り出す、なりわい。
名 うむ・ただ・むすび

視
シ・ジ　みる
目を止めてじっと見る。うかがう、あしらう。
名 み・のり

梓●
シ　あずさ
落葉高木。材質もよく用途は広い。大工の意も。

悉▲
シチ・シツ　ことごとく・つくす
ことごとく、のこらず。つくす、のこさない。極めつくす。

執
シツ・シュ・シュウ　とる
罪人がひざまずいているさま。ひいて保持する。
名 とる・もり

11画

這▲ シャ・ゲン・ゴン　この・これ・はう・むかう　｜　この、これの借用字。はらばう。向かう。　名 ちか

赦 シャ・サク・シャク　ゆるす　｜　むち打つことをやめるの意。ひいて、罪を許す。

捨 シャ　すてる　｜　もと、手放すの意。すてる、やめる。施すの意も。　名 えだ・いえ・すて

斜 シャ・ジャ・ヤ　ななめ　｜　原義はますでくみ出す。かりてななめ、傾く。

釈 シャク・ヤク・エキ・セキ　ゆるす・とく・ほどく・はなつ・すつ・おく　｜　もと、種子をより分ける。順序よくつなぐ。ひいて解き分ける、はなつ、理解する。解く。　名 とき

雀▲ ジャク・シャク・サク　すずめ　｜　すずめ。すずめの色。こおどりする。

授 ジュ・シュ　さずく　｜　手を加えて受と区別。さずける、教える、伝える。　名 さずく

習 シュウ・ジュウ　ならう・ならわし・ならい　｜　もと、ひな鳥が飛ぶ練習をする。ひいてならう。　名 のち・つき・しげ

脩● シュウ・ユウ　おさめる　｜　原義は敷き並べる。ひいて干して縮んだ肉の意。かりて修める、長い、乾く、いましめる。　名 おさ・おさむ・さね・すけ・のぶ・なお・はる・もろ・なが

週 シュウ　めぐる・まわり・めぐり　｜　原義はあまねく、ゆきわたる。めぐる、至る、周期。

渋 ジュウ　しぶる・しぶ・しぶい　｜　原義は水がとどこおる。しぶる、にがにがしい。　名 しぶ

宿 シュク・スク・シュ・シュウ　やど・やどる・とまる　｜　原義は家の中につく。ひいてやどる、とまる。　名 やど・おる・すみ・いえ

粛 シュク・ショウ　つつしむ・うやうやしい　｜　原義は激しい流れ。かりておそれつつしむ。速い、うやうやしい、おごそか、導く、いましめる。　名 かね・かた・ただ・はや・とし・すみ・かく・たり・まさ・きよし・すすむ

術 ジュツ・シュツ・ジュチ・スイ・ズイ　わざ・みち・すべ・てだて・はかりごと　｜　原義は家と家をつなぐ小さな道。転じて、手立て、手段。筋道、わざ、はかりごと、法則。　名 みち・やす・てだて・やすし

淑 シュク　よし・きよし　｜　もと、清くたたえる水。美しい、よい。しとやか。　名 よし・すえ・すみ・ひで

惇● ジュン・トン　あつい・まこと　｜　人情が厚い。まこと、まごころ。飾り気がない。　名 まこと・あつし・すなお

淳● ジュン・シュン　すなお・きよし・ただし　｜　原義は水を巡らし注ぐ。ひいて真心がある。　名 あつ・あき・きよ・あつし

庶 ショ・セキ・シャク　｜　もろもろ、さまざま、多い、こい願う。除く、近い。　名 もり・もろ・ちか

渚● ショ　なぎさ・す　｜　波が打ち寄せる所。波打ちぎわ。中州、みぎわ。　名 なぎさ

笙● ショウ・ソウ・セイ　｜　竹製の楽器、管楽器の一種。笛。細いの意も。

訟 ショウ・ジュ　あらそう・うったう・かまびすし・あらそい・うったえ　｜　原義は互いに言いつのって争う。訴える、事の是非を論争する、責める、やかましい、法廷。

梢● ショウ　こずえ・さお　｜　小さい木、こずえ。木の枝の先端、ものの末端。　名 こずえ・たか・すえ

菖● ショウ　しょうぶ　｜　あやめぐさの一種。水辺に生える香草。あやめ。　名 あやめ

捷● ショウ　はやい・かつ・から・さとし・とし・まさる　｜　もと、狩りで獲物をとるの意。戦利品、勝つ、速い。　名 かつ・さとる・すぐる

渉 ショウ・ジョウ・チョウ　わたる・かかわる　｜　原義は川を歩いてわたる。わたる、関わる。　名 ただ・たか・さだ・わたる

11画

商
ショウ　あきない・はかる
あきなう、あきんど、はかる、相談する、唱う。
名 あき・ひさ・あつ

紹
ショウ　つぐ
もと、糸をつなぐ。ひいて継ぐ。助ける、とりもつ。
名 つぎ・つぐ・あき

章
ショウ　ふみ・あや・しるし・あきらか
原義は楽曲や文章の区切り、一節。彩り、しるし、もよう、法律。彰に通じて明らかの意も。
名 ふみ・あき・のり・あや・ゆき・たか・とし・あきら・き・ふさ

唱
ショウ　となう・うたう
原義は声を出してうたう。となえる、読み上げる。
名 うた・となう

常
ジョウ・ショウ　つね・ふだん・とこしなみ・とこしえ・とこ
原義は長い布。転じて変わらない、つねの意。
名 つね・つら・のぶ・ときわ

剰
ジョウ・ショウ　あまる
原義は刀で切ったあまり。ひいて残り。あまる。
名 のり・ます

情
ジョウ・セイ　なさけ・こころ・おもむき
心の働き、作用の意。情け、思いやり、おもむき。
名 さね・もと

埴▲
ショク・シ・ジキ　はに
はに、粘土。

紳
シン　ふとおび
原義は高貴な人が礼装のときに用いる大帯の意。

深
シン　ふかし・はなはだ
原義は水がふかい。はなはだしい、盛ん、濃い。
名 ふか・すみ・すが・み

進
シン・ジン　すすむ
道をすすみ出る。前へ出る、すすめる、つとめる。
名 のぶ・すすむ・みち・ゆき

晨●
シン・ジン　あした・あきら
早朝、とき、時を告げるなどの意。星の名。
名 あき・とき・とよ

彗●
スイ・ズイ・ケイ・エ　ほうき
手で草ぼうきを持ったさま。ほうき、掃く、賢い。

推
スイ・タイ・テ　おす
原義は手で押しのける。おしはかる、移る。
名 ひらく

崇
スウ・ス・ソウ・シュウ・ジュ　たっとぶ・たかし・あがめる
義は山と尊い意の宗で、大きく高い山。尊ぶ。
名 たか・たかし・かた・し

済
セイ・サイ・ザイ　わたる・わたり・すくう・すむ・すます
もと、川の名。斉に通じて成す、津に通じてわたるの意。助ける、利益になる、終わる。
名 ただ・なり・まさ・すみ・よし・かた・わたる・お・さだ・なる・ます・さとる

清
セイ・ジョウ・シン・ショウ　きよし
水がきれいに澄んでいる。ひいてきよいの意。
名 きよ・すみ・すが・きよし

盛
セイ・ジョウ　もり・もる・さかんなり・さかん
もと、皿にもったお供え。もる、装う、盛ん。
名 もり・しげ・たけ・さかり

戚▲
セキ・シュク・ショク・ソク　うれえる・いたむ
おの、まさかり。みうち、転じて親戚。いたむ、哀しむ。うれえる。
名 いた・ちか

惜
セキ・シャク　おしむ・いたむ
心と、縮に通じる昔で心を縮める。ひいておしむ。

寂
セキ・ジャク　さびし・しずか・さび・さびれる
原義は家の中がひっそりしている。さびしい。
名 しず・ちか・やす

接
セツ・ショウ・ジョウ　つぐ・まじわる
原義は手を取り合う。ひいて、交わる、つぐの意。
名 つぐ・つら・もち・つぎ

雪
セツ・セチ　ゆき・すすぐ
もと、天から降る小さく軽い雨。ゆき、清い。
名 ゆき・きよ・きよみ

設
セツ・セチ　もうけ・もし
くさびを打って建物をもうける。置く、備える。
名 のぶ・おき

釧▲
セン　くしろ・うでわ
うでわ。くしろ、ひじまき。

旋
セン・ゼン　めぐる・ゆばり・やや
めぐらす、かえる、ぐるぐる回る、少し、たちまち。

船
セン・ゼン・エン　ふね・ふな
木をくりぬいて造った船。ひいて広く船の意に。
名 ふな・ふね

11画

措
ソ・サク・シャク・セキ おく
もと、ものを重ねておくの意。ふるまい、設ける。

組
ソ・ショ くむ・くみひも・くみ
原義は手で糸を重ねる、ひいてくむの意。仲間。
名 くみ・くむ

爽●
ソウ・ショウ さわやか・さやか
明らか、さわやか、すがすがしい、勢いがよい。
名 あきら・さ・さや・さわ

掃
ソウ はらう・はく
ほうきではくの意。はらう、すっかり除く。
名 のぶ・かに

曹
ソウ ながめる
もと、原告、被告を裁く人。裁判官、仲間、役人。
名 とも・のぶ

窓
ソウ・ス まど
疎に通じて、よく通じるの意。まど、明らか。
名 まど

巣
ソウ・ジョウ・ショウ す・すくう
鳥のすをかたどる。すを作る、集まる、群がる。

側
ソク・シキ・ショク そば・そばむ・かたわら・ほのか・かわ
原義は人が傾くで、傾く、かたわらの意を表す。近づく、隠れる。ほのかにの意も。そば、わき。

族
ゾク・ソク・ソウ・ス やから・やじり
もと、矢が軍旗に集まる。群がる、やから、一族。
名 ぐ・つぎ・えだ

率
ソツ・シュツ・スイ・シュチ・ルイ・リツ・リチ・サツ・サチ ひきいる・したがう・おおむね・わりあい・とりあみ
原義は綱をより合わせてしめる。ひいて、人を導くの意。ひきいる、おおむね。割合。
名 のり・より

舵▲
ダ・タ かじ
かじ、かじとり。

雫▲
ダ・ナ しずく
しずく。水のしたたり。

袋
タイ・ダイ ふくろ
原義はものを包む布の意。ふくろ、行き止まり。

第
ダイ・テイ ついで・ただ・やしき
原義は竹の札の順序。ついで、等級。屋敷の意も。
名 くに・つき

琢●
タク・チョク みがく
原義は、玉を刻むこと。ひいてみがく、飾る。
名 あや・たか・みがく

探
タン・ドン・セン・ゼン さぐる・さがす
原義は穴の中をさぐる。ひいて広くさぐるの意に。

淡
タン・ダン・エン あわし・うすし
原義は味の薄い汁。ひいて、あわい、薄いの意。
名 あう・あわ・あわし

断
ダン・タン きる・たつ・ことわる・さだむ
原義は刀で切り離す。たちきる、ことわる。
名 さだ・とう

猪●
チョ い・いのしし・しし
原義は子豚。転じていのししの意を表す。
名 い・しし

著
チョ・ジョ・チャク・ジャク いちじるし・あらわす・きる
付く、いちじるしい、あらわれる、明らかになる。
名 あき・あきら・つぎ・つぐ

眺
チョウ
はるか遠くを見る、ながめるの意。見晴らし。

鳥
チョウ・ジョウ・トウ・シャク・サク とり
とりをかたどる。空を飛ぶもののたとえ。
名 とり

頂
チョウ・テイ いただき・いただく
もと、頭のてっぺん。いただき、ものの最上部。
名 よし・かみ

彫
チョウ ほる
もと、飾りを巡らしてほる。刻む、飾る、しぼむ。

張
チョウ はる・はり・あみ
もと、弓の弦をはる。ひいて広げる。連ねる。
名 はる・つよ・とも・ばり

帳
チョウ・ジョウ とばり
もと、寝台に張る垂れ幕のこと。かりて帳面。
名 さだ・ただ・はる

釣
チョウ つる・つり
つる、つりばり、人をおびき出す、求める。
名 つり・つる

紬●
チュウ・ジュ つむぎ・あつ・つむぐ
原義は、引き出す。つむぐ、つづる、引く。
名 つむぎ

11画

陳
チン・ジン　つらぬ・ふるし・のぶ・つら
もと、国の名。かりて連ねるの意を表す。並べる、敷く、広げる、述べる、古い、久しい、多い。
名 つら・のり・のぶ・むね・ひさ・よし・かた・のぶる

堆▲
ツイ・タイ・テ　うずたかい
うずたかい、土が小高くつき出ている。おか。
名 たか・のぶ

桶▲
ツウ・トウ・ヨウ・ユ・ツ　おけ
おけ。木の板などで作った水を切ったり漬け物を漬けるのに用いる器。

逞▲
テイ　たくましい
たくましい、勢力が盛ん。こころよい、くつろぐ。とく、放す、ゆるめる。
名 ゆた・ゆき・よし・とし

偵
テイ・ジョウ　うかがう・まわしもの
人と問う意の貞とで、うかがうの意。さぐる。

停
テイ・ジョウ　とどむ・とどまる
原義は人がとどまる。とどこおる、休む、憩う。
名 とどむ

梯▲
テイ・タイ・ダイ　はしご
はしご、高い所へのぼる道具。よる、もたれる。

笛
テキ・ジャク　ふえ
竹に穴をあけて鳴らすふえの意。吹く楽器の総称。
名 ふえ

添
テン　そう・そえる
そえる、つけ加える、連れそう、意にかなう。
名 そえ

転
テン　ころがる・ころげる・ころがす・ころぶ
もと、車がまわる、ひいてころぶ。めぐる。
名 ひろ・うたた

淀▲
テン・デン　よど・よどみ・よどむ
○水がよどむこと。よどみ。すらすらと進まない。口ごもる。

都
ト・ツ・チョ　みやこ・すべて
原義は人が多く集まる場所。みやびやか、すべて。
名 くに・さと・いち・みやこ

逗▲
トウ・ズ・チュ・キ・ジュ　とどまる
とどまる、立ちとまる。曲がっていく。とまりあう。

兜▲
トウ・トッ　かぶと
かぶと。かぶりもの。まどう。

萄▲
トウ・ドウ
音を表す文字。

陶
トウ・ドウ・ヨウ　すえ
原義は重なっている丘。焼き物、教え導く、喜ぶ。
名 よし・すえ

動
ドウ・トウ・ズ　うごく・うごかす
原義は力をふるう。ひいてうごくの意に。
名 いつ

堂
ドウ・トウ　たかどの
土を高く盛った場所。そこに建つ大きな建物。
名 たか

得
トク　う・える
もと、宝をえるの意。ひいて広くえるの意に。手に入れる、とらえる、かなう、満足する。
名 う・え・やす・あり・なり・のり・とく

梛▲
ナ・ダ　なぎ
なぎ、マメ科の常緑木。床、柱、家具などの材に用いられる。
名 な

捺●
ナツ・ダツ・ナチ　おす
妥に通じて押さえるの意。押す、捕らえるの意も。
名 とし

軟
ナン・ゼン　やわらか
振動が少ない車。ひいてやわらか、おだやか。

捻▲
ネン・ジョウ・ニョウ・デン　ひねる・よる
ひねる、ねじる、よる。つまむ、こねる。

粘
ネン・デン　ねばし
原義は米がねばりつく。ひいて広くねばるの意。

婆
バ・ハ　ばば
傾く意の波と女で、ばば。年老いた母の総称。
名 ばば

培
バイ・ハイ・ホウ・ホク・ボク　つちかう・やしなう・ありづか
原義は草木に土をかける。つちかう、増やす。
名 ます

11画

陪
バイ・ベ・ハイ
そう・したがう・そえ
原義は土を高く盛る。増す、加える、従う。
名 すけ・ます

舶
ハク・ビャク
おおぶね
原義は大きい。大きな船。泊に通じ宿るの意も。

販
ハン
貨幣と品物を取り替えるの意。あきなう、売買。
名 ひさ

絆▲
ハン・バン
きずな・ほだし・ほだす
きずな。ほだし、牛馬をつなぐわ。つなぐ。ほだす。

梶▲
ビ・ミ
かじ・こずえ
木のこずえ。木の名。かじ、船を漕ぐかい。車の前にある手でにぎる棒。

畢▲
ヒチ・ヒツ
あみ・おわる・ことごとく
あみ、あみで鳥をおさえる。おわる、おわり。もれなく。すきまなくおさえる。

票
ヒョウ・ビョウ
もと、飛び散る火の粉。札、目印、揺れ動く。

彪●
ヒョウ・ヒュウ・ヒュ
あや・たかし・たけし
虎の皮の美しい文様の意。模様、まだら模様。
名 あや・たけ・とら・つよし

描
ビョウ・ミョウ・ホウ
えがく
ものの姿を写しえがくの意。えがく、文章に表す。

猫
ビョウ
ねこ
苗を損なうねずみをとる動物の意。ねこ。

彬●
ヒン
外見の美しさと内容が兼ね備わるさま。色が混じり合うさま。もようや飾りが美しい。
名 あき・あきら・あや・ひで・もり・よし・しげし

瓶
ビン・ヘイ
かめ
かめ。水をくんだり、湯をわかす際に使う容器。

符
フ・ブ
しるし
二つのものをつき合わせる。割り符。あかし。

婦
フ・ブ・フウ
よめ
原義は祭宮を掃除する女。家事をとりしきる女。

富▲
フ・フウ
とみ・とむ
富の字に同じ。豊か、とむの意。財産やものが多い、盛んな。
名 とみ・あつ・よし・ふく・ひさ

部
ブ・ホ・ホウ
すべる・つかさ・わかつ・くみ
もと、地名。剖に通じて分けるの意。つかさ。
名 もと・きつ

副
フク・フウ・フ・ホク・ヒョク・ヒキ
そう・ひかえ
原義は刀で切り裂く。分ける、そう、助け、かなう、控え、予備、そえものなどの意。
名 そえ・つぎ・すけ・ます・すえ

閉
ヘイ・ハイ・ヘチ・ヘツ
とざす・とず・しめる
原義は木で入口をとざす。しめる、隠す、守る。

偏
ヘン
かたよる
かたよる、半ば、いなか、ひとえに、ひたすら。
名 とも・つら・ゆき

菩▲
ボ・ホ・フウ・ホウ・ブ・ホク・ボク・ハイ・バイ
ほとけぐさ。梵語の音からきた字。

逢▲
ホウ・ブ
あう・むかえる
あう、であう。むかえる。おおらかなさま。

訪
ホウ
とう・たずぬ・おとずれる
原義は、相談する。ひいておとずれる。問う。
名 み・みる・こと

捧▲
ホウ・フ・ブ
ささげる
ささげる。両手で物を受ける。だく、かかえる。手で水をすくう。

萌●
ホウ・ボウ
きざす・もえる・はじめ・めぐむ
原義は草のかすかなあらわれ、草の芽、ひいて、きざし。芽生、はじめ、おこり、たがやす。
名 め・めぐみ・めみ・もえ・きざし

萠▲
ホウ・ボウ
きざし・もえる・はじめ・めぐむ
萌の俗字。草の芽、きざし。芽生、はじめ、おこり、耕す。
名 め・めぐみ・めみ・もえ・きざし

望
ボウ・モウ もち・のぞむ
もと、遠くをのぞむ。願う、ほまれ、満月。
名 もち・み・のぞむ

眸●
ボウ ひとみ
黒目の部分、ひとみ。よく見る、等しいの意も。
名 ひとみ

麻
マ・バ あさ・お
あさ糸、あさ布、大麻、反物。みことのりの意も。
名 お・あさ・ぬさ

密
ミツ・ミチ・ビツ ひそか・しげし
原義は木々が茂った深山。ひいてこみ合う。
名 たかし・ひそか

務
ム・ブ・ボウ・モウ・モ つとむ
つとめる、励む、働く、役目。あなどるの意も。
名 つよ・ちか・なか・みち

猛
モウ・ボウ たけし
原義は強く激しい犬。転じてたけだけしい。
名 たけ・たか・たけし

椛▲
もみじ・かば
もみじ、紅葉。かば。

問
モン・ブン とう・ただす・とん
言葉の意の口と門で、ものをといただすの意。
名 よ・ただ

野
ヤ・ショ・ジョ の・いやし
もと、郊外、いなかやの意。ありのままの、のはら。
名 なお・とお・の・ひろ

埜▲
ヤ・ショ・ジョ の
野の古字にあたる。の、のはら。ありのまま。郊外。自然のまま。
名 なお・とお・の

訳
ヤク・エキ とく・わけ
原義はうつしかえてつなぐ。やくす、解きあかす。
名 つぐ

唯
ユイ・イ・スイ ただ・はい
原義は「はい」と即答する。ただ、これだけ。
名 ただ

郵
ユウ・ユ・スイ しゅくば
もと、辺境にある村落。転じて宿場、飛脚。

悠
ユウ はるか・しずか・うれう
心が揺れ動きうれえるさまを表す。はるか。
名 ちか・ひさ・ひさし

庸
ヨウ・ユ つね・おろか・みつぎ
働き、功績、用いる、雇う、平凡。常にの意も。
名 つね・のぶ・もち・のり

翌
ヨク・イキ あくるひ
もと、羽と立で飛ぶの意。あくるひ、次の。
名 あきら

萊▲
ライ・リ あかざ
あかざ。草のはえた荒地。除草する。郊外。

徠▲
ライ・リ くる・きたる・より
来の古字にあたる。くる、きたる、これから先。
名 き・くる・きたる・な

梨●
リ なし
果樹の名。ばら科の落葉高木。春、白い花をつける。
名 なし

理
リ おさむ・ただす・ことわり・みち・すじわけ・あや・きめ
原義は美しく玉をみがく。物事の筋道、ことわり、ただす、整える、処置する、さばく、さとる。
名 まさ・おさ・よし・ただ・あや・すけ・たか・とし・のり・みち・おさむ

陸
リク・ロク おか・くが
もと、平らに続いている高地。丘、むつまじい。
名 みち・くだ・あつ・たかし

略
リャク おさむ・はかりごと・おかす・ほぼ
もと、土地の境界の意。はかりごと、法則、侵略。
名 のり・もと・とる

掠▲
リャク・リョウ かすめる・かする・かすれる
かすめる、奪い取る。むちうつ、罪人をむち打つこと。

笠▲
リュウ かさ
かさ。竹でできたかぶりがさ。

隆
リュウ・リュ たか・さかん
原義は丘が盛り上がる。高い、中央が盛り上がって高い、尊ぶ、地位が高い。盛んの意も。
名 たか・もり・おき・なが・とき・お・しげ・たかし・ゆたか

琉
リュウ・ル
玉と清らかに通じる。美しく光る玉を表す。

粒
リュウ つぶ
原義はばらばらの米。粒状になっているもの。

猟
リョウ かり
犬を使って獣を捕らえること。狩りの意。取る。

涼
リョウ すずし・うすし・まことに
名 すけ
原義は、澄んだ水。ひいてすずしいの意を表す。

菱▲
リョウ ひし
水草の一種。

陵
リョウ みささぎ
名 たか・おか
人が丘をのぼるさまを表す。のぼる、しのぐ。

梁▲
リョウ・ロウ はし・はり・やな
名 むね・やな
橋の横木。うつばり、はり。川で魚を捕まえるしかけ、やな。王朝の名。

崚●
リョウ
高く登る意の陵に通じ、山が険しく高いの意。

淋▲
リン さびしい・そそぐ
さびしい。水をそそぐ、長雨。したたる。

羚▲
レイ・リョウ かもしか
かもしか。羊の一種で高山にすみ、大きな角がある。

鹿●
ロク しか・か
名 か・しか・しし
長い角があるしかをかたどる。ふもとの意も。

累
ルイ・ラ・リョウ しきりに・しばる・まきぞえ・わずらわす・かさなる・かさね
名 たか
原義は糸をつなぐ。連ねる、捕らえる、次々に重なる、しきりに、ごくわずか、わずらわせる。

12画

渥●
アク あつい
名 あく・ひく・あつし・あつ
うるおう、ぬらす、美しい光沢がある。手厚い。

握
アク・オク・オウ・ウ にぎる
名 もち
しっかりしめつけるの意から、握りしめるの意に。

椅▲
イ いす・いいぎり
いす、腰掛け。桐に似た木の名、いいぎり。

偉
イ くし・えらい
名 より・たけ・いさむ
原義は並はずれである。ひいてえらい、盛ん。

雲
ウン くも
名 くも・ゆく・も
くもの形をかたどる、くも、空。高いもののたとえ。

運
ウン めぐる・めぐらす・めぐり・はこぶ
名 かず・ゆき・やす・はこぶ
原義はぐるぐる回り歩く。転じてはこぶの意。

営
エイ・ヨウ・ケイ・ギョウ いとなむ
名 よし
家屋が連なっているさま。ひいていとなむの意。

詠
エイ・ヨウ ながめ・ながむ・うたう・よむ
名 なが・かね・かぬ・うた
うたう、ながめる、よむ、もの思いにふける。

瑛●
エイ
名 あき・あきら・てる
透明な美しい石。玉の光。玉瑛は水晶のこと。

越
エツ・オチ・ガチ・カツ こす・こゆ
名 お・こえ・こし
原義はとびこえて走る。ひいてこえる。移る。

堰▲
エン・オン せき
せき、土を築いて水流をせきとめる所。

焔▲
エン・セン・ゼン ほのお
名 えん
火がもえあがるさま。火の光。

援
エン・オン・カン・ガン ひく・たすく・たすけ
名 すけ
原義は引く。引いて助ける、引っぱる、救う。

媛●
エン・オン ひめ
名 ひめ
ひめ、たおやか、美しい。高貴な女性の総称。

温
オン あたたか・あたたむ
名 あつ・よし・なが・みつ・はる・いろ・まさ・やす・あつし・すなお・ゆたか
もと、川の名。かりてあたたかいの意。あたためる、ならう、おだやか、心がやさしい。

奥
オク・オウ おく
名 うち・むら・すみ・おく
おくぶかい、かすか、かなめ、隠れる、すみ。

過 カ／すぐ・あやまつ・あやまる・あやまち・とが
原義は行きすぎる。ひいて度を越す、あやまち。
名 ひめ

賀 ガ・カ／よろこぶ
原義は財を贈って喜ぶ。ひいて喜ぶ意を表す。
名 よし・より・ます・しげ・のり・いわう

階 カイ／はし・きざはし・はしご・しな
原義は段が並ぶで階段の意。きざはし、きっかけ。
名 より・はし・とも

絵 カイ・エ・ケ／え
原義は五色の糸を合わせてしゅうする。描く。

堺▲ カイ・ケ／さかい
さかい、物事が触れあう所。範囲の中。しきり。

開 カイ・ケン／ひらく・ひらき・あく・あける
門に両手をかけてひらくさま。ひいてひらく。
名 ひら・はる・はるき・さく

街 ガイ・カイ・ケ・キ／まち
もと、十字路の意。ひいて、まちなか、大通り。

凱● ガイ・カイ／かちどき・かつ
かちどきの意。やわらぐ、楽しむ。南風の意も。
名 とき・よし・たのし

覚 カク・コウ／さとる・おぼゆ・さとり・さます・さめる
原義はものが明らかに見える。ひいてさとるの意。おぼえる、気づく、迷いからさめる。
名 あき・あきら・ただ・さだ・さと・さとし・さとる・ただし

筈▲ カツ・カチ／はず・やはず
はず、道理、そうなるわけ。やはず、矢の先の弦を受けるところ。

葛▲ カツ／くず・かずら・つづら
くず、くずかずら。くずの根からはくず粉を作る。かたびら。

割 カツ・カチ／わる・さく・わり・われる
原義は刀で切断する。切り分ける意。わる、さく。
名 かた・さき

喚 カン／よぶ
原義は注意をひくために叫ぶ。呼ぶ、わめく。

寒 カン・ガン／さむし
さむい、こごえる、寂しい、貧しい、卑しい。
名 さむ・ふゆ

換 カン・ガン／あけ・かわる・かえる
もと、互いにひっぱる。ひいてとりかえるの意。
名 やす

堪 カン・タン・コン・シン・ソン／たえる
原義は突き出た土地。かりてたえる、うちかつ。
名 たえ・ひで

敢 カン／あえ・あえてす
もと髪を洗う。かりて、あえてするの意を表す。
名 いさみ・いさむ

款 カン・キン・コン／まこと・しるす
真心、うちとける、喜ぶ、しるす、ゆるやか。
名 ただ・ゆく・よし・すけ

間 カン・ケン・カツ・ガツ／しずか・あいだ・ひそかに・うかがう・へだつ・しばらく
原義は門のすきま。ひいてあいだの意を表す。ひま、ゆるやか、静か、ひそかに、うかがう。
名 ま・ちか・はし

閑 カン・ゲン／しずか・しきり・なる・ならう
原義は門を閉じる木。ひいてしきり。しずか。
名 のり・やす・より

雁▲ ガン・ゲン／かり
水鳥の一種、かり。かりがね。

喜 キ・シ／よろこぶ
もと、音楽をかなでてよろこぶ。楽しむ、幸い。
名 よし・のぶ・はる・ゆき

幾 キ・ケ・ゲ／きざし・あやうし・いくばく・いく・ほとんど・ねがう
機の原字。しかけの意から転じてきざしの意。かすか、ほとんど、終わる、調べる、どれほど。
名 き・ちか・ふさ・のり・いく・おき・ちかし

揮 キ／ふるう・さしず
原義は手を振り回す、ひいて指図する。ふるう。

貴 キ／とうとし・とうとぶ・たっとい・たっとぶ
原義は値段が高い。ひいてとうといの意を表す。身分が高い、値うちがある、大切である。
名 たか・よし・むち・あつ・あて・たけ・たかし

葵● キ／あおい・はかる
観賞用の草花、あおい科の多年生草本。はかる。
名 あおい・まもる

12画

稀●
キ・ケ／まれ
希に通じ、まれ。少ない、まばら、めったにない。
名 まれ

喫
キッ・ケキ・キャク・カイ・ケ／くらう・のむ
もと、口でかむ、食らうの意。ひいて飲む。吸う。

給
キュウ・キョウ・オウ・ゴウ／たまう
糸と合わせると、足すの意を表す。応じる。
名 たり・はる

距
キョ・ゴ／たがう・けづめ
原義は鶏のけづめ。拒む、防ぐ、隔てる、閉じる。

御
ギョ・ゴ・ガ・ゲ／おん・み・おさむ
もと、君主のそばで仕える。はべる、治める。
名 のり・おき・みつ・お・み

卿▲
キョウ・ケイ／きみ・かみ
まつりごとを司る大臣。人の尊称。明らか。

喬●
キョウ／たかし
原義は非常に高い。優れている、高くそびえ立つ、重なり合う、たかぶる、おごる。
名 たか・ただ・すけ・のぶ・もと・たかし

堯▲
ギョウ／たかい
非常にたかい、遠い。ゆたか。

暁
ギョウ・キョウ／あかつき・さとる
原義は東方の空が明るくなる。ひいてあかつき。さとる、述べる、告げる。快いの意も。
名 あき・あきお・さとる・とし・とき・あけ・あきら・さとし・あかつき

勤
キン・ゴン／つとむ・つとまる
原義は心をひきしめてつとめる。働く、仕事。
名 のり・とし・いそ・つとむ

琴
キン・コン／こと
琴の糸巻きの部分をかたどる。弦楽器の総称。
名 こと

筋
キン・コン・ゲン・ケン／すじ
原義は、竹のすじ。ひいて広くすじの意に。力。

欽●
キン・コン／つつしむ・まこと
原義は欲を抑える。ひいてつつしむ、うやまう。
名 こく・ただ・よし・ひとし

喰▲
サン・ソン／くう
くう、くらう。物を口で食うこと。

隅
グウ／すみ
原義は丘の曲がり角。すみ、はて、かたわら。
名 ふだ・すみ・ふさ

寓▲
グウ・グ・ギョ・ゴ／よる・かりずまい・かこつける
よる、やどる、やどす。かこつける。かりずまい、やど、宿屋。

遇
グウ・グ・ゴ・ウ・ギョウ／あう・もてなす・たまたま・しあわせ
原義はたまたま道で出会う。思いがけなく会う、時世に合う。もてなす、機会。敵対するの意も。
名 あう・あい・はる

敬
ケイ・キョウ／うやまう・うやうやし
原義はいましめる。ひいてうやまう、つつしむの意を表す。真心をこめてつとめる。
名 たか・とし・のり・よし・ひろ・ゆき・はや・あき・あつ・いつ・たかし

景
ケイ・キョウ・エイ・ヨウ／ひかげ・ひかり・けしき
原義は太陽の強い光。転じてかげの意。けしき。
名 かげ・ひろ・あきら

軽
ケイ・キン・キョウ／かるし・かろんず・かろやか
原義は荷物を積んでいない車。ひいてかるい。
名 とし・かる

戟▲
ゲキ・ケキ・キャク／ほこ
両側に枝のあるほこ。長い取っ手に刃をつけた武器。

結
ケツ・ケチ・ケイ・ガイ・カイ／むすぶ・ゆう・ゆわえる
もと、糸をかたくむすぶ。ゆう、たばねる、終わる。
名 かた・ゆい・ひとし

堅（11画）
ケン／かたし
原義は土がかたい。かなめ、しっかりしている。
名 かた・すえ・み・よし

喧▲
ケン・カン／かまびすしい
かまびすしい、やかましい。盛大。際立っているさま。

萱▲
ケン・カン／かや・わすれぐさ
かや、すすき。わすれぐさ、かんぞう、ユリ科の植物。

硯▲
ケン・ゲン／すずり
すずり、すずり石。文筆に関すること。

12画

絢●
ケン・シュン　あや
原義は、あや、織物の美しいもよう。彩りが美しいさま。

圏
ケン・ガン・カン・ゲン　おり
もと、家畜を入れておく囲い。限られた領域。

検
ケン　しらぶ・しめくくり
原義は文書を納める木箱。験に通じ調べる意も。

減
ゲン・カン　へる・へらす
名 つぎ・さ
原義は水位がへこむ。つまりへるの意。ひく。

琥▲
コ・ク
虎の形をした玉の器。

湖
コ・ゴ　みずうみ
名 ひろし
原義は大きな水たまり。ひいてみずうみの意。

雇
コ・ゴ　やとう・やとい
もと、鳥の名。賃金を払って人を使う意を表す。

棋
ゴ・キ・ギ　ごいし
きちんと線が引かれた将棋盤を表す。将棋、碁。

期
ゴ・キ・ギ　あう・ちぎる
名 のり・とし・とき・さね
原義は月の一巡り、一か月。一定の時間、ちぎる。

腔▲
コウ・ク　から
体内の空間がある所。腹の中。わきばら。干した肉。歌の調子。

港
コウ・グ・ゴウ　みなと
名 みなと
原義は船が通る水路。転じてみなとの意を表す。

硬
コウ・ゴウ・キョウ　かたし
名 かた・かたし
原義は、かたい石。ひいてかたいの意を表す。

皓●
コウ　しろい・きよし
名 ひろ・ひろし・あきら・てる・ひかる・つく・あき
日が光るさまを表す。ひいて白い。光る、明らかである。清い、潔いの意も。

項
コウ・ゴウ　うなじ・うじ
名 うじ
原義は、頭の後ろ、うなじ。物事の要点、すじ。

裁
サイ・ザイ　たつ・わずかに・さばく
原義は布を断ち切る。ひいてさばく。様子。

最
サイ・サツ・サチ　もっとも
名 いろ・よし・かなめ・も
原義は無理に取り出す。もっとも、いちばん。

犀▲
サイ・セイ　さい
名 さい・かた
動物の名。さいの角。かたくて鋭い。

棲▲
サイ・セイ　す・すむ
すむ、すみか。やすむ、いこう。寝床。安らかでない。

策
サク・シャク　ふみ・ふだ・たけ・むち・つえ・めどき・かずとり・はかる・はかりごと
名 かず・もり・つか
原義は馬をうつむち。ひいて杖。転じてはかりごとの意。冊に通じて、ふだの意にも。

酢
サク・ソ　す
酸に通じる。す、すっぱい。むくいるの意も。

傘
サン　かさ
かさを広げたさまをかたどり、かさの意を表す。

散
サン　ちる・ちらす
名 のぶ
もと、竹を割る。ひいてばらばらにするの意。

紫(11画)
シ　むらさき
名 むら・むらさき
色の名、むらさき。高貴な色とされている。

斯▲
シ・ソ　この・これ・きる・さく
名 のり・つな・これ
これ、ここ、ここに。さく、ひきさく。ばらばらに切り離す。小者。

詞
シ・ジ　ことば
名 なり・のり・こと・ふみ
言を加えて司と区別。言葉の意。告げる。説く。

滋
ジ・シ　しげる・ます・ますます
名 しげ・ふさ・あさ・しげる
増える、茂る、育つ、ますます。うまいの意も。

軸
ジク　よこがみ・まきもの・しんぎ
原義は車輪から突き出ている心棒。物事の中心。

12画

湿 シツ・トウ・ゴウ／しめる・うるおう・しめす
もと、川の名。しめる、うるおう、失望する。

煮 シャ・ショ／にる・にえる・にやす
名 に
水が沸騰したときの音を表す。にる、にえる。

惹▲ ジャク・ニャク・ジャ・ニャ／ひく
ひく。ひきつける。

茸▲ ジュウ／ふく
茅などで屋根をおおう。積み重ねる。

就 シュウ・ジュウ・ジュ／つく・なる・おわる・たとい
名 なり・ゆき
原義は住みやすい高い丘。つく、成す、おもむく。

萩● シュウ／はぎ
初秋に紫紅色や白の花をつける。はぎ。よもぎ。

衆 シュウ・シュ／おおし
名 もろ・もり・とも・ひろ
原義は多くの人が集まる。ひいて多いの意。

集 シュウ・ジュウ／あつまる・あつめる・つどう
名 ため・ちか・ち・あい
原義はたくさんの鳥があつまる。つどう。

粥▲ シュク・イク・ビ・ミ／かゆ・ひさぐ
柔らかく炊いた米。ひさぐ、売る。おとなしい。

竣● シュン／おわる
動かずとどまっている意。終わる、あらためる。

閏▲ ジュン・ニン／うるう
うるう、うるう年。あまり、余分。

循 ジュン・シュン／めぐる・したがう
名 ゆき・よし・みつ
順に通じ、従っていくの意。巡る、すなおな。

順 ジュン・シュン／したがう・すなお
名 より・まさ・あり・むね・ゆき・のぶ・とし・あや・おさ・なお・したがう
原義は顔をやわらげて従う。ひいてしたがうの意を表す。すなお、従順、やわらか、つつしむ。

暑 ショ／あつし・あつさ
名 あつ・なつ
日と、燃える意の者で、あつい。気温が高い。

湘▲ ショウ・ソウ
川の名前。煮る、ものを煮る。

勝 ショウ／かつ・まさる・とう
名 まさる・すぐる・かつ・よし・とう・ます・かち・のり・まさ・すぐれ・すぐろ
原義は力をこめてものを持ち上げる。ひいてこらえる、しのぐ。かつ、まさる、優れる、盛ん。

焼 ショウ／やく・やける
名 やき
原義は野火をたく。やく、気を配る、ねたむ。

掌 ショウ・ソウ／たなごころ・つかさどる
名 なか
たなごころ、手のひらの意。つかさどる、役目。

焦 ショウ／こげる・こがす・こがれる・あせる
火で焼きこがす、こげる、悩み苦しむの意も。

晶 ショウ・セイ／あきらか
名 あき・あきら・てる・まさ
星が輝くさまをかたどる。明らか、きらめく。

硝 ショウ
ガラスや火薬の原料になる鉱石。火薬の意も。

粧 ショウ・ソウ／よそおう
もと、おしろいでかたちづくるの意。装う。

詔 ショウ・ジョウ／みことのり・つぐ・つげ
名 のり
言と呼ぶ意の召で呼んで告げる、知らせる。

証 ショウ・セイ／しるし・あかし
名 み・つく・あきお
原義は言葉のあかし。明らかにする、告げる。

翔● ショウ／とぶ・かける
原義は、飛び巡る。かける、飛ぶ、つまびらか。

場 ジョウ・チョウ・ショウ／ば
名 ば
原義ははらい清めた土地。ひいて場所。時期。

畳 ジョウ・チョウ／たたみ・たたまる・たたむ
名 あき
たたみ。重ねる、たたむ、積み上げる。閉じる。

粟▲ ショク・ソク・ゾク／あわ
穀物の総称。あわ。もみ。粟に似た小さいもの。ふちまい。

12画

植
ショク・チョク・ジキ・シ・ジ・チ　うえる・たつ・うわる
原義は真っすぐに木を立てる。ひいてうえる。

殖
ショク・ジキ・シ・ジ　うえる・ふやす・ふゆ
植に通じ、植える。ひいて増えるの意。育つ。
名 もち・たね・なか・のぶ

森
シン　もり
木が三つで樹木が多いさまを表す。ものが多い。
名 もり・しげる

診
シン　みる
脈を押さえて病状をみるの意。調べる、占う。
名 み・みる

尋
ジン・シン　ひろ・たずぬ・ついで
原義は両手を伸ばして左右の長さを測ること。たずねる、探す、つね、継ぐ、用いる。
名 ひろ・ちか・のり・つね・ひつ・みつ・ひろし

腎▲(13画)
ジン・シン
腎臓、内蔵のひとつ。かなめ、物事の要所。

遂
スイ・ズイ　ついに・とぐ
原義はおし進める。ひいて、とげる、成就するの意。届く、満ちる、きわめる。のびのびしたさま。
名 かつ・もろ・なり・より・つく・みち・ゆき・やす・なる・とげる

須●
ス・シュ・ハン・ヘン　まつ・もちう・ひげ
もと、ひげの意。かりて求める。用いる、待つ。
名 まつ・もち・もとむ

椎●
スイ・ズイ・ツイ　しい
原義はものをくずす木、つち。たたく、しいの木。
名 しい・つち

随
ズイ・スイ　したがう・まま
原義はものに寄りそう。ひいて従うの意。追う。
名 より・ゆき・みち・あや

婿
セイ・サイ　むこ
娘と同居する男の意。ひいてむこ。夫、娘の夫。

貰▲
セイ・シャ　もらう・ゆるす
もらう。ゆるす。物をおくられる。助けを受ける。

晴
セイ・ジョウ　はれ・はる
原義は雲が開いて日がさす。ひいてはれるの意。
名 はる・なり・てる・きよし

惺▲
セイ・ショウ　さとる・しずか
はっきりとわかる。心が落ちついている。
名 あきら・さとし・しずか

税
ゼイ・セイ・タイ・ダイ・タツ・タチ・セチ・スイ・ズイ・エツ　ちから・みつぎ・かかりもの
原義は収穫の中から抜き出して上納させる稲。ひいて税金の意。みつぎ、取り立てる。
名 おさむ・ちから・みつぎ

甥▲
セイ・ソウ・ショウ　おい
兄弟姉妹の生んだ男の子。むこ。

揃▲
セン　そろい・そろう・そろえる
そろう、そろえる、切りそろえる。そろっていること。

善
ゼン・セン　よし・よく・よきこと
原義はめでたい言葉、ひいてよいの意を表す。
名 よし・たる・さ・ただし

然
ゼン・ネン　もゆ・しかり・しかるに
燃の原字。火が燃え上がる、明らかにする。
名 しか・のり・なり

疏▲
ソ・ショ　とおる・うとい・ときあかす・あらい・まばら・さかん
うとい、親しみがない。とおる、とおす。ふさがったものをなめらかに通すの意。

曾▲
ソ・ゾ・ソウ・ゾウ　かつて・すなわち・なんぞ
ますます、かさねる。これまでに。すなわち。あげる。末。増す。

湊▲
ソウ　みなと・あつまる
みなと、船着き場。ものがあつまる場所。あつまる。おもむく。肌のきめ。

装
ソウ・ショウ　よそおう・よそおい
原義は衣を包む。かりて飾る意を表す。よそおう。

惣●
ソウ・ス　ふさ・すべて・すぶ・ひきいる・おおよそ
原義は手で集め束ねる。すべて、忙しい、総じて。
名 ふさ・のぶ・みち

創
ソウ・ショウ　はじめ・きず・きずつく
原義は刀で傷つく。損なう、始める、つくる。
名 はじむ

捜
ソウ・ス・シュ・ウ・シュ　さがす
火をかざして家の中をさがすさま。さがす。

象
ゾウ・ショウ　かた・かたどる・のり・のっとる
ぞうをかたどる。かりて姿の意。ありさま。
名 かた・のり・きさ・たか

12画

測
ソク・ショク・シキ
はかる
水を加えて則と区別。もと、水の深さをはかる。
名 ひろ

属
ゾク・ショク・ソク・シュ
つく・このごろ・つらなる・やから
原義は続いて生まれた子。ひいてくっつくの意。身内、仲間、つく、続く、ゆだねる、あわれむ。
名 つら・まさ・やす

尊
ソン
たっとい・みこと・とうとい
もと、両手で酒樽を神に供える。たっとぶ。
名 たか・たかし

隊
タイ・デ・ツイ・スイ・ズイ
くみ・たいれつ
墜の原字。原義は落ちる、失う。組、群、軍隊。

貸
タイ・トク
かす・かし
原義は金品を受け渡しする。与える、ゆるやか。

達
タツ・タチ
とおる・とどく・たっし
原義は通り抜ける。ひいてとどく。貫く、至る。
名 みち・とう・かつ・のぶ

巽●
ソン
たつみ・ゆずる
原義は整え備える。従う、従順である。ゆずる。
名 たつみ・ゆく・よし

棚
たな
木で組んで作ったたな。ひさし、かけはし。
名 すけ・たな

短
タン
みじかし
原義はみじかい矢。ひいてみじかい。欠点。

弾
ダン・タン
はじく・ただす・ひく・はずむ・たま
はじき弓をかたどる。たま、はずむ、かなでる。
名 ただ

湛▲
タン・チン・ジン・ダン・セン・デン・シン・イン
たたえる・しずむ
水が満ちている、たたえる。ふかい、手厚い。あわい、たのしむ、澄む。

智●
チ
ちえ
もと、知に同じ。言葉を明白に並べる。ひいて賢い、もの知りの意を表す。はかりごとの意も。
名 とも・とし・さと・のり・とみ・もと・あきら・さとし・さとる・まさる

遅
チ・ジ
おそし・おくる・まつ・おくらす
原義はゆっくり歩く、ひいておそい、のろい。
名 まつ

筑▲
チク
原義は琴に似ている楽器で竹を使って打ち鳴らすもの。

着
チャク・ジャク
きる・きせる・つく・つける
衣服などを身につける。くっつく、とどく。

註▲
チュウ・チュ
ときあかし
言葉の意味を明らかにする。欄外で注釈すること。しるす。のべる。

厨▲
チュウ・ズ・チュ
くりや
炊事場。ぬし。ひつ、はこ、たんす。

貯
チョ・ト
たくわう
原義は貨幣を蓄える。ためる、しまっておく。
名 もる・おさむ

超
チョウ
こゆ・こす
原義はとびこえる。ひいて優れるの意。すぎる、抜きん出る、遠ざかる、遠い、限界をこえる。
名 こゆる・おき・たつ・き・とおる・こえる

朝
チョウ・ジョウ
あさ・あした・あつまる
草原から日が昇るさまをかたどる。あさ、あした、集める、至る、まつりごと、まみえる。
名 あさ・とも・とき・かた・のり・さ・つと・あした・はじめ

貼▲
チョウ・テン
つける・はる・つく
つける、足りないものをおぎなう。はりつける。落ち着ける。薬の包みを数える語。

喋▲
チョウ・トウ・キョウ・ジョウ・ドウ
しゃべる・ついばむ
しゃべる。かまびすしい。ふむ、歩く、行く。ついばむ、水鳥が餌を食う。

塚
つか
つか、土を盛り上げた墓。丘、山のいただき。

堤
テイ・タイ・シ・ジ
つつみ
もと、あふれる水を止める盛り土。つつみ、どて。

提
テイ・ダイ・シ・ジ
ひっさぐ・さげる
原義は高く上げて持つ。持ち上げる、さげる。

替
テイ・タイ・テツ・テチ
かわる・すたる・かえる
廃に通じ、やめるの意。ひいてかえる。除く。

程
テイ・ジョウ
ほど・ころ・みち・はかる

原義は稲が真っすぐ伸びる。標準、度合い、量る。

名 ほど・たけ・のり・みな

堵▲
ト・ツ・ジャ・シャ
かき

家のまわりのかき。すまい。かきの大きさ。ふせぐ、ふさぐ。

登
ト・トウ・トク
のぼる

のぼる、合格する、報告する、出発する、実る。

名 なり・のり・たか・とみ

渡
ト・ズ
わたる・わたし・わたり

水とわたる意の度で、水をわたる。暮らす。

名 ただ・わたり・わたる

董▲
トウ・ツ・ショウ・シュ・ドウ
ただす

ただす、見張る、監督する。はかる。おさめる。蓮根。古道具。

名 しげ・ただ・なお・のぶ・まさ

湯
トウ・ショウ・ヨウ・ソウ
ゆ

原義は、水が熱い。ひいてゆ。大きいさま。

名 のり・ゆ

塔
トウ
そとば

土で作ったそとばの意を表す。とう、仏堂、寺。

等
トウ・タイ
ひとし・ともがら・しな・ら・など・まつ

原義は竹の札をそろえる。ひいてひとしい。

名 ひとし・とも・とし・たか

答
トウ
こたう・こたえ

原字は合。こたえる、返事をする、むくいる。

名 とも・とし・さと・のり

筒
トウ・ズ
つつ

貫通する意の通に通じる。節を取った竹のつつ。

名 つつ・まる

統
トウ・ツ
すべて・おさむ・すじ・すべる

原義は長く伸びた糸。ひいて筋の意。大筋、血筋。

名 おさ・つね・つな・むね

棟
トウ
むね・むな

屋根のむねにはりわたす木。ひいて重要な。

名 すけ・みね・たかし

道
ドウ・トウ
みち・ち・いう・すじ・みちびく

原義は長く通っている道。ひいて正しい筋道、方法、制度、学問、宇宙の原理、導くなどの意。

名 より・のり・みち・まさ・つね・じ・ね・ち・つな・ゆき・おさむ・わたる

敦●
トン・タイ・テ・タン・ダン・トウ・ドウ・チョウ・チュウ・ジュ・シュン

原義は敵を討ち破る。励ます、ただす、大きい、盛んな。惇に通じて真心がある、手厚い。

名 あつ・のぶ・たい・つる・あつし・つとむ・おさむ

童
ドウ・トウ・ズ・ショウ・シュ
わらべ

もと、額に入れ墨をした奴隷。かりてわらべ。

名 わか・わらべ

琶▲
ハ・ベ

楽器の弦を弾き鳴らすこと。

買
バイ・メ
かう・かい

原義はお金を払ってものを取る意。かう、雇う。

媒
バイ・マイ
なこうど・なかだち

縁組のなかだちをする、またとりもつ人のこと。

博
ハク・バク
ひろし・すごろく

あまねく行きわたる、広い、広く通じている。

名 はか・ひろ・ひろし

斑▲
ハン・ヘン
まだら

色のまじること、まだら。総体の中の一部分。

飯
ハン・ボン
めし・いい・け

原義は食物を口に入れて食べる。めし、食う。

名 いい

番
バン・ハン・ハ・バ・ホン
かわるがわる・つい・つがい

かわるがわる、囲い、つがい。数や順序を表す。

名 つぐ・つら・ふさ・つぎ

晩
バン・マン
ゆうぐれ・おそし

日が傾くから、日暮れ。夜がふける、成年。

名 かげ・くれ

萬▲
バン・マン・マ
よろず

よろず、あまた、すべて。万の旧字体。

名 かず・たか・つむ

扉
ヒ
とびら

開く意に通じる非と戸で、開き戸の意を表す。

斐●
ヒ

あやが美しいさま。明らか、うるわしい、なびく。

名 あや・あきら・よし・なか

費
ヒ・フツ・フチ
ついやす・ついゆ

原義はお金がなくなる。ひいてついやす。

名 ただ・もち

12画

備 ビ・ヒ　そなう・そなわる・そなえ・つぶさに
人と、矢を入れる道具をかたどり、用意する、そなえるの意を表す。整う、つぶさに、補う。
名 なり・まさ・よし・とも・たる・なが・のぶ・よ・より・みつ・みな・そなわる

琵▲ ビ・ヒ
琵琶。弦楽器。

筆 ヒツ・ヒチ　ふで
ふで。書き記す。かいた絵や書。散文の意も。
名 ふで

評 ヒョウ・ビョウ・ヘイ　はかる
言と平らにするの意の平で、公平に決める。
名 ただ

普 フ・ホ　あまねし
原義は日があまねく照らす。広く行きわたる。
名 ゆき・ひろ・かた・ひろし

富 フ・フウ　とみ・とむ
原義は家に財産が満ちる。ひいて豊か、とむの意を表す。財産やものが多い、盛んな。
名 とみ・よし・あつ・ふく・ひさ・と・あつし・さかえ・とます・みつる・ゆたか

葡▲ ブ・ホ・ヒ・ビ
つる性の植物。

復 フク・ブク・フウ・ブ　かえる
原義は元の道をもどる。ひいて、ふたたび。また。
名 ふ・また・なお・あきら

幅 フク・ヒョク・ヒキ　はば・むかばき
原義は布の横のふくらみ、はば。へり、うわべ。

雰 フン
雨と、細かく分かれる意の分で、霧、塵。空気。

焚▲ フン・ブン　たく・やく
やく。やける。たく、もやす。農耕のために林をやく。

塀 ヘイ
原義はおおう。家を囲う壁。土囲い、へい。

遍 ヘン　あまねし
すみずみまで行きわたる、あまねくの意を表す。
名 ゆき

補 ホ・フ・ブ　おぎなう・おきない・つくろい
原義は布をあてほころびを繕う。おぎなう。
名 すけ・さだ・たすく

募 ボ・ム　つのる
原義はつとめて求める。つのる。広く求める。
名 つのる

報 ホウ　むくいる・しらせ
もと、罪人を罰するの意。復に通じむくいる。
名 つぐ・お

傍 ボウ・ホウ　かたわら・そば・わき・そう
もと、人を招き寄せるの意。ひいてかたわら。
名 かた

帽 ボウ・モウ　ぼうし
布と、おおうの意の冒で、頭をおおう布、ぼうし。

棒 ボウ・ホウ　つえ
もと、たたく、打ち破る。たたく、つえ、ぼう。

貿 ボウ・ム　かう・あきなう
原義は金銭と物を取りかえる。交易する、商う。

無 ム・ブ　なし
もと、舞に同じ。かりて、ないの意。むなしい。
名 な・なし

満 マン・バン・モン　みつ・みちる・みたす
原義は水が器にいっぱいになる。みちる、一定の基準、期限に達する、全体。あざむくの意も。
名 みつ・みち・みつる・まろ・あり・ます

愉 ユ・トウ・チュ　よろこぶ・かりそめ
心がやわらぐ、楽しむ。喜ぶ、おろそかにする。

釉▲ ユウ・ユ　うわぐすり
つや、ひかり、光沢。うわぐすり、陶磁器の表面に塗ってつやや模様をつける粉末。

雄 ユウ・キュウ・グ　お・おす・おん・おさ
原義は勇ましい鳥。ひいておす。強い、ひいでる。
名 お・かつ・たけ・かた

裕 ユウ・ユ　ゆたか
原義は衣が豊かにある。ひいてゆとり。広い。
名 やす・ひろ・すけ・みち

遊
ユウ・ユ　あそぶ・あそび
原義はゆっくり道を行く。ひいてあそぶの意。
名 ゆき・なが

猶
ユウ・ユ・ヨウ　なお
もと、さるの一種。転じてためらう、疑う。なお。
名 なお・より・さね

湧●
ユウ・ヨウ　わく
わく。水がわき出る、あふれる、盛んにおこる。
名 わく

遥●
ヨウ　はるか
揺に通じて、ゆれる。ひいてさまようの意を表す。はるか、遠い、長い。人名に限って用いる。
名 はるか・すみ・とお・のり・はる・みち・のぶ

陽
ヨウ・チョウ・ジョウ　ひ・あらわに・いつわる
日があたる山の南側の面。転じて太陽、ひなた。
名 はる・きよ・なか・あきら

葉
ヨウ・チョウ・ジョウ　はよ
草木の葉、また、葉のように薄く平たいもの。世。
名 ふさ・たに・のぶ・よ

揺
ヨウ　うごく・ゆらめく・ゆれる・ゆする・ゆさぶる
もと、手で上下左右にゆり動かす。ゆれる。
名 ―

揚
ヨウ　あがる・あぐ
原義は日が昇る。あがる、あげる、動く、輝く。
名 あき・あきら・たか・のぶ

絡
ラク・カク　からまる・まとう・つながる
原義は糸を巻きつける。からむ、筋道、つなぐ。
名 なり・つら

落
ラク　おとす・おつ・おちる・むらざと
もと草木の葉がおちる。ひいて広くおちる意に。
名 おち

裡▲
リ　うら・うち
物の内面。衣服のうちがわ。うち、なか、内部。心。

硫
リュウ・ル　いおう
石と流れるで、溶けやすい鉱物、イオウの意。

量
リョウ　はかり・はかる・かさ・かず
原義は袋の中身を斗ではかる。ひいてはかる。
名 かぬ・とも・かず・さと

椋●
リョウ　むく
にれ科の落葉高木。ものを磨くのに用いる。
名 くら

琳●
リン
玉がふれ合って鳴る音を表す。美しい玉の名。

塁
ルイ・ライ・リツ・リチ・キ　とりで
原義は土を盛ったとりで。重ねる、つなぐ。
名 かさ・たか

廊
ロウ　ろうか
原義は堂の下を取りまく建物。渡り廊下、ひさし。

禄●
ロク・リョク　ふち・さいわい
もと、さいわいの意。善い。役人の俸給。扶持。
名 よし・さち・とし・とみ

隈▲
ワイ・エ　くま・すみ
くま、水がまがりこんだ所。山が入りくんだ所。まがる。すみ。また。
名 くま

惑
ワク・コク・オク　まどう・まよう
心と、疑う意の或で、思い迷うの意。乱れる。

湾
ワン　いりえ
海が陸地に入り込んでいる、入り江の意を表す。
名 みずくま

腕
ワン　うで・かいな
肉と曲げるで、うでを表す。うでまえ、働き。

13画

椀▲
ワン　わん・はち
わん、小鉢、おわん。

愛
アイ・エ　いつくしむ
原義は、人にものを贈る。恵む、あいする、いつくしむ、親しむ、惜しむ。
名 やす・よし・なる・ちか・つね・あき・さね・なり・のり・ひで・めぐむ・より

暗
アン・オン　くらし・やみ
日が隠れてくらい。おろか、明らかではない。

意
イ　こころ・おもう
憶の原字。心、思い、おもむき、こころざし。
名 おき・もと・むね・よし

13画

葦▲　イ　あし
あし、水辺に生える多年草、小さい舟。

違　イ　ちがう・たがう
ちがう、異なる。そむく、逃げる、よこしま、過失。

溢▲　イチ・イツ・シチ・シツ・ジチ・シ・ジ　あふれる・みちる
名 みつ
水があふれる、こぼれる、みちる、いっぱいになる。すぎる。おごる。

猿　エン　さる
名 さる
枝をとって木によじ登る動物。さるの意を表す。

圓▲　エン　まるい・えん
名 まどか・のぶ・みつ・かず
円の旧字体。まる、まるい、満ちている、あまねく、すべてに、穏やかの意。

遠　エン・オン　とお・とおし・うとし・とおざく・おち
名 とお・とおし
原義は遠くへ行く。ひいてとおい意を表す。

塩　エン　しお
名 しお
原義は海水の中の塩分。しお。しおの総称。

園　エン・オン　その
名 その
囲いを巡らした所。その。果樹や野菜の畑。

鉛　エン　なまり
青黒い金属。なまりの意、おしろい、従う。

靴　カ　くつ
原義は足を包む皮の道具。ひいて革靴。くつ。

嫁　カ・ケ　よめ・とつぐ・よめいる
名 たか・たね
女と家でとつぐ意を表す。よめ。おしつける。

嘩▲　カ・ケ　かまびすしい
さわがしいの意。

雅（12画）　ガ・ゲ・ア・エ　まさ・つね・もと・より・みやび
名 まさ・なり・ただ・もと・のり・つね・ただし・ひとし・まさし・まさる
もと、みやまがらすの意。かりてみやびやか。正しい、常に、もとから、はなはだ。

蓋▲　ガイ・カイ・コウ・カッ・ゴウ・カチ　おおう・かさ・けだし・ふた
おおう、おおいかくす。ふた、かさ。けだし、おもうに。なんぞ、どうして。

解　カイ・ケ・ゲ　とく・さとる・とかす・とける
名 とき・ざ・ひろ・さとる
もと、刀で牛を裂く。分ける、わかる、悟る。

該　ガイ・カイ　その・かぬ
名 かね・かぬ・かた・もり
もと、皆がちかう。転じて兼ね備えるの意。

塙▲　カク・コウ・キョウ　はなわ・かたい・ばん
はなわ、小高い所。山のかど。かたい、土がかたい。

隔　カク・キャク　へだたり・へだて・へだつ
原義は丘によってへだてる。しきる、離れる。

楽　ガク・ラク・リョウ・ゴウ・ギョウ・ロク　たのし・おんがく・このむ・たのしい
名 ささ・もと・よし・たのし
もと、弦楽器をかたどり、音楽。ひいて楽しむ意を表す。安らか、豊か、心にかなう、好む。

較　カク・コウ・キョウ　くらぶ
名 あつ・なお・とお
もと、車の上の組み合わせた横木。くらべる。

滑　カツ・コツ・コチ・ガチ　すべる・なめらか・みだる
原義は水がなめらかに巡る。乱れるの意も。

勧　カン・ケン　すすむ
名 ゆき・すすむ
原義は助けてつとめさせる。ひいてすすめる。

寛　カン　ゆたか・ゆるやか・くつろぐ・ゆるす・ひろし
名 ひろ・お・のと・のぶ・とら・とも・おき・むね・もと・よし・ちか・とみ
原義は広い家。ひいてひろい意を表す。心が広い、ゆとりがある、くつろぐ、ゆるやか、豊か。

感　カン
物事に対して心が動く意。かんじる、感動する。

13画

幹
カン みき・わざ・よくす
原義は大きな旗ざおを支える柱。ひいて物事の主要部の意を表す。みき、わざ、才能、強い。
名 まさ・えだ・くる・より・よみ・もと・つね・よし・たる・き・み・から・とし

漢
カン・タン から・あや
もと、川の名。王朝名、国名。天の川、男子。
名 なら・かみ・くに

頑
ガン
かたくな、融通がきかない、むさぼる、戯れる。

暉●
キ かがやく・ひかり・ひかる
もと、日が巡り、光が広がる。ひいて輝く、光る。
名 あき・あきら・てる

義
ギ ぎり・よし
原義は神前で舞う。ひいて守るべきみち、善い。
名 よし・のり・ともいさ

詰
キツ・キチ・ケツ・ケチ つむ・せむ・なじる・つまる・つまり・つめ
原義は言葉で問いつめる。責める、なじる、調べる、いましめる。夜明けの意も。曲がる。

鳩●
キュウ・ク はと
鳥と、鳴き声を表す九で、はとの意。集める。
名 やす・はと

裾▲
キョ・コ・ゴ すそ
衣服のすそ。山のふもと。おごる。

業
ギョウ・ゴウ わざ・なり・なりわい・すでに
楽器をかける台をかたどる。転じて学問、仕事。
名 なり・かず・ふさ・くに

僅▲
キン・ギン わずか
わずか、すこし。かろうじて。近い、ほとんど。
名 よし

禽▲
キン・ゴン とり・とりこ
鳥類の総称。とり。とりこ、とらえる、生け捕りにする。

虞
グ うれう・おそれ・おもんばかる
もと虎に似た動物の名。かりておそれる意。
名 すけ・やす・もち

窟▲
クツ・コツ・クチ いわや
いわや、あな、むろ、あなぐら。ものの集まる所。

群
グン・クン むれる・むれ・むら・むらがる
もと、羊のむれ。ひいて広くむれの意に。仲間。
名 むれ・もと・とも・むら

傾
ケイ・キョウ かたむく・つくす・くつがえす
人を加えて頃と区別。かたむく心を寄せるの意。
名 かたぶ

継
ケイ・カイ つぐ・つぎ
もと、切れた糸をより合わせる。ひいてつぐ。
名 ね・ひで・つぎ・つぐ

携
ケイ たずさう
原義は手をつなぐ。たずさえる、身に付ける。

詣▲
ケイ・ゲイ いたる・もうでる
いたる、行く、すすむ。神仏におまいりをする。学問の深いこと。
名 ゆき

隙▲
ゲキ・ケキ・キャク・コ・クすきま・ひま
すきま、あな、すき、あいだ。なかたがい。あらそい。つづく。
名 ひ

傑
ケツ すぐる
抜け出る意の桀と人で、抜きん出た人を表す。
名 たけし・たかし

遣
ケン つかわす・やる・やり
原義は行って献上させる。ひいてつかわすの意。

絹
ケン きぬ
原義はしまって強い糸。ひいてきぬ。生糸の織物。
名 きぬ・まさ

源
ゲン・カン みなもと
原に水を加えてみなもとの意を表す。根本。

跨▲
コ・カ・ケ・ク・カイ またぐ・またがる・また
またぐ、またがる、両足を開いて乗る。両足を大きく広げてわたる。

鼓
コ・ク つづみ
もと、つづみをうつ。転じてつづみ。太鼓、ます。

誇
コ・カ・ケ ほこる
大きなことを言う。ほこる、自慢する、太い。

13画

瑚●
コ
さんご
原義は祭のときに穀物を盛る器。さんご。

碁
ゴ・キ・ギ
こいし
原義は石で遊ぶ台。囲碁、碁石、ごをうつこと。

幌▲
コウ・オウ
ほろ・とばり
ほろ、おおい。馬車、車などの日よけ、雨よけ。とばり。看板。

煌▲
コウ・オウ
かがやく・きらめく
かがやく、きらきら光る。きらめき、きらめく。

溝
コウ
みぞ
組み合わせて作った水路。用水路の意。みぞ。
名 みぞ

鉱
コウ・キョウ・オウ
あらがね
もと黄色の石、あらがね。精錬していない鉱物。
名 かね

滉●
コウ・オウ
ひろ・ひろし・あき・あきら
深くて広い意の晃に水を加えて、水が深くて広いさまを表す。広遠である。

献
コン・ケン・サ・ギ・キ
たてまつる
もと、神に捧げる犬の意。ひいて奉る、捧げる。

嵯●
サ・シ
けわし・たかし
けわしい山が高くそびえる、ごつごつしたさま。

裟●
サ・シャ
衣と沙で、僧の法衣を表す。沙は梵語の音訳字。

蓑▲
サ・サイ・セ
みの・おおう
みの、草で作った雨をしのぐ衣。おおう。

歳
サイ・セイ・セ・チ・サ
とし・よわい
収穫から収穫までの一巡り。ひいて一年の意。
名 とし・とせ

載
サイ・タイ
のす・はじむ・しるす・こと・はじめ・とし
もと、車にものをのせる。始める、記す、重ねる。
名 のり・とし・こと

催
サイ・セ
もよおす・うながす
原義は、人を促す。ひいてもよおす。起こる。
名 とき

嗣
シ・ジ
つぐ・つぎ
原義は竹札をつないで冊にする。ひいてつぐ。
名 つぎ・つぐ・ひで・さね

資
シ
たから・もと・もとで・たち・たすけ
貝とそろえる意に通じる次で、財をそろえる。ひいてもとでの意。財貨、材料、用いる、たち。
名 すけ・よし・やす・もと・より・ただ・とし・たすく

馳▲
ジ・チ・タ・ダ
はしる・はせる
はせる、かける。おう。心を向かわせる。伝わる。競う。

試
シ・ショク・シキ
こころみ・ためす
官職につける。ためす、こころみる。用いる。
名 もち

詩
シ・チュ
からうた
もと、心にとまったことを表現するもの。うた。
名 うた

飼
シ・ジ
かう・かい・やしなう
食べさせて養う。動物を養う。人に食を与える。

蒔●
シ・ジ
まく・まき
もと、草を移し植える。植える。まく、種をまく。

慈
ジ・シ
いつくしむ
原義は、愛し養う。いつくしむ、情けをかける。
名 ちか・よし・やす・なり

辞
ジ・シ
ことば・かわ・ことわる・やめる
詞に通じ言葉の意を表す。文章、訴える、やめる。

蒐▲
シュウ・ソウ・シュ・カイ・エ
あかね・あつめる・かくす・かり
あつめる、さがす。かくす。狩り。あかね。

酬
シュウ・チュウ・ジュ
むくゆ・むくい
もと、酒を飲みかわす。すすめる。むくいる。
名 あつ

舜●
シュン
むくげ・あきら・さとし・とし
もと野菜の名。転じてむくげの意。ひるがお。
名 よし・ひとし・きよ・みつ

竪▲(14画)
ジュ
たて・たてる・たつ
たて。たてる。

楯▲
ジュン・シュン・チュン
たて・てすり
たて、盾と同じ。てすり。ぬく、ぬきんでる。棺を載せる車。

13画

馴▲
シュン・ジュン・イン・クン　なれる・ならす
人になれる、なれ親しむ。おとなしい。すなおに従う。
名 なれ

詢●
ジュン・シュン　はかる・あつし・ひとし
意見を聞く、問う、相談する。謀る。まこと。
名 まこと

準
ジュン・シュン・セツ・スイ　かた・のり・ひとし・ならう・みずもり・なぞらう
もと水平な面。順に通じてのっとる、法則の意も。平らか、等しい、目安、標準にする。
名 とし・のり・ひとし・なろう

署
ショ・ジョ　やくわり・やくしょ・しるし・しるす
もと、区分けして綱をする。ひいて役割の意。

照
ショウ　てらす・てれる・てる
明らかの意の昭と火で、火でてらして明らかにする。ひいて、てらすの意を表す。光る、知る。
名 てる・あき・あり・のぶ・とし・みつ・あきら・てり・てらし・てらす

奨
ショウ・ソウ　すすむ
原義は犬をけしかける。転じて励ます、すすめる。
名 すすむ・つとむ

頌●
ショウ　ほめる
原義は頭を装い舞をまう。ひいてほめる、たたえる意を表す。形、ありさま。ゆるやかの意も。
名 うた・おと・のぶ・つぐ・よむ

想
ショウ・ソウ・ソ　おもう
見る意の相と心で、心の中で思うこと。しのぶ。

詳
ショウ・ゾウ・ヨウ　つまびらか・くわし
細かいところまで言葉にする。ひいてくわしい。
名 つま・みつ

蒸
ジョウ・ショウ　むす・もろもろ・おがら・むれる・むらす
昔、燃料にしたおがら(草)の意。むす、もろもろ。
名 つぐ・つまき

触
ショク・ソク・ソウ・ス　ふる・ふれ・さわる
原義は、角で突く。ひいてふれる。さわる。

飾
ショク・シキ　かざる・かざり
もと布でぬぐって清める。ひいてかざるの意。
名 よし・あきら

寝
シン　ねる・やすむ・ぬ・やむ・ふせる・みたまや
もと、はらい清めた神殿。
名 ねる・すたれる・やめる

新
シン　あらた・あたらし
もと、若木を切ってたきぎにする。あたらしい。
名 あらた・あお・にい・よし

慎
シン・ジン　つつしむ
つつしむ、注意深くする。うやうやしくする。
名 ちか・のり・みつ・まこと

睡
スイ・ズイ　ねむる・ねむり
目と、たれる意の垂で、ねむる意を表す。

瑞●
ズイ・スイ　みず・しるし
諸侯の身分を証明する玉。めでたい、しるし。
名 たま・みず

数
ス・ウ・ス・シュ・サク・ソク・ショク・シュク・ザク　かず・かぞう・せむ・しばしば
原義は算木でかぞえる。計算する、責める、はかりごと、定め、道理、しばしば、せわしい、速い。
名 かず・ひら・のり・や

崇●
スウ・シュウ　かさ・かさむ
山が重なって高い。高い、大きい、かさばる。
名 たか・たけ・たかし

靖●
セイ・ジョウ　やす・やすし・おさむ・きよし・しずか
もと、立ち姿が安らかの意。安んじる、清い。
名 やす・のぶ・しず・やすし

勢
セイ　いきおい
原義は草木を育てる力、ひいてほかを支配する力。
名 なり

聖
セイ・ショウ　ひじり
もと神の声を正しく聞き分ける人。ひいて賢い。
名 きよ・まさ・さと・さとし

誠
セイ・ジョウ　まこと
かたく守る意の成と言で、言ったことをかたく守る。ひいてまことの意。真心、真実。
名 さと・しげ・とも・さね・のぶ・なり・もと・み・あき・かね・なが・まさ

跡
セキ・シャク　あと
もと、足あとが続く。ひいて広くあとの意に。
名 あと

13画

摂
セツ・ショ　とる・おさむ・かぬ
名 かぬ・かね・おさむ
原義は手で集める。収める、整える、とる。正す。

節
セツ・セチ　ふし・さだめ・みさお・ほど・あい・ころ・とき・おり・しるし
名 よし・もと・とも・さだ・お・ふ・よ・たか・たけ・とき・のり・ふし・ほど
原義は竹を区切っているふし。ひいて、くぎり、けじめの意を表す。とき、みさお、決まり、行い。

詮▲
セン　せん・そなわる・のり
名 あき・あきら・とも・とし・さと・のり
せん。そなわる。物事の道理を説き明かす。えらぶ。さとす。のり、法則。

煎▲
セン　いる・にる
る、火であぶって水分を取る。煮る。せんじる。つくす。へる。

践
セン・ゼン　ふむ
もと、足跡をつけて巡り歩く。踏む、行う。

羨▲
セン・ゼン・エン・イ　うらやむ・あまり
うらやむ、うらやましがる。むさぼる。心にしたう。あまり。あふれる。のばす。

禅
ゼン・セン　ゆずる・ゆずり・しずか
名 よし
もと、地を清めて天をまつる。ゆずる、静か。

楚▲
ソ・ショ　いばら・しもと・すわえ
名 たか
いばら。しもと、むち。うつ、たたく。いたむ、かなしむ。国の名前。

塑
ソ
原義は土を削って作った人形。神仏の像。でく。

蒼●
ソウ　あおい・たみ
名 しげる
青い色。茂る。あおあおと草木が茂るさま。

僧
ソウ　ぼうず
梵語の音訳を略したもの。仏門に帰依した人。

塞▲
ソク・サイ　ふさぐ・とりで・みちる
ふさぐ、とざす。へだてる。みちる。顔色。とりで。さいころ。

続
ゾク・ショク　つぐ・つづく
名 つぎ・つぐ・ひで・つづく
もと、糸をつないで結ぶ。ひいて継ぐ、つづく。

損
ソン　そこなう・へる・そこねる
名 ちか
手と、取り去る意に通じる員で減る。そこなう。

詫▲
タ・カ・ケ・ト・ツ　わびる
わびる、あやまる。いぶかる。かこつ。あざむく。ほこる。

楕▲
ダ・タ
こばんがた、長円形。木の枝がないこと。

碓▲
タイ・ツイ・テ　うす
うす、穀物を入れて足でふんだり、水力を使ってつく道具。

滞
タイ・ダイ・テイ・セイ　とどこおる
原義は水がとどまって流れない。とどこおる。

暖
ダン・ナン・ケン・カン　あたたか・あたたかし
名 あつ・はる・やす
温に通じ、日が照ってあたたかい意。やさしい。

稚
チ・ジ　おさなし・いとけなし
名 わか・のり・わく
原義は小さく細い稲。ひいて幼い意を表す。

置
チ　おく
名 おき・き・やす
もと、網を真っすぐ立てておく。ひいて、おく。

牒▲
チョウ・ジョウ　ふだ
文章をしるしたふだ。かきつけ、文章。系図をしるしたもの。訴状。記録、書きもの。

跳
チョウ・ジョウ・トウ・ドウ　とぶ・おどる・はねる
はねあがる意の兆と足で、とびはねる、おどる。

鼎▲
チョウ・テイ　かなえ・あたる・まさに
かなえ、青銅で作った物を煮る器。3つが向かい合った形。王位。まさに、あたる。

賃
チン・ジン・ニン　やとう
名 かぬ・とう
仕事の意の任と貝で、報酬、ちんぎん、やとう。

椿●
チン・チェン　つばき
名 つばき
つばき科の常緑高木。変わったことの意も。

艇
テイ・ジョウ
先端が突き出た細長い小舟の意を表す。ボート。

13画

禎●
テイ・チョウ　ただし・さいわい・さだむ・さち
よい、正しい、幸い、めでたいしるしなどの意。
名 ただ・さだ・よし・とも

鉄
テツ・テチ・デチ　くろがね
もと、大きなほこの材料となるくろがね。てつ。
名 かね・とし・きみ・まがね

塡▲
テン・デン・チン・ジン　うずめる・ふさぐ・はめる
原義は土をつめて穴をふさぐことから、うずめる、ふさぐ。みたす、充塡。従う、しずめる。
名 みちる

殿
デン・テン　との・どの・しんがり
もと、ものを打つ音。しんがり、御殿、貴人の尊称。
名 との・あと・すえ

電
デン・テン　いなずま・いなびかり
稲妻をかたどる。稲光。速いことのたとえ。
名 あきら・ひかり

塗
ト・ズ・タ・ダ　ぬる・まみる
泥、泥をぬる、汚す。途にも通じ、みちの意も。
名 ぬる・みち

働
ドウ　はたらく
人と、動ではたらく意を表す。作用する、手腕。

督
トク　みる・うながす・ひきいる
原義は、よく見る。見張る、調べる、率いる。
名 まさ・ただ・すけ・よし

頓▲
トン・ドン・トツ・トチ　ぬかずく・とどまる・つまずく
ぬかつく、地にあたまをつける。とどまる、やどる。ずしんと腰をおろす。
名 はや

遁▲
トン・ドン・シュン　のがれる
のがれる、にげる、かくれる。うつる。あとずさりする。出家して仏門に入る。

楠●
ナン・ダン　くす・くすのき・ゆずりは
くすのき科の常緑高木。材から樟脳をとる。
名 くす・くすのき

稔●
ネン・ジン・ニン　とし・みのる
原義は稲の実が熟してふくらむ。ひいてみのる。
名 とし・なる・なり・みのる

農
ノウ・ドウ・ヌ
原義は、草を切る。ひいて耕作する。百姓。
名 とよ・あつ・たか・なる

煤▲
バイ・メ　すす・すすける
すす。すみ。石炭。

漠
バク
水とない意の莫で、水がない土地。広い、静か。
名 ひろ・とお

鉢
ハチ・ハツ
もと、僧侶が用いる器。ひいてはちの意を表す。
名 ほ

搬
ハン・バン　うつす・はこぶ
船を動かす意の般に手で、運ぶの意に。移す。

微
ビ・ミ　かすか・なし
原義はこっそり歩く。ひそか、かすか、少ない。
名 いや・なし・まれ・よし

楓●
フウ　かえで
かえで、もみじ。紅葉する落葉高木の総称。
名 かえで

福
フク・ホク・フウ・フ　さいわい・ひもろぎ
神に捧げる酒つぼをかたどる。ひいて幸い、神の恵みの意を表す。神から授かる助け、よい。
名 もと・とみ・とし・よし・よし・たる・むら・よ・さき・さち

腹
フク　はら
原義は内臓をおおう肉。ひいてははらの意を表す。
名 はら

頒
フン・ブン・ハン・ヘン　わかつ・しく
分、班に通じて分ける意を表す。配る、敷く。

蒲▲
ホ・ブ・フ・ハク・バク　がま
ガマ科の多年草。かわやなぎ。むしろ。はらばう。

蜂▲
ホウ・フ・ブ　はち
はち、昆虫の一種。腹部に毒性の針を持つものもある。ほこさき。

豊
ホウ・ブ・フ・フウ　ゆたか
たかつきにいっぱい酒を盛る。ひいてゆたか。
名 とよ・あつ・かた・ひろ

幕
マク・バク・マン・バン・ベキ・ミャク　とばり・おおう
原義はおおい隠す布。ひいてまく。おおう。

13画

夢
ム・ボウ・ゆめ・むめむ・くらい
原義は夜の闇。ひいてゆめの意。暗い、まぼろし。

盟
メイ・ミョウ・ビョウ・モウ・ボウ・ちかう・ちかい
もと、神に血を捧げてあかしをたてる。ちかう。

蒙▲
モウ・ボウ・モ・ム・くらい・こうむる・おおう
根無しかづら。明らかでない。幼い。こうむる。おおいかくす。あざむく。自分の謙称。

睦●
モク・ボク・むつみ・むつぶ・むつまし・あつし・ちかし
名 ちか・むつ・とも・のぶ
もと目がやわらぐ。ひいてむつまじい、親しい。

椰●
ヤ・やし
名 やし
やしの木。熱帯地方の常緑高木。果実は食用。

楢▲
ユウ・シュウ・ショウ・シュ・ユ・なら
なら、かしわの一種の落葉樹。

預
ヨ・あらかじめ・あずかる・あずける
名 やす・よし・さき・まさ
顔がのびやかである。ひいて楽しむ。あずける。

誉
ヨ・ほまれ
名 たか・やす・くに・もと・しげ・のり・ほん・よし・たかし・ほまれ
原義は言葉で人をもち上げる。ひいてほめる、たたえるの意を表す。ほまれ、楽しむ。

傭▲
ヨウ・チョウ・ユ・やとう
やとう、やとわれる。やとわれた人。あたい、賃金。

楊●
ヨウ・やなぎ
名 やす
やなぎ科の落葉低木、やなぎ。川辺に多い。

腰
ヨウ・こし
肉の意の月を加えて要と区別。こし、重要な部分。

蓉●
ヨウ・はす
名 はす
はすの花の意。夏に白色や紅色の花を開く。

瑶●
ヨウ・たま
名 たま
美しい石、玉。玉のように美しいさまを表す。

溶
ヨウ・ユ・とく・とける・とかす
もと、水が盛んに湧き出るさま。安らか、とける。

雷
ライ・レ・ルイ・かみなり・いかずち・なるかみ
名 あずま・いかずち
稲妻が連なっているさま。かみなり。速い、大声。

酪
ラク・ロ・ちちざけ
もと、乳が発酵したもの。チーズ、バターなど。

裏
リ・うら・うち
名 うら
原義は衣のうら。ひいてうら、うち。心の中。

溜▲
リュウ・ル・したたる・たまる・ため・ためる
名 たり
したたる、たれおちる。しずく。あまだれの落ちる所。ながれ落ちる。たまり。ため。

稜●
リョウ・ロウ・かど・いつ・すみ
名 いず・たか・たる
面と面が交わるところ。ひいて角。威光の意も。

稟▲
リン・ヒン・ホン・うける
うける。もうす。ふち、政府から賜る米。生まれながらの性質。米倉。

滝
ル・リョウ・ロウ・リュ・ソウ・たき
名 たき・よし・たけし
雨が降りこめる。ひいてたきの意を表す。

零
レイ・リョウ・レン・れい・ぜろ・ふる・あまり
雨が、静かに降る。落ちる、こぼれる、ゼロ。

鈴
レイ・リョウ・リン・すず・りん
名 すず・りん
金属でできたすずの意を表す。呼びりん、ベル。

煉▲
レン・ラン・ねる
ねる、金属をとかして精錬する。心をきたえる。薬品をまぜ合わせる。

蓮●
レン・はす
名 はす
ひつじぐさ科の多年生水草、はす。はすの実。

廉
レン・かど
名 かど・ゆき・おさ・きよ
部屋の隅、角。調べる、鋭い、潔い、つましい。

路
ロ・ラク・じ・みち
名 みち・のり・ゆく・じ
もと、足が行き来する所。ひいて道の意。方法。

楼
ロウ・ル　たかどの・やぐら
原義は重なった建物。たかどの、やぐら、茶屋。
名 たか・いえ・つぎ

話
ワ・カイ・カ・エ・ゲ　はなし・はなす・かたる
原義は、古来伝わるよい言葉。ひいて、はなし。

碗▲
ワン　わん
わん、小鉢。

14画

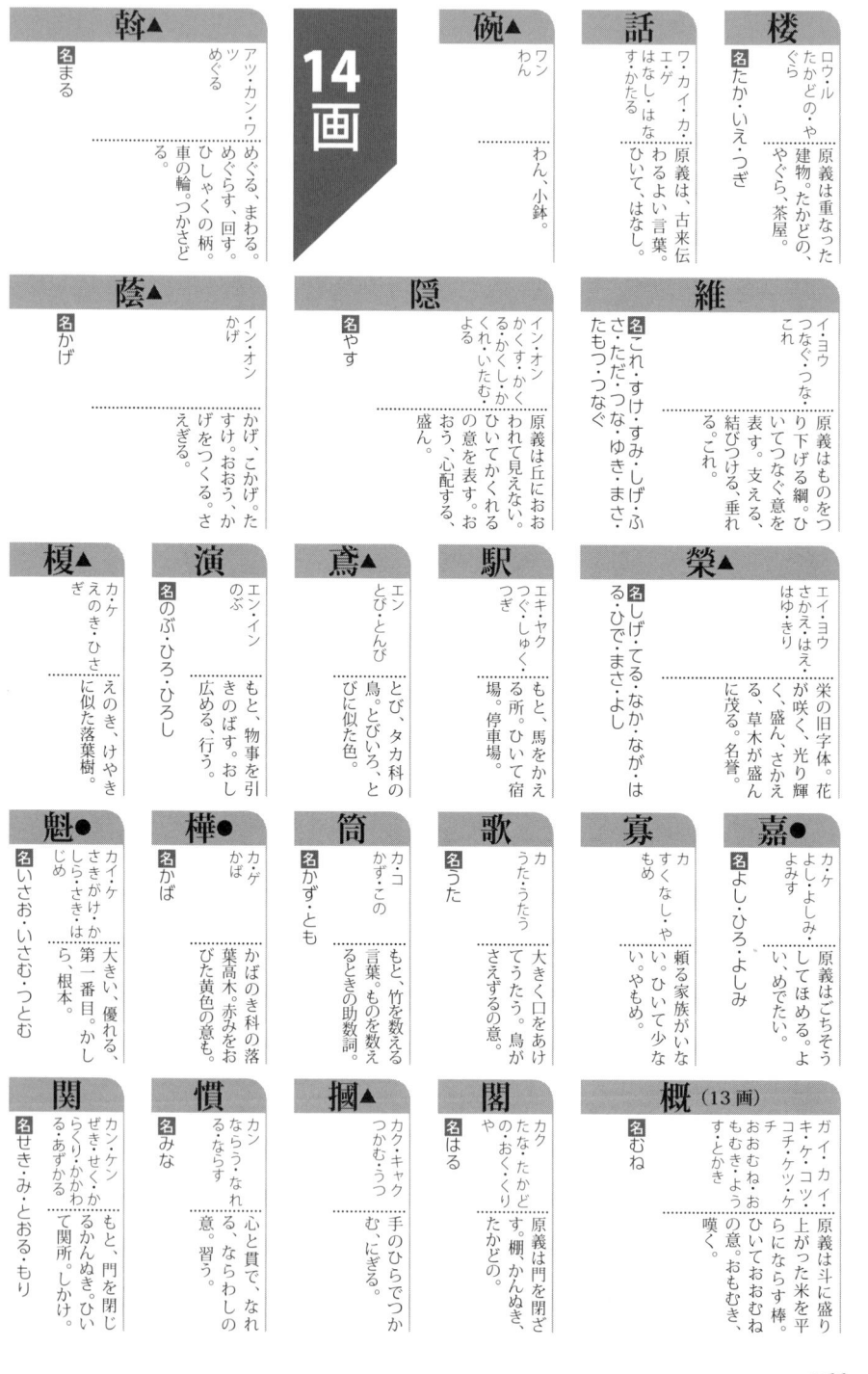

斡▲
アツ・カン・ワツ　めぐる
めぐる、まわる。めぐらす、回す。ひしゃくの柄。車の輪。つかさどる。
名 まる

維
イ・ヨウ　つなぐ・つな・これ
原義はものをつり下げる綱。ひいてつなぐ意を表す。支える、結びつける、垂れる。これ。
名 これ・すけ・すみ・しげ・ふさ・ただ・つな・ゆき・まさ・たもつ・つなぐ

隠
イン・オン　かくす・かくる・かくし・かくれ・いたむ・よる
原義は丘におおわれて見えない。ひいてかくれるの意を表す。おおう、心配する、盛ん。
名 やす

蔭▲
イン・オン　かげ
かげ、こかげ。たすけ。おおう、かげをつくる。さえぎる。
名 かげ

榮▲
エイ・ヨウ　さかえ・はえ・はゆ・きり
栄の旧字体。花が咲く、光り輝く、盛ん、さかえる、草木が盛んに茂る。名誉。
名 しげ・てる・なか・なが・はる・ひで・まさ・よし

駅
エキ・ヤク　つぐ・しゅく・つぎ
もと、馬をかえる所。ひいて宿場。停車場。

鳶▲
エン　とび・とんび
とび、タカ科の鳥。とびいろ、とびに似た色。

演
エン・イン　のぶ
もと、物事を引きのばす。おし広める、行う。
名 のぶ・ひろ・ひろし

榎▲
カ・ケ　えのき・ひさぎ
えのき、けやきに似た落葉樹。

嘉●
カ・ケ　よし・よしみ・よみす
原義はごちそうしてほめる。よい、めでたい。
名 よし・ひろ・よしみ

寡
カ　すくなし・やもめ
頼る家族がいない。ひいて少ない。やもめ。

歌
カ　うた・うたう
大きく口をあけてうたう。鳥がさえずるの意。
名 うた

箇
カ・コ　かず・この
もと、竹を数える言葉。ものを数えるときの助数詞。
名 かず・とも

樺●
カ・ゲ　かば
かばのき科の落葉高木。赤みをおびた黄色の意も。
名 かば

魁●
カイ・ケ　さきがけ・かしら・さきい・はじめ
大きい、優れる、第一番目。かしら、根本。
名 いさお・いさむ・つとむ

概（13画）
ガイ・カイ・キ・ケ・コツ・コチ・ケツ・ケチ　おおむね・おもむき・ようす・とかき
原義は斗に盛り上がった米を平らにならす棒。ひいておおむねの意。おもむき、嘆く。
名 むね

閣
カク　たな・たかどの・おく・くりや
原義は門を閉ざす。棚、かんぬき、たかどの。
名 はる

摑▲
カク・キャク　つかむ・うつ
手のひらでつかむ、にぎる。

慣
カン　ならう・なれる・ならす
心と貫で、なれる、ならわしの意。習う。
名 みな

関
カン・ケン　せき・せく・からくり・かかわる・あずかる
もと、門を閉じるかんぬき。ひいて関所。しかけ。
名 せき・み・とおる・もり

14画

管
カン
くだ・ふで・ふえ
名 うち・すげ
竹に穴をあけた笛。くだ。吹く楽器の総称。

監（15画）
カン・ケン
みる
名 ただ・あき・てる・あきお
もと、水に顔を映して見る。かんがみる、見張る。

箕▲
キ
み
名 み・みる
み、穀物にまじったごみを取り去る道具。ちりとり。あぐらをかく。

綺●
キ
あや
名 あや
美しいあや織りの絹。美しい、模様、光沢。

煕●
キ・イ
ひかる・かがやく
名 てる・ひろ・ひろし・のり
光り輝く、広まる、喜ぶ、やわらぐ、楽しむ。

旗
キ・ギ
はた
名 たか・はた
目じるしの意の期に通じ、はたの意を表す。

廐▲
キュウ・ク
うまや
うまや、馬舎。

漁
ギョ・ゴ・リョウ
いさり・すなどる・すなどり
水の中の魚をとる。すなどる、いさる、あさる。

境
キョウ・ケイ
さかい
名 さかい
土地のさかい、区切り。めぐり合わせ、身分。

緊（15画）
キン
きびし・ちぢむ
原義は糸をかたくしめる。厳しい、引き締める。

銀
ギン・ゴン
しろがね
名 かね・しろがね
白い金属。白くつやのある色のたとえ。境、果て。

駆
ク・キュウ
かる・かける
馬にむち打って走らせる。かりたてる、追い払う。

語
ゴ・ギョ
ことば・かたる・かたらう
名 かた・こと・つぐ・かたり
互いに言葉をかわす。ひいてかたる。言葉。

膏▲
コウ
あぶら・こえる
肉のあぶら。あぶらぐすり。めぐみ。うるおす。

閤▲
コウ
くぐりど
くぐりと、大門のかたわらの小門。へや。御殿、宮殿。役所。

綱
コウ
つな
名 つな・うね
太く強いつな。かなめ、規則、しめくくる。

酵
コウ・キョウ
もと
酒が醸され泡だつこと。酒のもと、酒かす。

構
コウ・ク・コ
かまえ・かまう・かまえる
もと、木を組み合わせて作る。ひいてかまえる。

豪
ゴウ・コウ
やまあらし
名 かた・かつ・つよ・ひで
原義はやまあらし。転じて秀でる、強い意に。

穀
コク・カク・キャク・コウ・ク
から
名 よし・より
もと、かたい外皮をもつもみや稲。穀物の総称。

酷
コク・カク
むごし・きびし・はなはだし
名 あつ
濃い、きつい、むごい、厳しい、はなはだしい。

瑳●
サ
みがく
名 ひろ・ひろし
鮮やかで美しいさま。玉の色が白い。みがく。

際
サイ・セイ
きわ・しお・あい・まじわる
名 きわ
原義は丘と丘が接する所。ひいてきわの意。

榊▲
さかき
ツバキ科の常緑樹。神前にささげる木の意。

颯●
サツ・リュウ・ソウ・ソク
はやて
名 はやて
さっとふく風の音やそのさま。盛んなさま。

察
サツ・セチ
みる・しる・さっし・あきらか
名 あき・あきら・み・みる
おおわれているものを明らかにする。知る。

雑
ザツ・ゾウ・ソウ
まじる・まじわる・まぜる・まじう
名 かず・とも
原義は色とりどりの糸を集めて衣を作る。ひいて混じるの意。乱れる、集める。卑しいの意も。

酸
サン
す・すし・つら
し・すい
原義はすっぱい酒。すい、苦しい、貧しい、つらい。

算
サン・セン
かず・かぞう・
そろばん
昔、竹の棒で数を数えたことから、数える意に。
名 かず・とも

誌
シ
しるし・しる
す
言を加えて志と区別。心に記す、記憶する、記録。

爾●
ジ・ニ・ネイ・
ダイ
なんじ・のみ・
しかり
糸車をかたどる。かりて助字に。なんじ、のみ。
名 しか・ちか・みつる

磁
ジ・シ
じしゃく・や
きもの
ものをすいつける鉱物。じしゃく、やきものの意も。

漆
シツ・シチ・セ
ツ・セチ・シ
うるし
もと、川の名。うるしの木。木からとった塗料。

實▲
ジツ・ジチ・シ
ツ
みのる・み・み
つ・まこと
実の旧字体。家の中に財宝が満ちるの意。満ちる、富む、みのる。内容がいっぱいつまる。
名 み・みつ・みのる・さね・ちか・つね・なお・のり・まこと

遮
シャ
さえぎる
阻に通じ行く手をはばむの意。ひいてさえぎる。

種
シュ・ショウ
たね・たぐい・
いろいろ・う
原義はおくての稲。穀物や草木のたね。原因。
名 たね・かず・おさ・ふさ

需
ジュ・シュ・
ニュ・ナン・
ダン・ゼン
まつ・もとむ・
もとめ
雨ごいをする巫女のさまを表す。ひいて、求める、待つ。ぬれる、ためらう、用いる。
名 もと・みつ・まち・もとめ

銃
ジュウ・シュ
ウ・シュ
つつ
原義はおのの柄をさしこむ穴。つつ、鉄砲。
名 かね

塾
ジュク
子供や弟子に学問を教える場所。まなびや。
名 いえ

裳▲
ショウ・ジョ
ウ
も・もすそ
もすそ、したばかま。光りがかがやいてうつくしい様子。

嘗▲
ショウ・ジョ
ウ
なめる・かつ
て・こころみ
る・なめる
なめる、あじわう。かつて、以前。こころみる、試す。まつる。常に。
名 ふる

彰
ショウ・ソウ
あや・あきら
か・あらわる
美しいあや、飾り。明らか、しるし、顕著になる。
名 てる・あきら・あき・ただ

摺▲
ショウ・ロウ
する・たたむ・
ひだ
すり、する。印刷する。たたむ、折りたたむ、ひだ。ひしぐ。

蔣▲
ショウ・ソウ
まこも
まこもという草の名。
名 しょう・そう

賑▲
シン・チン
にぎわう・に
ぎやか・とむ
にぎわう、にぎわす。とむ、繁盛する。めぐむ、あたえる。たす。さわがしい。
名 とみ・とも

槇▲
シン・テン・デ
ン
まき・こずえ
槙の旧字体。梢の意。樹木が茂るさま。倒れた木の意も。
名 まき

榛●
シン・ジン
はり・はぎ
雑木が群がり生えているさまを表す。雑木林。
名 はり・はる

槙●
シン・テン・デ
ン
まき・こずえ
梢の意。樹木が茂るさま。倒れた木の意も。
名 まき

遡▲
ス・ソ
さかのぼる
水流に逆らってのぼる、さかのぼる。逆にたどる。くだる。むかう。訴える。

翠●
スイ
みどり
かわせみの意を表す。もえぎ、みどり、青黄色。
名 みどり・あきら

静
セイ・ジョウ
しず・しずか・
しずまる・し
ずめる
もと争いをしずめる。ひいてしずかの意を表す。
名 ちか・きよ・しず・よし

誓
セイ・ゼイ・エ
イ・セツ・ゼチ
ちかう・ちか
い
原義はとりきめた言葉。ひいてちかい。約束。
名 ちか・ちかう

14画

製
セイ たつ・つくる
原義は衣を切りそろえる、ひいてつくる、裁つ。
名 のり

精
セイ・ショウ くわし・たま しい・こころ
米と、清い意の青でついて白くした米。ひいて、混じりけがない、清い、優れている。心。
名 きよ・あき・もり・しら・すぐる・しげ・ただ・よし・あきら・きよし・すみ

碩●
セキ・ジャク おおきい・ひろし・みつる
大きい、優れている、立派、盛んである。
名 ひろ・おう・みち・ゆたか

説
セツ・セチ・ゼイ・ゼイ・エツ・エチ とく・よろこぶ
考えを言葉で分けて明らかにする。とく、述べる、教える、祈る。意見、理論。喜ぶの意も。
名 とき・とく・かぬ・こと・のぶ・あき・かね・つぐ・ひさ

銑
セン さね
光沢のある金属。小さいのみ。注ぐ、くずてつ。
名 さね

漸
ゼン・セン・サン・ザン・セツ・セチ ようやく・すすむ
もと、川の名。かりて少しずつ進む。しだいに、ようやく、順序、きざし、注ぐ、浸す。欺くの意も。
名 つぐ・すすむ

銭
セン・ゼン ぜに
もと、すきの意。かりてぜに。貨幣、目方の単位。

槍
ソウ・ショウ やり
やり、相手をつく武器。農具。いたる。

層
ソウ・ショウ かさ・かさなる
もと、たかどの。ひいて重なるの意。段、階級。

総
ソウ・ス ひきいる・おおよそ・ふさ・すべて
もと、多くの糸をたばねたふさ。すべて、集まる。
名 のぶ・ふさ・みち・おさ

綜●
ソウ・ス すべる
たくさんの糸を一本にまとめる。ひいてすべる。
名 おさ

聡
ソウ・ス さとし
原義は耳が明らか、よく聞こえる。ひいて、ものわかりがよい。賢い、才知が優れている。
名 あき・とし・とみ・とき・あきら・さ・と・さと・さとし・さとる

漱●
ソウ すすぐ・きよし
水を含んで口をすすぐ意。うがいをする、洗う。

漕▲
ソウ・ゾウ・シュ こぐ
舟をこぐ。船ではこぶ。水路。

像
ゾウ・ショウ かたち・かたどる
原義は人の姿。ひいて形。かたどる、似せる。
名 かた・すえ・み・のり

増
ゾウ・ソウ ます・まし・ふやす・ふえる
ます、ふやす、加える。いよいよ、重なる。

遜▲
ソン ゆずる・へりくだる
ゆずる、人にゆずる。へりくだる。のがれる、逃げる。従う。

態
タイ・ダイ・ナイ さま・すがた
物事にたえる心構えの意。ふるまい、ありさま。
名 かた

綴▲
タイ・テイ・テツ・セチ・セツ・スイ・テチ・テ つづり・つづる
つづる、つなぐ、つなぎ合わせる。かがる。とじる、とじ。すきまをかがって封じる。

奪
ダツ・タツ・ダチ・ケツ・カチ うばう
原義は手から鳥が逃げる。ひいてうばうの意。

端
タン・セン・ベン・メン ただし・はし・はじめ・まさ に・は・はた
原義はよい姿勢で立つ。ひいて正しいの意を表す。真っすぐ、はし、初め、本源、もっぱら。
名 はし・もと・なら・ただ・まさ・なお・ただし・ただす・はじめ

緒
チョ・ジョ・シャ・ショ いとぐち・お
初に通じ、糸のはじめの意。いとぐち、発端。
名 お・つぐ

徴
チョウ・チ・セイ・ショウ めす・めし・きざし
原義はかすかなあらわれ。きざし、しるし。
名 みる・よし・おと・あきら

蔦●
チョウ・ニョウ つた
ぶどう科の多年生草本、つた。秋に紅葉する。
名 つた

肇●
チョウ・ジョウ・ドウ・トウ はじむ・はじめ・はつ
もと、書き始める。ひいて広く始めるの意に。
名 こと・とし・ただ・はじめ

14画

暢●
チョウ　のぶ・いたる・とおる・なが
長くのびる。のびのびする、やわらぐ、延ばす。
名 のぶ・まさ・かど・なか

槌▲
ツイ・ズイ・テ・タイ　つち・うつ
物をたたく道具。つちで打つ。

漬
つける・つかる
もと水の中にものを積み重ねる。ひいて浸すの意。

適
テキ・セキ・タク・ジャク　ゆく・かなう・したがう・まさに・ひとし・たまたま
原義は真っすぐに行く。かなう、嫁ぐ、つり合う。楽しい、まさに、たまたま。跡取りの意も。
名 あつ・より・ゆき・あり・まさ・ゆく・かなお・かのう

滴
テキ・ジャク・タク　したたる・しずく
水が表面張力で丸くなる、しずく。したたる。

嫡
テキ・チャク・タク　よつぎ・むかいめ
直系、家を継ぐ者の意。正妻、正妻が生んだ子。

摘
テキ・チャク　つむ・ひろう・あばく
もと手でまとめて取る。ひいてつむ。あばく。
名 つみ

嶋▲
トウ　しま
海中や湖のなかにうかぶ陸地。島と同じ。
名 しま

稲
トウ・ドウ　いね・いな
原義は、ねばりけのある穀物。ひいて、いね。
名 いな・いね・ね・しね

銅
ドウ・トウ・ズ　あかがね
赤色の金属。あかがねで作った器。赤金色
名 かね

読
ドク・トク・トウ・ズ　よむ・よみきり
もと、言葉を続ける。ひいてよむ。意味、推理。
名 よし・おと・よみ

徳
トク
もと、真っすぐな心。りっぱな行い、優れた才能、人格が優れていること、めぐみ。
名 なり・のり・よし・やす・あつ・なる・さと・とく・とみ・え・あり・かつ

認
ニン・ジン・ジョウ・ニョウ　みとむ・したたむ・みとめ
相手の言をみとめる。承知する、見分けるの意。
名 もろ

寧
ネイ・デイ・ニョウ　やすし・ねんごろ・むしろ
安んじる、しずめる、おだやか。むしろの意も。
名 やす・さだ・しず・やすし

頗▲
ハ・ヒ・ビ　かたむく・かたよる・すこぶる
かたむく、かたよる。公平でない。すこぶる、少し、ずいぶん、非常に。

箔▲
ハク・バク　すだれ
すだれ。はく、金属を薄くたたきのばすこと。

貌▲
バク・ボウ・ミョウ・マク　かたち・かたどる・かお
すがた、かたち。顔立ち。かたどる、うつす。うわべ、外観。つつしむ。はるか。

髪
ハツ・ボチ　かみ
頭に生えるかみ。わずかのたとえ。草木の意も。
名 かみ

閥
バツ・ハツ・ボチ　いえがら、いさおし
功績を書き門前に立てた柱。家柄、功績、地位。

蔓▲
バン・マン　つる
つる、まきづる。つる草。かづら。のびる、広がる。

緋●
ヒ　あか
目がさめるような鮮やかな赤の意。赤色の絹。

鼻
ビ　はな
原字は自。はな。器具のつまみ、とって。始め。
名 はな

蜜▲
ビツ・ミチ・ミツ　みつ
蜂蜜のみつ。またはみつのように甘いもの。

漂
ヒョウ　ただよう
浮き上がる意の票と水で、水に浮きただよう。

複
フク・フウ・ブ　かさぬ・ふたたび
原義は衣を重ねる。ひいて広く重ねるの意に。

碧●
ヘキ　あお・みどり
美しく青い石。玉のような美しいつやのある石。
名 お・たま・みどり

輔●
ホ・フ・ブ　たすく・たすけ・ためぎ
車輪のそえ木。ひいて助ける、力ぞえ、ほお骨。
名 すけ・たすけ・たすく

14画

慕 ボ・モ したう 名もと
心で、探し求める。ひいてしたう。恋する。

暮 ボ・ム くれ・くる・くらし
日を加えて莫と区別。日ぐれ、くれ、くらし。

模 ボ・モ かた・のっとる 名のり
もと、同じものを作るための木型。かた、手本。

鳳● ホウ おおとり 名たか
風をはらむ帆をかたどる。おおとり。めでたい鳥。

鞄▲ ホウ・ハク・ホク・ボク・ビョウ・ヒョウ かばん
皮で作ったかばん。なめしがわ。

蓬▲ ホウ・ボウ よもぎ
よもぎ、もぐさ。乱れているさま。こも、まこも。仙人の住む所。粗末な家。

僕 ボク・ホク しもべ・めしつかい・やつがれ
もと、馬をむち打つ御者。しもべ、われ、仲間。

墨 ボク・モク・ビ・バイ・ミ・メ すみ・いれずみ・すみなわ 名すみ
すすの意の黒と土ですみの意を表す。汚れる。

膜 マク・バク・モ・ボ
もと、体の臓器を覆う皮。まく、薄い皮。

慢 マン
心がゆるんで怠る。ひいてあなどるの意。おごる。

漫 マン・バン ひろし・みだりに 名みつ・ひろ
原義は水が広がる。ひいてとりとめがない。

鳴 メイ・ベイ・ミョウ なく・ならす・なる・なり 名なき・なる・なり
雄鶏がときを告げる声。ひいてなくの意。なる。

銘 メイ・ミョウ・ベイ しるす 名な・かた・あき
金属に、名を刻む。記す、深く心にとめる。

綿 メン・ベン・メチ・ベツ わた・つらなる・ちいさし 名わた・まさ・つら・ます・やす
原義は糸をつなげて絹を作る。ひいて連なる糸を表す。わた。まとう、細かい、小さい、細い。

網 モウ・ボウ あみ
糸で作ったあみの意。残らず取る。法律の意も。

聞 モン・ブン きく・きこゆ・きこえ 名ひろ
聞き分ける。きく、知らせる、訪れる、名誉。

熊● ユウ・キュウ・ク・ダイ・ナイ くま 名くま・かげ
原義は火の光が輝く。かりてくまの意を表す。

誘 ユウ さそう
言とすすめる意に通じる秀で、さそう。導く。

遙▲ ヨウ はるか 名はるか・すみ・とお・のり・はる・みち・のぶ
はるか、遠い。長い。遥の旧字体。

踊 ヨウ おどる・おどり 名おどり
もと、足で地面をつく。ひいておどる。のぼる。

様 ヨウ・ショウ・ゾウ さま
像に通じ、ようす、かたちの意を表す。さま。

瑠● リュウ・ル
玉と清らかに通じる留で、美しく光る玉を表す。

僚 リョウ とも・つかさ・なかま 名あきら・とも
ともに働く人。ひいて仲間。うるわしいの意も。

綾● リョウ・リョ あや 名あや
美しい模様が浮き上がっている絹。いきさつ。

領 リョウ・レイ おさむ・うなじ・えり 名おさ・むね
もと、うなじの意。かりて治める。処理する。

綸● リン・ロン・ケン いと 名お
もと、丸めるの意。糸。治める、司る、包む。

歴 レキ・リャク ふ 名つね・ふる・ゆき
一定の間隔をおいて歩く。巡る、過ぎる、選ぶ。

暦 レキ・リャク こよみ 名とし
原義は日を順序だてて数える。こよみの意。

漣▲
レン・ラン
さざなみ

さざなみ、小波。さまざめと涙するさま。

練
レン
ねる・ねり・ねりぎぬ

ねる、鍛える、工夫する、習熟する、選ぶ。

緑
ロク・リョク
みどり

みどり色の糸、絹。つやのある黒色。

名 のり・つな・つか・みどり

窪▲
ワ・ア・エイ・アイ・ヨウ
くぼ・くぼむ

くぼむ。地面のへこんだ所、くぼみ。牛の蹄の跡の水たまり。

15画

鞍▲
アン
くら

牛馬の背に荷物や人をのせる台。くらをつける。

慰
イ
なぐさむ・なぐさめる

縮んだ心を伸ばす。なぐさめる、安心させる。

名 やす・のり

遺
イ・ユイ・スイ・ズイ
のこる・すつ・わするる・のこす・のこり・いばり・おくり

原義は道にものを落とす。ひいて残す意を表す。捨てる、忘れる、とどめる、贈る。手落ちの意も。

名 おく

影
エイ・ヨウ
かげ

原義はものを照らす光。転じてかげの意。姿、幻。

名 かげ

鋭
エイ・タイ・デ・エツ・エチ
とし・するどし

刃物の先がとがって細い。ひいてするどい意。

名 とし・とき・さとき

謁
エツ・エチ・アイ・エ
まみゆ

乞う、求める、申す。身分の高い人に会う。

名 つく・ゆく

閲
エツ・エチ
けみす・ふ

もと、門に馬を並べて数える。調べる、観る。

名 かど・み

縁
エン・タン
ふち・へり・ゆかり・ちなむ・ちなみ・よる・えにし・よすが

原義は織物のふち。ひいてまつわる。ふち飾り、因る、ちなむ、頼る。えにし、巡り合わせ。

名 より・よし・まさ・むね・やす・ゆか

横
オウ・コウ・ギョウ
よこ・ほしいまま

横にした木で、もと、かんぬきの意。転じてよこ。

億
オク・ヨイ・イク

もと、安らかの意。かりて数の単位を表す。

名 やす・はかる

蝦▲
カ・ガ・ゲ・ケ
えび

えび。甲殻類エビ目の総称。海・湖沼・川などにすむ。

稼
カ
かせぐ

原義は稲が大きくなる。植える、実り、かせぐ。

名 たか・たね

駕▲
ガ、カ・ケ
のる・しのぐ

くわえる。あげる。つかう、あつかう。またがる、馬に乗る。しのぐ。くびきをつけた馬。

名 のり

課
カ
こころみ・おおす

仕事を区分けして言いつけ、結果をはかるの意。

確
カク
かたし・たしか・たしかに・たしかめる

原義は硬い石。ひいて、かたい、たしかの意。

名 かた・あきら・たしか

樫▲（16画）
かし

常用樹の名。材質が堅く、器具や道具を作るのによく使われる。

潟
かた

塩分が溶け込んでいる海岸の地。かた、入り江。

歓
カン
よろこぶ

原義は口を大きくあけて喜ぶ。楽しむ、親しむ。

名 よし

緩
カン・ガン・ケン
ゆるし・ゆるむ・ゆるやか

もと、糸をゆったり結ぶ。ゆるやか、ゆるむ。

名 やす・のぶ・ふさ・ひろ

器
キ
うつわ・うつわもの・はたらき

入れもの、うつわ。才能、働き、度量、重んじる。

名 き・かた

毅●
キ・ギ・ゲ
つよし・たけし

むやみに怒る、決断力がある、意志が強いの意。

名 つよ・たか・たけし・とし

嬉●
キ
うれしい・うれし

喜に通じ、喜ぶ、楽しむの意を表す。うれしい。

名 よし

15画

輝
キ
てる・かがやく
光が、巡り広がる。かがやく、光る、照る。
名 てる・あきら・ひかる

槻●
キ
つき
にれ科の落葉高木。けやきの一種。弓を作る。
名 つき

畿▲
キ・ゲ
みやこ
みやこ。さかい。しきい。

儀
ギ
のり・ぎしき・ならわし・のっとる
法にかなった善行。ひいて手本の意。作法。
名 のり・より・きたる

誼●
ギ
よしみ
言とほどよい意の宜でよしみの意。正しい、道理。
名 こと・よし

戯
ギ・キ・ゲ・サ
たわむれ・たわむれる
たわむれる、ふざける、しばいをする、遊ぶ。

蕎▲
キョウ・ギョウ
そば
そば。穀物の一種。はやひとぐさ、薬草のひとつ。

駈▲
ク
かける
かける。はしる。おう。せまる。はせる。軍隊の列。

駒●
ク
こま
小さいものの意。子馬、動物の子、子供、若者。
名 こま

勲
クン
いさお
原義はつとめて成し遂げた仕事。功績の意。
名 いそ・いさ・ひろ・いさお

稽▲
ケ・ケイ
とどまる・かんがえる・くらべる・とどめる
考える、よせ合わせて考える。とどめる、とどまる。ためらう。比較する。
名 とき

慶
ケイ・キョウ
よし・よろこぶ・ああ
もと、たまもの、行って人の喜びを祝う。めでたい、幸い、ほうび。善い、喜ぶ、祝う。
名 のり・ちか・よし・みち・やす

慧
ケイ・エ
さとし・とし
原義は智恵が鋭くはたらく。ひいてさとい、賢い意を表す。こざかしいの意もある。
名 さと・さとし・さとる・あきら

劇
ゲキ・ギャク・ケキ
はげしい
原義はせわしい。転じて激しい。強い、盛ん。

潔
ケツ・ケチ
いさぎよし
もと、汚れがない水。ひいて清い、いさぎよい。
名 ゆき・きよ・とよ

蕨▲
ケツ・コチ・カチ
わらび
わらび。シダ類の一種。

権
ケン・ゴン・カン
はかる・はかり・おもり・いきおい・ちから・かり
原義は左右の重さをはかる分銅。転じて権威、権力の意を表す。つり合い、仮、おもり。
名 のり・よし

糊▲
コ・ゴ・コツ・コチ
のり
のり、のりづけする。ねばる、ねばらせる。粥。ぼんやりしたさま。

稿
コウ・キョウ
かれて、かたい稲。ひいてわらの意。下書き。

撮
サツ・サチ・サイ・サン・セツ・セチ
つまみ・とる
原義はつまみ取る。つかむ、集める。写真を写す。

賛
サン
たすく・たすけ
原義は手みやげの財貨。転じて導く、助ける。
名 すけ・よし・あきら・じ

撒▲
サン・サツ
まく
まく、ちらす。はなつ。ちる。

暫
ザン・サン
しばらく
わずかの時間。しばし、たちまち、しばらく。

賜
シ
たまう・たまもの・おくりもの・たまわる
目上の者が目下の者に財貨を与える。たまう。
名 たま・ます・たもう

質
シツ・シチ・チ・シ
もと・ただす・もちまえ・すなお・めあて・にえ
原義は金銭に相当するものをはかるの意。ひいて定める、もと。よりどころ、まこと、たち。
名 ただ・かた・さだ・み・もと・すなお・ただし

諏▲ シュ・ス・ソウ・ブ・フウ はかる
はかる、相談する。問いはかる。

趣 シュ・ソウ・ス・シュウ・ショク・ソク おもむく・うながす・おもむき
原義はせかして走らせる。ひいておもむく。向かうところ、考え、わけ、味わい、すみやか。
名 とし

撞▲ シュ・トウ・ドウ・ジョウ つく
つく、つきあたる。どんとうつ、たたく。

熟 ジュク・シュク みのる・にゅる・うれる
煮る、うれる、十分に慣れる、つらつら、丁寧。

遵 ジュン・シュン したがう
もと、循に通じてついて行く。ひいて従うの意。
名 ゆき・ちか・のぶ・より

潤 ジュン うるおう・うるおす・めぐみ・つや
水がたっぷりある。ひいてうるおう。飾る。
名 ます・うる・ひろ・まさる

諄● ジュン・シュン あつし・まこと
原義は心をこめて教えさとす。助ける、丁寧。
名 あつ・しげ・とも・のぶ

醇● ジュン・シュン
よく熟成したこくのある酒。混じりけがない。
名 あつ・あつし

諸 ショ・ジョ・シャ もろもろ・これ
原義は、言が多い。ひいてもろもろ。多くの。
名 つら・もり・もろ

樟▲ ショウ くす・くすのき
くす、くすのき。常緑樹の一種。

衝 ショウ・シュ つく
もと道が集まっている所。大通り、突き当たる。
名 つぎ・もり・ゆく・みち

賞 ショウ たまもの・ほむ・ほうび
原義はほうびに与える貝。ほめる、たまもの、尊ぶ。
名 ほむ・よし・たか・たかし

縄 ジョウ なわ
糸をより合わせて作ったなわの意。標準、法則、正す、いましめる、ほめる、受け継ぐ。
名 つぐ・ただ・つな・つね・なお・まさ・のり・なわ

蕉● ショウ ばしょう
加工していない麻。草の名。雑草。やつれる。

嘱 ショク・ゾク・ソク つぐ・たのむ
原義は口で言いつける。ひいて頼む、つける。

震 シン ふるう・ふるい・うごく・ふるえる
雷鳴が人やものをふるわせることから、ふるえる。
名 なる・おと・なり・のぶ

審 シン つまびらか・しらべ・ただす
原義は覆われているものを明らかにする。
名 あき・あきら

誰▲ スイ・ズイ だれ
不定、または不明の人に用いる代名詞。姓名をたずねる。

穂 スイ・ズイ ほ
稲のほ。ほのような形をしたもの。ともしび。
名 お・ほ・みのる

請 セイ・ショウ・シン・ジョウ こう・うくこい
もと、君主の命をこうの意。こう、祈る、願う。

選 セン・サン・サツ・サチ えらぶ・より
もと、そろえて送る。転じてえらぶ。優れる。
名 かず・よし・のぶ・より

潜 セン・ゼン ひそむ・くぐる・かくる・もぐる
原義は水をくぐる。ひいてひそむ意。もぐる。
名 すみ・ひそむ

撰▲ セン・ゼン・サン えらぶ
えらぶ、よりわける。詩文をつくる。もつ。あつめる。そなえる。

線 セン すじ・いと
糸と細く続く意の泉で、すじの意を表す。せん。

遷 セン うつる
原義は、天に昇る。転じて、移る、退く、動く。

噌▲ ソ・ソウ・ショウ・ジョウ かまびすしい
音をあらわす語。かまびすしい、やかましい。

槽 ソウ
おけの意。おけの形をしたもの、舟、とい。

痩▲ ソウ・シュウ・シュ やせる
やせる。

15画

誕
タン・ダン
あざむく・うそ・いつわる・ほしいまま
言と延で言葉が過ぎる。うそ。旦に通じ生まれる。
名 のぶ

歎▲
タン
なげく
なげく、ためいきをつく。いきどおる。かなしむ。感心してほめる。

諾
ダク・ナク
うべなう
言と従う意の若で、うべなう。承知するの意。
名 つく

噂▲
ソン
うわさ
人々ががやがやいうこと。うわさ、うわさをする。

蔵（14画）
ゾウ・ソウ
くら・かくる・おさむ
原義は草でおおい隠す。ひいてしまっておく所。
名 くら・まさ・ただ・とし

箱
ソウ・ショウ
はこ
もと倉に通じ、ものを入れておく竹製のはこ。

蝶●
チョウ
原義は、軽く動く。ひいてちょうちょうの意。

駐
チュウ・チュ
とどまる
もと、馬がとどまる。ひいて止まる、停車する。

鋳
チュウ・シュウ・シュ・ス
いる
溶かした金属を鋳型に流しこみ器物を造るの意。
名 い

箸▲
チャク・ジョ・チョ・ト
はし
はし。食物をつけて取るはし。いちじるしい。つく。粘りつく。のべる。あきらかにする。

談
ダン・タン
かたる・かたり
安らかの意の淡に通じ、静かにかたる意を表す。
名 かた・かぬ・かね

締
テイ・ダイ・チ・ジ
しまる・しまり・しめ・しむ・むすぶ
原義は糸で固定する。ひいて固く結びつける。取り決める、厳しくする。合計するの意も。

潮
チョウ・ジョウ
うしお・しお
盛り上がり押し寄せる海水。ひいてうしおの意。
名 しお・うしお

調
チョウ・チュ・チュウ・ジョウ
ととのう・やわらぐ・つぎ・みつぎ・しらべ・ちょうし
言と行きわたる意の周で、言葉に神経が行き届くの意。ひいてととのう。選び出す、かなう。
名 なり・しげ・つき・みつぎ

澄
チョウ・ジョウ・トウ
すむ・すます
水がしだいに明らかになる。ひいてすむ、清い。
名 すみ・すむ・きよ・きよし

導
ドウ・トウ
みちびく・みちびき
手を引いて道を行く。ひいてみちびく、教える。
名 みち・おさ

踏
トウ・ドウ
ふむ・ふまえる
もと、足をふみ重ねる。ふむ。歩く、調べる。

撤
テツ
ひらく
もと、退ける。取り除く、捨てる、はぎ取る。

徹
テツ
とおる
貫いて進む。続ける、突き通す、達する、明らか。
名 とおる・あきら・ゆき

鄭▲
テイ、ジョウ
ていねい、ねんごろ。昔中国にあった国名、県名。

樋▲
ツウ・トウ・ツ
ひ・とい
木の名前。竹や木でわたした水道。

範
ハン・ボン
のり
もと、車を作る型の意。ひいて、手本、区切り。
名 のり・すすむ

磐▲
ハン・バン
いわ
いわ、大きな石。わだかまる。広大。

輩
ハイ・ヘ
ならび・ともがら
車が並ぶ。転じてともがらの意。仲間、順序。
名 とも

播▲
ハ・ハン・バン
まく
種をまく、うえる。しきつめる。揚げる。のべる。はなつ。うつる。

熱
ネツ・ネチ・ゼツ
あつし・ほとぼり
火のあつさを表す。あつい、興奮する、ときめく。

憧●
ドウ・シュ・ショウ・トウ・ズウ
あこがれる
心が揺れ動いて落ちつかないさま。あこがれる。

15画

盤
ハン・バン　さら・たらい
名 まる・やす
平たい皿の意。たらい、巡る、わだかまる。

蕃▲
バン・ハン・ヒ・ビ・ボン　しげる・ふえる
名 しげ・しく・ふさ
草がしげる。ふえる。まがき。えびす、異民族。多い、盛ん。

幡▲
ハン・ホン・マン　はた・ばん
かたな、刃物をかたどる。小舟の意もある。

標
ヒョウ　こずえ・すえ・しるし・しるす・めあて
名 たか・ひで・すえ・えだ
もと、木の梢。表に通じて、しるし。手本。

廟▲
ビョウ・ミョウ　たまや・ほこら
祖先の位牌、尊像を安置する殿堂。ほこら、やしろ。朝廷。寺。

賓
ヒン　したがう・まろうど
名 うら・つら
もと、客に贈る宝。転じて客人の意。導く、従う。

賦
フ　みつぎ・みつぎもの・ぶやく・くばる
割り当てて財貨を納めさせる。みつぎ、分ける。

膚
フ・リョ・ロ　はだ・はだえ
体の表面をおおっているはだ。うわべの意も。

敷
フ　しく・のぶ
名 のぶ・ひら・しき
もと、苗をしき並べる。広げる、連ねる、大きい。

蕪▲
ブ・ム　あれる・かぶ
雑草が生い茂ってあれる。しげる。雑草。荒れ地。逃れる。乱れる。かぶ、野菜のひとつ。

撫▲
ブ・フ・ボ・モ　なでる
なでる。よりかかる、手をそえる。従う。おさえる、おおう。

舞
ブ・ム　まう・まい
人がまっているさまをかたどる。まう、励ます。

噴
フン・ホン　ふく
原義は勢いよく口でふく。吹き出す、しかる。

幣
ヘイ　たから・ぬさ
名 しで・ぬさ
原義は神に捧げる布。ひいて、ぜに、宝、進物。

蔽▲
ヘ・ヘイ　かくす・おおう・おおい
おおう、おおいかぶせる。かくす、くらます、つつむ。全部を1つに合わせる。まとめる。

餅▲
ヘイ　もち
もち。だんご。もちのような形体のもの。穀物。

編
ヘン・ベン　あむ・とじいと・とじぶた・ふみ
名 つら・よし
もと竹簡を糸でつづり合わせる。あむ、とじる。

篇▲
ヘン・ベン　まき
かきもの。ひとつにまとまった文章。書物、またはは書物のぶわけ。

舗
ホ・フ　みせ・つらぬく・しく
名 すけ・のぶ・しげ・はる
もと、門環を取り付ける金具の意。転じて店。

褒
ホウ　ほめる
名 よし
原義はすそがふくらんだ衣。大きい、ほめる。

鋒▲
ホウ・フ　ほこさき・ほこ
名 ほこ・さき
ほこさき、先。軍隊の前列。物事のきっさき。

撲
ボク・ハク・バク・ホク　なぐる・うつ
ものを打つときの音。ひいてなぐる、打ち倒す。

摩
マ・バ・ビ・ミ　する
名 きよ・なず
手でこすり合わせて細かくする。磨く、励ます。

魅
ミ・ビ　みいる・ばけもの
よく見えないもののけ。心をひきつける、みいる。

黙
モク・ボク　だまる・もだす
原義は、犬が静か。ひいてだまる意を表す。

窯
ヨウ・コウ・キョウ　かま・かまど
原義は陶器を焼く穴。ひいてかまの意を表す。

養
ヨウ　やしなう・やしない
名 やす・きよ・すけ・おさ
原義は食物をすすめる。ひいてやしなうの意。

15～16画

璃●(14画) リ
名 あき
美しく光る意の麗に通じ、キラキラ光る玉の意。

履 リ はく・くつ・ふむ
名 ふみ
人が靴をはいているさまをかたどる。踏む、経験。

劉▲ リュウ・ル ころす
人をころす。まさかり、おの。つらねる。人の姓。

慮 リョ・ロ・ロク おもんばかる
名 のぶ
心を巡らせて考える。深く考える、気を配る。

寮 リョウ つかさ・りょう
名 まつ・もと・いえ・とも
もと、政務をはかる役所。つかさ、仲間、寄宿舎。

諒● リョウ さとる
名 あき・まこと・あさ・まさ
量に通じ、相手の意を思い測る。明らかにする。

遼● リョウ はるか・とおし
名 はるか・とお
はるかに遠い。距離や年月が隔たっている。

凜● リン
寒い、厳しい、激しい。きりっとしたさま。

凛▲ リン
凜と部首違い。寒い、厳しい、激しい。きりっとしたさま。

輪 リン わ
名 もと・わ
車のわ。わのように丸いもの。巡る、広大なさま。

黎● レイ・ライ くろい
名 たみ
黒い、もろもろ、多い、老いる、及ぶ、整う。

魯▲ ロ おろか
おろか、にぶい。すなお。孔子が生まれた国の名。

論 ロン・リン はかる・あげつらう
名 のり・とき
原義は順序だてて述べる。批評する、意見。

16画

謂▲ イ いう・おもう
いう、つげる。いわれ、理由。いわゆる。名づける。おもう。つとめる。

緯 イ よこいと・ぬき
名 つかね
もと、織物の横糸の意。横、左右、すじみち。

衛 エイ・エ・エツ・エチ まもる・まもり
名 え・もり・ひろ・まもる
巡り歩いて警戒する。ひいてまもるの意を表す。

薗▲ エン・オン その
その、はたけ。かき、かこい。園と同じ意。

燕▲ エン つばめ
名 てる、なる、よし
つばめ。たのしむ、くつろぐ。酒盛り。やすんずる。

鴨▲ オウ あひる・かも
名 かも・まさ
水鳥の一種、かも。あひる。

憶 オク おもう
名 ぞう
心を加えて意と区別。覚える、思いやるの意。

穏 オン おだやか
名 やす・しず・とし・やすき
原義は稲のもみを集める。かりておだやかの意。

獲 カク・ワク・ガ・ゲ・コ・ゴ う・える
原義は犬を使って動物をとるの意。認められる。

懐 カイ・エ おもう・やすし・なつく・いだく・ふところ・なつかしい・なつかしむ・なつける
名 かね・かぬ・やす・ちか・つな・たか・つね・もち・きたす
原義は心にいだく。ひいてなつかしむ意を表す。思う、しのぶ、やわらげる、ふところ。

還 カン・ゲン・セン・ゼン かえる・めぐる・また・ふたたび
原義はひと巡りする。ひいてかえる意を表す。引き返す、もとにもどす、退く、償う、ふたたび。

館 カン やかた・たち・やど・たて・いえ・とまる
名 たて
もと、多くの人に食を共する家。やかた、旅館。

窺▲ キ うかがう・のぞく
うかがう、人知れず見る。のぞく。片足を踏み出す。

16画

機
キ・ケ　はた・からくり・きざし・おり・はずみ
はたを、織る道具。しかけ、きざし、きっかけ。
名のり・はた

橘●
キツ・キチ　たちばな
食用みかんの総称。木の名、くねんぼ。たちばな。
名たちばな

鋸▲
キョ・コ　のこぎり
のこぎり。ひく。

橋
キョウ・ギョウ・コウ　はし
かけはしの意。横木、高い、強い。おごるの意も。
名はし・たか

頬▲
キョウ　ほお
ほお。顔の両側。

錦●
キン・コン　にしき
五色の糸で美しく織った絹織物。ほめ言葉。
名かね・にしき

薫
クン　かおる・かおり
原義は香気がたちこめる草。ひいて香草、かおる意を表す。人を感化する、手柄の意も。
名しげ・のぶ・ふさ・まさ・くる・ただ・かお・かおる・ひで・ほう・ゆき

憩
ケイ・カイ　いこい・やすむ・いこう
休む意の息と、とどまるに通じる舌で、いこう。
名やす

激
ゲキ・キャク・ケキ・キョウ　はげし・はげます
水が岩に勢いよく打ちあたる。ひいてはげしい。

賢（16画）
ケン・ゲン　まさる・かしこし
もと、硬くて質のよい貝の意。転じてまさるの意を表す。賢い、優れている。
名まさ・たか・よし・ただ・より・やす・かつ・ます・かた・さか・さと・すぐる

憲
ケン・コン　のり
敏に通じ、もと、さといの意。ひいてのり、手本。
名かず・のり・さだ・とし

諺▲
ゲン・ガン　ことわざ
ことわざ。教訓、風刺などを古くから言いならわされた言葉。

醐▲
ゴ・コ
醍醐は澄んだバターのことで、転じて仏法のことわり、すぐれた人格を指す。

縞▲
コウ　しま・しろぎぬ
しま、模様のひとつ。しろぎぬ、きめの細かい絹。

鋼
コウ　はがね
金と、強に通じる岡で、強い金属。はがねの意。
名かた

興
コウ・キョウ・キン　おこす・おこる・おく
原義はものをかつぎあげる。ひいておこすの意。
名おき・ふさ・ふか・さき

衡
おき・ふさ・ふか・さき
もと、牛の角にしばりつけた横木。はかる、横。
名ひら・ひで・ちか・ひとし

墾
コン　たがやす・ひらく・はる
原義は土地を切る。拓く。耕す、治める意も。
名つとむ・ひらく

錯
サク・ソ　まじる・まじう・かざる・そむく・たがう
原義はめっきする。ひいて混じるの意。たがう。

諮
シ　とう・はかる
上の者が下の者に相談するの意。はかる、問う。

錫▲
シャク・セキ・ダイ・チャク・テキ・テイ・シ　すず・たまう
すず、金属の一種。たまもの。上位者が下位者に与えるもの。きめの細かい布。

儒
ジュ・ニュ
道徳を教える者。孔子の教え、先生。弱い意も。
名やす・ひと・はか・みち

樹
ジュ・シュ　き・たつ・うう
もと、木を立てる、植えるの意。木の総称。垣。
名き・しげ・な・むら

輯▲
シュウ・ジョウ・ショ・ショウ　あつめる・やわらぐ
あつめる、寄り合う。材料を集めて書物をつくる。やわらぐ。むつまじい。おさめる。
名むつ

縦
ジュウ・シュウ・シュ・ソウ・ス・ズ　たて・たとえ・よし・はなす・ゆるす
もと、たてに糸が突き出ているの意。ひいてたて。放つ、許す、ほしいままにするなどの意も。
名なお

鋳▲
ショウ・セイ・ソウ　さび
さび、金属の表面にできる酸化物。くわしい。

16画

嬢
ジョウ・ドウ・ノウ
むすめ・みだる

もと、母の意。今は娘、少女をさしていう。

壌
ジョウ・ニョウ
つち

やわらかい肥よくな土地。大地。豊か、実る。

錠
ジョウ・チョウ・テイ・テン・デン

戸締まりする際に用いる金具。薄く丸い薬。

薪
シン
たきぎ

もと、切った木。燃料にするたきぎの意を表す。

親
シン
したしい・したしむ・おや・みずから

もと、じかに自分で見る。したしむ、みずから。

名 ちか・より・み・みる

錐▲
スイ
きり

小さい穴をあけるのに使う道具。きりのように尖っていること。小さい矢。

錘
スイ・ツイ・ズイ・チ
つむ

金と垂れ下がる意の垂で、おもりの意を表す。

醒▲
セイ・ショウ
さます・さめる

目がさめる。酒の酔いがさめる。夢からさめる、転じて迷いを抜けて悟りをひらく。

整
セイ・ショウ
ととのう・ととのえる

もと、いましめて正す。ひいてととのえるの意。

名 なり・よし・のぶ・ひとし

積
セキ・シャク・シ
つむ・たくわえ・つもる

もと、稲を重ねておく。ひいてつむの意を表す。

名 つむ・さね・もり・みち

膳▲
セン・ゼン
ぜん・かしわ

料理した食物。ごはん。食べる。食台。箸の一対。かしわ、食器。

薦
セン・ゼン・シャク・サク
こも・すすむ・しく

原義は動物が食べる細かい草。ひいてすすめる。

名 しげ・のぶ

操
ソウ
みさお・あやつる・とる・おもむき

原義は手にしっかり持つ。ひいてみさお。使う。

名 あや・とる・もち・さお

鞘▲
ソウ・ショウ
さや

刀身をおさめ入れる筒、さや。むちかざり。しおで、鞍につけるひも。

樽▲
ソン
たる

たる、酒を入れる容器。

醍▲
タイ・ダイ・テイ

よく澄んで赤い色の酒。醍醐はバターのことで、転じて仏法のことわり、すぐれた人格を指す。

黛●
タイ・ダイ
まゆずみ

まゆをかくすみ。山や樹木が青々しているさま。

名 まゆ

壇
ダン・タン・セン・ゼン

土を盛り上げて作った祭りの場所。はばかる。

築
チク・トク
つく・きずく

もと、土をつくきね。ひいてきずく意を表す。

諦▲
テイ・タイ・ダイ
あきらか・あきらめる・まこと・つまびらか

あきらか、あきらかにする。真相をはっきりさせる。真理、悟り。あきらめる、断念する。

蹄▲
テイ・ダイ
ひづめ

ひづめ、動物の足。わな。馬を数える数詞、四蹄で一頭。

薙▲
テイ・チョウ・シ・タイ・ジ・チ
かる・なぐ

かる、なぐ、草を刈る。髪の毛を剃る。

鮎●
デン
あゆ

あゆ。清流にすみ、香気がある、日本の名産魚。

橙▲
トウ・チョウ・ジョウ
だいだい・ゆず

だいだい、みかんの一種。机、腰掛け。

頭
トウ・ズ・ト
かしら・こうべ・おさ・かみ・あたま

首の上に直立するあたまの意。かしら、はじめ。

名 かみ・あき・あきら

糖
トウ・ドウ
あめ・さとう

原義はよくのびるあめ。甘みのあるもの。さとう。

名 あら

篤
トク
あつし

原義は歩みの遅い馬。人情が厚い。誠意がある。

名 あつ・しげ・すみ・あつし

曇 ドン・タン くもる
日の下にくもがあるさまから、くもる意を表す。

燃 ネン・ゼン もゆ
然に火を加えて区別。もえるの意を表す。焼く。

濃 ノウ・ジョウ・ドウ・ニョウ こし
味がこい。人情がこまやか、厚い、深い、多い。
名 あつ・あつし

薄 ハク・バク・ビャク うすし・せまる・すすき
もと草原の意。かりてうすい。少ない、せまる。
名 うす・いたる

繁 ハン・バン・ボン・ハ・バ しげ・しげる
もと、髪飾りの意。蕃に通じてしげる。盛ん。
名 しげ・えだ・とし・しげる

瓢▲ ヒョウ・ビョウ ふくべ・ひさご
瓜を半分に割って作ったおわん、ふくべ。酒などを入れる容器。ひしゃく。

奮 フン ふるう・いさむ
鳥が田の上を飛ぶさま。ひいてふるう、励む。

壁 ヘキ・ヒャク かべ・かき
土を積んで風雨を防ぐかべの意。とりで、崖。
名 かべ

縫 ホウ・ブ・フウ ぬう・ぬい・ぬいめ
糸で布をぬい合わせる意。とりつくろうの意も。
名 ぬい

謀 ボウ・ム はかる・はかりごと
まえもって事をはかる。察知する、計略、手段。
名 のぶ・こと・はかる

膨 ボウ・ホウ・ビョウ ふくる・ふくれる
鼓の音を表す。ふくれる、はれる、大きくなる。

磨 マ・バ みがく・ひきうす
もと石を砕いてこなごなにする。転じてみがく。
名 きよ・おさむ・みがく

薬 ヤク・シャク・ラク・リャク くすり
原義は病気を治す草。ひいてくすりの意を表す。
名 くす・くすし・くすり

諭 ユ・トウ・ツ さとす・さとし・さとる
不明な点を取り除いてさとす。導く、明らか。
名 さと・つぐ・さとし

輸 ユ・シュ おくる・いたす
原義は車でものを移す。送る。心をうちあける。

融 ユウ・ユ とく・とおる
盛んに湯気があがる。ひいてとける、通る。
名 とお・よし・みち・とおる

謡 ヨウ うたう・うた・うたい・ひなう
言葉に調子をつける。ひいてうたう。そしる。

擁 ヨウ・ユ いだく
だきかかえる。ひいてまもる、助ける、おおう。

蕾▲ ライ・レ つぼみ
つぼみ。花が咲く前。

頼 ライ よる・たよる・たのむ・たのもしい
原義は財貨をもうける。転じてたよる、たのむ。
名 のり・よし・たのむ・より

覧(17画) ラン みる
よく見る、広く見る、ながめる。考える、受ける。
名 み・みる・ただ・かた

龍● リュウ・リョウ・リュ・ロウ・ルボウ・モウ たつ
想像上の動物、りゅうを表す。王者、めぐみ。
名 たつ・とお・かみ・とおる

燎● リョウ あきらか
原義は天をまつるかがり火。明らか、照らす。
名 あき・あきら

隣 リン となり・となる
原義は並び合っている村。ひいてとなりの意。
名 ちか・さと・なが・となり

17画

憐▲ リン・レン あわれむ
あわれむ、気の毒に思う。あわれみ。いつくしむ。悲しむ。

澪● レイ・リョウ みお
川や海の船が通る水路の意。水脈、水のくま。

錬 レン・カン・ケン ねる
原義は金属がやわらかくなる。ねり鍛える意。

蕗● ロ ふき
つる草の一種、つるむらさき。ふき。食用にする。
名 ふき

録 ロク・リョク・リョ・ロ しるす
もと、金色にきらめくの意。記す、写す、調べる。
名 とし・ふみ

17画

曖▲
アイ　くらい
日がおおわれてくらい。おぼろげ。おおう、かざす。

闇▲
アン・オン・イン　くらい・やみ
やみ、月のない夜。くらやみ。くらい、とじる。よく見えないようにする。

臆▲
オク・ヨク・オキ・イ　むね・おくする
むね・心、おもい。おくする。気おくれする。おじけづく。

霞●
カ　かすみ
名 かすみ
空が赤みを帯びている。朝焼け、夕焼け。はるか。

鍋▲
カ　なべ
なべ。食物をあたためたり、煮たりする道具。

檜▲
カイ・ケ・カツ・カチ　ひのき・いぶき・ひ
ひのき、常用樹の一種。建材などに用いられる。桧と同じ。

轄
カツ・ゲ・チ・カイ・ガチ　くさび
車を車輪に固定するくさびの意。とりしまる。

環
カン・ゲン　たまき・めぐる・わ
名 たま・たまき
原義は輪の形をした玉。巡る、取りまく、回る。

磯●
キ・ケ　いそ
名 し・いそ
波が岩に激しくぶつかるところ。河原、激する。

徽▲
キ・ケ　しるし・よい
名 よし
しるし。よい、美しい。足をおおうもの、きゃはん。匂い袋。

擬
ギ　なぞらう
まぎらわしい、似せるの意。かたどる、もどき。

鞠●
キク・キュウ・コク・ク　まり
名 まり・つぐ・みつ
丸いまりの意。幼い、育てる。正す、きわめる。

矯
キョウ　たむ・いつわる
名 ただ・いさみ・たけし
曲がった矢を真っすぐにする。ためる。強い。

謹
キン・コン・ゴン　つつしむ
名 のり・ちか・なり・すすむ
原義は言葉を控える。ひいてつつしむの意を表す。

鍵▲
ケン・コン・ゲン・ゴン　かぎ
かぎ。くさび。かなえを持ち上げる部分。鍵盤のキー。

謙
ケン・ゲン　へりくだる
名 かね・かた・のり・あき
へりくだる、ゆずるの意。敬うつつしむ、満足する。

厳
ゲン・ゴン・ガ・ノ　おごそか・きびしい・いかめし
名 よし・つよ・かね・いつき
原義はきびしく言いたてる。激しい、おごそか。

檎▲
ゴ・キン・ゴン
音を表す語。林檎（りんご）は果実の名前。

藁▲
コウ　わら
わら。枯れる。下書き。

購
コウ・ク　あがなう・あがない
もと、金銭で買い取る。つぐなう、仲直りする。

講
コウ・ク　のり・みち・つく
名 つぐ・のり・みち
もと、意見をかわす。ひいて話し合う。議論する。

鴻●
コウ・グ　おおとり・ひろし
名 ひろ・ひろし・とき
おおとり、大きな水鳥の意。強い、盛んの意も。

濠▲
ゴウ・コウ　ほり
城のまわりの池。

懇
コン　ねんごろ・まこと
原義は心をこめる。ひいてねんごろ、真心。

薩▲
サツ・サチ
梵語にあてた字。すくう。菩薩はあまねく民衆をすくうの意。

擦
サツ・セチ　さする
名 あきら
もと、ぎざぎざしたところをさする。こする。

燦●
サン　あきらか
名 あきら
きらきら日の光が輝く。明らか、鮮やか、きらめく。

謝
シャ・ジャ　あやまる・ことわり・わび
もと、あいさつをする。わびる、退ける、ことわる。

爵
シャク・サク　さかずき
名 たか・くら
さかずきの形を表す。転じて、位、階級の意に。

17画

鍬▲
シュウ・ショウ
すき・くわ
すき、くわ、土を掘り起こす農具。

濡▲
ジュウ・ニュウ・ニ・ナン・ネン・ダ・ナ
うるおう・うるおい・ぬれる
うるおう、ぬれる。うるおい、めぐみ。つや、みずみずしく光っている様子。雨・人の恵み。

縮
シュク
ちぢむ・ちぢれ・なおし・ちぢまる
布や糸がちぢむこと。くじける、退く、足りない。
名 なお

駿●
シュン
すすむ
俊に通じ、優れた馬。ひいて優れているの意を表す。大きい、速い、高い、厳しい。
名 とし・たかし・はやお・はやし

曙●
ショ・ジョ
あけぼの
緒に通じ初めの意。あけぼの、夜明け、あかつき。
名 あけ・あきら

償
ショウ・ジョウ
つぐなう・つぐない
人を加えて賞と区別。つぐなう、報いる。報酬。

礁
ショウ
はえ
海底にあって、見えない岩。隠れている岩。

篠▲
ショウ・ソウ
しの
原義は細い竹。しのだけ、ささ、しの。山野にはえる竹の一種。

燭▲
ショク・ソク・ショ
しょく・ともしび
ともしび、あかり。あかりをつける、照らす。

繊
セン・サン
しなやか・ちいさし
原義は細い糸。しなやか、わずか、美しい。

績
セキ・シャク
つむぐ・うむ・いさお
責は積に通じ、積み重ねるの意。ひいて糸をかさねてつむぐ意を表す。仕事、わざ、手柄。
名 つみ・さね・もり・のり・なり・いさ・いさお

鮮
セン
あざやか・なまあたらしい・すくなし・なまにく
生の魚。転じてあざやかの意。新しい、少ない。
名 まれ・よし・き・あきら

燥
ソウ
かわく
原義は音が騒がしい。かわく、おもしろみがない。

霜
ソウ・ショウ
しも
水蒸気が凍ったしもばしらの意。厳しい、年月。
名 しも

戴▲
タイ・テ・サイ・セ
いただく
いただく、頭の上にのせる。あがめる、あおぐ。感謝や尊敬の意味を表す語。

濯
タク
すすぐ
水で洗う意。すすぐ、清める。明らか、麗しい。
名 たく・あろう

鍛
タン
きたえ・きたう
原義は金属を打ってきたえる。練る、打ち破る。
名 かじ・きたえ

檀●
ダン・タン
まゆみ
木の名、まゆみ。初夏に薄緑色の花をつける。
名 まゆみ

聴
チョウ・テイ・チン
きく・ゆるす
聞く、定める、裁く、明らかにする。許す意も。
名 とし・あき・あきら・より

擢▲
テキ・タク・ジョク
ぬく・ぬきんでる・あげる
ぬく、ぬきんでる。ひく、ひきぬく。あげる。そびえる。捨て去る。

謄
トウ・ドウ
うつす
文字を、写して書く。原本通りに写すこと。うつし。
名 かり・のぼる

瞳●
ドウ・トウ
ひとみ
腫に通じ、丸くふくらむ。ひとみの意を表す。
名 あきら・ひとみ

頻
ヒン
しきりに
顔をしかめる。しばしば、忙しい。並ぶの意も。
名 かず・しげ・つら・はや

瞥▲
ベツ・ヘツ・ハイ・ヘイ・ヘチ・ヘ
ちらりと見る。目をかすめる。

謎▲
メイ・ベイ・マイ
なぞ
言と迷うから人を迷わせるなぞの意。なぞなぞ。

優
ユウ・ウ・オウ
やさし・ゆたか・まさる・すぐる・わざおぎ
役者、やさしい。まさる。裕に通じゆたかの意も。
名 まさ・かつ・ひろ・まさる

輿▲
ヨ
こし
手でまたは肩にのせて運ぶもの。のりもの。かつぐ。大地。

翼
ヨク・イキ
つばさ・たすく・たすけ
鳥のつばさを表す。虫の羽。助ける、補佐の意も。
名 すけ・たすく・つばさ

螺▲
ラ
にな・にし
にな、ほら貝に似た巻き貝。巻き貝のようにくるくる巻いた形のもの。

濫（18画）
ラン・タン・ダン・カン・ガン
みだす・みだれる
原義は水がおおい広がる。乱れる、あふれる。

瞭●
リョウ
あきらか
もと、かがり火が明るい。ひいて明らか。はるか。
名 あき・あきら

療
リョウ
いやす
病気を治す。ひいていやす。苦痛を緩和する。

齢
レイ・リョウ
とし・よわい
年の意の歯と歴に通じる令で年を経る。よわい。
名 とし・なか・よ

18画

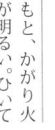

嶺●
レイ
みね・たかね
歴に通じ、続く山道。みね、山のいただき。
名 みね・ね

襖▲
オウ
ふすま・わたいれ・あお
ふすま。わいたれは上着の意。

鎧
ガイ・カイ・コウ
よろい
金属製のよろい。

穫
カク・コ・グ・ワク
かる・とりいれる
原義は稲を採り入れる。穀物を刈る。納める。
名 え・みのる

額
ガク・ギャク
ひたい・ぬか・たか
顔の広い部分、ひたいの意を表す。分量、がく。
名 ぬか

観
カン・ケン
みる・しめす・みえ
もと、ぐるっと見回す。考える、示す、景色、外観。
名 み・みる・あき・しめす

簡
カン・ケン
たけふだ・えらぶ
もと、竹を削って作った札。おおまか、選ぶ。
名 ひろ・あきら・やすし

韓▲
カン・ガン
から・いげた
いげた、井の垣。朝鮮半島南部の地。国の名。人の姓。

顔
ガン・ゲン
かお・かんばせ
原義は美しいひたい。ひいてかおの意。体裁。

騎
キ・ギ
のる・きへい
馬に乗る意を表す。ひいて広くまたがるの意に。
名 のり

襟
キン
えり
衣と閉じるの禁で、えりの意。思い、心の意も。
名 ひも

繭
ケン
まゆ
蚕が糸で作るまゆの意。絹糸、絹織物、綿入れ。
名 まゆ

鎌●
ケン・レン
かま
曲がる意の廉に通じ刃が曲がっているかまの意。
名 かま・かね・かた

験
ケン・ゲン
しるし・ためす・あかし・こころみ
もと馬の名。かりてしるし、あかしの意。効能。
名 とし

顕
ケン
あきらか・あらわに
もと、頭にまいた美しい飾り。明らか、名高い。
名 あき・あきら・たか・てる

鎖
サ
くさり・とざす・じょう・かけがね
もと、金属を組み合わせたもの。くさりの意。

織
シキ・ショク・シ
おる
糸を真っすぐに機に張るの意。おる、おりもの。
名 おり

蹟▲
シャク・セキ
あと
あと、あとかた。従う。

繍▲
シュ・シュウ・ショウ
ぬいとり
ししゅう、またはししゅう模様を一面につけた布。美しく飾った、美しいの意。
名 しゅう

瞬
シュン
またたく
目と速いでまばたきするの意。きわめて短い時間。

醤▲
ショウ・ソウ
ひしお
料理の味を引き立てる、ひしおの意。

穣
ジョウ・ニュウ・ゼイ
みのる・ゆたか
原義は稲の実がふくらむ。豊か、実る、祈る、盛ん。
名 しげ・みのる・ゆたか

18画

職
ショク・シキ・シ／つかさ・つとめ・つかさどる・もとより
もと、耳で聞いて覚える。転じてつかさ、仕事の意を表す。任務、位、みつぎもの。もとより。
名 もと・より・よし・つね

雛●
スウ・ス・ジュ／ひな
小さい意を表す。ひよこ。本物より小さい模型。
名 ひな

蟬▲
セン・ゼン・テイ・ダイ／せみ
せみ。のびる、つづく、つらねる、美しい。

繕
セン・ザン・ゼン／つくろう・つくろい
修理するの意。備える、補う、集める、強くする。

礎
ソ・ショ／いしずえ
初に通じ、初めにすえる石の意。土台、いしずえ。
名 き

騒
ソウ・ショウ／さわぐ・うれい・うれう
原義は馬が飛び跳ねてさわぐ。動く、うれえる。

叢▲
ソウ・ゾウ・ズ／くさむら・むらがる
草が茂っている所。物が一カ所にあつまる、むらがる。わずらわしい。

贈
ゾウ・ソウ／おくる・おくりもの
金品を人におくる意を表す。つかわす、おくりもの。

臓（19画）
ゾウ・ソウ／はらわた
肉と中におさめる意の蔵で、体の中の器官の意。

題
ダイ・テイ／ひたい
目じるしの意。ひたい。ものの初め、品評する。
名 みつ

箪▲
タン／かたみ・わりこ
平たい竹製の小箱の意。

儲▲
チョ／たくわえる・もうけ・もうける
もうけ、もうける。たくわえ、たくわえる。

懲
チョウ・ジョウ／こりる・こらす
こりる意を表す。前非を悔いる、いましめる。

鎮
チン・テン・デン／しずむ・しずめ・おもし・おさえ・しずめる
原義はものをおさえるために置く金属のおもし。安んじる、しずまる、ふさぐ、埋める、町。
名 しげ・なか・つね・やす・しん・しず・たね・まさ・おさむ・しずむ・まもる

鵜▲
テイ・ダイ／う
がらんちょう。水鳥の一種。カワウ・ウミウ・ヒメウ

櫂▲
トウ・タク・ジョウ・ジョク・ジャク・チャク・テキ／かい・かじ
かい、かじ。船を漕ぐ道具。転じて舟の意。さおさす。

闘
トウ・ツ／たたかう・たたかい
人が争いたたかうの意。競う。集まる、出会う意も。

藤●
トウ・ドウ／ふじ
つる草の意。ふじ。薄紫、または白い花をつける。
名 ふじ・ひさ・つ・かつら

藩
ハン・ボン／まがき
垣根の意。囲い、区域、ついたて。守るの意も。

覆
フク・フウ・フ・ホク／おおう・おおい・くつがえす
包に通じ、おおい包むの意。くつがえる、破る。

鞭▲
ベン・ヘン／むち・むちうつ
むち、馬をうつ杖。むちうつ、励ます。

翻
ホン・ハン・ヘン／とぶ・ひるがえる
鳥が羽を広げてひるがえるさま。ひっくり返る。

磨●
まろ
麻と呂を合わせまろ。われ、自分。自称の代名詞。
名 まろ

癒
ユ／いやす
病と抜け出る意の兪で、病気が治る。いやす。

曜
ヨウ／ひかり
日が、明るく輝く。明らか。日、月、星の総称。
名 てる・あきら・てらす

燿●
ヨウ・シャク／かがやく・ひかる
日が光り輝くの意。照らす、光る、くらむ。
名 てる・ひかり

藍●（17画）
ラン／あい
たで科の一年生草本、あい。青色の染料をとる。
名 あい

鯉●
リ／こい
淡水魚、こいの意を表す。手紙、たよりの意も。
名 こい

19画

糧
リョウ・ロウ かて
量が良に通じ、質の良い米。ひいて食糧の意。

臨（17画）
リン のぞむ
もと、ものをよく見定める。転じてのぞむの意に。
名 み

禮▲
レイ・ライ・リ のり、うやまう
礼と同じ字。人は守るべき秩序を表す。真心を持って扱う。
名 いや・あや・うや・ひろ・ゆき・よし

類
ルイ・ライ・レ・リツ・リチ たぐい
原義はまぎらわしい。似る、たぐい、仲間、群れ。
名 とも・なし・よし

韻
イン・オン ひびき・おもむき
音が響き合って調和するの意。響き、おもむき。
名 おと

艶●
エン つや
原義は容色が豊かである。なまめかしく美しい。
名 もろ・よし・おお・つや

蟹▲
カイ・ゲ かに
かに。甲殻類カニ目の総称。大きなはさみを持っている。

願
ガン・ゲン ねがう・ねがい
もと、大きな頭の意。転じてねがう、頼む。

麒▲
キ・ギ きりん
麒麟（きりん）、中国の想像上の動物。

鏡
キョウ・ケイ かがみ
影や姿を映す金属のかがみの意。手本、照らす。
名 あき・とし・み・あきら

繋▲
ケ・ゲ・ケイ つなぐ・つながる・かける
つなぐ、つながる、かける、ぶらさがる。つなやひもの糸をつけてつながるの意。

鶏
ケイ・カイ とり・にわとり
もと、夜明けを告げる鳥。にわとりの意を表す。

警
ケイ・キョウ いましむ・いましめ
言といましめる意の敬で、いましめて言うの意。

鯨
ゲイ・ケイ・キョウ・ギョウ・ゴウ くじら
くじら、くじら目のほ乳類の総称。巨大なもの。
名 くじら

璽
ジ・シ しるし・おして
原義は輝かしいしるし。天子の印をさしていう。
名 しるし

識
シキ・ショク・シ しるし・しるす
言としるしの意で、物事をよく見分ける。知る。
名 さと・のり・つと・つね

櫛▲
シツ・シチ くし・くしけずる
くし、髪の毛をとかすもの。くしけずる。けずりのぞく。くしのように並ぶこと。

蹴▲
シュウ・シュク・スク ける
ける、けとばす。ふみつける。つつしむさま。心が不安な様子。

蘇▲
ソ・ス・ショ よみがえる
死んだ者がふたたび生きかえる。やすむ。手に持つ。草をかる。ふさ。
名 いき

髄
ズイ・スイ
原義は骨の中心部分。ひいて物事のかなめの意。
名 すね・なか

藻
ソウ も
水中に密生する美しい水草の意。あや、飾り。
名 も

繰
ソウ・ショウ くる・からくる・あやつる
ひっぱる意から転じて糸をくる意に。順に送る。

鯛●
チョウ たい
たい、たい科の海魚。近海魚で種類はさまざま。
名 たい

龍▲
チョウ・チュ・ロウ・ル めぐむ
めぐむ、いつくしむ。君主、天子のお気に入り。

顛▲
テン・チン いただき・たおれる
頭や山の一番高いところ。根本。さかさまにする。たおす、たおれる。

禱▲
トウ
いのり・いのる
名 いのり
神に祈る。祈禱。まつる。

禰▲
ネ・デイ・ナイ・セン
名 ね
父のおたまや。父の廟。戦争に持っていく位牌。祢の旧字体。

覇
ハ
はたがしら
名 はる
伯に通じ、はたがしらの意を表す。諸侯の長。

曝▲
バク・ホク・ホウ・ボク・ホウ・ボウ
さらす
さらす、日光にかわかす。

瀕▲
ヒン
ほとり
ほとり、みぎわ、はま。沿う。せまる、臨む。

譜
フ・ホ
名 つぐ
順序に従って書き記したもの。系図、つづく。

簿
ボ・ホ・ブ・ボク・ハク・バク・ヘキ・ビャク
縛に通じ、竹の札を縛って作った帳簿の意。

鵬●
ホウ・ボウ
おおとり
名 とも・ゆき
おおとり。空想上の巨大な鳥。優れた者のたとえ。

霧
ム・ブ・ボウ
きり
名 きり
おおう意と、雨で、きりの意を表す。細かい。

羅
ラ
あみ・うすぎぬ
名 つら
網、網を巡らすの意。連ねる。うすぎぬの意も。

瀬
ライ
せ
名 せ
激しい流れ、はやせの意。浅瀬。立場、場合の意も。

蘭●
ラン
名 か
らん科の植物の総称。立派な人物のたとえ。

瀧
リョウ・ロウ、ソウ・リュ
たき
名 たき・よし・たけし
たき。雨が振りこめる。滝と同じ字。

麗
レイ・ライ・リ・シ・レキ
うるわし・つらなる・ならぶ
名 よし・かず・より・つぐ・つら・あきら
二本並んだ美しい鹿の角をかたどる。ひいて、うるわしい、美しいの意。並ぶ、つなぐ。

櫓▲
ロ・ル
やぐら・おおだて・ろ
やぐら、こたつの上をおおうわく。物見やぐら。おおだて、大きい盾。ろ、船を漕ぐ道具。

簾▲
レン
すだれ・す
細い竹をつなぎあわせたもの、すだれ。

麓▲
ロク
ふもと
山のふもと。ふもとにある林。やまもり。

20画

艦(21画)
カン・ガン
いくさぶね
敵の攻撃を防ぐため囲いをしてあるいくさぶね。

巌●
ガン・ゲン
いわ・いわお・けわし・きし・がけ・たかし
名 みち・みね
山がごつごつして険しいさま。ひいて、いわお。

議
ギ
はかる
名 のり・かた
もと、正しい道について話し合う。相談する。

馨●
キョウ・ケイ
かおる・かおり・か・におい・かんばし・こうばし
名 か・きよ・よし・かおる
よい香りが遠くまで及ぶの意。かおる、かんばしい。名声が伝わる、ほまれ、よい影響を与える。

響
キョウ・コウ
ひびき・ひびく
名 おと
原義は広がる音。ひびき、おもむき。評判になる。

競
キョウ・ケイ・ギョウ
きそう・せる・きおう
名 きそう
二人が言い争っているさま。ひいてきそうの意。

懸
ケン・ゲン・ケ
かく
名 とう
原義は心にかける。ひいてつり下げる、掲げる。

護
ゴ・コ
まもる・まもり
名 もり・さね・まもる
原義は統率する。ひいて守る、助ける、かばう。

20～22画

纂▲
サン
あつめる
赤いくみひも。受け継ぐ。あつめる、あつまる。
名 あつ

鐘
ショウ・シュ
かね・つりがね
金と、つく意に通じる童で、かねの意を表す。時計。
名 かね・あつむ

醸
ジョウ・ニョウ
かもす
原料を合わせて酒を造る。かもす、作り出す。

譲
ジョウ・ニョウ
せむ・ゆずる
原義は言葉で責める。転じてゆずる、退く意に。
名 よし・のり・せむ・うや

籍
セキ・シャ・ジャ・ジャク
ふみ
原義は重ねてとじた竹札。ひいてふみ、書物。
名 ふみ・より・もり

騰
トウ・ドウ
のぼる・あがる
もと、継ぎ馬の意。昇に通じて上昇する。馳せる。
名 かり・のぼる

耀
ヨウ・シャク
かがやき
耀に同じ。光り輝くの意を表す。ひときわ光る。
名 あきら・ひかり・てる

欄
ラン・レン
てすり
原義は木のしきり。ひいて囲い、おり、てすり。

21画

鰯▲
いわし
いわし。まいわし・うるめいわし・かたくちいわしなどの総称。

鶴●
カク・ガク
つる
ツル科の鳥。気高く、千年の長寿を保つめでたい鳥として尊ばれる。
名 ず・つ・つる・たず

顧
コ
かえりみる
もと頭をねじって見る。振り返る、いつくしむ。
名 み

轟▲
ゴウ・コウ
とどろく・とどろき
とどろく、多くの車の行く時の大きな音。

纏▲
テン・デン
まとい・まとう・まつわる
まとい、消防組の目印。まとう、めぐらす。しばりつける。束ねる。

躍
ヤク・テキ・ナヤク
おどる・おどり
高く跳ねる意。おどる、胸がわくわくする、進む。

露
ロ・ロウ
つゆ・つゆも・あらわす・あらわる
水の粒、つゆの意。うるおう、現す。疲れる。
名 つゆ・あきら

蝋▲
ロウ
ろう
ろうそく、みつろう、またはろうのような性質のあるもの。ろうを塗る。

22画

鴎▲
ウ・オウ・オ・ク・イウ
かもめ
かもめ、カモメ目の総称。主に沿岸海域にすむ。
名 おう

鑑(23画)
カン・ガン
みる・かがみ・かんがみる
金を加えて監と区別。鏡の意。かんがみる、手本。
名 みる・かた・あき・あきら

驍▲
キョウ・ギョウ
たけし
よい馬。強くてたけだけしい、勇ましい。
名 たけし

驚
キョウ・ケイ
おどろく・おどろき・おどろかす
もと、馬が身を引き締める。ひいておどろく。
名 とし

饗▲
キョウ・コウ
もてなす・あう・うける
もてなす、ねぎらう。うたげ、ごちそう。客をもてなしたり、神をまつったりする。

讃▲
サン
たすける・ほめる
ほめたたえる、ほめことば。たすける。梵字からきた語。

襲
シュウ・ジュウ
おそう・かさね・かさぬ・つぐ
原義は衣を重ねる。覆う、受け継ぐ。おそう。
名 より・つぎ・そ

灘▲
タン・ダン・カン・ナン・トン
なだ・せ
なだ、波の荒い海路。せ、はやせ、水の流れが早い所。

23画

鷲▲
シュウ・ジュ
わし

大型の猛禽類、わし。たかよりも大型のものをいう。

鱒▲
ソン・ゾン・セン・ゼン・テン・デン
ます

ます。さくらます・からふとますの別称。地方によっては川へさかのぼる海魚をいう。

鷺▲
ロ・リョ
さぎ

さぎ、しらさぎ。サギ科の鳥の総称。姿は鶴に似て、鶴よりも小型。

24画

麟●
リン

大きな鹿の意。中国の想像上の動物。きりん。

鷹●
ヨウ・オウ
たか

名 たか

ワシタカ科のなかの一部の鳥の総称。くちばし、爪が鋭い猛鳥。狩猟に用いる。

鱗▲
リン
うろこ

魚などのうろこ。

2004年以降に追加された人名用漢字

巫（7画）
フ・ブ・ム
みこ・かんなぎ。

名 みこ・ふ・む

舞楽をもよおし神降ろしを行って祈禱をする女。巫山（山の名前）。

穹（8画）
キュウ・ク
あめ・そら

名 そら

祷（11画）
トウ
いのる・いのり・まつる

名 とう・いのり・まつり

祈る。まつる。禱の略字。

渾（12画）
コン
すべて・にごる・まじる

水がわき出て盛んに流れるさま。まじる。にごる。すべて。まったく。

漢数字の画数

一	二	三	四	五	六	七	八	九	十
1	2	3	4	5	6	7	8	9	10

ひらがなの画数

あ 3	い 2	う 2	え 3	お 4
か 3	き 4	く 1	け 3	こ 2
さ 3	し 1	す 3	せ 3	そ 4
た 4	ち 3	つ 1	て 2	と 2
な 5	に 3	ぬ 3	ね 4	の 1
は 4	ひ 2	ふ 4	へ 1	ほ 5
ま 4	み 3	む 4	め 2	も 3
や 3		ゆ 3		よ 3
ら 3	り 2	る 3	れ 3	ろ 2
わ 3	ゐ 3	ゑ 5	を 4	ん 2

カタカナの画数

ア 2	イ 2	ウ 3	エ 3	オ 3
カ 2	キ 3	ク 2	ケ 3	コ 2
サ 3	シ 3	ス 2	セ 2	ソ 2
タ 3	チ 3	ツ 3	テ 3	ト 2
ナ 2	ニ 2	ヌ 2	ネ 4	ノ 1
ハ 2	ヒ 2	フ 1	ヘ 1	ホ 4
マ 2	ミ 3	ム 2	メ 2	モ 3
ヤ 2		ユ 2		ヨ 3
ラ 2	リ 2	ル 2	レ 1	ロ 3
ワ 2	ヰ 4	ヱ 3	ヲ 3	ン 2

アルファベット大文字の画数

A 3	B 3	C 1	D 2
E 4	F 3	G 3	H 3
I 1	J 2	K 3	L 1
M 3	N 2	O 1	P 2
Q 2	R 3	S 1	T 2
U 1	V 1	W 2	X 2
Y 3	Z 1		

アルファベット小文字の画数

a 2	b 2	c 1	d 2
e 1	f 2	g 2	h 2
i 2	j 2	k 3	l 1
m 2	n 1	o 1	p 2
q 2	r 1	s 1	t 2
u 2	v 1	w 2	x 2
y 2	z 1		

算用数字の画数

1 1	2 2	3 3	4 4	5 5
6 6	7 7	8 8	9 9	0 0

算用数字（アラビア数字）は漢数字と同じように文字の意味を優先して数字どおりの画数とします。

& @ $ # ? !

などの記号は文字ではないため画数は数えません。

第9章

名前に使える読み方別・漢字一覧表

あ

あ 亜7 吾7 阿8 娃9 烏10

あい 和8 相9 娃9 挨10 喝11 集12 愛13 際14 曖17 藍18

あう 交6 合6 会6 和8 相9 値10 配10 逢11 偶11 符11 遇12 期12 際14

あえ 似7 肖7 和8

あお 青8 蒼13 碧14

あおい 葵12 蒼13

あおぎり 栄9 梧11

あおぐ 仰6 扇10 景12

あか 丹4 朱6 赤7 明8 紅9 茜9 緋14

あかし 丹4 灯6 朱6 赤7 明8 紅9 証12 緋14 驗18

あがた 県9

あかつき 旦5 暁12

あかなし 杜7

あかね 茜9 蒐13

あがめる 崇11

あかり 灯6 明8

あがる 上3 昂8 挙10 軒10 揚12 騰20

あき 了2 文4 日4 丙5 右5 旦5 白5 礼5 光6 在6 成6 旭6 西6 亨7 見7 言7 知8 招8 昌8 表8 明8 秋9 乗9 亮9 信9 映9 昭9 洞9 発9 哲10 晃10 朗10 紋10 晄10 商11 彬11 淳11 章11 紹11 菊11 著11 晨11 揚12 敬12 暁12 晶12 畳12 瑛12 皓12 覚12 陽12 暉13 照13 義13 誠13 詮13 察14 彰14 徴14 精14 聡14 審15 諒15 監14 頭16 融16 聴17 瞭17 顕18 鏡19 耀20 鑑22

あきら 了2 丹4 公4 卯5 央5 正5 旦5 白5 石5 礼5 光6 名6 在6 存6 成6 旭6 全6 行6 亨7 吟7 抑7 良7 見7 知8 命8 学8 招8 昂8 昌8 明8 東8 的8 英8 述8 侃8 旺8 坦8 亮9 信9 威9 映9 昭9 昼9 洞9 玲9 発9 看9 相9 省9 秋9 祀9 哲10 敏10 晃10 晟10 朗10 烈10 祥10 高10 晄10 彪11 啓11 彬11 章11 翌11 著11 郷11 爽11 復12 斐12 暁12 景12 晶12 智12 瑛12 皓12 覚12 証12 陽12 飾13 新13 照13 聖13 誠13 電13 暉13 詮13 僚14 察14 彰14 徴14 爾14 精14 徳14 聡14 翠14 審15 徹15 慧15 監14 確15 賛15 輝15 憲16 頭16 融16 叡16 瞳17 瞭17 曙17 聴17 鮮17 曜18 簡18 顕18 離19 鏡19 麗19 耀20 露21 鑑22

あきらか 丙5 白5 光6 明8 的8 亮9 昭9 哲10 晃10 朗10 彬11 章11 暁12 晶12 皓12 陽12 詳13 察14 彰14 諒15 徹15 諦16 燦17 瞭17 顕18

あく 明8 握12 渥12

あ

あくた …… 芥7
あくるひ …… 翌11
あけ …… 旦5 朱6 明8 南9 暁12 緋14 曙17
あげ …… 揚12
あけぼの …… 曙17
あける …… 明8
あげる …… 上3 抗7 担8 挙10 称10 揚12 矯17
あこがれる …… 憧15
あさ …… 元4 旦5 旭6 麻11 滋12 朝12 諒15
あさい …… 浅9
あさひ …… 旭6
あざやか …… 瑳14 鮮17
あし …… 止4 疋5 足7 芦7 脚11 葦13
あじ …… 味8

あした …… 旦5 早6 晨11 朝12
あずかる …… 干3 与3 予4 参8 渉11 預13 関14
あずさ …… 梓11
あずま …… 東8 春9
あぜ …… 町7 畔10
あそぶ …… 遊12
あたい …… 価8 直8 値10
あたえる …… 与3 予4 付5 賜15
あたたか …… 和8 温12
あたらしい …… 新13 鮮17
あたり …… 辺5
あたる …… 丁2 中4 方4 句5 任6 当6 対7 抗7 抵8 直8 値10 射10 格10 配10 触13 該13

あつ …… 丁2 中4 功5 圧5 石5 充6 同6 団6 当6 即7 孝7 宏7 抄7 孜7 京8 届8 抵8 昌8 竺8 阜8 厚9 春9 重9 按9 衷10 純10 配10 商11 惇11 淳11 涼11 冨11 富12 敬12 敦12 暑12 渥12 温12 貴12 豊13 較13 農13 酬13 徳14 適14 斡14 熱15 諄15 醇15 濃16 積16 篤16 纂20
あつし …… 忠8 厚9 専9 重9 純10 惇11 淳11 陸11 富12 渥12 復12 敦12 温12 暑12 睦13 徳14 熱15 諄15 醇15 濃16 篤16 優17
あつまる …… 同6 会6 府8 奏9 朝12 集12 鳩13 蒐13 纂20

あつむ …… 伍6 同6 侑8 専9 集12
あてる …… 充6 当6 射10
あと …… 昆8 後9 跡13 蹟18
あとつぎ …… 嗣13
あな …… 口3 孔4 穴5 坑7 空8 堀11
あに …… 兄5 巨5 昆8 庸11
あね …… 姉8
あの …… 那7 彼8
あびる …… 浴10
あふれる …… 溢13 濫17
あま …… 天4 尼5
あます …… 余7 残10 剰11
あまねし …… 弁5 汎6 周8 普12 遍12
あまり …… 羨13

あみ……張11 畢11 網14 羅19

あむ……編15

あめ……天4 雨8 穹8 糖16

あや……文4 史5 朱6 伎6 技7 言7 英8
采8 郁9 恵10 純10 紋10 啄10 彩11
彬11 琢11 理11 章11 亀11 彪11 斐12
絢12 随12 順12 彰14 綾14 綺14 禮18
髄19 藻19

あやぎぬ……綾14

あやめ……菖11

あゆ……似7 肖7 鮎16

あゆむ……歩8

あらい……荒9 洗9 粗11

あらう……洗9 濯17

あらし……嵐12

あらた……新13

あらわす……見7 表8 現11 著11 彰14 顕18 露21

あらわれる……呈7 形7 見7 表8 発9 現11 覚12
彰14 顕18 露21

あり……也3 生5 光6 在6 存6 有6 作7
似7 茂8 益10 得11 惟11 現11 順12
満12 照13 徳14

ある……在6 存6 有6 或8

あるく……歩8

あるじ……主5

あわ……泡8 沫8 粟12

あわい……淡11

あん……安6 行6 杏7 按9 案10 晏10 烏10
庵11 鞍15 闇17

あんず……杏7

い……已3 井4 五5 生5 以5 台5 亥6
伊6 衣6 夷6 似7 位7 医7 囲7
依8 委8 易8 居8 炊8 威9 施9
為9 胃9 食9 畏9 射10 倭10 莞10
唯11 尉11 惟11 猪11 異11 移11 蛇11
偉12 椅12 葦13 意13 違13 維14 慰15
遺15 鋳15 緯16 謂16

いい……飯12

いえ……戸4 庁5 宇6 宅6 舎8 室9 屋9
家10 宮10 宿11 斎11 楼13 熟15 寮15
館16

いおり……庵11

いかずち……雷13 震15

いがた……範15

いかん……如6 奈8

いき……生5 気6 或8 息10 域11 蘇19

いきおい……勢13 権15

いきる……生5 活9

いく……生5 如6 行6 往8 育8 活9 軍9
郁9 奥12 幾12 粥12

いけ……池6

いこう……休6 息10 憩16

いさ……功5 伊6 武8 勇9 軍9 義13 勲15

いさお……力2 公4 功5 伐6 多6 効8 勇9
烈10 庸11 徳14 閥14 魁14 勲15 閲15
績17

いう

いさぎよい　白5 屑10 清11 廉13 潔15
いさご　沙7 砂9
いささか　少4 薄16
いざなう　誘14
いさましい　勇9 敢12
いさみ　勇9 敢12 矯17
いさむ　力2 武8 勇9 偉12 敢12 魁14
いさる　漁14
いし　石5
いしずえ　礎18
いず　五5 出5 何7 稜13 厳17
いずく　何7
いずみ　泉9
いそ　石5 勤12 勲15 磯17

いた　版8 板8 戚11
いだく　抱8 挟9 懐16 擁16
いたす　効8 底8 抵8 致10 輸16
いたる　之3 及4 至6 即7 戻7 迄7 効8 周8 到8 届8 底8 抵8 放8 迪8 括9 格10 純10 致10 造10 達12 款12 距12 極13 暢14 徹15 諄15 薄16 親16
いたわる　労7
いち　一1 乙1 市5 壱7 逸11 溢13
いちご　苺8
いつ　一1 乙1 五5 失5 壱7 動11 斎11 逸11 敬12 溢13 厳17
いつき　斎11 樹16 厳17
いつくしむ　子3 仁4 友4 恩10 愛13 慈13

いつたび　五5
いつつ　五5 伍6
いと　文4 糸6 系7 弦8 純10 紘11 最12 綸14
いどむ　挑9
いぬい　乾11
いね　禾5 私7 稲14
いのち　生5 命8 性8
いのる　祈8 祷11 禱19
いぶき　檜17
いま　今4 現11
いも　妹8
いや　未5 礼5 居8 弥8 最12 禮18
いり　入2

いりえ　江6 湾12
いる　入2 居8 要9 射10 鋳15
いれる　内4 受8 容10 納10
いろ　色6 紅9 彩11
いろどり　采8
いわ　岩8 磐15 巌20
いわう　祝9 賀12
いわお　岩8 巌20
いわし　鰯21
いん　允4 引4 印6 因6 均7 姻9 胤9 音9 員10 院10 寅11 飲12 隠14 蔭14 闇17 韻19
う　尤4 生5 右5 卯5 宇6 有6 羽6 佑7 臣7 迂7 侑8 雨8 於8 宥9

柚9 烏10 得11 優17 鶉18 鷗22
うえ　上3
うお　魚11
うき　浮10
うく　受8 浮10 隻10
うけ　奉8 受8
うさぎ　兎7
うし　丑4 孔4 牛4
うじ　氏4 姓8 族11 項12
うしお　潮15
うす　臼6 碓13 薄16
うず　太4 珍9
うた　風9 唄10 唱11 詠12 詩13 歌14 謡16
うち　中4 内4 心4 打5 家10 奥12 裏13

管14
うつくしい　好6 佳8 美9 娃9
うな　海9
うね　采8 畝10
うま　午4 宇6 肥8 美9 馬10
うまし　美9
うみ　海9 洋9
うめ　梅10
うや　礼5 恭10 敬12 欽12 禮18 譲20
うやうやしい　共6 恭10 敬12
うやまう　敬12 欽12
うら　卜2 上3 占5 兆6 浦10 裏13 賓15
うららか　麗19
うり　瓜6

うる　市5 得11 潤15
うるおう　沢7 渥12 湿12 閏13 潤15 濡17 露21
うるし　漆14
うるわしい　美9 麗19
うれしい　嬉15
うん　云4 芸7 命8 員10 温12 運12 雲12
え　上3 兄5 丙5 江6 回6 衣6 図7
条7 姉8 枝8 画8 依8 畏8 計9
重9 柄9 栄9 廻9 恵10 笑10 隈10
得11 絵12 殖12 徳14 慧15 衛16 穫18
えい　央5 永5 曳6 医7 英8 泳8 映9
栄9 景12 営12 瑛12 詠12 榮14 鋭15
影15 衛16 叡16
えき　亦6 役7 易8 射10 益10 液11 訳11

釈11 駅14
えだ　支4 兄5 材7 条7 枝8 柄9 捨11
族11 幹13 標15 繁16
えつ　悦10 税12 越12 説14 謁15 閲15
えのき　榎14
えび　蝦15
えびす　夷6 胡9
えみ　笑10
えらい　偉12
えらぶ　択7 採11 選15 簡18
えり　衿9 領14 襟18
えん　円4 延8 沿8 炎8 苑8 宛8 奄8
穿9 員10 宴10 晏10 院10 俺10 烏10
淵11 淡11 媛12 援12 堰12 焰12 園13

お

遠13 羨13 圓13 演14 鳶14 縁15 薗16
燕16 艶19

お …… 乙1 士3 大3 小3 方4 少4 天4 夫4 水4 巨5 弘5 生5 広5 平5 壮6 百6 臣7 男7 均7 良7 尾7 伯7 於8 阿8 弦8 郎9 保9 音9 勇9 彦9 朗10 紛10 烏10 峯10 済11 魚11 麻11 隆11 絃11 陽12 雄12 報12 越12 意13 節13 寛13 緒14 綸14 穂15 巌20 鷗22

おい …… 大3 老6 追9 翁10 笈10 甥12

おう …… 大3 太4 王4 圧5 央5 応7 欧8 旺8 皇9 逐10 桜10 翁10 晄10 黄11 凰11 庵11 奥12 滉13 煌13 幌13 碩14

横15 鴨16 襖18 艶19 鷗22 鷹24

おうぎ …… 扇10

おお …… 大3 巨5 洪9

おおい …… 偉12 鴻17

おおし …… 多6 師10 庶11 衆12

おおきい …… 大3 巨5 宏7 洪9 泰10 浩10 偉12 碩14

おおとり …… 凰11 鳳14 鴻17 鵬19

おか …… 力2 允4 丘5 臣7 岳8 岡8 阜8 郊9 原10 陵11 培11 陸11

おき …… 云4 生5 処5 気6 印6 沖7 住7 典8 居8 知8 宙8 放8 発9 恩10 息10 致10 翁10 起10 座10 隆11 設11 御11 陽12 幾12 奥12 超12 意13 業13

置13 寛13 蓄13 熙14 興16

おぎ …… 荻10

おく …… 放8 舎8 屋9 奥12 置13 億15 憶16

おけ …… 桶11

おこす …… 起10 超12

おさ …… 正5 令5 他5 吏6 伯7 易8 長8 受8 官8 首9 政9 紀9 座10 容10 師10 修10 理11 率11 脩11 統12 順12 意13 総14 綜14 領14 種14 導15 養15

おさむ …… 一1 乃2 士3 収5 司5 平5 吏6 守6 扱6 成6 伊6 乱7 攻7 医7 易8 治8 長8 受8 官8 京8 制8 秋9 為9 紀9 修10 納10 耕10 宰10 理11 経11 略11 脩11 惣12 敦12 順12 貯12 税12 道12 統12 靖13 督13 摂13 領14 蔵15 徹15 整16 磨16 縮17 穣18 鎮18

おさめ …… 納10 道12

おし …… 印6 忍7 押8

おしえる …… 告7 訓10 啓11 教11

おす …… 牡7 捺11

おつ …… 乙1

おっと …… 夫4

おと …… 乙1 己3 吟7 呂7 男7 弟7 声7 呼8 音9 律9 頌13 読14 韻19 響20

おとこ …… 子3 夫4 男7 郎9

おの …… 自6 斧8

おみ …… 老6 臣7
おも …… 表8 面9
おもう …… 以5 念8 思9 為9 惟11 意13 想13 憶16 懐16 顧21
おや …… 祖9 御12 親16
おり …… 会6 宅6 折7 居8 圏12 際14 機16 織18
おる …… 止4 処5 在6 宅6 折7 居8 宿11 織18
おわる …… 竣12
おん …… 臣7 苑8 宛8 音9 恩10 陰11 温12 飲12 御12 媛12 園13 遠13 隠14 蔭14 薗16 闇17
おんな …… 女3 婦11

か

か …… 下3 与3 化4 火4 日4 方4 申5 加5 可5 甲5 乎5 禾5 圭6 瓜6 何7 伽7 花7 芳7 佳8 価8 和8 果8 河8 金8 茄8 架9 科9 香9 郁9 神9 哉9 臭9 珂9 珈9 迦9 個10 夏10 家10 荷10 華10 掛11 菓11 貨11 鹿11 袈11 賀12 嘩13 跨13 嘉14 歌14 箇14 聞14 樺14 榎14 蝦15 駕15 霞17 鍋17 蘭19 馨20
が …… 牙4 瓦5 疋5 伽7 我7 芽8 河8 画8 臥9 俄9 荷10 峨10 賀12 雅13 駕15
かい …… 介4 刈4 甘5 会6 合6 快7 改7 貝7 芥7 届8 画8 海9 界9 柄9 皆9 廻9 迦9 恢9 桧10 掛11 械11 晦11 絵12 開12 街12 階12 凱12 堺12 塊13 解13 該13 話13 蒐13 跨13 概14 魁14 養15 檜17 櫂18 鎧18 蟹19
がい …… 亥6 涯11 崖11 街12 凱12 蓋13 概14 鎧18
かえで …… 楓13
かおり …… 芳7 香9 郁9 薫16 馨20
かおる …… 芳7 香9 郁9 薫16 馨20
かが …… 利7 香9
かがやく …… 煌13 熙14 燿18 耀20
かき …… 序7 垣9 柿9 院10 堅12
かぎ …… 鍵17
かく …… 各6 角7 拡8 画8 客9 革9 格10 核10 書10 殻11 脚11 郭11 覚12 較13 隔13 塙13 閣14 摑14 確15 獲16 穫18 鶴21
がく …… 学8 岳8 楽13 額18
かげ …… 景12 熊14 蔭14 影15
かける …… 翔12 駆14 駈15
かさ …… 笠11
かし …… 樫15
かじ …… 梶11 舵11 櫂18
かしこい …… 賢16
かしら …… 主5 孟8 首9 魁14 頭16
かしわ …… 柏9

かす 春 9

かず 一 1 二 2 三 3 千 3 万 3 円 4 五 5 主 5 司 5 収 5 冬 5 年 6 多 6 会 6 件 6 毎 6 七 7 利 7 寿 7 壱 7 良 7 応 7 八 8 法 8 知 8 枚 8 和 8 委 8 宗 8 九 9 孤 9 品 9 胤 9 計 9 政 9 重 9 春 9 紀 9 十 10 倭 10 息 10 師 10 致 10 員 10 般 10 兼 10 料 10 起 10 航 10 教 11 雄 12 量 12 順 12 策 12 運 12 萬 12 数 13 業 13 圓 13 雑 14 種 14 箇 14 算 14 影 15 選 15 憲 16 積 16 頻 17 麗 19

かずえ 計 9

かすみ 霞 17

かた 一 1 才 3 方 4 片 4 斥 5 包 5 礼 5 功 5 石 5 式 6 交 6 名 6 体 7 形 7 状 7 良 7 声 7 似 7 肩 8 岩 8 固 8 効 8 命 8 和 8 型 9 姿 9 剛 10 隻 10 兼 10 容 10 粛 11 済 11 陳 11 崇 11 教 11 堅 12 象 12 結 12 雄 12 敬 12 朝 12 傍 12 普 12 硬 12 歯 12 犀 12 豊 13 像 14 模 14 態 14 豪 14 銘 14 器 15 潟 15 標 15 毅 15 確 15 談 15 質 15 賢 16 鋼 16 覧 16 謙 17 議 20 鑑 22

かたし 介 4 固 8 重 9 剛 10 挙 10 堅 12 確 15

かたむ 固 8

かち 徒 10 捷 11 勝 12

かつ 一 1 万 3 包 5 且 5 甲 5 功 5 克 7 芥 7 和 8 活 9 亮 9 品 9 独 9 括 9 勉 10 桂 10 将 10 強 11 健 11 捷 11 達 12 雄 12 勝 12 遂 12 葛 12 筈 12 豪 14 徳 14 選 15 賢 16 積 16 優 17

がつ 月 4 合 6

かつみ 克 7

かつら 桂 10

かど 戸 4 圭 6 角 7 門 8 矩 10 廉 13 稜 13 暢 14 閲 15

かな 也 3 夫 4 門 8 金 8 協 8 哉 9 奏 9

かなう 叶 5 協 8 称 10 適 14

かなえ 鼎 13

かなお 適 14

かなめ 中 4 枢 8 紀 9 要 9 最 12

かに 掃 11 普 12 蟹 19

かぬ 包 5 光 6 周 8 易 8 侶 9 兼 10 摂 13 該 13 賃 13 説 14 談 15 懐 16 譲 20

かね 尺 4 包 5 光 6 周 8 宝 8 易 8 金 8 封 9 侶 9 兼 10 粛 11 務 11 詠 12 統 12 誠 13 鉱 13 鉄 13 摂 13 該 13 説 14 銅 14 銀 14 監 14 談 15 錦 16 懐 16 厳 17 謙 17 鎌 18 鏡 19 鐘 20 鑑 22

かのう 叶 5 協 8 和 8 適 14

かのえ 庚 8

かば 椛 11 樺 14

かぶ 蕪 15

かぶと 兜 11

かま 缶 6 釜 10 蒲 13 鎌 18

がま 蒲 13

かき

かみ……上3 天4 正5 守6 昇8 皇9 首9 省9 神9 柄9 紙10 宰10 称10 竜10 乾11 頂11 卿12 漢13 督14 髪15 霊16 龍16 頭16

かむはた……綺14

かめ……瓶11 亀11 甕18

かも……鴨16

かもめ……鷗22

かや……茅8 茨9 草9 菅11 萱12

から……甲5 柄9 唐10 殻11 幹13 漢13 韓18

かり……刈4 田5 仮6 苗8 狩9 猟11 雁12 権15 騰20

かる……刈4 狩9 猟11 軽12 駆14 穫18

かれ……伊6 彼8

かわ……川3 皮5 河8 革9 側11

かわら……瓦5

かん……干3 甲5 刊5 甘5 汗6 缶6 完7 肝7 串7 官8 侃8 函8 冠9 巻9 看9 柑9 竿9 栞10 悍10 院10 莞10 乾11 勘11 紺11 貫11 菅11 堪12 敢12 間12 閑12 款12 勧13 寛13 幹13 感13 漢13 慣14 管14 関14 斡14 歓15 緩15 還16 館16 環17 韓18 簡18 観18 艦20 灘22 鑑22

がん……丸3 元4 含7 岸8 岩8 玩8 雁12 韓18 願19 巌20

かんばしい……芳7 香9 馨20

き……己3 寸3 木4 生5 甲5 示5 企6 机6 伎6 気6 肌6 妃6 岐7 希7 汽7 近7 材7 求7 来7 束7 芸7 玖7 祁8 季8 居8 枝8 祈8 東8 林8 宜8 其8 紀9 城9 哉9 宣9 祇9 恢9 既9 姫10 帰10 記10 起10 鬼10 息10 造10 基11 寄11 崎11 規11 亀11 黄11 章11 頃11 埼11 徠11 逗11 給12 喜12 期12 貴12 幾12 棋12 超12 葵12 減12 揮12 稀12 碁13 幹13 置13 暉13 熙14 綺14 箕14 器15 毅15 輝15 嬉15 槻15 畿15 機16 興16 樹16 窺16 磯17 鮮17 徽17 騎18 礎18 麒19

ぎ……示5 伎6 岐7 技7 芸7 祁8 宜8 祇9 涯11 崖11 埼11 葵12 碁13 義13 儀15 毅15 誼15 騎18 麒19 議20

きく……利7 効8 菊11 掬11 聞14 聴17 鞠17

きさ・きせ……象12

きざす……萌11 萠11

きし……岸8 浜10

きずく……城9 築16

きずな……絆11

きそう……競20

きた……北5 朔10 陽12

きたる……来7 徠11

きち……吉6 橘16

きつ……吉6 汽7 迄7 契9 喫12 詰13 橘16

きぬ……衣6 表8 侯9 絹13

きぬた……砧10

きく

きね……杵8

きのえ……甲5

きのこ……茸9

きのと……乙1

きば……牙4

きみ……上3 王4 公4 仁4 正5 主5 后6 向6 江6 君7 林8 官8 侯9 皇9 候10 竜10 乾11 卿12 鉄13 龍16

きめ……理11 極13

きめる……決7 定8 極13

きゃ……伽7 迦9

きゃく……擱14

きゃん……俠9

きゅう……久3 弓3 及4 丘5 玉5 旧5 扱6 休6 臼6 汲7 求7 究7 玖7 灸7 吸7 穹8 九9 級9 笈10 宮10 畜10 赳10 救11 球11 亀11 毬11 給12 鳩13 廐14

きよ……心4 玉5 白5 氷5 圭6 汐6 刷8 斉8 青8 洗9 洋9 浄9 亮9 政9 神9 研9 除10 粋10 屑10 清11 淑11 涼11 斎11 雪11 陽12 聖13 廉13 精14 静14 潔15 澄15 摩15 養15 磨16 馨20

きょ……舜13 鋸16

きょう……兄5 叶5 叫6 交6 共6 匡6 向6 亨7 杏7 却7 妖7 庚8 享8 京8 供8 協8 況8 茎8 俠9 峡9 挟9 香9 勁9 恭10 校10 胸10 脇10 強11 教11 経11 郷11 梗11 頃11 喬12 敬12 暁12 景12 給12 軽12 卿12 喋12 塙13 裾13 境14 慶15 蕎15 頬16 橋16 激16 興16 警19 鏡19 競20 響20 馨20 饗22 驍22

ぎょう……仰6 行6 形7 迎7 尭8 紘10 倖10 暁12 堯12 業13 驍22

きょく……玉5 旭6 曲6 局7 革9 極13

きよし……白5 圭6 匡6 忠8 明8 浄9 美9 亮9 浩10 純10 淑11 清11 粛11 健11 淳11 涼11 雪11 陽12 晴12 靖13 徴14 精14 碧14 潔15 澄15

きよむ……刷8 清11 雪11

きよめ……刷8 清11 雪11

きらめき……煌13

きり……桐10 錐16 霧19

きわ……極13 際14

きん……巾3 今4 公4 仁4 斤4 臣7 君7 均7 近7 芹7 欣8 金8 林8 衿9 訓10 亀11 菫11 勤12 欽12 琴12 筋12 僅13 禽13 緊14 錦16 謹17 檎17 襟18

ぎん……吟7 言7 銀14

く……久3 口3 工3 公4 区4 孔4 勾4 句5 丘5 功5 究7 伯7 玖7 灸7 供8 拘8 空8 穹8 九9 紅9 宮10 庫10 矩10 貢10 倶10 救11 亀11 琥12 跨13 鳩13 廐14 駆14 駒15 駈15 鷗22

ぐ……倶10 毬11 寓12

- くう　空8 食9 喫12
- ぐう　宮10 偶11 遇12 隅12 寓12
- くき　茎8
- くさ　色6 草9 種14
- くし　串7 櫛19
- くす　奇8 楠13 樟15 薬16
- くず　屑10 葛12
- くつ　沓8 窟13
- くすのき　楠13 樟15
- くに　一1 乙1 之3 地6 州6 邦7 呉7 弟7 邑7 国8 明8 城9 珍9 洲9 晋10 郡10 訓10 恕10 域11 都11 第11 葉12 漢13 業13 壌16
- くぼ　窪14
- くま　乙1 曲6 阿8 前9 奥12 隈12 熊14
- くみ　与3 伍6 組11 部11 隊12
- くも　雲12
- くら　位7 府8 倉10 庫10 座10 椋12 蔵15 鞍15 爵17
- くり　栗10 繰19
- くる　来7 珍9 徠11 幹13 薫16 繰19
- くれ　呉7 昏8 紅9 莫10 晩12
- くれない　紅9
- くろ　玄5 畔10 黒11
- くろい　黎15
- くわ　委8 桑10 鍬17
- くん　君7 訓10 勲15 薫16
- け　毛4 化4 斗4 仮6 気6 圭6 瓜6 希7 戒7 花7 佳8 茄8 界9 食9 珈9 迦9 恢9 家10 桧10 袈11 訣11 掛11 晦11 稀12 堺12 跨13 魁14 榎14 駕15 檜17 徽17 艶19 繋19 懸20
- げ　下3 牙4 外5 瓦5 祈8 芽8 迦9 夏10 華10 解13 嘩13 樺14 戯15 畿15 霞17 繋19 蟹19
- けい　兄5 圭6 形7 系7 京8 径8 茎8 係9 型9 契9 計9 勁9 奎9 恵10 桂10 啓11 掲11 渓11 経11 蛍11 訣11 敬12 景12 結12 軽12 卿12 傾13 携13 継13 詣13 境14 慧15 慶15 稽15 憩16 繋19 警19 鏡19 鯨19 鶏19 競20 馨20 驚22
- げい　詣13
- げき　戟12 隙13
- けた　桁10
- けつ　決7 担8 契9 頁9 桔10 掲11 渇11 訣11 結12 傑13 潔15 蕨15
- けん　犬4 玄5 件6 見7 身7 券8 肩8 巻9 建9 研9 県9 柑9 倹10 兼10 剣10 軒10 拳10 倦10 乾11 健11 険11 絃11 牽11 菅11 捲11 堅12 圏12 検12 絢12 間12 喧12 硯12 萱12 勧13 献13 絹13 遣13 監14 権15 憲16 賢16 謙17 鍵17 簡18 繭18 顕18 験18 懸20
- げん　元4 幻4 玄5 見7 言7 弦8 彦9 研9 県9 限9 柑9 原10 拳10 倦10

こ

絃11 乾11 現11 眼11 這11 捲11 舷11 減12 絢12 硯12 雁12 源13 賢16 還16 諺16 厳17 顕18 験18 巌20

こ　三3 己3 已3 巾3 子3 小3 女3 戸4 火4 木4 去5 古5 巨5 乎5 仔5 旭6 児7 来7 呼8 固8 居8 拠8 虎8 孤9 弧9 枯9 胡9 個10 庫10 粉10 許11 教11 袴11 湖12 雇12 琥12 誇13 鼓13 裾13 跨13 箇14 糊15 醐16 鋸16 顧21

ご　互4 午4 牛4 心4 五5 伍6 后6 旭6 冴7 吾7 呉7 其8 後9 胡9 娯10 悟10 梧11 棋12 御12 期12 碁13 瑚13 語14 糊15 醐16 檎17 護20

こい　恋10 濃16 鯉18

こう　口3 工3 公4 孔4 勾4 功5 句5 号5 巧5 広5 弘5 甲5 交6 亘6 仰6 光6 向6 后6 合6 好6 江6 行6 考6 汲7 亨7 告7 坑7 孝7 宏7 抗7 攻7 求7 更7 劫7 効8 岬8 幸8 押8 拘8 昂8 空8 肯8 茎8 岡8 杭8 肴8 庚8 昊8 侯9 厚9 峡9 後9 恒9 洸9 洪9 狭9 皇9 紅9 荒9 虹9 郊9 香9 巷9 恰9 侠9 頁9 恋10 倖10 候10 晃10 格10 校10 浩10 紘10 耕10 耗10 航10 貢10 降10 高10 晄10 桁11 凰11 康11 控11 黄11 皐11 梗11 港12 皓12 硬12 覚12 項12 腔12 溝13 滉13 較13 鉱13 督13 煌13 蓋13 幌13 塙13 構14 綱14 豪14 酵14 膏14 閤14 横15 稿15 請15 興16 衡16 鋼16 縞16 講17 購17 鴻17 壕17 藁17 鎧18 轟21 饗22

ごう　号5 仰6 合6 劫7 昊8 巷9 恒9 剛10 桁10 強11 郷11 硬12 楽13 業13 豪14 壕17 轟21

こえ　吟7 声7 呼8 肥8 音9 超12 越12

こく　口3 可5 石5 扱6 克7 告7 谷7 刻8 国8 殻11 黒11 掬11 惑12 欽12 穀14 鞠17

こけ　苔8

ここ　此6

こころ　心4 意13 精14

こし　江6 要9 越12 腰13 輿17

こずえ　表8 梢11 梶11 槙14 槇14 標15

こち　蕨15

こつ　忽8 惚11 窟13

こと　士3 允4 功5 毎6 言7 事8 承8 服8 采8 信9 思9 政9 紀9 特10 殊10 訪11 異11 詞12 琴12 載13 辞13 肇14 語14 説14 勲15 誼15

ことぶき　寿7

この　之3 好6

このむ　好6 喜12 楽13

こぶし　拳10

こま　駒15

こさ

さ

こみち 径8

これ 之3 也3 比4 云4 右5 兄5 只5 以5 石5 穴5 伊6 自6 身7 実8 官8 是9 為9 荘9 時10 惟11 斯12 維14 實14 諸15

ころ 比4 頃11

こわし 剛10 強11 毅15

こん 巾3 今4 近7 昆8 欣8 金8 昏8 建9 衿9 根10 婚11 混11 紺11 欽12 筋12 渾12 献13 魂14 墾16 懇17

ごん 言7 近7 芹7 欣8 勤12 琴12 渾12 禽13 銀14 魂14 権15 厳17

さ 小3 叉3 左5 再6 早6 作7 佐7 沙7 些7 坐7 査9 砂9 茶9 狭9 唆10 差10 紗10 爽11 朝12 嵯13 裟13 蓑13 瑳14 積16 鎖18

ざ 三3 坐7 座10

さい 才3 再6 西6 材7 些7 妻8 斉8 采8 哉9 洗9 砕9 柴10 宰10 差10 栽10 粋10 財10 晒10 栖10 砦10 凄10 彩11 採11 済11 祭11 細11 菜11 責11 斎11 最12 裁12 犀12 棲12 催13 歳13 載13 塞13 蓑13 際14 撮15 戴17

ざい 才3 在6 材7 斉8 剤10 財10 済11 裁12

さいわい 吉6 幸8 祉8 祐9 倖10 祥10 禄12 禎13 福13

さえ 旭6 冴7 朗10

さお 竿9 操16

さか 尺4 坂7 阪7 逆9 栄9 祥10 酒10 賢16 積16

さかい 区4 封9 界9 域11 堺12 境14

さかえ 光6 秀7 昌8 栄9 晶12 復12 富12 榮14 潤15

さかき 榊14

さかし 盛11 智12 賢16

さかり 壮6 昌8 盛11 興16

さかん 史5 目5 壮6 志7 昌8 旺8 荘9 盛11 属12 晶12 智12 興16

さき 兄5 先6 早6 竹6 尖6 幸8 肯8 前9 祖9 首9 咲9 祥10 崎11 埼11 福13 預13 鋒15 興16

さぎ 鷺23

さきがけ 魁14

さく 尺4 冊5 作7 決7 析8 咲9 柵9 索10 剖10 朔10 窄10 捉10 副11 雀11 策12 酢12 割12 開12 搾13 数13 錯16

さくら 桜10

ささ 小3 笹11 楽13

さざなみ 漣14

さし 尺4

さずく 授11

さだ 必5 正5 弁5 右5 尼5 自6 存6 成6 会6 安6 決7 判7 究7 完7

治8 制8 底8 定8 帖8 貞9 為9
信9 真10 員10 晏10 済11 渉11 断11
勘11 補12 覚12 禎13 節13 寧14 質15
憲16

さだむ 処5 成6 安6 定8 断11 理11 勘11
禎13 論15 質15 毅15

さだめ 定8

さち 士3 吉6 休6 幸8 征8 祐9 拶9
珊9 祥10 禄12 福13 禎13 薩17

さつ 刹8 拶9 珊9 颯14 撒15 薩17

さつき 皐11

さと 了2 公4 仁4 吏6 利7 里7 東7
邑7 怜8 知8 学8 効8 彦9 県9
恵10 悟10 敏10 哲10 都11 郷11 量12
智12 答12 覚12 達12 誠13 聖13 詮13
熙14 聡14 徳14 慧15 賢16 諭16 隣16
識19

さとい 叡16

さとし 令5 巧5 里7 邑7 知8 怜8 哲10
恵10 悟10 敏10 秩10 啓11 捷11 敬12
智12 暁12 覚12 達12 聖13 聡14 慧15
鋭15 賢16 諭16 叡16

さとす 諭16

さとる 了2 仏4 令5 知8 学8 悟10 哲10
達12 智12 覚12 暁12 惺12 解13 聖13
聡14 慧15 賢16 諭16

さな 真10

さね 人2 子3 心4 允4 仁4 収5 礼5
平5 以5 守6 字6 壱7 良7 志7
尚8 実8 学8 城9 信9 孫10 真10
修10 核10 脩11 情11 期12 猶12 愛13
誠13 嗣13 銑14 實14 諄15 積16 績17
護20

さぶ 三3

さむ 三3 寒12

さめ 雨8

さや 居8 爽11 鞘16

さる 申5 去5 猿13

さわ 沢7 爽11

さん 三3 山3 杉7 参8 珊9 桟10 残10
蚕10 産11 傘12 散12 算14 酸14 賛15
選15 撰15 撒15 燦17 纂20 讃22

し 之3 士3 子3 巳3 四4 支4 止4
氏4 仕5 司5 史5 只5 市5 矢5
示5 白5 石5 仔5 旨6 次6 糸6
自6 至6 芝6 此6 弛6 伺7 似7
志7 私7 孜7 事8 侍8 使8 始8
姉8 枝8 祉8 肢8 斉8 知8 茂8
祁8 姿9 思9 指9 施9 是9 食9
茨9 柿9 祇9 柴10 差10 師10 紙10
脂10 晒10 砥10 埴11 偲11 梓11 紫12
視11 崇11 提12 滋12 詞12 歯12 斯12
詩13 資13 嗣13 試13 辞13 雌13 飼13
嵯13 蒔13 漬14 誌14 賜15 質15 積16
諮16 薙16 磯17 織18 璽19 識19

じ 二2 士3 下3 父4 仕5 尼5 示5

地6 字6 寺6 次6 池6 耳6 自6
弐6 尽6 而6 似7 児7 事8 侍8
治8 陀8 持9 待9 茨9 祇9 時10
除10 視11 滋12 詞12 道12 慈13 稚13
飼13 路13 蒔13 馳13 爾14 磁14 璽19

しあわせ　幸8

しい　椎12

しお　入2 汐6 塩13 際14 潮15

しおり　栞10

しか　而6 鹿11 然12 爾14

しき　及3 布5 色6 式6 拭9 飾13 敷15
織18 職18 識19

しく　布5 如6 芝6 臣7 若8 茂8 為9
施9 席10 流10 滋12 敷15 舗15 蕃15

薫16 薦16

じく　竺8

しげ　子3 方4 木4 包5 兄5 卯5 以5
戊5 列6 成6 芝6 臣7 妻8 受8
林8 茂8 枝8 信9 城9 甚9 重9
為9 発9 乗9 草9 栄9 柴10 十10
恵10 挙10 従10 盛11 習11 滋12 賀12
順12 森12 達12 董12 慈13 誠13 誉13
義13 維14 種14 精14 榮14 調15 諄15
蕃15 繁16 樹16 薦16 篤16 薫16 頻17
穣18 鎮18 鑑22

しげし　重9 滋12

しげみ　茂8 竜10 龍16

しげる　子3 卯5 申5 成6 垂7 秀7 林8
茂8 重9 茸9 栄9 盛11 滋12 殖12
復12 森12 慈13 蒼13 繁16

しし　猪11 鹿11

しず　玄5 浄9 倭10 寂11 康11 閑12 靖13
静14 寧14 穏16 鎮18

しずか　玄5 寂11 閑12 禅13 静14

しずく　雫11 滴14

しずめ　静14 鎮18

したう　欽12 慕14

したがう　伏6 服8 従10 殉10 率11 陪11 循12
随12 順12 賓15 遵15

しだる　垂8

しち　当6 七7 悉11 質15

しつ　七7 室9 匿10 執11 悉11 湿12 漆14
實14 質15 櫛19

じつ　日4 実8 實14

しで　幣15

しな　色6 枝8 品9 科9 級9 姿9 差10
倫10 程12 等12 階12 標15

しの　忍7 要9 信9 篠17

しのぐ　凌10 駕15

しのぶ　仁4 忍7 怨10 偲11 毅15

しば　芝6 柴10

しぶ　渋11

しま　州6 島10 嶋14 縞16

しむ　令5 使8 教11

しめ　示5 占5 呈7 締15

しめす　示5 呈7 告7 批7 視11 標15 観18

し

しめる　占5 沢7 閉11 湿12 締15

しも　下3 左5 霜17

しゃ　叉3 且5 写5 沙7 社7 車7 些7 姐8 者8 舎8 卸9 砂9 柘9 借10 射10 紗10 捨11 斜11 赦11 這11 煮12 貰12 裟13 遮14 謝17 籍20

しゃく　勺3 尺4 石5 赤7 灼7 昔8 借10 酌10 窄10 惜11 責11 釈11 雀11 跡13 積16 錫16 爵17 績17 蹟18

じゃく　荻10 雀11 惹12 碩14

しゅ　手4 主5 守6 朱6 取8 枢8 注8 狩9 首9 柊9 修10 株10 殊10 珠10 酒10 衆12 須12 湊12 種14 需14 趣15 鋳15 諏15 撞15 輸16 繡18

じゅ　入2 寿7 乳8 受8 重9 従10 殊10 珠10 袖10 授11 訟11 紬11 就12 需14 竪13 儒16 樹16 鷲23

しゅう　主5 収5 汁5 州6 舟6 秀7 周8 宗8 拾9 狩9 祝9 秋9 首9 柊9 洲9 修10 袖10 執11 崇11 渋11 習11 脩11 週11 就12 湿12 萩12 衆12 集12 葺12 嵩13 愁13 酬13 楢13 蒐13 鋳15 痩15 輯16 鍬17 蹴19 繡18 鷲23

じゅう　入2 廿4 汁5 充6 住7 拾9 柔9 重9 葺9 十10 従10 紐10 渋11 習11 集12 銃14 縦16 濡17

しゅく　叔8 祝9 宿11 淑11 粛11 粥12 縮17 蹴19

しゅん　旬6 俊9 春9 洵9 峻10 隼10 訊10 竣12 舜13 詢13 遁13 馴13 楯13 諄15 醇15 遵15 駿17 瞬18

じゅん　巡6 旬6 洵9 盾9 准10 殉10 純10 隼10 惇11 淳11 循12 順12 絢12 閏12 準13 詢13 馴13 楯13 諄15 醇15 潤15 遵15

しょ　且5 処5 疋5 初7 所8 杵8 書10 庶11 渚11 暑12 煮12 疎12 疏12 署13 楚13 緒14 諸15 曙17 礎18

じょ　女3 如6 汝6 助7 序7 叙9 徐10 除10 恕10 署13 曙17

しょう　上3 小3 井4 升4 少4 召5 正5 生5 匠6 庄6 声7 床7 抄7 肖7 姓8 尚8 性8 承8 招8 昌8 昇8 松8 沼8 青8 乗9 削9 咲9 挟9 政9 星9 昭9 洋9 牲9 相9 省9 荘9 宵10 将10 従10 消10 症10 祥10 称10 笑10 秤10 哨10 商11 唱11 常11 接11 捷11 梢11 清11 渉11 盛11 章11 紹11 爽11 笙11 菖11 勝12 掌12 晶12 湯12 焦12 焼12 硝12 粧12 翔12 葉12 装12 証12 詔12 象12 湘12 惺12 奨13 摂13 照13 聖13 蒸13 詳13 頌13 楢13 像14 彰14 種14 精14 嘗14 摺14 裳14 槍14 蔣14 箱15 衝15 賞15 憧15 蕉15 樟15 縦16 鋳16 鞘16 醒16 輯16 償17 礁17 鍬17 篠17 醬18 繡18 鐘20

じょう 上3 丈3 允4 丞6 成6 耳6 廷7 条7 状7 杖7 定8 長8 忠8 帖8 乗9 城9 浄9 貞9 茸9 娘10 祥10 晟10 剰11 常11 情11 盛11 紹11 尉11 場12 畳12 程12 蒸13 誠13 靖13 牒13 静14 嘗14 裳14 縄15 請15 鄭15 撞15 壌16 嬢16 濃16 錠16 輯16 橙16 鎖18 穣18 櫂18 譲20 醸20

しょく 式6 色6 束7 足7 食9 拭9 側11 埴11 属12 植12 殖12 測12 粟12 続13 触13 飾13 嘱15 燭17 織18 職18

しら 白5 精14

しり 知8

しる 印6 知8 訓10 察14 徽17 識19

しるす 志7 注8 紀9 記10 署13 載13 誌14 銘14 標15 録16 識19 譜19

しろ 太4 白5 代5 城9 背9 素10

しろし 白5 素10 皓12

しろがね 白5 銀14

しん 心4 申5 伸7 臣7 身7 辛7 辰7 芯7 参8 枕8 侵9 信9 津9 神9 唇10 娠10 振10 晋10 浸10 真10 針10 秦10 訊10 深11 清11 紳11 進11 晨11 森12 診12 寝13 慎13 新13 槙14 榛14 賑14 槇14 審15 請15 震15 薪16 親16

じん 人2 仁4 壬4 任6 尽6 迅6 妊7 忍7 臣7 辰7 甚9 神9 陣10 秦10 訊10 陳11 晨11 尋12 湛12 稔13 賃13 胥12 榛14

す 子3 寸3 主5 司5 守6 州6 朱6 寿7 走7 沙7 宋7 周8 首9 春9 為9 洲9 素10 巣11 酢12 須12 数13 酸14 綜14 遡14 諏15 蘇19

ず 手4 図7 豆7 杜7 受8 治8 津9 殊10 途10 逗11 厨12 数13 頌13 頭16 鶴21

すい 水4 出5 吹7 垂8 炊8 帥9 剤10 粋10 推11 率11 酔11 彗11 遂12 睡13 翠14 穂15 誰15 錘16 錐16 髄19

ずい 彗11 遂12 随12 瑞13 槌14 穂15 誰15 髄19

すう 吸7 足7 枢8 崇11 嵩13 数13 雛18

すえ 与3 末5 肖7 形7 君7 尾7 村7 秀7 委8 居8 叔8 季8 淑11 陶11 梢11 副11 淵11 堅12 葉12 殿13 像14 標15 輿16

すが 清11 廉13

すき 透10

すぎ 杉7

すく 少4 好6 扶7 奇8 透10 宿11 蹴19

すぐ 直8

すぐる 秀7 克7 卓8 英8 俊9 逸11 捷11 勝12 雄12 傑13 精14 豪14 賢16 優17 駿17

すぐろ 勝12

すけ 又2 允4 方4 友4 夫4 介4 左5

右5 弐6 如6 丞6 良7 佑7 佐7 助7 伴7 芸7 扶7 甫7 制8 承8 昌8 育8 典8 延8 亮9 祐9 哉9 為9 相9 宥9 毘9 将10 差10 席10 修10 恭10 高10 涼10 救11 涼11 脩11 副11 淵11 棟12 補12 裕12 晶12 喬12 款12 援12 棚12 虞13 督13 資13 奨13 維14 輔14 賛15 融16 翼17

すこやか　健11 強11

すじ　条7 理11 筋12 線15

すず　表8 宰10 紗10 涼11 鈴13 錫16

すすぐ　洗9 雪11 漱14 濯17

すすむ　一1 二2 上3 万3 升4 収5 生5 右5 先6 年6 存6 丞6 励7 亨7 亨8 延8 迪8 侑8 効8 昇8 歩8 長8 前9 奏9 軍9 将10 敏10 晋10 貢10 益10 勉10 粛11 乾11 亀11 進11 推11 阜11 勤12 達12 新13 献13 督13 勧13 奨13 漸14 範15 薦16 謹17

すずめ　雀11

すずり　硯12

すな　沙7 砂9 淳11

すなお　朴6 忠8 直8 侃8 政9 是9 純10 素10 悌10 淳11 惇11 温12 順12 廉13 質15

すばる　昴9

すぶ・すぶる　部11 都11 統12 総14

すべて　渾12

すべる　統12 総14 綜14

すみ　了2 処5 右5 在6 有6 好6 角7 住7 邑7 宜8 紀9 宣9 炭9 恭10 純10 粛11 淑11 宿11 清11 済11 奥12 隅12 統12 遥12 隠12 誠13 精14 維14 墨14 遙14 潜15 澄15 篤16

ずみ　泉9

すみやか　迅6 速10 駿17

すみれ　菫11

すむ　住7 済11 清11 澄15

すめる　統12 澄15

すん　寸3 峻10

せ　世5 背9 施9 畝10 紗10 勢13 蓑13 戴17 瀬19 灘22

ぜ　是9 砦10

せい　井4 世5 生5 正5 成6 西6 声7 些7 制8 姓8 征8 性8 青8 斉8 城9 政9 星9 浄9 洗9 牲9 省9 晟10 凄10 栖10 済11 清11 盛11 細11 斎11 婿12 晴12 税12 甥12 犀12 棲12 貰12 惺12 勢13 歳13 聖13 誠13 靖13 精14 製14 誓14 静14 請15 整16 醒16 錆16

せき　夕3 尺4 石5 汐6 赤7 拓8 昔8 析8 舎8 射10 席10 隻10 寂11 惜11 液11 責11 釈11 戚11 堰12 跡13 適14 関14 碩14 潟15 積16 錫16 績17 蹟18 籍20

せつ　刹8 契9 屑10 接11 設11 雪11 摂13 節13 説14
せみ　蟬18
せり　芹7 迫8
せん　千3 山3 川3 仙5 占5 先6 尖6 宣9 専9 染9 泉9 洗9 浅9 茜9 単9 穿9 扇10 栓10 閃10 旋11 船11 釧11 揃12 焰12 践13 羨13 煎13 詮13 漸14 銑14 銭14 潜15 線15 選15 遷15 撰15 薦16 還16 鮎16 膳16 繊17 鮮17 繕18 蟬18
ぜん　全6 前9 単9 染9 桟10 軟11 善12 然12 焰12 禅13 践13 羨13 漸14 銭14 撰15 燃16 膳16 繕18 蟬18
そ　三3 且5 処5 疋5 衣6 初7 社7 宋7 所8 阻8 征8 祖9 十10 租10 素10 措11 粗11 組11 酢12 曾12 疏12 斯12 塑13 楚13 遡14 噌15 錯16 礎18 蘇19 襲22
そう　双4 爪4 壮6 庄6 扱6 早6 走7 宋7 宗8 奏9 相9 草9 荘9 送9 笈10 倉10 挿10 桑10 哨10 巣11 掃11 曽11 族11 曹11 窓11 爽11 笙11 捜12 創12 惣12 粧12 装12 甥12 湊12 湘12 僧13 想13 滝13 蒼13 蒐13 層14 総14 綜14 聡14 遭14 障14 漱14 漕14 槍14 蒋14 噌15 槽15 箱15 痩15 諏15 操16 縦16 鞘16 燥17 霜17 篠17 贈18 騒18 叢18 醤18 繰19 藻19 瀧19
ぞう　三3 造10 曹11 象12 像14 増14 雑14 漕14 蔵15 贈18 叢18
そえ　添11 副11
そく　即7 束7 足7 促9 則9 息10 速10 朔10 捉10 側11 測12 粟12 触13 塞13 趣15 燭17
そそぐ　注8 雪11
そつ　卒8 帥9 率11
そで　袖10
そなえ　守6
そなわる　具8 彬11
その　夫4 苑8 其8 園13 該13 薗16
そのう　備12
そめ　初7 染9
そら　天4 宇6 宙8 空8 穹8 乾11 皓12
そん　存6 村7 孫10 尊12 巽12 遜14 噂15 樽16 鱒23
ぞん　鱒23

た

た　大3 太4 手4 他5 田5 多6 汰7 陀8 為9 蛇11 詑13 馳13
だ　打5 妥7 那7 陀8 蛇11 舵11 雫11 梛11 随12 楕13 馳13
たい　大3 太4 代5 台5 立5 体7 対7 汰7 邸8 苔8 帝9 待9 耐9 追9 度9 殆9 砥10 帯10 泰10 袋11 堆11

た

梯11 替12 貸12 隊12 敦12 滞13 碓13 態14 鋭15 確15 黛16 薙16 戴17 鯛19

だい 乃2 大3 内4 太4 代5 台5 弟7 奈8 苔8 耐9 殆9 能10 第11 提12 諦16 醍16 題18

だいだい 橙16

たいら 平5 庄6

たえ 才3 布5 巧5 糸6 任6 克7 妙7 係9 紗10 堪12

たえる 耐9 能10 勝12 堪12

たか 一1 乙1 才3 山3 子3 上3 万3 及3 女3 升4 王4 方4 太4 天4 公4 包5 平5 立5 右5 生5 丘5 正5 古5 共6 考6 好6 任6 行6 竹6 宇6 臣7 廷7 社7 攻7 肖7 良7 応7 位7 孝7 伯7 延8 幸8 岩8 尭8 岳8 卓8 享8 卒8 尚8 和8 昂8 茂8 宝8 宜8 官8 学8 空8 阜8 飛9 専9 姿9 香9 宣9 栄9 垣9 威9 荘9 峻10 剛10 恭10 高10 峰10 挙10 宮10 能10 啄10 峯10 渉11 険11 累11 陸11 章11 皐11 隆11 陵11 堂11 教11 理11 猛11 崇11 啓11 梢11 琢11 貨11 堆11 堅12 塁12 揚12 棟12 陽12 尊12 敬12 雄12 登12 貴12 傍12 等12 喬12 堯12 萬12 楼13 誠13 誉13 農13 節13 嵩13 稜13 楚13 旗14 鳳14 確15 賞15 毅15 標15 稼15 賢16 橋16 懐16 爵17 厳17 顕18 鷹24

たがい 互4

たかし 山3 上3 大3 天4 凸5 丘5 仙5 立5 申5 充6 任6 孝7 昂8 卓8 京8 尚8 宝8 尭8 宗8 岳8 亭9 荘9 郁9 俊9 峻10 峰10 高10 恭10 剛10 峯10 崇11 隆11 陸11 喬12 尊12 敬12 貴12 最12 棟12 堯12 幹13 傑13 嵩13 誠13 誉13 節13 賞15 駿17

たから 貝7 宝8 財10 貨11 資13 賄13 幣15

たき 滝13 瀧19

たく 宅6 托6 択7 沢7 卓8 拓8 炊8 度9 託10 啄10 琢11 摘14 濯17 擢17 櫂18

たくみ 工3 巧5 匠6 伎6

たけ 丈3 文4 広5 矛5 壮6 全6 竹6 老6 兵7 伯7 岳8 虎8 武8 孟8 長8 竺8 勇9 威9 建9 茸9 烈10 剛10 赳10 高10 盛11 強11 猛11 健11 彪11 雄12 偉12 貴12 献13 滝13 義13 節13 豪14 毅15

たけき 猛11

たけし 丈3 大3 壮6 武8 長8 英8 孟8 勇9 威9 建9 洸9 赳10 剛10 烈10 馬10 乾11 断11 猛11 健11 彪11 雄12 傑13 豪14 毅15 矯17 瀧19 驍22

たける 武8 威9 建9 猛11 健11

たこ 凧5

たず
鶴21

たすく
又2 友4 介4 比4 右5 左5 丞6
匡6 佐7 佑7 助7 扶7 侑8 承8
亮9 相9 祐9 将10 副11 済11 救11
援12 補12 奨13 資13 輔14 賛15 翼17

ただ
一1 三3 之3 士3 工3 子3 士3
止4 孔4 内4 允4 中4 公4 尼5
只5 兄5 正5 弁5 由5 矢5 田5
疋5 伊6 地6 当6 江6 匡6 旬6
江6 考6 伝6 任6 但7 即7 均7
身7 妙7 位7 伸7 廷7 直8 忠8
迪8 斉8 制8 周8 例8 侃8 帖8
九9 独9 帝9 訂9 糾9 政9 紀9
単9 品9 貞9 度9 勅9 信9 十10
衷10 徒10 恭10 孫10 祥10 真10 格10
粋10 宰10 唯11 惟11 第11 渉11 規11
斎11 理11 産11 問11 済11 粛11 喬12
弾12 渡12 評12 款12 欽12 覚12 達12
董12 雅13 禎13 督13 資13 維14 肇14
精14 端14 蔵15 縄15 質15 賢16 薫16
叡16 覧16

ただし
方4 中4 公4 仁4 井4 允4 正5
旦5 矢5 匡6 伊6 位7 但7 侃8
忠8 直8 征8 延8 迪8 斉8 是9
貞9 紀9 律9 政9 糾9 荘9 衷10
恭10 純10 将10 真10 格10 矩10 恕10
規11 淳11 斎11 理11 善12 覚12 喬12
雅13 禎13 義13 廉13 端14 聡14 肇14
精14 徳14 儀15 質15 賢16 憲16 厳17
矯17

ただす
正5 匡6 直8 治8 忠8 征8 迪8
糾9 訂9 政9 貞9 律9 格10 矩10
校10 理11 規11 弾12 温12 督13 献13
端14 審15 縄15 質15 憲16 矯17

たち
力2 立5 性8 達12 資13

たちばな
橘16

たつ
立5 辰7 幸8 武8 建9 竜10 挙10
起10 殊10 健11 達12 裁12 植12 超12
製14 龍16 樹16

だつ
捺11

たつき
樹16

たっとぶ
上3 主5 右5 宗8 尚8 崇11 隆11
尊12 貴12

たつみ
巽12

たつる
立5 建9 樹16

たて
干3 矛5 立5 盾9 建9 律9 従10
経11 健11 達12 楯13 竪13 縦16 館16

たどる
辿7

たな
店8 架9 桟10 棚12

たに
丹4 谷7 渓11 葉12

たね
子3 任6 休6 物8 苗8 胤9 甚9
栽10 殖12 植12 誠13 種14 稼15 鎮18

たのし
予4 康11 愉12 喜12 凱12 楽13

たま
丸3 玉5 圭6 玖7 玲9 珠10 球11
弾12 瑞13 瑶13 魂14 碧14 霊15 賜15
環17

たちつ

- たまき：環17
- たみ：人2 民5 在6 彩11 農13 黎15
- ため：与3 糸6 為9 集12
- たもう：賜15
- たもつ：方4 右5 存6 有6 全6 任6 寿7 扶7 完7 保9 持9 将10 執11 維14
- たり：足7 垂8 粛11 給12 溜13
- たる：立5 垂8 神9 毘9 健11 善12 尊12 備12 幹13 福13 樽16
- たん：干3 丹4 反4 旦5 但7 担8 坦8 単9 段9 炭9 耽10 探11 淡11 堪12 湯12 短12 湛12 端14 談15 誕15 歎15 曇16 鍛17 檀17 簞18 灘22
- だん：団6 但7 男7 段9 淡11 弾12 暖13 談15 壇16 檀17 灘22
- ち：千3 父4 市5 地6 池6 弛6 治8 直8 知8 祉8 茅8 陀8 持9 祐9 為9 値10 致10 将10 智12 集12 植12 稚13 置13 馳13 徴14 質15
- ちえ：知8 智12
- ちか：力2 丸3 子3 寸3 凡3 及3 予4 元4 内4 分4 比4 允4 用5 央5 史5 次6 年6 至6 考6 見7 判7 身7 声7 局7 似7 近7 味8 附8 実8 周8 直8 知8 参8 和8 京8 九9 恒9 前9 哉9 発9 信9 促9 後9 恭10 峻10 浮10 時10 真10 速10 務11 悠11 庶11 規11 戚11 這11 尋12 間12 幾12 登12 集12 慈13 慎13 愛13 新13 睦13 義13 寛13 誓14 爾14 静14 實14 慶15 遵15 隣16 懐16 親16 衡16 謹17
- ちかう：矢5 約9 盟13 誓14
- ちかし：史5 即7 周8 九9 悠11 幾12 愛13 睦13 爾14 親16 隣16
- ちから：力2 矢5 能10 税12 権15
- ちぎる：契9 要9 期12
- ちく：竹6 竺8 逐10 筑12 蓄13 築16
- ちち：父4 秩10
- ちまた：巷9
- ちゃく：箸15
- ちゅう：丑4 中4 仲6 虫6 沖7 肘7 宙8 忠8 抽8 注8 昼9 柱9 衷10 酎10 紐10 紬11 厨12 註12 調15 鋳15 駐15
- ちゅん：椿13
- ちょ：猪11 著11 貯12 緒14 箸15 儲18
- ちょう：丁2 庁5 打5 汀5 兆6 町7 杖7 長8 帖8 挑9 重9 啄10 釘10 挺10 帳11 張11 彫11 眺11 釣11 頂11 鳥11 偶11 塚12 朝12 畳12 超12 喋12 貼12 禎13 跳13 鼎13 牒13 徴14 暢14 肇14 蔦14 澄15 潮15 蝶15 調15 賜15 聴17 鯛19 寵19
- ちん：枕8 砧10 椿13
- つ：津9 通10 都11 闘18
- つい：堆11 椎12 堵12 碓13 槌14

つ

ついたち　朔10
ついばむ　啄10
つう　桶11 樋15
つえ　杖7
つか　束7 良7 柄9 恭10 塚12 策12 緑14
つかさ　工3 士3 元4 司5 主5 吏6 君7 良7 典8 官8 牧8 長8 宰10 師10 曹11 部11 僚14 寮15 爵17 職18
つかね　束7
つき　月4 付5 右5 存6 調15 槻15
つぎ　乙1 二2 少4 月4 世5 次6 存6 系7 良7 弟7 亜7 序7 承8 胤9 連10 速10 紹11 副11 族11 接11 紹11 著11 終11 第11 番12 継13 続13 嗣13 楼13 調15 衝15 襲22
つぐ　乙1 二2 子3 世5 次6 伝6 丞6 亜7 似7 告7 更7 序7 承8 注8 治8 知8 受8 委8 庚8 胤9 紀9 貢10 倫10 従10 接11 紹11 訳11 著11 族11 第11 尋12 詔12 証12 報12 番12 遂12 頌13 蒸13 嗣13 継13 続13 禎13 駅14 説14 静14 緒14 語14 縄15 調15 諾15 賓15 諭16 講17 鞠17 譜19 麗19 襲22
つくす　尽6 卒8 既10 索10 輸16
つくだ　佃7
つくる　作7 為9 造10 製14
つげる　告7 祈8 赴9 詞12 詔12 謝17
つじ　辻6
つた　伝6 蔦14
つち　土3 石5 地6 杵8 椎12 槌14 壌16
つちのえ　戊5
つちのと　己3
つつ　砲10 筒12
つづき　胤9 統12 綴14
つつく　啄10
つづく　絡12 続13 譜19
つつしむ　戒7 斉8 恭10 粛11 斎11 敬12 欽12 慎13 厳17 翼17 謹17
つつむ　包5 温12
つづり　綴14
つと　朝12
つとう　伝6
つどう　集12
つとむ　力2 工3 司5 功5 伝6 任6 励7 努7 労7 孟8 事8 劾8 勉10 敏10 剣10 格10 耕10 拳10 乾11 務11 強11 勤12 敦12 農13 義13 奨13 精14 魁14 勲15 薫16
つとめ　司5 任6 役7 孜7 業13 職18
つな　之3 比4 卓8 是9 紀9 純10 紘10 索10 統12 道12 斯12 維14 綱14 緑14 縄15
つなぐ　系7 係9 維14 繋19
つね　久3 凡3 方4 平5 玄5 永5 毎6 式6 寿7 序7 似7 村7 典8 法8

昔8 長8 例8 英8 実8 俗9 恒9 則9 秩10 倫10 矩10 素10 常11 庸11 経11 尋12 道12 雅13 愛13 継13 幹13 綱14 歴14 縄15 懐16 職18 鎮18 識19

つのる 募12

つばき 椿13

つばさ 翼17

つばめ 燕16

つぶら 円4 圓13

つぼね 局7 曹11

つぼみ 蕾16

つま 妻8 詳13

つみ 租10 摘14 積16 績17

つむ 万3 萬12 摘14 積16 錘16

つむぎ 紬11

つむぐ 紡10 紬11 績17

つめ 爪4

つや 沢7 彩11 潤15 艶19

つゆ 露21

つよ 威9 烈10 務11 強11 張11 健11 豪14 毅15 厳17

つよい 勁9

つよき 毅15

つよし 丁2 侃8 勇9 耐9 威9 勁9 剛10 赳10 強11 猛11 健11 乾11 堅12 敢12 幹13 豪14 毅15 確15 競20

つら 正5 列6 糸6 行6 系7 位7 役7 並8 忠8 享8 青8 定8 面9 宣9 貞9 烈10 航10 班10 般10 連10 陣10 陳11 貫11 偏11 接11 寅11 彪11 絡12 番12 属12 綿14 編15 諸15 賓15 頻17 麗19 羅19 離19

つる 弦8 釣11 紘11 敦12 蔓14 鶴21

つるぎ 剣10

て 手4 伝6 勅9 豊13 槌14

で 手4 出5

てい 丁2 庁5 打5 汀5 灯6 体7 低7 呈7 廷7 弟7 定8 底8 抵8 邸8 亭9 帝9 訂9 貞9 庭10 逓10 悌10 釘10 挺10 砥10 停11 偵11 第11 頂11 梯11 逞11 堤12 提12 替12 程12 禎13 艇13 鼎13 綴14 締15 鄭15 錠16 諦16 醍16 蹄16 薙16 聴17 題18 鵜18

でい 祢9 禰19

てき 的8 迪8 笛11 嫡14 滴14 適14 擢17 躍21

てだて 法8 術11

てつ 姪9 哲10 鉄13 綴14 徹15 撤15

てらす 光6 照13 暉13

てる 央5 光6 旭6 明8 英8 映9 昭9 栄9 毘9 晃10 晟10 晄10 晴12 瑛12 皓12 照13 暉13 煕14 彰14 榮14 監14 輝15 燕16 曜18 燿18 顕18 耀20

てん 天4 田5 伝6 辿7 典8 厘9 点9 展10 添11 転11 貼12 殿13 電13 填13 槙14 槇14 鎮18 顚19 纏21

と

でん　田5 伝6 佃7 念8 粘11 殿13 電13 鮎16 纏21

と　乙1 人2 刀2 土3 士3 及3 斗4 止4 戸4 太4 仁4 外5 年6 百6 任6 図7 利7 豆7 杜7 兎7 表8 門8 音9 十10 徒10 留10 途10 敏10 砥10 都11 兜11 渡12 登12 勝12 富12 達12 堵12 塗13 豊13 聡14 箸15

とう　刀2 丁2 斗4 冬5 玄5 永5 存6 灯6 当6 在6 任6 投7 豆7 告7 妙7 更7 忍7 迫8 到8 東8 延8 卓8 治8 宕8 沓8 挑9 洞9 柔9 耐9 甚9 県9 十10 党10 凍10 唐10 島10 桃10 桐10 納10 胴10 通10 透10 純10 能10 泰10 速10 途10 竜10 套10 問11 訪11 堂11 陶11 断11 野11 桶11 兜11 逗11 萄11 祷11 塔12 搭12 棟12 湯12 登12 童12 答12 勝12 堪12 絶12 筒12 等12 統12 道12 董12 喋12 跳13 較13 寛13 稲14 読14 模14 嶋14 踏15 憧15 樋15 撞15 糖16 頭16 龍16 融16 橙16 瞳17 謄17 藤18 闘18 櫂18 禱19 騰20 懸20

どう　内4 同6 宕8 沓8 洞9 桐10 納10 胴10 動11 堂11 萄11 童12 道12 働13 銅14 導15 憧15 撞15 糖16 瞳17 藤18 騰20

とうとい　尊12 貴12

とうげ　峠9

とうる　叡16

とお　外5 斥5 永5 玄5 在6 有6 曳6 更7 卓8 延8 治8 茂8 追9 拾9 十10 通10 途10 深11 野11 埜11 達12 遍12 遥12 寛13 漠13 賃13 較13 遠13 模14 遙14 遼15 標15 融16 懸20

とおる　太4 孔4 公4 亘6 亨7 利7 明8 亮9 洞9 泰10 通10 透10 竜10 済11 貫11 達12 博12 超12 関14 暢14 徹15 賜15 澄15 融16 龍16 瞳17

とき　寸3 示5 世5 兆6 旬6 迅6 言7 辰7 斉8 刻8 国8 昔8 林8 季8 宗8 怜8 其8 秋9 則9 祝9 春9 勅9 信9 侯9 訓10 時10 朗10 候10 斎11 釈11 常11 隆11 晨11 暁12 朝12 期12 凱12 農13 睦13 解13 催13 節13 説14 聡14 論15 鋭15 稽15 鴻17 鯨19

とぎ　伽7 炊8 隆11

ときわ　松8 常11

とく　列6 更7 竺8 独9 匿10 特10 得11 釈11 督13 解13 徳14 読14 説14 篤16

とこしえ　永5 常11

とし　才3 子3 牛4 平5 世5 冬5 代5 年6 老6 考6 迅6 寿7 利7 甫7 系7 亨7 言7 明8 肥8 知8 斉8 命8 和8 季8 英8 宗8 紀9 施9 星9 勇9 哉9 威9 要9 信9 俊9

とな

秋9 記10 敏10 翁10 峻10 倫10 校10 隼10 粛11 淑11 淳11 惇11 章11 斎11 理11 健11 逸11 捷11 捺11 逞11 歯12 敬12 禄12 暁12 智12 期12 順12 軽12 勤12 等12 答12 歳13 稔13 載13 資13 準13 幹13 福13 聖13 照13 鉄13 舜13 詮13 聡14 暦14 肇14 豪14 蔵15 毅15 鋭15 趣15 賢16 録16 憲16 穏16 繁16 叡16 駿17 齢17 聴17 験18 鏡19 驚22

とせ 年6 歳13

とち 栃9

とどろき 轟21

との 外5 殿13

とび 鳶14

とみ 冊5 吉6 臣7 私7 社7 幸8 肥8 宝8 実8 美9 十10 冨11 禄12 智12 登12 答12 富12 福13 寛13 聡14 徳14 賑14

とむ 勉10 冨11 富12

とめ 止4 末5 留10

とも 丈3 大3 与3 匹4 友4 巴4 止4 双4 公4 文4 比4 云4 付5 以5 末5 伍6 共6 交6 同6 有6 企6 全6 伴7 言7 呂7 作7 伯7 近7 那7 供8 朋8 幸8 和8 肥8 具8 始8 知8 奉8 例8 明8 委8 茂8 宝8 述8 孤9 皆9 相9 栄9 毘9 侶9 従10 流10 悌10 郡10 致10 配10 兼10 倫10 徒10 党10 倶10 執11 偶11 曹11 張11 偏11 寅11 階12 量12 智12 朝12 衆12 備12 等12 答12 幹13 誠13 禎13 睦13 群13 義13 節13 寛13 詮13 僚14 箇14 算14 雑14 賑14 寮15 輩15 諄15 類18 鵬19

ともえ 巴4

とよ 仁4 晨11 富12 農13 豊13

とら 玄5 虎8 竜10 寅11 彪11 寛13

とり 酉7 取8 修10 鳥11 得11 鶏19

とる 収5 抄7 把7 取8 征8 采8 捕10 執11 採11 略11 探11 援12 摂13 資13 撮15 操16

とん 屯4 団6 沌7 呑7 盾9 純10 惇11 敦12 頓13 遁13

どん 呑7

な

な 己3 水4 中4 号5 多6 名6 字6 七7 声7 那7 来7 命8 奈8 奉8 林8 和8 品9 称10 納10 菜11 魚11 雫11 梛11 徠11 銘14 樹16

ない 乃2 内4 祢9 禰19

なえ 苗8

なお 三3 公4 巨5 収5 正5 由5 外5 矢5 朴6 有6 如6 多6 而6 亨7 均7 君7 作7 直8 尚8 若8 実8 侃8 真10 庭10 修10 通10 斎11 野11

なに

脩11 埜11 順12 猶12 復12 植12 董12
端14 縄15 縦16 縮17

なおし　良7 直8 道12 縮17

なおや　矢5

なか　心4 中4 支4 水4 内4 収5 央5
半5 考6 仲6 件6 沖7 判7 良7
参8 尚8 栄9 衷10 祥10 務11 陽12
殖12 登12 掌12 斐12 極13 榮14 齢17
鎮18 髄19

なが　久3 大3 元4 市5 右5 永5 存6
寿7 亭7 西7 呂7 条7 良7 廷7
長8 命8 延8 度9 待9 栄9 班10
祥10 修10 隆11 脩11 掲11 斐12 温12
詠12 備12 遊12 誠13 増14 肇14 榮14
賜15

ながき　成6 修10

ながし　永5 成6 良7 条7 長8 修10 亀11
融16

なかば　中4 半5 央5

なぎ　凪6 椰11 薙16

なぎさ　汀5 渚11

なぐ　薙16

なさけ　仁4 情11

なし　梨11 微13 類18

なす　生5 成6 作7 茄8 為9 済11 就12

なぞ　謎17

なだ　洋9 灘22

なつ　夏10 捺11 暑12

なつぞら　昊8

なな　七7

なに　何7 那7 奈8

なべ　鍋17

なみ　凡3 比4 方4 巨5 因6 甫7 並8
波8 洋9 南9 泉9 浪10 秘10 常11
淵11

なら　漢13 楢13

ならう　効8 放8 倣10 習11 貫11 閑12 温12
慣14

なり　入2 也3 礼5 平5 生5 功5 令5
本5 考6 有6 成6 足7 克7 亨7
均7 図7 形7 孝7 位7 作7 体7
忠8 性8 斉8 周8 尚8 育8 往8
苗8 宜8 政9 約9 城9 威9 為9
発9 柔9 宣9 音9 記10 校10 容10
修10 造10 済11 斎11 教11 救11 得11
規11 就12 絡12 晴12 登12 備12 遂12
然12 詞12 雅13 慈13 誠13 勢13 業13
稔13 愛13 鳴14 徳14 態14 徴14 震15
熟15 整16 績17 謹17 響20

なる　平5 去5 生5 功5 匠6 考6 成6
完7 忠8 育8 為9 造10 済11 就12
登12 遂12 愛13 誠13 農13 稔13 鳴14
徳14 震15 親16 燕16

なれ　馴13

なわ　索10 縄15

なん　男7 南9 軟11 楠13 灘22

にむねの

汝6

に　二2 丹4 仁4 尼5 耳6 弐6 而6 児7 似7 荷10 爾14

にい　新13

におい　匂4

にし　西6

にじ　虹9

にしき　錦16

にじゅう　廿4

にち　日4

にな　螺17

にゃく　惹12

にょ　女3 如6 汝6

にん　人2 仁4 壬4 任6 忍7 閏12 稔13

認14

ぬ　野11

ぬい　縫16

ぬか　額18

ぬき　貫11 緯16

ぬきんでる　秀7 超12

ぬし　主5

ぬの　布5

ぬま　沼8

ね　子3 兄5 宇6 年6 価8 音9 祢9 値10 根10 峰10 道12 福13 嶺17 禰19

ねい　寧14

ねがう　希7 尚8 幸8 欲11 幾12 願19

ねん　年6 念8 粘11 軟11 捻11 然12 燃16

鮎16

の　乃2 之3 能10 野11 埜11

のう　内4 生5 耐9 能10 納10 農13 濃16

のき　宇6 退9 軒10 除10

のぎ　禾5

のぞみ　志7 望11

のぞむ　枕8 望11 眺11 臨18

のち　后6 向6 昆8 後9

のっとる　式6 法8 則9 律9 模14 儀15

のどか　和8 温12

のばす　伸7 信9 展10

のびやか　暢14

のぶ　一1 山3 之3 与3 引4 円4 仁4 内4 文4 允4 布5 申5 収5 正5 弁5 右5 永5 江6 列6 亘6 同6 存6 伝6 休6 曳6 廷7 伸7 序7 別7 寿7 言7 更7 戻7 身7 辰7 応7 返7 延8 述8 治8 所8 房8 長8 命8 彼8 宜8 信9 叙9 宣9 恒9 政9 洵9 施9 重9 度9 発9 毘9 展10 悦10 将10 書10 席10 修10 振10 著11 陳11 経11 設11 庸11 移11 寅11 常11 進11 惟11 掃11 曹11 脩11 堆11 遥12 揚12 惣12 敦12 喜12 殖12 順12 備12 達12 喬12 散12 董12 献13 頌13 誠13 照13 靖13 睦13 業13 寛13 圓13 暢14 演14 説14 総14 遙14 慮15 選15 緩15 誕15 諄15 敷15 震15 養15

遵15 整16 薫16 薦16

のぶる …… 辰7 伸7 延8 直8 述8 信9 宣9
陳11 暢14

のぼる …… 上3 升4 伸7 昇8 昂8 陞10 陸11
登12 豊13 徳14 遷15 騰20

のり …… 丁2 了2 工3 寸3 土3 士3 升4
斤4 方4 中4 父4 化4 文4 仁4
功5 礼5 玄5 令5 仙5 代5 以5
永5 存6 式6 至6 舟6 曲6 考6
成6 伝6 任6 行6 芸7 告7 図7
児7 状7 利7 言7 肖7 車7 里7
応7 孝7 位7 伯7 似7 学8 典8
法8 忠8 制8 周8 尭8 述8 昇8
明8 効8 知8 命8 宗8 宜8 則9
乗9 品9 威9 宣9 後9 政9 発9
祝9 祖9 背9 度9 律9 紀9 軌9
倫10 矩10 悟10 恭10 納10 陞10 師10
記10 訓10 哲10 書10 益10 修10 称10
格10 准10 能10 恕10 常11 経11 規11
剰11 郷11 険11 陳11 率11 章11 教11
基11 啓11 略11 勘11 庸11 得11 視11
移11 理11 程12 敬12 統12 象12 尋12
雄12 詞12 詔12 湯12 智12 勝12 朝12
期12 賀12 順12 遥12 閑12 勤12 猶12
幾12 登12 答12 御12 営12 道12 斯12
準13 節13 義13 雅13 極13 路13 稚13
愛13 誠13 誉13 数13 載13 業13 寛13
慎13 熙14 詮13 模14 様14 緑14 像14
徳14 製14 遙14 實14 儀15 範15 縄15
慰15 論15 慶15 毅15 権15 調15 駕15
糊15 賢16 頼16 憲16 機16 績17 講17
謹17 謙17 騎18 識19 議20 譲20 鑑22

のる …… 宜8 宣9 乗9 搭12 騎18

のん …… 暖13

は

は …… 巴4 牙4 羽6 伯7 把7 芭7 波8
杷8 派9 華10 番12 葉12 歯12 琶12
端14 頗14 覇19

ば …… 芭7

はい …… 妃6 拝8 杯8 杷8 派9 背9 盃9
俳10 配10 唄10 陪11 唯11 輩15

ばい …… 味9 唄10 煤13

はえる …… 生5 映9

はか …… 伯7 博12 儒16

はかま …… 袴11

はかり …… 量12 衡16

はかる …… 寸3 斗4 平5 成6 図7 参8 画8
法8 度9 計9 訂9 料10 称10 恕10
商11 測12 営12 程12 裁12 量12 靖13
算14 権15 論15 億15 衡16 議20

はく …… 白5 朴6 百6 伯7 拍8 泊8 欧8
迫8 柏9 珀9 舶11 掃11 博12 箔14
撲15 薄16

ばく …… 莫10 貌14 箔14 曝19

はぐくむ …… 育8

は

はげむ　百6 励7
はこ　函8 箱15
はし　美9 陛10 階12 間12 端14 箸15 橋16
はしばみ　榛14
はじむ　一1 元4 孟8 基11 創12 肇14
はじめ　一1 大3 元4 玄5 本5 吉6 初7 甫7 児7 壱7 東8 始8 孟8 長8 叔8 祝9 祖9 首9 春9 哉9 紀9 原10 造10 素10 朔10 基11 啓11 創12 朝12 順12 源13 新13 載13 業13 端14 肇14
はしる　走7 奔8 逸11
はす　芙7 荷10 蓉13 蓮13
はせ　馳13
はせる　駆14
はた　果8 畑9 将10 秦10 畠10 圃10 旗14 端14 毅15 幡15 機16 織18
はたす　果8 毅15
はち　八8 盆9 鉢13 蜂13
はちす　芙7 蓮13
はつ　初7 八8 逸11 鉢13 閥14 髪14 肇14
はと　鳩13
はな　花7 芳7 英8 華10
はなつ　放8 発9 縦16
はなびら　弁5
はなぶさ　英8
はなわ　塙13
はに　土3 赤7 埴11
はね　羽6
はば　巾3
はま　浜10
はや　早6 迅6 走7 快7 勇9 赴9 敏10 隼10 速10 粛11 逸11 捷11 敬12 頓13 鋭15 頻17
はやい　捷11
はやし　早6 迅6 快7 径8 林8 急9 敏10 疾10 速10 隼10 鋭15 駿17
はやと　隼10
はやぶさ　隼10
はり　針10 張11 晴12 榛14
はる　大3 元4 日4 内4 立5 玄5 令5 全6 会6 合6 良7 花7 孟8 治8 青8 明8 始8 知8 東8 珍9 施9 美9 昭9 春9 相9 栄9 流10 浩10 敏10 時10 華10 晏10 啓11 脩11 帳11 張11 給12 陽12 晴12 開12 喜12 遥12 温12 隅12 暖13 稜13 閣14 榛14 榮14 遙14 覇19 懸20
はるか　玄5 永5 悠11 遥12 遙14 遼15
はるき　開12
はれ　晴12
はん　凡3 反4 半5 印6 帆6 汎6 伴7 判7 坂7 阪7 板8 版8 班10 畔10 般10 販11 絆11 番12 飯12 斑12 搬13 頒13 盤15 範15 磐15 蕃15 播15 幡15 繁16 藩18

ひ

ばん　万3 伴7 判7 坂7 阪7 板8 挽10 絆11 晩12 満12 番12 萬12 慢14 漫14 蔓14 盤15 磐15 蕃15 播15 幡15

ひ　比4 日4 火4 氷5 灯6 妃6 庇7 彼8 披8 波8 沸8 肥8 昆8 枇8 飛9 毘9 秘10 被10 菊11 扉12 斐12 費12 陽12 琵12 隙13 緋14 樋15

び　比4 末5 尾7 弥8 肥8 枇8 美9 眉9 毘9 梶11 備12 琵12 微13 魅15

ひいず　秀7

ひいらぎ　柊9

ひがし　東8

ひかり　光6 明8 晃10 晄10 電13 曜18

ひかる　玄5 光6 晃10 晄10 皓12 熙14 輝15

ひく　引4 延8 抽8 貫11 弾12 援12 渥12 鼓13

ひこ　人2 先6 光6 位7 彦9 孫10

ひさ　上3 之3 久3 引4 文4 比4 旧5 古5 央5 仙5 永5 向6 寿7 良7 玖7 弥8 尚8 昔8 者8 長8 往8 学8 奄8 九9 故9 契9 宣9 栄9 恒9 胡9 留10 桐10 剛10 書10 修10 能10 亀11 陳11 商11 常11 販11 悠11 冨11 喜12 富12 説14 藤18

ひさご　瓢16

ひさし　久3 仁4 央5 永5 寿7 良7 序7 庇7 尚8 弥8 長8 九9 恒9 栄9 契9 十10 留10 悠11 亀11 常11

ひし　菱11

ひじ　一1 土3 肘7

ひじり　聖13

ひそか　私7 密11 間12 微13 潜15

ひそむ　潜15

ひち　畢11

ひつ　畢11

ひつじ　未5 羊6

ひで　一1 之3 未5 末5 成6 行6 次6 任6 寿7 求7 秀7 幸8 昆8 東8 季8 英8 栄9 淑11 堪12 愛13 継13 続13 嗣13 豪14 榮14 標15 衡16 薫16

ひと　一1 人2 士3 公4 仁4 云4 史5 仙5 民5 他5 同6 即7 者8 侍8 客9 翁10 倫10 寛13 儒16

ひとし　一1 人2 与3 文4 仁4 平5 同6 旬6 伍6 対7 均7 斉8 和8 洵9 恒9 将10 班10 倫10 陸11 斎11 欽12 結12 等12 準13 雅13 舜13 精14 徹15 衡16 整16

ひとみ　眸11 瞳17

ひな　雛18

ひなた　位7

ひのえ　丙5

ひのき　桧10 檜17

ひのと　丁2

ひびき　韻19 響20

ひめ　妃6 姫10 媛12

ひふ

ひも……紐10

ひゃく……百6 迫8 柏9 珀9 碧14

びゃく……白5

ひゅう……彪11

ひょう……丙5 平5 氷5 兵7 坪8 拍8 表8 柄9 俵10 豹10 票11 彪11 評12 漂14 標15 瓢16

びょう……平5 苗8 秒9 紗10 描11 猫11 瓶11 廟15

ひら……片4 平5 永5 行6 成6 旬6 均7 位7 低7 拓8 拍8 枚8 英8 披8 迪8 坦8 挙10 桐10 救11 啓11 数13 敷15 衡16

ひらき……啓11 開12

ひらく……托6 拓8 披8 発9 展10 通10 挨10 啓11 推11 開12 撤15 墾16

ひらめき……閃10

ひる……干3 昼9 乾11

ひろ……口3 丈3 凡3 大3 四4 戸4 太4 公4 礼5 玄5 央5 広5 弘5 外5 先6 光6 汎6 良7 助7 谷7 位7 完7 宏7 拓8 門8 明8 弥8 拡8 宗8 官8 披8 坦8 洋9 郊9 祖9 洪9 拾9 彦9 栄9 厚9 洞9 宥9 恢9 浩10 紘10 泰10 容10 展10 恕10 郭11 都11 啓11 野11 転11 混11 博12 測12 尋12 敬12 裕12 景12 普12 衆12 達12 解13 豊13 寛13 漠13 滉13 熙14 漫14 演14 嘉14 聞14 模14 碩14 緩15 潤15 勲15 誕15 衛16 衡16 優17 鴻17 簡18 禮18

ひろし……大3 凡3 太4 仁4 礼5 央5 広5 弘5 未5 亘6 光6 宏7 寿7 完7 拓8 京8 周8 拡8 宙8 洪9 洋9 厚9 洸9 唐10 紘10 浩10 泰10 容10 恕10 啓11 博12 湖12 尋12 敬12 裕12 普12 豊13 寛13 漠13 滉13 熙14 演14 漫14 潤15 鴻17 禮18

ひろむ……広5 弘5 拡8 恕10 啓11 博12 熙14

ひん……品9 浜10 彬11 稟13 賓15 頻17 瀕19

ふ……二2 不4 双4 夫4 父4 付5 布5 功5 生5 缶6 扶7 甫7 芙7 巫7 府8 歩8 附8 斧8 阜8 赴9 風9 浮10 釜10 峯10 婦11 符11 富11 捧11 富12 普12 補12 復12 節13 蜂13 輔14 敷15 賦15 撫15 鋒15 覆18 譜19

ぶ……不4 分4 生5 巫7 奉8 武8 歩8 附8 阜8 捕10 浮10 符11 部11 無12 葡12 豊13 蒲13 蜂13 輔14 鳳14 舞15 蕪15 撫15 簿19 霧19

ふう……夫4 伏6 缶6 封9 風9 浮10 副11 菩11 冨11 富12 復12 楓13 福13 覆18

ふえ……笛11

ふか……玄5 作7 底8 武8 甚9 深11 淵11 奥12 興16

ふかし……玄5 沖7 洸9 洞9 深11 淑11 潜15

ふへほ

ふき　吹7 業13 蕗16
ふく　伏6 吹7 服8 副11 冨11 幅12 復12 富12 福13 複14 覆18
ふさ　方4 処5 成6 芝6 角7 芳7 房8 弦8 林8 英8 亮9 重9 宣9 記10 章11 寅11 滋12 惣12 番12 幾12 葉12 隅12 業13 総14 種14 維14 緩15 蕃15 興16
ふし　伏6 曲6 節13 調15
ふじ　藤18
ふせ　伏6 防7
ふた　二2 双4 両6
ふだ　札5 板8 版8 票11 策12 簡18
ふたたび　二2 再6 複14 還16
ふたつ　二2 双4 両6 再6 弐6
ふち　俸10 秩10 淵11 禄12 縁15
ふつ　不4 仏4 払5 沸8 費12
ぶつ　勿4 仏4
ふで　筆12
ふと　大3 太4 弟7
ふとし　大3 太4
ふね　舟6 航10 船11 舶11 艇13 槽15 艦20
ふひと　史5
ふみ　文4 冊5 史5 良7 典8 迪8 郁9 奎9 記10 書10 章11 策12 詞12 辞13 誌14 編15 履15 録16 簡18 籍20
ふむ　枚8 書10 践13 履15 踏15
ふもと　麓19
ふゆ　生5 冬5 那7 寒12
ふり　振10
ふる　古5 旧5 雨8 昔8 故9 振10 降10 経11 陳11 零13 触13 歴14 嘗14
ふるう　振10 揮12 震15 奮16
ふん　分4 吻7 粉10 紛10 雰12 焚12 頒13 噴15 奮16
ぶん　分4 文4 吻7 紋10 書10 問11 焚12 聞14
へ　戸4 辺5 芭7
べ　辺5 別7 杷8 陪11 琶12
へい　丙5 平5 兵7 並8 併8 坪8 柄9 陛10 閉11 塀12 評12 幣15 餅15 蔽15
べい　米6
へき　碧14 壁16
へつ　瞥17
べつ　瞥17
べに　紅9 脂10
へん　片4 辺5 返7 変9 班10 偏11 斑12 遍12 編15 篇15
べん　平5 弁5 免8 勉10 眠10 娩10 綿14 鞭18
ほ　火4 父4 布5 帆6 扶7 甫7 伯7 秀7 歩8 保9 捕10 浦10 畝10 圃10 菩11 補12 葡12 蒲13 輔14 舗15 穂15 簿19
ぼ　戊5 牡7 莫10 菩11 撫15
ほう　方4 包5 矛5 庄6 亨7 判7 芳7

（ぼう） 邦7 防7 並8 奉8 宝8 房8 抱8 放8 朋8 泡8 法8 肪8 保9 封9 胞9 倣10 俸10 峰10 浜10 砲10 紡10 峯10 豹10 培11 萠11 訪11 部11 逢11 捧11 萠11 菩11 傍12 報12 棚12 棒12 豊13 蜂13 鳳14 鞄14 蓬14 褒15 鋒15 縫16 膨16 薫16 鵬19

ぼう……毛4 卯5 母5 矛5 牟6 坊7 防7 牡7 房8 茂8 茅8 孟8 苺8 冒9 昴9 剖10 畝10 紡10 耗10 竜10 望11 眸11 萌11 萠11 傍12 帽12 棒12 貿12 夢13 網14 蓬14 貌14 膨16 鵬19

ほお……頬16

ほがらか……洞9 朗10

ほぎ……寿7

ほく……北5 撲15

ぼく……卜2 匹4 木4 目5 朴6 牧8 睦13 僕14 墨14 撲15 黙15

ほこ……矛5 戈5 戟12 鋒15

ほこる……伐6 誇13

ほし……斗4 参8 星9 点9

ほす……干3

ほず……上3 末5 秀7

ほたる……蛍11

ぼつ……勃9

ほど……科9 程12

ほとり……下3 上3 辺5 畔10 涯11 頭16 瀬19

ほのお……炎8 焔12

ほのか……仏4 側11

ほまれ……光6 望11 誉13 聞14

ほめる……美9 称10 奨13 誉13 頌13 褒15 賛15 賞15

ほら……秀7 洞9

ほり……堀11 壕17

ほる……刊5 刻8 彫11 掘11

ほろ……幌13

ほん……本5 体7 返7 奔8 品9 盆9 書10 稟13 噴15 幡15 奮16 翻18

ぼん……凡3 盆9 飯12

ま

ま……万3 午4 目5 末5 茉8 実8 真10 馬10 眼11 麻11 間12 萬12 増14 摩15 磨16

まい……毎6 米6 売7 妹8 枚8 苺8 冒9 味9 梅10 媒12 舞15 謎17

まう……舞15

まえ……先6 前9

まかす……任6 委8 信9 聴17

まがね……鉄13

まき……元4 左5 在6 牧8 巻9 格10 真10 幹13 蒔13 槙14 槇14 篇15 薪16

まく……巻9 莫10 幕13 蒔13 膜14 貌14

まくら……枕8

まご……孫10

まごころ……丹4 肝7 赤7 忠8 情11 誠13 質15

ま

懇17

まこと
一1 允4 丹4 成6 任6 充6 良7
壱7 実8 的8 忠8 卓8 周8 命8
亮9 信9 洵9 衷10 展10 真10 純10
情11 惇11 淳11 欽12 誠13 慎13 睦13
節13 精14 實14 諒15 諄15 質15 諦16
懇17

まさ
上3 大3 元4 予4 方4 允4 少4
公4 仁4 内4 礼5 正5 右5 札5
各6 壮6 当6 匡6 旬6 庄6 存6
成6 多6 全6 利7 均7 応7 求7
芸7 完7 往8 尚8 的8 昌8 長8
征8 和8 委8 若8 斉8 政9 祐9
信9 客9 栄9 相9 柾9 祇9 毘9
倍10 剛10 将10 真10 倭10 修10 格10
容10 党10 連10 晟10 逸11 済11 斎11
理11 属12 晶12 順12 款12 備12 道12
勝12 滋12 董12 雅13 絹13 幹13 誠13
聖13 督13 預13 精14 綿14 端14 暢14
適14 榮14 蔵15 諒15 縄15 縁15 寮15
賢16 整16 薫16 叡16 鴨16 優17 鎮18
譲20

まさご
沙7

まさし
一1 方4 仁4 允4 公4 礼5 正5
匡6 昌8 政9 晶12 雅13 精14

まさる
大3 平5 甲5 多6 克7 卓8 昌8
長8 果8 俊9 勉10 健11 捷11 晶12
智12 勝12 最12 雅13 潤15 賢16 優17

まし
尚8 益10

ます
丈3 升4 斗4 太4 加5 字6 多6
牟6 沢7 助7 松8 況8 長8 附8
尚8 昌8 弥8 長8 和8 施9 祐9
被10 倍10 員10 益10 真10 培11 済11
剰11 副11 陪11 偶11 逸11 滋12 量12
満12 晶12 勝12 賀12 殖12 増14 潤15
賜15 賦15 賢16 贈18 鱒23

また
又2 也3 加5 亦6 有6 再6 全6
完7 定8 派9 俣9 真10 益10 旋11
復12 還16

またし
完7

まだら
斑12

まち
区4 市5 町7 待9 道12 街12 需14

まつ
末5 当6 抹8 茉8 松8 沫8 待9
要9 候10 遅12 須12 需14 寮15

まつり
祭11 祷11 禅13 禱19

まつる
社7 享8 祀8 郊9 祭11

まと
正5 的8 侯9

まとい
纏21

まとう
結12 絡12

まどか
円4 団6 圓13

まな
真10

まなぶ
仕5 学8 為9 倣10

まみゆ
見7 謁15

まめ
豆7 叔8

まめやか
実8 忠8

まもり
士3 守6 役7 保9 泰10 衡16

まみ

読み	漢字（画数）
まもる	士3 守6 戒7 役7 保9 執11 葵12 養15 擁16 衛16 鎮18 藩18 譲20
まゆ	眉9 繭18
まゆずみ	黛16
まゆみ	壇16
まり	毬11 鞠17
まる	丸3 円4 団6 巻9 筒12 斡14 輪15
まれ	少4 当6 希7 似7 稀12 微13 鮮17
まろ	丸3 円4 団6 理11 満12 磨16 麿18
まろうど	客9 賓15
まわり	囲7 周8 員10 週11
まん	万3 孟8 政9 挽10 満12 萬12 慢14 漫14 蔓14
み	三3 子3 巳3 心4 方4 太4 文4 仁4 水4 未5 末5 巨5 示5 生5 申5 目5 史5 民5 自6 向6 耳6 后6 充6 身7 臣7 見7 角7 良7 形7 位7 伺7 体7 究7 実8 味8 弥8 並8 命8 参8 固8 美9 洋9 海9 皆9 看9 省9 眉9 相9 益10 扇10 秘10 造10 真10 深11 規11 視11 現11 望11 眼11 密11 梶11 堅12 御12 検12 階12 証12 登12 診12 幹13 微13 誠13 爾14 像14 模14 察14 関14 監14 箕14 質15 魅15 毅15 閲15 横15 親16 覧16 臨18 観18 鏡19 顧21 鑑22
みいる	魅15
みお	澪16
みがく	攻7 研9 啄10 琢11 瑳14 摩15 磨16
みかど	帝9 皇9
みかん	柑9
みき	枚8 幹13 樹16
みぎ	右5
みぎわ	汀5
みこ	巫7
みこと	命8 尊12
みさ	節13 操16
みさお	守6 貞9 節13 操16
みさき	岬8
みず	水4 泉9 瑞13
みずのえ	壬4
みぞ	泉9 溝13
みそか	晦11
みたき	和8
みたす	充6 実8 満12
みたび	三3
みたみ	民5
みち	孔4 方4 田5 礼5 行6 充6 交6 至6 有6 成6 利7 亨7 岐7 花7 吾7 伯7 芳7 径8 迪8 実8 享8 典8 長8 命8 参8 例8 往8 宝8 宙8 学8 皆9 度9 信9 俗9 待9 峻10 倫10 途10 訓10 修10 通10 恕10 理11 術11 陸11 教11 務11 康11 進11 経11 裕12 道12 遍12 惣12 満12 階12 随12 順12 程12 遂12 遥12 達12 跡13

塗13 路13 義13 極13 総14 碩14 遙14 蜜14 導15 慶15 衝15 徹15 儒16 融16 講17 巌20

みちのり　程12

みちびく　引4 迪8 啓11 道12 導15 賓15

みちる　充6 実8 満12 顚13 塞13 實14

みつ　三3 円4 内4 允4 屯4 広5 弘5 充6 光6 全6 米6 巡6 即7 図7 孝7 秀7 完7 足7 実8 明8 肥8 弥8 参8 並8 苗8 則9 美9 映9 看9 叙9 架9 十10 晃10 恭10 師10 貢10 益10 称10 晄10 盛11 密11 御12 満12 尋12 順12 備12 温12 循12 慎13 詳13 照13 舜13 溢13 圓13 漫14 暢14

需14 蜜14 潤15

みつぎ　租10 貢10 税12 調15 賦15 鞠17 職18

みつぐ　貢10

みつる　允4 光6 在6 充6 秀7 十10 富11 富12 満12 湯12 爾14 暢14 碩14

みとむ　知8 認14

みどり　碧14 緑14 翠14

みな　凡3 水4 壱7 並8 皆9 南9 挙10 惣12 階12 備12 慣14 講17

みなと　津9 港12 湊12

みなみ　南9

みなもと　原10 源13

みね　峰10 峻10 峯10 棟12 節13 嶺17 巌20

みの　蓑13

みのり　稼15

みのる　升4 年6 成6 利7 酉7 秀7 季8 実8 秋9 登12 豊13 稔13 實14 穂15 熟15 穫18 穣18

みや　宮10

みゃく　脈10

みやこ　京8 府8 洛9 師10 都11 畿15

みやび　都11 雅13

みゆき　幸8

みょう　名6 妙7 命8 明8 苗8 秒9 昴9 紗10 冥10 猛11 猫11 銘14 鳴14 貌14 廟15

みる　三3 子3 目5 臣7 見7 身7 体7 物8 実8 省9 看9 相9 視11 訪11 診12 督13 察14 徴14 箕14 監14 覧16 観18 鑑22

みわ　神9

みん　民5 明8 眠10

む　矛5 戊5 六6 牟6 身7 巫7 武8 陸11 眸11 無12 貿12 夢13 睦13 蒙13 模14 舞15 蕪15 謀16 霧19

むかう　向6 当6 対7 面9

むき　向6

むぎ　来7 麦7

むく　向6 面9 椋12

むくい　果8 報12 酬13

むくげ　舜13

むし　虫6

むめも

むち 策12 貴12

むつ 六6 陸11 睦13 輯16

むつみ 睦13

むね 心4 旨6 至6 忍7 志7 兵7 念8 宗8 肯8 斉8 指9 峰10 胸10 致10 能10 陳11 斎11 梁11 棟12 統12 順12 極13 意13 寛13 概14 領14 趣15 縁15 臆17 襟18

むら 屯4 丘5 村7 邑7 幸8 祐9 城9 宣9 軍9 県9 郡10 郷11 混11 紫12 域11 奥12 福13 群13 樹16

むらさき 紫12

むらじ 連10

むれ 軍9 郡10 曹11 群13

むろ 司5 室9

め 人2 女3 目5 米6 芽8 雨8 妻8 命8 苺8 味9 要9 馬10 梅10 眼11 眸11 睢13

めい 名6 芽8 命8 明8 姪9 冥10 盟13 銘14 鳴14 謎17

めぐみ 仁4 沢7 恩10 恵10 萌11 萠11 徳14 潤15

めぐむ 仁4 芽8 恩10 恵10 竜10 愛13 徳14 潤15 龍16 寵19

めぐる 円4 回6 巡6 行6 囲7 周8 廻9 般10 旋11 転11 週11 圏12 循12 運12 斡14 盤15 輪15 還16 環17

めす 召5 速10 徴14

めでたし 吉6 瑞13 福13

めばえ 萌11 萠11

も 毛4 母5 戊5 百6 牡7 茂8 苺8 面9 情11 雲12 最12 蒙13 模14 裳14 撫15 藻19

もう 毛4 孟8 冒9 耗10 望11 猛11 帽12 盟13 蒙13 網14

もえ 萌11 萠11

もく 木4 目5 牧8 睦13 墨14 黙15

もち 才3 四4 勿4 用5 平5 申5 以5 会6 仰6 有6 式6 行6 含7 住7 物8 卓8 茂8 往8 抱8 施9 持9 保9 後9 挟9 荷10 時10 将10 望11 庸11 採11 接11 須12 殖12 費12 復12 握12 試13 餅15 懐16 操16 積16

もつ 有6 府8 物8 持9

もと 一1 下3 干3 大3 与3 元4 心4 止4 太4 本5 旧5 収5 台5 司5 立5 民5 因6 企6 如6 牟6 忍7 志7 求7 芳7 近7 身7 初7 孝7 体7 扶7 材7 花7 来7 甫7 固8 宗8 府8 祈8 始8 征8 東8 服8 性8 林8 茂8 孟8 其8 故9 胎9 祖9 紀9 泉9 柄9 原10 素10 索10 郡10 師10 帰10 倫10 修10 根10 株10 租10 朔10 基11 許11 規11 情11 部11 許11 略11 智12 喬12 統12 順12 筋12 雅13 幹13 資13 源13 意13 誠13 誉13

群13 楽13 寛13 酵14 魂14 慕14 端14
需14 徴14 請15 質15 輪15 親16 職18
礎18

（もとい） 基11

（もとき） 材7 幹13

（もとし） 材7

（もとむ） 干3 亘6 求7 要9 索10 深11 捜12
須12 需14

（もの） 物8 者8 質15

（もみ） 紅9 籾9

（もみじ） 椛11

（もも） 百6 李7 桃10

（もり） 戸4 主5 司5 壮6 名6 各6 守6
囲7 労7 声7 杜7 典8 命8 林8
首9 狩9 荘9 保9 宴10 容10 執11
盛11 庶11 彬11 閑12 衆12 森12 策12
豊13 該13 誌14 関14 精14 積16 衛16
績17 謹17 護20 籍20

（もる） 盛11

（もろ） 与3 四4 支4 双4 両6 壱7 委8
専9 度9 師10 修10 旅10 紛10 恕10
庶11 脩11 衆12 遂12 認14 諸15 艶19

（もん） 文4 門8 紋10 問11 聞14

や

（や） 也3 文4 矢5 乎5 谷7 冶7 八8
夜8 居8 知8 弥8 命8 舎8 耶9
哉9 屋9 室9 家10 射10 野11 埜11
陽12 椰13 諸15

（やいと） 灸7

（やか） 宅6 家10

（やかた） 館16

（やく） 火4 亦6 役7 炎8 約9 益10 訳11
焼12 薬16 燎16 躍21

（やけ） 宅6

（やさしい） 易8 優17

（やしき） 宅6 邸8 第11 館16

（やしろ） 社7

（やす） 又2 子3 予4 方4 文4 右5 処5
叶5 伏6 存6 考6 全6 休6 行6
安6 快7 妥7 求7 那7 抵8 夜8
易8 育8 居8 弥8 協8 和8 宜8
定8 昆8 侃8 坦8 庚8 甚9 彦9
保9 便9 柔9 毘9 勉10 案10 宴10
晏10 恵10 息10 悌10 恭10 烈10 祥10
能10 益10 席10 修10 倭10 除10 泰10
耕10 秘10 容10 連10 済11 尉11 救11
貫11 庸11 康11 健11 術11 得11 寂11
逸11 属12 順12 閑12 換12 遂12 裕12
慈13 愛13 誉13 靖13 置13 暖13 虞13
鳩13 預13 廉13 楊13 綿14 隠14 静14
徳14 寧14 慰15 縁15 緩15 慶15 養15
億15 憩16 懐16 儒16 穏16 覧16 鎮18

（やすし） 予4 仁4 安6 休6 存6 妥7 寿7
易8 欣8 和8 保9 泰10 悌10 恭10
案10 康11 術11 靖13 廉13 寧14 静14

やゆよ

鎮18

やすらか　宴10 翔12 穏16

やつ　八8

やど　舎8 宿11 館16

やどる　次6 舎8 奇8 宿11 館16

やな　梁11

やなぎ　柳9 楊13

やま　山3

やまと　和8 倭10

やまびと　仙5

やみ　闇17

やり　槍14

やわ・やわら　和8 柔9

やわらぐ　和8 柔9 睦13 調15

ゆ　弓3 由5 有6 佑7 柚9 悠11 桶11 釉12 愉12 裕12 遊12 湯12 楢13 傭13 諭16 輸16

ゆい　由5 唯11 惟11 結12 維14

ゆう　又2 夕3 友4 尤4 右5 由5 有6 佑7 酉7 邑7 侑8 勇9 祐9 宥9 悠11 脩11 郵11 猶12 裕12 遊12 結12 雄12 湧12 釉12 楢13 熊14 誘14 融16 優17

ゆかり　因6 縁15

ゆき　千3 之3 元4 升4 公4 介4 文4 五5 礼5 主5 由5 以5 先6 至6 如6 行6 巡6 而6 足7 志7 判7 亨7 言7 肖7 孝7 役7 投7 来7 走7 往7 到8 侑8 幸8 享8 放8 届8 門8 服8 征8 往8 抵8 政9 為9 促9 是9 晋10 恭10 将10 帰10 敏10 致10 時10 徐10 起10 通10 透10 章11 教11 雪11 偏11 移11 進11 逞11 敬12 就12 随12 喜12 普12 順12 勤12 循12 超12 遂12 遊12 道12 運12 勧13 廉13 詣13 維14 適14 潔15 徹15 遵15 禮18 髄19 鵬19

ゆく　之3 水4 如6 行6 往8 征8 放8 赴9 許11 雲12 巽12 款12 路13 適14

ゆず　柚9

ゆずる　孫10 禅13 遜14 謙17 譲20

ゆた　支4 逞11 豊13

ゆたか　大3 完7 肥8 浩10 泰10 隆11 裕12 最12 温12 富12 豊13 寛13 碩14 優17 穣18

ゆみ　弓3

ゆめ　努7 夢13

ゆるす　与3 允4 可5 仮6 免8 放8 肯8 舎8 宥9 恕10 容10 許11 赦11 釈11 置13 縦16 聴17

ゆるやか　徐10 裕12 寛13 緩15

よ　与3 四4 予4 世5 生5 代5 乎5 吉6 余7 夜8 昌8 服8 依8 勇9 俗9 除10 帯10 問11 晶12 備12 葉12 誉13 預13 節13 齢17 輿17

よあけ　暁12

よ

よい
可5 吉6 好6 旨6 利7 良7 佳8
宜8 是9 美9 宵10 淑11 善12 禎13
義13 嘉14 慶15 鮮17 徽17 類18

よう
央5 幼5 永5 用5 羊6 妖7 映9
栄9 洋9 要9 容10 庸11 陶11 揚12
揺12 湯12 湧12 猶12 瑛12 葉12 遥12
陽12 溶13 瑶13 腰13 蓉13 詳13 楊13
傭13 様14 踊14 榮14 遙14 窪14 影15
窯15 養15 擁16 謡16 曜18 燿18 耀20
鷹24

よき
移11

よく
可5 抑7 谷7 克7 耐9 能10 浴10
欲11 翌11 億15 翼17 臆17 職18

よこ
横15 緯16 衡16

よし
力2 工3 之3 女3 与3 元4 孔4
中4 介4 文4 仁4 允4 礼5 兄5
平5 布5 正5 甘5 可5 由5 召5
巧5 令5 且5 兆6 交6 至6 圭6
因6 旨6 吉6 考6 成6 如6 全6
合6 伝6 伊6 休6 任6 好6 快7
利7 寿7 系7 攻7 良7 身7 君7
辰7 孝7 住7 佐7 秀7 芸7 甫7
芳7 克7 祉8 治8 到8 表8 幸8
尚8 昌8 青8 明8 典8 欣8 叔8
命8 奉8 佳8 尭8 往8 承8 林8
和8 若8 英8 宝8 宜8 斉8 洗9
亮9 美9 珍9 南9 是9 省9 彦9
俊9 為9 祐9 侯9 持9 柔9 香9
宣9 栄9 紀9 毘9 衷10 恵10 恕10
悦10 悌10 恭10 純10 烈10 剛10 特10
記10 祥10 敏10 致10 時10 能10 益10
殊10 修10 宴10 哲10 称10 泰10 桂10
容10 候10 惟11 済11 視11 淑11 淳11
陶11 陳11 斎11 理11 啓11 康11 彬11
逞11 富11 桶11 雄12 禄12 善12 喜12
斐12 晶12 最12 勝12 貴12 賀12 順12
温12 款12 欽12 備12 循12 富12 覚12
営12 達12 敬12 凱12 巽12 僅13 幹13
滝13 源13 福13 意13 慈13 愛13 舜13
誠13 誉13 新13 楽13 禎13 豊13 睦13
督13 資13 預13 禅13 義13 飾13 微13
節13 慎13 馴13 熙14 読14 練14 嘉14
静14 徳14 徴14 毅14 精14 榮14 蔵15
潔15 編15 霊15 賛15 縁15 慶15 毅15
歓15 養15 儀15 賞15 褒15 誼15 嬉15
賢16 整16 融16 頼16 儒16 叡16 燕16
厳17 鮮17 謙17 徽17 繕18 類18 職18
禮18 艶19 麗19 瀧19 譲20 巌20 馨20

よしみ
成6 好6 交6 修10 款12 睦13 嘉14
誼15 親16

よそおう
装12 粧12

よつ
四4

よつぎ
嗣13 嫡14

よど
淀11

よね
米6

よみ
訓10 幹13 読14

よらりるれ

よむ　念8 訓10 詠12 読14 講17

よもぎ　萩12 蓬14

より　之3 方4 戸4 由5 目5 代5 以5 可5 糸6 因6 自6 利7 即7 形7 択7 附8 奇8 尚8 典8 命8 依8 拠8 和8 若8 宜8 為9 亮9 保9 宣9 倣10 陛10 帰10 託10 時10 席10 従10 株10 異11 移11 寄11 率11 偉12 階12 随12 賀12 順12 閑12 猶12 備12 遂12 道12 幹13 愛13 資13 義13 穀14 適14 選15 遵15 縁15 賢16 頼16 親16 聴17 職18 髄19 麗19 籍20 襲22

よる　付5 由5 因6 自6 依8 拠8 阿8 夜8 糾9 託10 寄11 道12 隠14 縁15 頼16

よろい　鎧18

よろこび　休6 欣8 悦10 喜12 賀12 慶15 歓15

よろこぶ　予4 台5 欣8 悦10 釈11 陶11 喜12 愉12 款12 賀12 説14 慶15 歓15 興16

よろず　万3 萬12

よわい　年6 寿7 歯12 歳13 齢17

ら

ら　良7 浦10 等12 螺17 羅19

らい　礼5 来7 戻7 徠11 萊11 雷13 黎15 頼16 蕾16 禮18 瀬19

らく　洛9 絡12 落12 楽13 酪13

らん　浪10 嵐12 煉13 漣14 覧16 濫17 藍18 蘭19 欄20

り　吏6 合6 利7 李7 里7 俐9 莉10 哩10 浬10 梨11 理11 徠11 萊11 裡12 裏13 履15 璃15 鯉18 羅19 離19 麗19

りき　力2

りく　六6 陸11

りち　律9

りつ　立5 律9 栗10 率11

りゃく　掠11

りゅう　立5 泣8 柳9 流10 留10 竜10 粒11 隆11 琉11 笠11 硫12 溜13 瑠14 劉15 龍16 瀧19

りょ　呂7 侶9 旅10 慮15 鷺23

りょう　了2 令5 両6 冷7 良7 怜8 亮9 玲9 料10 竜10 凌10 凉10 涼11 猟11 陵11 崚11 菱11 梁11 掠11 羚11 量12 椋12 滝13 稜13 僚14 漁14 綾14 領14 寮15 諒15 遼15 霊15 澪16 燎16 嶺17 瞭17 糧18 瀧19

りょく　力2 緑14 録16

りん　林8 厘9 倫10 淋11 琳12 鈴13 稟13 綸14 論15 輪15 凜15 凛15 隣16 臨18 鱗24 麟24

る　児7 見7 芦7 所8 被10 流10 留10 硫12 滝13 溜13 瑠14 劉15 櫓19 寵19

るい　累11 塁12 類18

れ　蕾16

れい　令5 礼5 伶7 冷7 励7 戻7 例8

怜8 玲9 羚11 豊13 鈴13 零13 領14
霊15 黎15 澪16 嶺17 齢17 謝17 禮18
麗19

れき 暦14 歴14

れつ 列6 栗10 烈10

れん 怜8 恋10 連10 廉13 蓮13 煉13 練14
漣14 憐16 鎌18 簾19

ろ 老6 呂7 良7 芦7 炉8 侶9 旅10
路13 魯15 蕗16 櫓19 露21 鷺23

ろう 老6 労7 良7 郎9 朗10 浪10 竜10
狼10 梁11 廊12 楽13 稜13 滝13 楼13
摺14 糧18 寵19 瀧19 露21 蠟21

ろく 六6 肋6 角7 谷7 陸11 鹿11 禄12
緑14 録16 麓19

ろん 論15

わ・ん

わ 我7 八8 和8 娃9 倭10 圏12 渦12
話13 輪15 環17

わい 畏9 隈12

わか 少4 王4 分4 幼5 件6 若8 童12
稚13 新13

わが 吾7 我7

わかし 少4 幼5 妙7 季8 若8 稚13

わかつ 分4 弁5 八8

わき 刀2 別7 脇10 傍12

わく 別7 沖7 沸8 或8 惑12 湧12 稚13
酵14

わけ 分4 由5 旨6 別7 故9 理11 訳11
趣15

わざ 工3 功5 巧5 伎6 技7 芸7 事8
術11 幹13 業13

わし 鷲23

わた 絡12 綿14

わたし 津9 済11 渡12

わたす 付5 附8 済11 渡12

わたり 亘6 弥8 径8 済11 渉11 渡12

わたる 亘6 弥8 径8 和8 杭8 度9 恒9
航10 渉11 済11 移11 渡12 道12

わつ 斡14

わら 藁17

わらび 蕨15

わり 割12

われ 予4 台5 余7 吾7 我7 朕10 魚11
僕14

わん 貫11 湾12 腕12 椀12 碗13

んど 人2

田口二州（たぐち・にしゅう）
純正運命学会会長。数々の伝統的な東洋の運命学を修めた占術家。プロの門下生だけでも全国に約70名を擁し、占術界「的中の父」として活躍中。各カルチャー教室にて姓名判断教室を主宰。一人でも多くの人を幸福に導くべく、日夜研究・鑑定に邁進し、老若男女問わず多くのファンに親しまれている。
おもな著書・監修書は『いちばんよくわかる九星方位気学』『決定版 いちばんよくわかる手相』『最新版 男の子 女の子 赤ちゃんのしあわせ名前大事典』『いちばんよくわかる人相術』（Gakken）、『年度版 純正運命学会 開運本暦』『年度版 純正運営学会 九星暦』（永岡書店）ほか800冊を超える。明治学院大学経済学科卒。産経学園気学（方位・家相）教室講師。
【純正運命学会ホームページ】 https://junsei-unmei.com
住所：〒214-0005　神奈川県川崎市多摩区寺尾台1-6-12　☎044-966-5185
※鑑定ご希望の方は電話にてご予約ください。（受付：平日の10：00～17：00）

いちばんよくわかる姓名判断事典

2023年9月19日　第1刷発行

著　者　田口二州
発行人　土屋 徹
編集人　滝口勝弘
発行所　株式会社 Gakken
　〒141-8416　東京都品川区西五反田2-11-8
印刷所　凸版印刷株式会社

●この本に関する各種お問い合わせ先
本の内容については、下記サイトのお問い合わせフォームよりお願いします。
https://www.corp-gakken.co.jp/contact/
在庫については　Tel 03-6431-1250（販売部）
不良品（落丁、乱丁）については　Tel 0570-000577（学研業務センター）
〒354-0045 埼玉県入間郡三芳町上富279-1
上記以外のお問い合わせは　Tel 0570-056-710（学研グループ総合案内）

※本書は2004年発行の『開運 姓名判断事典』（ナツメ社）を全面改訂し新たに編集し直したものです。